悦读科学丛书

大师的侧影

从轴心时代的李耳到科技社会的李约瑟

陈志谦　陈乐濛 编著

清华大学出版社

北京

内 容 简 介

本书是自公元前 6 世纪到公元 20 世纪的 16 位著名人物的侧记，介绍了他们当时所处的社会环境以及他们对社会的改变和对历史的影响。他们中有的是思想的巨擘（老子、苏格拉底等），有的是文学的骄子（苏轼、塞万提斯等），有的是科技的巨匠（伏特、特斯拉等），他们在历史上非同凡响、功名卓著，他们的思想、行为、发明创造是人类历史的珍贵遗产，至今仍深刻地影响着世界。

本书适合广大读者，尤其是历史和科普爱好者、青年学生、教师等。

图书在版编目（CIP）数据

大师的侧影：从轴心时代的李耳到科技社会的李约瑟 / 陈志谦，陈乐濛编著.—北京：清华大学出版社，2023.9
（悦读科学丛书）
ISBN 978-7-302-62638-1

Ⅰ.①大…　Ⅱ.①陈…②陈…　Ⅲ.①历史人物－生平事迹－世界－通俗读物　Ⅳ.①K811-49

中国国家版本馆CIP数据核字（2023）第024035号

责任编辑：鲁永芳
封面设计：常雪影
责任校对：薄军霞
责任印制：丛怀宇

出版发行：清华大学出版社
　　　　网　　址：https://www.tup.com.cn，https://www.wqxuetang.com
　　　　地　　址：北京清华大学学研大厦A座　　　　邮　　编：100084
　　　　社　总　机：010-83470000　　　　邮　　购：010-62786544
　　　　投稿与读者服务：010-62776969，c-service@tup.tsinghua.edu.cn
　　　　质量反馈：010-62772015，zhiliang@tup.tsinghua.edu.cn
印　装　者：三河市君旺印务有限公司
经　　销：全国新华书店
开　　本：185mm×260mm　　印　张：22.75　　字　　数：470千字
版　　次：2023年11月第1版　　印　　次：2023年11月第1次印刷
定　　价：128.00元

产品编号：095868-01

上 篇

饮水思源

篇 首

人类在进化的途程中蹒跚了多少万年，忽然这对近世文明影响最大最深的四个古老民族——中国、印度、以色列、希腊都在差不多同时猛抬头，迈开了大步。

闻一多

小邦寡民的回望者：老子（约公元前571—约公元前471年）

西周分封

中国远古就存在部邦制。部邦是由早期农业经济部族发展而成的原始国家，叫作"氏"。后来部邦的首脑或者邦主也叫作"氏"，这就是氏族的来源。部邦战争导致统一制度的形成。统一天下的范围从泰皇（羲皇或太昊帝）伏羲首先统一黄河流域到农皇（炎帝）神农统一长江黄河两大流域，再到轩皇（黄帝）轩辕统一泰东各部邦，在中原建立起部邦共主、统一天下的政治制度和思想。所以，伏羲、神农和轩辕被后世追谥为三皇。其后五位杰出帝王用武力或文德维护天下统一形成部邦共主制度，他们被后世追谥为五帝——少昊帝金天、颛顼帝高阳、帝喾［kù］高辛、尧帝①陶唐和舜帝有虞。三皇五帝时期是华夏统一政治制度形成的重要历史时期。

被选举为最后一个部邦共主的帝王是夏后氏大禹，他接任天下共主后结束了部邦共主制度，把帝位传给儿子启，以其部邦名称"夏"为天下统一王朝名称，即夏朝。不服从的部邦被消灭后又重建部邦，叫作封土建国——封国，再后来叫作诸侯国；服从夏朝的部邦得到夏王护佑也演变为封国，处在边远地区的部邦一般叫作方国；另外，还有一些不服从但没有被征讨的叫作方国。王朝的王或帝又叫作天子——被神化为天帝的嫡长子及其后裔在人间的代理人。王朝实行世袭传承制度，封国和方国的国主、君主也实行世袭制，于是部邦共主制被王国世袭制替代。

夏商周三个王朝都有自己的天子直辖国土——都在条件最好的中原地区，封国大多在条件较好的中部地区，后来与天子之国合称"中国"。除此之外，在边远地区还有面积大小不一、数量繁多的方国和部邦，甚至松散的部落，只要认同天子的统治地位就不会被征讨。因为方国、部邦和部落条件不好，一般不上税。条件好一点的有出兵的义务——如周朝时夜郎国就曾出兵讨伐楚国。封国与方国、部邦、部落条件不同，义务不同，权力也不同，因此又分为几个等级，即五等爵位（公、侯、伯、子、男）。五服、六服、九服等最远最差蛮荒之地的，统称为荒服。封国中的五爵以侯爵最多，所以封国一般又称作诸侯国。

周武王建立周朝后，重新赐封建立的国家或封国，共有71个，因为都是用周王实际赐封的土地建立的国家，所以称作实际封国。其中，最初与周王同姓的姬姓封

---

① 尧帝（约公元前2377—公元前2259年），姓伊祁，名放勋，中国上古时期的部落联盟首领。20岁，尧代挚为帝，都平阳（今山西省临汾市）。在部落争雄的乱世，他团结亲族，联合友邦，征讨四夷，统一了华夏诸族，被推举为部落联盟首领。晚年，尧辟位，由舜继天子位。尧在位70年，辟位28年后，尧病逝于雷泽（今山东省菏泽市），安葬于谷林（今山东省鄄城县），谥号为尧，被司马迁视为"最理想的君主"。尧帝创立庠（［xiáng］学校），发明造酒、围棋。

国 53 个，异姓之国（或有功之臣与前朝贵族，或三皇五帝与夏商王朝后裔的封国）共计 18 个。53 个姬姓封国，周公之后加封 2 个，共计 55 个姬姓封国，这 55 个姬姓封国灭国后以国为姓而演变成 55 个姬系姓氏。最初的 53 个姬姓封国里面，姬昌及其兄弟的直系子孙封国为 15 个，属于护卫周朝的直亲封国。这就是左丘明《左传》和荀况《荀子》说"诸侯国封国七十一，姬姓之国四十和兄弟之国十有五个"的来源。

除了 71 个封土建国的封国，还有宣布服从周天子而没有灭国并接受封号的封国、方国，约 330 个，称作名义封国。名义封国加上实际封国共约 400 个（这是《吕氏春秋》说 400 个封国的历史来源）。此外，整个姬周王朝（包括西周与东周）时期，四周八方的边远地区的部邦和部落，为了获得和平安定、图个"正统"名誉，宣布服从周天子而前来首都上贡的"泛诸侯国"，称作服国，约有 800 个（这是《吕氏春秋》等说服国 800 个的来源）。这 800 个服国类诸侯国，再加上前面的实际封国和名义封国 400 个，一共有 1200 余个泛诸侯国。

春秋

春秋，通常用来指中国东周前半段，即自公元前 770 年至公元前 476 年这段历史时期，史称"春秋时期"。

鲁国史官把当时各国发生的重大事件，按年、季、月、日记录下来，一年分春、夏、秋、冬四季记录，简要概括起来就把这部编年史命名为"春秋"。孔子依据鲁国史官所编内容加以整理修订，形成《春秋》。《春秋》记录了从鲁隐公元年（公元前 722 年）到鲁哀公十四年（公元前 481 年），共 242 年的大事。由于它所记历史事实的起止年代，大体上与一个客观的历史发展时期相当，所以历代史学家也把《春秋》这个书名作为这个历史时期的名称。

公元前 771 年，因周幽王姬宫湦［shēng］（？—公元前 771 年，西周第 12 任君主，在位 11 年）宠信褒姒，废太子宜臼。宜臼逃至申国，他外公申侯联合曾侯、许文公及犬戎（外族）推翻了周幽王。之后因为内乱，犬戎频繁入侵，很快就打到镐京（今陕西省西安市），所以周平王姬宜臼（？—公元前 720 年，东周第 1 任君主，在位 51 年）被迫将国都从镐京东迁至东都洛邑（今河南省洛阳市）。因洛邑在镐京之东，此后的周朝史称东周（公元前 770—公元前 256 年）。自东周开始，周朝由强转弱，王室日益衰微，大权旁落，诸侯国之间互相征伐，战争频繁。小诸侯国纷纷被吞并，强大的诸侯国在局部地区实现了统一。诸侯群雄纷争，齐桓公（？—公元前 643 年，公元前 685—公元前 643 年在位）、宋襄公（？—公元前 637 年，公元前 650—公元前 637 年在位）、晋文公（公元前 697—公元前 628 年，公元前 636—公元前 628 年在位）、秦穆公（公元前 683—公元前 621 年，公元前 659—公元前 621 年在位）、楚庄王（？—公元前 591 年，公元前 613—公元前 591 年在位）相继称霸，史称春秋五霸。

据《史记》记载，东周时期，还有109诸侯国：齐、晋、秦、陈、吴、楚、越、韩、赵、魏、宋、鲁、卫、郑、曹、钜、邾、杞、杨、蔡、郯、任、滕、费、倪、曾、缯、邳、巢、随、钟吾、刘、六、召、周、道、房、沈、申、苏、温、廖（蓼）、舒、舒鸠、舒庸、舒廖、燕、南燕、许、徐、虞、虢、黎、无终、中山、安陵、邓、贾、邢、甘、荣、巴、蜀、单、州、胡、唐、赖、权、莱、逼阳、纪、遂、谭、代、黄、项、耿、霍、息、梁、芮、滑、薛、郕、章、顿、陆浑、肥、鼓、赤狄、潞国、江、根牟、应、罗、樊、毛、程、宿、詹、焦、祝、吕、聂105国；另有义渠、大荔、孤竹、山戎。

东周衰落的原因是，首先平王的外祖父申侯引犬戎攻入京师，害死周幽王，申侯拥立平王，使平王有弑父之嫌，因而使周天子在诸侯间的威望下降；其次各诸侯国势力逐渐强大，互相攻伐，周王室只剩下一小块地盘，周王室因而衰微。周平王因为想把政权一部分让虢国执掌，得罪了当时的强国郑国，因此不得不与郑庄公（公元前757—公元前701年，姬姓，郑氏，名寤生，公元前743—公元前701年在位）互换人质，将儿子王子狐送到郑国当人质，史称"周郑互质"。这是一次不平等的互质，周王贵为天子，却将儿子质于诸侯国。周桓王十二年（公元前708年），由于边境问题与郑国争执，周桓王率军讨伐郑国，郑庄公不仅敢于领兵抗拒，而且打败了王师，祝聃一箭射中了周王的肩膀。以上两个事件说明周王的地位已经严重下降，只是还保存着天下共主的名义罢了。郑庄公带兵东征西讨，小霸中原，史称"郑庄公小霸"。

周灵王姬泄心（？—公元前545年，东周第11任君主，在位27年）在位期间，周朝国势日益衰败，周天子威信日益低落。各诸侯国通过战争扩张势力，大诸侯国无视周天子，强国伐弱国，连年战争，民生疾苦。

公元前546年，宋国大夫向戌约晋、楚两国在宋国都城商丘（今河南省商丘市）会盟，调停两国间的战争，晋、楚、宋、鲁、卫、陈、郑、曹、许、蔡等十四国有势力的大夫都参加了会盟。会盟约定各国间停止战争，奉晋、楚两国为共同霸主，平分霸权，谁破坏协议，各国共讨之。这次大会史称"弭兵会盟"。

"弭兵会盟"的成功，反映了宋国作为弱小国家，在春秋政治舞台上扮演着非常重要的角色，这是宋国外交的极大胜利。"弭兵会盟"后，国与国之间的战争大为减少，此后的十几年未有战事发生，而晋、楚两大国之间，在其后的40年内没有发生过直接的军事冲突。介于两大国间的中原各国，有了一个暂时和平的环境。诸侯国间的斗争转为各国内部的斗争。各国内部贵族之间为斗争需要，在政治、经济上都采取一些新措施，这样就使旧的政治制度和经济制度逐渐被新的制度所取代。所以说，"弭兵会盟"是春秋时期由诸侯国间的争霸转向国内大夫间兼并的一年，也是春秋时期由前期转入后期的一年。

姬泄心有两子：长子姬晋和次子姬贵。姬晋天性聪明，温良博学，不慕富贵，喜爱音乐。15岁行冠礼后，以太子身份辅政。晋平公派当时名流师旷①前往朝见，问他何为治国之道。太子旁征博引，侃侃而谈，让师旷钦佩不已。姬泄心对他十分钟爱。不料，姬晋于20岁时突然得病身亡，姬泄心哀痛欲绝，日夜不宁，神情恍惚。公元前545年11月的一天深夜，姬泄心迷迷糊糊入睡，梦见太子骑着白鹤来迎接他。他惊醒后说："我儿来迎我，我应当走了。"于是命令传位于次子姬贵。数日后，姬泄心崩。姬贵即位，是为周景王（？—公元前520年，东周第12任君主，在位25年）。

公元前520年，周王室发生了长达十多年的"王子朝之乱"，最终致使原居洛邑王城的周敬王迁居成周②。在晋国的干涉下，周敬王最终击败了王子朝。王子朝在兵败后，携周室典籍图法奔楚。王子朝之乱致使周王室卿士专政，并最终导致"王室遂卑"，维护分封体系的君臣制度、宗法制度和诸侯制度都遭到了破坏，甚至开始崩溃，以周天子为中心的等级秩序已无力再维系。而王子朝携周室典籍图法奔楚，使得王室典籍大量失散，但也促进了中原文化向南传播，对楚国文化的发展起了非常重要的作用，直接或间接催生了后来的百家争鸣。

公元前441年，周贞定王姬介（？—公元前441年，东周第16任君主，在位28年）崩。姬介在位期间的公元前453年，晋国的三家大夫赵襄子、韩康子、魏桓子在陆续吞并了其他贵族后，共同攻灭了另外一家贵族智伯，晋国实际上分成3个国家（赵、韩、魏），晋国国君晋幽公反而要分别向他们朝贡。公元前441年，周贞定王的长子姬去疾继承王位，但只在位3个月就被自己的弟弟姬叔袭杀，姬去疾被追谥为周哀王（？—公元前441年，在位3个月）。姬叔即位后，又被另一个弟弟姬嵬所杀，姬叔被追谥为周思王（？—公元前441年，在位5个月）。周考王姬嵬（？—公元前426年，在位15年）继位后最害怕的事情，就是自己最小的弟弟姬揭也有样学样，杀自己再自立。冥思苦想之后，周考王做出了一个非常痛苦的决定，将极其有限的领土进一步分封。当时周天子手里已经没有多少土地了，主要的城市就是旧都王城和新都成周（都在今天洛阳市的辖区之内）。成周作为国都当然不能分出去了，考王就把王城封给了小弟弟姬揭，并封姬揭为周公。通过分封，避免再发生"弑兄自立"。这是周朝的最后一次分封。

周考王姬嵬在位期间，越国日益强大，和齐国、晋国、楚国成为中原霸主，越王灭了滕国，开始向中原发展。公元前426年周考王去世，其子姬午即位，是为周威烈王（？—公元前402年，东周第20任君主，在位24年）。

公元前403年，周威烈王封晋国大夫韩虔、赵籍、魏斯为诸侯。公元前376年，

---

① 师旷，字子野，平阳（今山东省新泰市南师店）人，著名音乐大师，古人称为乐圣。春秋时期晋国晋悼公和晋平公时大臣，宫廷掌乐太师，古传太极拳开创者，教育家，思想家，最早提出"民贵君轻"。初为晋大夫，后拜为太宰，著名琴曲《阳春》《白雪》即其所作。

② 周武王灭殷商后就着手在中原建立新都，是为成周。成周城由周公负责营建，到周成王五年建成。何尊铭文详细记载的周成王五年"宅兹中国"即此事。象征着王权的九鼎放在成周城的明堂当中，寓意定鼎中原，用以震慑天下。

韩、赵、魏废晋静公，将其迁于端氏（今山西省晋城市沁水县），将晋国剩余土地全部瓜分。三家分晋标志着春秋时代的结束，紧接着是战国时代的来临，也是司马光《资治通鉴》记载的起点。司马光还为三家分晋一事发表长篇的感言。姬午承认赵、魏、韩三家分晋，从而间接引发公元前 379 年的"田齐代姜（田氏代齐）"，导致战国臣克君、父克子、兄克弟混乱时期的开始。

田氏代齐,也称田陈篡齐。西周初年,周王朝封吕尚(姜太公)于齐地,建立齐国。公元前 539 年, 齐景公派晏婴出使晋国,晏婴私下对晋国大夫叔向说:"齐国政权最终将归田氏。田氏虽无大的功德,但能借公事施私恩,有恩德于民,人民拥戴。"是谓"公弃其民, 而归于田氏。"公元前 532 年,陈国公族田完的四世孙田桓子与鲍氏、栾氏、高氏合力消灭齐国当国的吕氏。田桓子对齐国公族"凡公子、公孙之无禄者, 私分之邑", 对国人"之贫穷孤寡者, 私与之粟", 取得公族与国人的支持。齐景公时, 公室腐败。田桓子之子田乞(田僖子)用大斗借出、小斗收回, 使"齐之民归之如流水", 增加了户口与实力。田氏施行私政, 与齐国国君争取民心。齐景公是个奢侈之君, 特别到了晚年, 更是好治宫室, 聚狗马, 喜奢侈而厚赋重刑。公元前 489 年, 齐景公死, 齐国公族国、高二氏立公子荼, 田乞逐国、高二氏, 另立公子阳生(齐悼公), 自立为相, 从此田氏掌握齐国国政。公元前 481 年, 田乞之子田恒(田成子)杀齐简公(齐悼公之子), 与诸多公族另立齐平公(齐简公弟), 进一步把持朝政, 又以"修公行赏"争取民心。公元前 391 年, 田成子四世孙田和废齐康公(齐平公孙)。公元前 386 年, 田和放逐齐康公于海上, 自立为国君, 同年被周安王册命为齐侯。公元前 379 年, 齐康公死, 姜姓吕氏齐国绝祀。田氏仍以"齐"作为国号, 史称"田齐", 列名于周朝王室。到此, 齐国的吕氏政权完全由田氏所取代。

春秋末期, 天子号召力已弱, 但仍可号令鲁、燕、宋、郑等诸侯, 使齐楚不敢欺周。三家分晋后又承认田氏齐国代吕氏齐国, 齐、晋皆为西周开国时的重要成员, 作为天子的周威烈王支持三家分掉晋国, 使周王室少了一座靠山, 又引发了战国下克上的大潮。自此, 燕、楚、魏、赵、韩、齐、秦纷纷称王, 不复春秋五霸尊王攘夷之事。

在周景王姬贵时, 王室的财政状况已相当拮据, 连宫廷的器皿都要诸侯孝敬。有一次, 周景王宴请晋国使臣, 晋国国君派出正史荀跞和副使籍谈。然而, 周天子召见, 晋国使臣竟然空手而来, 没有带上任何礼物。要知道周景王宴请各国使臣的目的, 就是为了接受贡品, 所以周景王很不高兴, 指着鲁国送来的铜壶说:"各国都有贡品敬献王室, 为何晋国没有?"被天子这么一问, 正史荀跞哑口无言, 副使籍谈越俎代庖, 回答道:"晋国受封的时候, 也没有接受过王室的礼器。现在晋国正忙着对付戎狄部落的入侵, 自然没有准备, 望天子宽宥。"

籍谈这番话很无礼。从法理上来说, 天子富有四海, 晋国一切都是周天子的。晋国现在看到周天子缺少威仪, 自己又吝啬, 才是没有送礼的根本原因。然而, 他却将周朝与晋国放在同等地位, 将进贡与礼尚往来相混淆, 完全是狡辩。

但是周景王思绪一转，慢慢跟籍谈算起账来。晋国本是周成王"桐叶封唐"给弟弟叔虞的，当时就赐予了不少礼器。桐叶封唐本是一句戏言，却对中国历史产生了巨大影响。

当初周武王（？—公元前1043年，西周第1任君主，在位4年）娶了姜子牙的女儿邑姜为王后，传说王后怀孕后，武王梦到一个天神对他说："我让你生个儿子，名叫虞，我把唐赐给他。"孩子出生后，武王发现婴儿的手掌心果然有个虞字纹，便为他取名虞，因他上面还有哥哥，就称他为叔虞。

周王朝建立后，武王用了"分封亲戚，以藩屏周"的政策，将周公封于鲁，姜尚封于齐，召公封于燕。把商纣之子武庚封于商都，武王派三个弟弟管叔（排行第三）、蔡叔（排行第五）、霍叔（排行第八）为"三监"，监督武庚。公元前1043年，周武王崩后，其子姬诵继位，是为成王（？—公元前1021年，西周第2任君主，在位22年）。周成王营造新都成周，统治中国、大封诸侯、派兵东征、制礼作乐，巩固了西周王朝的统治。但因当时成王年幼，由武王的弟弟周公旦[①]摄政。

公元前1041年，三监因不满周公辅政，联合武庚发生叛乱，史称"三监之乱"。周公调大军东征，用了三年时间最终平定了叛乱，并连续攻克了东方十七国，随后进行了第二次诸侯分封。派康叔（周文王姬昌与妻太姒第九子）建立卫国，派纣王的庶兄微子建立宋国，蔡叔的儿子蔡仲建立蔡国。不久，唐国（山西南部）又发生叛乱。周公率兵平叛，得胜回朝后向周成王汇报平定叛乱的经过，告诉成王说："现在唐国局势还不稳定，应该派一位王室子弟去镇守，好好地治理。"年幼的成王一边玩耍，一边心不在焉地答应了。

一天，成王叫弟弟叔虞陪他一起在园中玩耍，玩到高兴时顺手从树上摘下一片桐叶，用手撕成玉珪的形状，说："叔虞，我用这个封你做唐侯。"叔虞立即跪下，双手接过桐叶说："臣弟领旨谢恩。"兄弟俩玩兴正浓，在一旁的史官却将成王的言行记录下来。过了一段时间，史官见成王没有任何分封的表示，便将这件事情禀告了周公。周公上朝时问及此事，成王说："我和叔虞是在戏玩。"但周公却非常认真地对成王说："天子无戏言，大王说的每句话都要录入史书，只有说到做到，百姓才能感受到天子的诚信！"成王说："好吧，一切按照叔父所说的办。"随即下令择吉日为叔虞举行封唐大典。（成王与唐叔虞燕居，援梧叶以为珪，而授唐叔虞曰："余以此封女。"叔虞喜，以告周公。周公以请曰："天子其封虞邪？"成王曰："余一人

---

① 姬旦，周朝的开朝元勋之一，杰出的政治家、军事家、思想家、教育家，"元圣"、儒学先驱，周文王姬昌第四子，周武王姬发的弟弟。曾两次辅佐周武王讨伐纣王，制作礼乐。采邑在周，故称周公，一生的功绩被《尚书·大传》概括为："一年救乱，二年克殷，三年践奄，四年建侯卫，五年营成周，六年制礼乐，七年致政成王。"周公摄政七年，提出了全面根本性的典章制度，完善了宗法制、分封制、嫡长子继承法和井田制。7年后，归政成王，正式确立了周王朝的嫡长子继承制，这些制度的最大特色是以宗法血缘为纽带，把家族和国家融合在一起，把政治和伦理融合在一起。这一制度的形成对中国封建社会产生了极大的影响，为周朝八百年的统治奠定了基础。

与虞戏也。"周公对曰:"臣闻之,天子无戏言。天子言,则史书之,工诵之,士称之。"于是遂封叔虞于晋。周公旦可谓善说矣,一称而令成王益重言,明爱弟之义,有辅王室之固。《吕氏春秋·审应览》)

在隆重的授土授民仪式上,叔虞身着诸侯服饰接受封赏,周公宣读了诏书,册封叔虞为唐侯,管理汾河以东方圆百里的唐国。天子赐给叔虞怀姓九宗,职官五正,鼓、甲、钟等重要礼器,叔虞跪拜向成王行叩拜大礼并接受了百官的朝贺。

大典结束后,叔虞带着随侍的王公大臣、车马和贵重礼器离开国都。临行前成王拉着叔虞的手说:"王弟,去吧,你要替王兄管理好唐国的土地和那里的子民啊!"并给了他"启以夏礼,疆以戎索"(不必按"周礼"与"井田制"施政)的特殊政策。叔虞来到唐国后称唐叔虞,虞死后,其子燮父继位,迁都于晋水之旁("燮父以尧墟南有晋水"),将国号改为晋。

叔虞就国,带走的可是周武王的密须之鼓和周文王的大辂战车。另外,后来晋文公还接受了周襄王赐予的大路、戎路的战车斧钺,黑黍酿造的香酒,红色的弓和勇士,南阳的土田,这怎么能说王室没有赏赐过晋国礼器呢?

周景王算完账后,重重地对籍谈说:"亏你还是晋国司典的后代!"籍谈被天子一顿数落,自知理亏,也不敢作声。宴会几乎不欢而散。望着荀跞和籍谈离去的背影,怒气未消的周天子依然恨恨骂道:"籍谈这样的人恐怕不会有后代了吧!举出了典故却忘记了祖宗。"(籍父其无后乎?数典而忘其祖。《左传·昭公十五年》)

守藏史

老子,姓李名耳,字聃,又字伯阳。在春秋中期,周灵王元年(公元前571年)左右,老子出生于陈国苦县(今河南省鹿邑县)。老子少小聪颖,师从常枞(也称常摐〔chuāng〕)。周灵王二十一年(公元前551年),因渊博的知识和卓越的见识,老子被荐入周王室任守藏室史(管理周王室的藏书、典籍与档案)。

周景王二十五年(公元前520年)初夏,天子带着满朝公卿到京城之北邙狩猎去了。老子孤坐守藏室中,慢慢翻看简册,心直往下沉。平王被戎人逼迫东迁,王室从此式微;桓王被郑人射中肩膀,险些命丧九泉;庄王遭大臣谋杀,侥幸躲过大难;惠王为五大夫所逐,借诸侯兵助方得复归;襄王亦为弟叔带勾结戎狄所逐,诸侯发兵诛叔带,好歹平息了叛乱;定王时,楚庄王伐戎而兵临京郊,竟然派人专问天子传国之宝"九鼎"①的轻重,夺位野心昭然若揭……至于大小诸侯各国,也都动乱不宁,臣弑君、子弑父、兄弟相残、上下相克之事充满简册。总之是尊卑长幼之序

---

① 夏朝初年,夏王大禹划分天下为九州,令九州贡献青铜,铸造九鼎,象征九州,将全国九州的名山大川、奇异之物镌刻于九鼎之身,并将九鼎集中于夏王朝都城。九鼎成了中国的代名词,以及王权至高无上、国家统一昌盛的象征。夏朝、商朝、周朝三代奉其为象征国家政权的传国之宝。周显王时,九鼎没于泗水下。

颠三倒四，等级名分之礼乱七八糟！

春秋期间，有 36 名君主被臣下或敌国所杀，52 个诸侯国被灭，有大小战事 480 多次（著名的有长勺之战[①]、泓水之战、城濮之战[②]、崤之战、邲之战、鞌之战[③]），诸侯的朝聘和盟会 450 余次。鲁国朝王 3 次，聘周 4 次。但按礼制，"诸侯每年派大夫聘问于天子，每三年使卿聘问，每五年则君亲自聘问"。（诸侯之于天子也，比年一小聘，三年一大聘，五年一朝。《礼记·王制》）

老子推开简册，想起孔丘前来问礼的情形。多年前，孔丘带着弟子南宫敬叔等适周都问礼。老子觉得孔丘虽然阳刚之气过盛，理想之火太旺，但毕竟有经天纬地之才，天降大任之志。处事上，孔丘积极进取，精神像火一样燃烧，将恢复周礼作为平生目标，而老子对待万事万物无为不争、顺其自然。两个性格如水火的人竟然惺惺相惜，但又各具志向。想到这里，老子不禁抚膝长叹道："孔丘说当今之世君不君，臣不臣，父不父，子不子，礼崩乐坏，王道毁弃。果然如此！可是，何以处之呢……"他想，倘若在位天子圣明，励精图治，情况自然会慢慢好转。然而，当今天子也非圣贤，王子猛已是太子，周景王却偏宠庶长子王子朝和其师傅宾孟，企图废嫡立庶，引发一些公卿大夫的强烈不满。这不是又要自惹祸乱吗？

周景王的王后生有两子：姬猛、姬匄［gài］。周景王初立嫡长子姬猛为太子，但王子猛生性懦弱，缺少威仪；而庶长子王子朝却有勇有谋，具备王者风范。于是周景王欲废王子猛而立王子朝为太子，但大臣单旗等竭力反对，认为太子废立乃国之大事，王位传嫡不传贤。公元前 520 年夏，景王下定决心，欲更立太子之位，但未及颁诏而患病。景王自知必死，遂以大夫宾孟为顾命大臣，遗诏传位于王子朝。

景王崩后，谁也没有心思举办葬礼。大夫单旗、刘卷认为若立王子朝，他们必然失去权势，于是派剑客刺杀了顾命大臣宾孟，立太子猛为王，是为周悼王（？—公元前 520 年，东周第 13 任君主，在位 1 年）。拖了数月，总算安葬了景王。

单旗、刘卷违先王遗诏，刺杀顾命大臣宾孟，引起一些朝廷文武官员的愤怒。尹文公、甘平公、召庄公集合家兵，以南宫极为帅，攻打单旗、刘卷。周悼王命令平叛，刘卷率领的王室军队很快被击溃，周悼王逃出洛邑，向晋国告急，诸大臣即立王子朝为王。

晋国闻周王室大乱，遣大夫籍谈、荀跞率军队渡过黄河，直逼洛邑。王子朝见晋师威猛，无法取胜，遂带百官迁居于京（今河南省洛阳市西南）。晋国军队护送周

---

① 发生于公元前 684 年，齐国与鲁国之间在长勺（今山东省济南市莱芜区）的一场战役，"曹刿论战"即在此役中。

② 城濮之战，是周襄王二十年（公元前 632 年）晋、楚两国在卫国城濮（今山东省鄄城县西南）地区进行的争夺中原霸权的首次大战。晋文公兑现当年流亡楚国许下的"退避三舍"诺言，令晋军后退，避楚军锋芒。楚将子玉不顾楚成王告诫，率军冒进，被晋军歼灭两翼。楚军大败，子玉自杀。

③ 发生于公元前 589 年，齐国和晋国之间在鞌（［ān］，今山东省济南市）的一场战役，以晋国胜利而告终，但大大消耗了交战双方的实力。

悼王入居王城。周悼王借兵复辟，不甚得人心，一日三惊，当年冬天忧惧而死。

于是单旗、刘卷拥立周悼王的同母弟姬匄为王，是为周敬王（？—公元前476年，东周第14任君主，在位44年）。晋国军队撤退后，王子朝率军攻打王城，周敬王派兵迎战。周敬王的军队不堪一击，王子朝入居王城，周敬王逃到狄泉（又作翟泉，今河南省孟津县金村附近）。周王室两王并立，人称王子朝为西王，周敬王为东王。

东、西二王互相攻杀，数年不绝。公元前516年，王子朝的大臣召庄公、上将南宫极相继去世。周敬王使人散布谣言，称王子朝之乱使上天震怒，南宫极是被天雷劈死，于是王城民众人心悚惧。周敬王复请兵于晋国，晋国遣大夫荀跞率兵入周。王子朝率众拒守，但城破。王子朝及召氏之族、毛伯得、尹文公等搬空周朝守藏室，携全部典籍奔楚国而去，周敬王入居成周。至此，王子朝之乱初步平定。

两王并立时，争斗不休，战火益炽，国无宁日。老子再也不可能静坐观史究礼，常常随同百官东躲西藏，颠沛流离。

王子朝之乱平息后，老子匆匆返回王城，环顾空空如也的守藏室，心也完全空了，数十年的往事竟如烟云流散……怅惘久之，他终于向天子奏请辞官。周敬王见守藏室已经无藏可守，也就准奏了。

老子举家南归陈国故乡，过着清贫的生活。"处贱不闷，贫而能乐"，徜徉山水，自食其力。老子有时也外出漫游，并与一些老友相会。遭逢乱世，举目多见离乱之象：齐、晋、楚、秦加上后起的吴、越等强国连年争霸交战，中小诸侯也不消停，而各国内部的党争政变更如家常便饭。陈国屡遭吴、楚两大强邻的攻伐，国家危如累卵，但陈国的大夫们却醉生梦死，毫无作为，反而勾结蔡国大夫们将曾经批评过他们的孔丘及其门徒围困了七天七夜，造成"绝粮"事件，孔丘师生差点儿饿死。这大概也要怪孔丘忘记了老子当年在王城的临别赠言吧！到了周敬王四十一年（公元前479年），传来了孔丘病亡的消息，第二年陈国终于被楚灭亡，老子万念俱灰，决计远遁隐居。

当时，南方是吴、楚、越国，巴人、夷人攻伐不休；北方则"中原动荡"，到处难以驻足安身。老子只得把目光转向还算安定一点儿的关西地区。一路跋山涉水，风餐露宿，北过王城，西入关中，一直走到函谷关下。关令尹喜是个喜好道术、"隐德修行"的君子，早已风闻老子西游之事，料定他必过此关，遂嘱关兵注意盘查迎候，果然迎到了老子。二人相见甚乐，连日交谈，尹喜虚心求教，聆听金声玉振，茅塞顿开，喜不自胜。他要老子终老此地，自己奉养不怠，老子却执意要走。尹喜见实在挽留不住，只好同意放行。但又想，若让这样一位无与伦比的"博大真人"连同其博大精深的学问一起永远消失，简直是开天辟地以来最大的、永远无法弥补的损失。于是他便恳求老子说："老先生将远遁隐居了，我也留不住，只是请求您勉为其难，作书一部，把您的大学问存留于人世吧！"

老子推辞不过，只得答应下来。于是静坐默思，运刀动笔，"著书上下篇，言道德之意五千余言"。尹喜感动了老子，老子遂以自己的生活体验、王朝兴衰成败、百姓安危祸福为鉴，溯其源，著上下两篇，共五千多言，即《道德经》。然后，他告别尹喜，骑上大青牛，飘然出关而去，莫知其所终。（居周久之，见周之衰，乃遂去。至关，关令尹喜曰："子将隐矣，强为我著书。"于是老子乃著书上下篇，言道德之意五千言而去，莫知其始终。《史记·老庄申韩列传》）

《道德经》又称《老子》，是中国古代先秦诸子分家前的一部著作，为其时诸子所共仰，是道家哲学思想的重要来源。《道德经》分上下两篇，原文上篇《德经》、下篇《道经》，不分章；后改为《道经》在前，《德经》在后，并分为81章。全文共5000多字，是中国历史上首部完整的哲学著作。

《道德经》并不是一部论述道德的著作，道德二字在《道德经》里各有不同的概念。道德经前37章讲道，后44章言德，道是体，德是用。

《道德经》①

第一章

道可道，非常道；名可名，非常名。无名，天地之始；有名，万物之母。故常无欲，以观其妙；常有欲，以观其徼。此两者，同出而异名，同谓之玄，玄之又玄，众妙之门。

（"道"如果可以用言语来表述，那它就是常"道"；"名"如果可以用文辞去命名，那它就是常"名"。"无"可以用来表述天地混沌未开之际的状况；而"有"，则是宇宙万物产生之本原的命名。因此，要常从"无"中去观察领悟"道"的奥妙；要常从"有"中去观察体会"道"的端倪。无与有这两者，来源相同而名称相异，都可以称之为玄妙、深远。它不是一般的玄妙、深奥，而是玄妙又玄妙、深远又深远，是宇宙天地万物之奥妙的总门。）

道可道，非常道，老子说：如果用语言说得清楚，就不是我要说的道。全篇5000多字，老子都没有说道是什么，说得出来的就不是道了。无，是0吗？是138亿年前的那个奇点，是黑洞？有，是1吗？是大爆炸，是质子、中子和电子，是氢原子、氦原子，是生物进化，还是量子纠缠？如此多的称谓说不清道不明，但它们全出自"无"——那个奇点？道是万有引力中的平方反比，是物体的惯性和力的相互作用，是光的干涉和衍射产生的波动，是能量转化与守恒，是孤立系统的熵永远增加，是薛定谔方程和测不准原理，是空间弯曲和平行宇宙……老子已感悟到道，但概念的缺乏和工具语言的匮乏，使老子无法用现有的语言表述什么是道。就像牛顿第二定律：$F=ma$。或者像统一电磁理论的麦克斯韦方程组（微分形式）：$\nabla \cdot \boldsymbol{D}=\rho_0$、$\nabla \times \boldsymbol{E}=\dfrac{\partial \boldsymbol{E}}{\partial t}$、$\nabla \cdot \boldsymbol{B}=0$、$\nabla \times \boldsymbol{H}=\boldsymbol{j}_0+\dfrac{\partial \boldsymbol{D}}{\partial t}$。没有物理概念和数学语言，是完全说不清楚的。

帛书《老子》（《德道经》）的相应内容："道，可道也，非恒道也。名，可名也，非恒名也。无，名天地之始也；有，名万物之母也。故恒无欲也，以观其眇；恒有

---

① 《道德经》原文源自参考文献［1］，译文源自"道德经网"；《德道经》《老子》原文源自参考文献［4］。

欲也，以观其所噭。两者同出，异名同胃；玄之又玄，众妙之门。"

第四章

道冲，而用之或不盈，渊兮，似万物之宗。挫其锐，解其纷，和其光，同其尘。湛兮，似或存，吾不知谁之子，象帝之先。

（大"道"空虚无形，但它的作用又是无穷无尽。深远啊！它好像万物的祖宗。消磨它的锋锐，消除它的纷扰，调和它的光辉，混同于尘垢。隐没不见啊，又好像实际存在。我不知道它是谁的后代，似乎是天帝的祖先。）

虚无的道是万物实有的原因和根据。它生养万物、支持万物，所以它功于万物。但它生而不有，功而不居。不居万物之上，不居万物之前。甘以虚无居万物实有之下，居万物实有之后。而实质上它是万物的主宰，是最实最真者。而且应当是最光辉的实在，最耀眼夺目的实在。偏偏它，收敛了锋芒，折屈了锐气，和解了光辉，将自己混同于最微最小的事物，最终以虚无的形式卑微地存在着。这即道的无为。

帛书《老子》（《德道经》）的相应内容："道冲而用之，有弗盈也；潇呵！始万物之宗。锉其兑，解其纷，和其光，同其尘。湛呵！似或存。吾不知谁子也，象帝之先。"

第五章

天地不仁，以万物为刍狗；圣人不仁，以百姓为刍狗。天地之间，其犹橐籥乎？虚而不屈，动而愈出。多言数穷，不如守中。

（天地是无所谓仁慈的，它没有仁爱，对待万事万物就像对待草扎的狗一样，任凭万物自生自灭。圣人也是没有仁爱的，也同样像对待草扎的狗那样对待百姓，任凭人们自作自息。天地之间，岂不像个风箱一样吗？它空虚而不枯竭，越鼓动风就越多，生生不息。政令繁多反而更加使人困惑，更行不通，不如保持虚静。）

老子认为天地是无为的，自然界的一切事物，只需依照自然界的发展规律生长变化，不需任何主宰者驾临于自然之上来加以命令和安排。老子通过两件事加以解说。一是人们祭祀时使用的以草扎制而成的狗，祈祷时用它，用完后随手就把它扔掉了。同样，圣人无所偏爱，取法于天地之纯任自然。即圣明的统治者对老百姓也不应有厚有薄，而要平等相待，让他们根据自己的需要安排作息。二是使用的风箱，只要拉动就可以鼓出风来，而且不会竭尽。天地之间好像一个风箱，空虚而不会枯竭，越鼓动风越多。政令烦苛，只会加速其败亡，不如保持虚静状态。老子所说的"不仁"，并非不仁慈、不仁爱的意思，他想表达的意思是"不偏爱、不干预"。

帛书《老子》（《德道经》）的相应内容："天地不仁，以万物为刍狗。圣人不仁，以百姓为刍狗。天地之间，其犹橐籥与！虚而不淈，虚而不淈，踵而俞出。多闻数穷；不若守于中。"

第八章

上善若水，水善利万物而不争。处众人之所恶，故几于道。居善地，心善渊，与善仁，言善信，正善治，事善能，动善时。夫唯不争，故无尤。

（最善的人好像水一样。水善于滋润万物而不与万物相争，停留在众人都不喜欢的地方，所以最接近于"道"。最善的人，最善于选择居处，心胸善于保持沉静而深不可测，待人善于真诚、友爱和无私，说话善于恪守信用，为政善于精简处理，能把国家治理好，处事能够善于发挥所长，行动善于把握时机。最善的人所作所为正因为有不争的美德，所以没有过失，也就没有怨咎。）

第一章是"以雌喻道"，此章则是"以水喻道"，再其后在其他篇章里还要讲"江海为百谷王""天下莫柔弱于水"。

可能受老子的影响，孔子说："知者乐水，仁者乐山；知者动，仁者静；知者乐，仁者寿。"（《论语·雍也》）孔子观赏东流之水，子贡向孔子发问："君子看见大水一定要观赏，是为什么？"孔子说："流水浩大，普遍地施与各种生物而仿佛无为，好像德；它流动起来向着低下的地方，弯弯曲曲一定遵循流动的规律，好像义；它浩浩荡荡无穷尽，好像道；如果掘开堵塞使它通行，它回声应和原来的声响，奔赴百丈深谷也不怕，好像勇；注入量器时一定很平，好像法；它注满量器后不需要刮平，好像正；它温软地可以到达所有细微的地方，好像（明）察；各种东西在水里出来进去，便鲜美洁净，好像善于教化；它经历万千曲折也一定向东流去，好像志。所以君子看见大水一定要观赏它。"（孔子观于东流之水，子贡问于孔子曰："君子之所以见大水必观焉者，是何？"孔子曰："夫水，大遍与诸生而无为也，似德。其流也埤下，裾拘必循其理，似义。其洸洸乎不淈尽，似道。若有决行之，其应佚若声响，其赴百仞之谷不惧，似勇。主量必平，似法。盈不求概，似正。淖约微达，似察。以出以入，以就鲜洁，似善化。其万折也必东，似志。是故君子见大水必观焉。"《荀子·宥坐》)

帛书《老子》（《德道经》）的相应内容："上善治水，水善利万物而有静；居众之所恶，故几于道矣。居善地，心善潚。予善信，正善治，事善能，踵善时。夫唯不争，故无尤。"

第九章

持而盈之，不如其已。揣而锐之，不可长保。金玉满堂，莫之能守；富贵而骄，自遗其咎。功成身退，天之道也。

（执持盈满，不如适时停止；显露锋芒，锐势难以保持长久。金玉满堂，无法守藏；如果富贵到了骄横的程度，那是自己留下了祸根。一件事情做得圆满了，就要含藏收敛，这是符合自然规律的道理。）

春秋末期，范蠡（公元前536—公元前448年）辅助越王勾践成功复国，却激流勇退。他来到齐国转行经商，很快便成为巨富。范蠡经商期间，三次发大财，又三次仗义疏财。范蠡功成身退，被誉为"忠以为国，商以致富，智以保身，功成名遂"，这就是天之道的风范。

而李斯在秦国为官，已经做到丞相之职，可谓集富贵功名于一身，权大势重不可一世。然而最终却做了阶下囚，被夷三族。李斯或读过《道德经》，但可能从未读进心里。

帛书《老子》（《德道经》）的相应内容："植而盈之，不若其已。揣而允之，不可长葆之。金玉盈室，莫之守也。贵富而骄，自遗咎也。功述身芮，天之道也。"

第十八章

大道废，有仁义；慧智出，有大伪；六亲不和，有孝慈；国家昏乱，有忠臣。

（大道被废弃了，才有提倡仁义的需要；聪明智巧的现象出现了，伪诈才盛行一时；家庭出现了纠纷，才能显示出孝与慈；国家陷于混乱，才能见出忠臣。）

在本章中，老子再次阐述了自己的辩证思想。"大道"盛行之时，像"仁义"这些东西自然地存在于人们的行为当中，人们不缺乏仁义，所以感觉不到它的存在，也就没有了倡导的必要。只有当社会秩序大乱、大道缺失、仁义泯灭的时候，人们才会由于缺乏这些东西而大加倡导。最后一句，指在国家安定的情况下，人民富足、平等，忠臣又有何用武之地呢？老子是一个善于洞察世事的高人，他总能从事物的表象看出问题的本质，从结果看出原因，这个本质和原因往往就隐藏在表象和结果的反面。

如果不是春秋战国的混乱，怎么可能有诸子百家；如果不是三国时期的战乱，怎么可能出现周瑜和诸葛亮。国家安定、社会平稳的时候，英雄竖子皆不成名。

帛书《老子》（《德道经》）："故大道废，案有仁义；知快出，案有大伪；六亲不和，案有畜慈；邦家昏乱，案有贞臣。"

第二十二章

曲则全，枉则直；洼则盈，敝则新；少则得，多则惑。是以圣人抱一为天下式。不自见，故明；不自是，故彰；不自伐，故有功；不自矜，故长。夫唯不争，故天下莫能与之争。古之所谓"曲则全"者，岂虚言哉！诚全而归之。

（委曲便会保全，屈枉便会直伸；低洼便会充盈，陈旧便会更新；少取便会获得，贪多便会迷惑。所以有道的人坚守这一原则作为天下事理的范式，不自我表扬，反能显明；不自以为是，反能是非彰明；不自己夸耀，反能得有功劳；不自我矜持，所以才能长久。正因为不与人争，所以遍天下没有人能与他争。古时所谓"委曲便会保全"的话，怎么会是空话呢？它实实在在能够达到。）

"曲则全"："曲"乃"全"之根，"曲"成就了"全"。"枉则直"："枉"是双向的左右弯曲。"洼则盈"：地洼而水盈。庄子说老子之道是"人皆求福，已独曲全。曰'苟免于咎'。"（《庄子·天下》）老子认为，事物常在对立的关系中产生，人们对事物的两端都应当观察，从正面去透视负面的状况，对于负面的把握，更能显现出正面的内涵。事实上，正面与负面，并非截然不同的东西，而是相互储存的关系。普通人只知道贪图眼前的利益，急功近利，这未必是好事。老子告诫人们，要开阔视野，要虚怀若谷，坚定地朝着自己的目标前进。但是如果不考虑客观情况，一味地蛮干，其结果只能适得其反。

帛书《老子》（《德道经》）："曲则金，枉则定，洼则盈，敝则新，少则得，多则惑。是以圣人执一以为天下牧。不自视故明，不自见故彰，不自伐故有功，弗矜故能长。夫唯不争，故莫能与之争。古之所谓曲则金者，几语才！诚金归之。"

第二十五章

有物混成，先天地生。寂兮寥兮！独立而不改，周行而不殆，可以为天下母。吾不知其名，字之曰道，强为之名曰大。大曰逝，逝曰远，远曰反。故道大，天大，地大，王亦大。域中有四大，而王居其一焉。人法地，地法天，天法道，道法自然。

（有一个东西混然而成，在天地形成以前就已经存在。听不到它的声音也看不见它的形体，寂静而空虚，不依靠任何外力而独立长存永不停息，循环运行而永不衰竭，可以作为万物的根本。我不知道它的名字，所以勉强把它叫作"道"，再勉强给它起个名字叫作"大"。它广大无边而运行不息，运行不息而伸展遥远，伸展遥远而又返回本原。所以说道大、天大、地大、人也大。宇宙间有"四大"，而人居其中之一。人取法地，地取法天，天取法道，而道纯任自然。）

这里的"自然"，并不是大自然的意思（中国古代没有大自然的概念）。老子那个时代，然同燃。日月星辰自燃而明，是天经地义的事，道也如此。有那么一种规律的存在，在天地生成之前就已经存在了，就像万有引力。其状态是寂静安详、空旷深远的，它独立存在于天地万物之外，自始至终没有改变过。在万事万物间循环往复地发挥着巨大的作用而其本身却永不倦怠、永不缺损、永不推辞，真可以称得上是天下万物之母啊！我实在是不知道该怎么称呼它啊，姑且勉强给它起个字号叫"道"（规律）吧，再勉强给它加个"大"吧。其为大者可如"朝辞白帝彩云间"般离我们而去，离我们而去者或可如"一行白鹭上青天"般渐行渐远，渐行渐远者却又似"蓦然回首，那人却在，灯火阑珊处"般返回到我们身边来。所以，道可称之为大，天可称其为大，地可称其为大，人也可称其为大。在我们生存区域内的这"四大"之中，人只是其中之一而已。人要遵从地的法则，地要遵从天的法则，天要遵从道的法则，而道的法则是自成其然、自然而成的。

帛书《老子》（《德道经》）："有物昆成，先天地生。绣呵！缪呵！独立而不亥，可以为天地母。吾未知其名，字之曰道。吾强为之名曰大。大曰筮，筮曰远，远曰反。道大，天大，地大，王亦大。国中有四大，而王居一焉。人法地，地法天，天法道，道法自然。"

第二十八章

知其雄，守其雌，为天下豁。为天下豁，常德不离，复归于婴儿。知其白，守其黑，为天下式。为天下式，常德不忒，复归于无极。知其荣，守其辱，为天下谷。为天下谷，常德乃足，复归于朴。朴散则为器，圣人用之则为官长。故大制不割。

（深知什么是雄强，却安守雌柔的地位，甘愿作天下的溪涧。甘愿作天下的溪涧，永恒的德行就不会离失，回复到婴儿般单纯的状态。深知什么是明亮，却安于暗昧的地位，甘愿做天下的模式。甘愿做天下的模式，永恒的德行不相差失，恢复到不可穷极的真理。深知什么是荣耀，却安守卑辱的地位，甘愿做天下的川谷。甘愿做天下的川谷，永恒的德行才得以充足，回复到自然本初的素朴纯真状态。朴素本初的东西经制作而成器物，有道的人沿用真朴，则为百官之长，所以完善的政治是不可分割的。）

通晓事物情理的锐敏聪慧之人，不可炫露耀物，宜于内含自守。

帛书《老子》（《德道经》）的相应内容："知其雄，守其雌，为天下溪；为天下溪，恒德不离；恒德不离，复归婴儿。知其白，守其辱，为天下浴。为天下浴，恒德乃足；德乃足，复归于樸。知其白，守其黑，为天下式；为天下式，恒德不貳；德不貳，复归于无极。樸散则为器，圣人用，则为官长。夫大制无割。"

帛书中，"知其白，守其辱"似应为"知其荣，守其辱"。

第四十章

反者道之动；弱者道之用。天下万物生于有，有生于无。

（循环往复的运动变化，是道的运动，道的作用是微妙、柔弱的。天下的万物产生于看得见的有形质，有形质又产生于不可见的无形质。）

无中生有、循环往复、柔弱、顺其自然。

高以下为基，贵以贱为本，有以无为用，此其反也。动皆知其所无，则物通矣。故曰反者道之动也。柔弱同通，不可穷极。天下万物生于有，有生于无。天下之物，皆以有为生。（王弼[①]《道德经注》）

帛书《老子》（《德道经》）的相应内容："反也者，道之动也；弱也者，道之用也。天下之物生于有，有生于无。"

第四十一章

上士闻道，仅能行之；中士闻道，若存若亡；下士闻道，大笑之——不笑，不足以为道。故建言有之：明道若昧，进道若退，夷道若纇。上德若谷，大白若辱，广德若不足，建德若偷，质真若渝。大方无隅，大器晚成，大音希声，大象无形。道隐无名。夫唯道，善贷且成。

（悟性高的人听到道后，必定立即勤奋去实行；聪明的人听到道后，则将信将疑、犹豫不定；迟钝的人听到道后，则会哈哈大笑。如果不被迟钝的人嘲笑，那就不足以成为"道"了。所以古时候立言的人说过这样的话：光明的道看似暗昧，前进的道好似在后退，平坦的道好似凹凸不平。崇高的德好似低下的川谷，广大的德好似有不足之处，刚健的德好似怠惰的样子，质朴纯真又好像浑浊未开。洁白无瑕的东西好似含污纳垢了一般，最方正的东西好似没有棱角，最珍贵的器物总在最后制成，最大的乐声反而听来没有声音，最大的形象反而看不见它的形状。道幽隐无声，无名无状。也只有道，才善于给予万物并且辅助万物。）

"上士闻道，仅能行之；中士闻道，若存若亡；下士闻道，大笑之"说出了理论对实践的指导作用以及各种人对正确理论的认识水平。哈恩发现原子核裂变，物理学家立刻根据物理学原理推测能制造威力无比的原子弹，并通过努力制造出来。这就是"上士闻道，勤而行之"。莱特兄弟根据空气动力学的知识，欲自己制造飞机，但没有人会相信这么笨重的机器会飞起来，朋友都笑他们俩疯了。这就是"下士闻道，大笑之"。

帛书《老子》（《德道经》）的相应内容："上士闻道，董能行之；中士闻道，若存若亡；下士闻道，大笑之。弗笑不足以为道。是以建言有之曰：明道如费，进道如退，夷道如类；上德如浴，大白如辱，广德如不足，建德如输，质真如渝；大方无隅；大器晚成，大音希声；天象无刑，道隐无名。夫唯道，善始且善成。"

第四十二章

道生一，一生二，二生三，三生万物。万物负阴而抱阳，冲气以为和。人之所恶，唯孤、寡、不穀，而王公以为称。故物或损之而益，或益之而损。人之所教，亦我而教人。强梁者不得其死——吾将以为教父。

（道是独一无二的，道本身包含阴阳二气，阴阳二气相交而形成一种适匀的状态，万物在这种状态中产生。万物背阴而向阳，并且在阴阳二气的互相激荡而成新的和谐体。人们最厌恶的就是"孤""寡""不穀"，但王公却用这些字来称呼自己。所以一切事物，如果减损它却反而得到增加；如果增加它却反而得到减损。别人这样教导我，我也这样去教导别人。强横的人死无其所。我把这句话当作施教的宗旨。）

由道开始，"道生一，一生二，二生三，三生万物""有生于无"。道是数学的演绎，还是物理的规律？一是什么，是宇宙大爆炸的奇点，还是混沌初开？《淮南子》的解释："二"是"阴阳"，三是"阴阳合和"。有道，一切皆能生出，如同数学中的欧拉公式 $e^{i\pi}+1=0$，将实数（0、1）和虚数（i）以及自然数（e、π）放进了一个公式里；如像爱因斯坦质能方程 $E=mc^2$，物质能量可相互转化。

帛书《老子》（《德道经》）的相应内容："道生一，一生二，二生三，三生万物。万物负阴而抱阳，中气以为和。天下之所恶，唯孤、寡、不榖，而王公以为自名也。勿或损之而益，或益之而损。觐殷死，议而教人。故强良者不得死，我将以为学父。"

第四十九章

圣人无常心，以百姓心为心。善者善之；不善者亦善之，德善也。信者信之，不信者亦信之，德信也。圣人在天下也，歙歙焉，为天下浑心。百姓皆注其耳目焉，圣人皆咳之。

（圣人常常是没有私心的，以百姓的心为自己的心。对于善良的人，我善待于他；对于不善良的人，我也善待他。这样就可以得到善良了，从而使人人向善。对于守信的人，我信任他；对不守信的人，我也信任他。这样就可以得到诚信了，从而使人人守信。有道的圣人在其位，收敛自己的欲意，使天下的心思归于浑朴。百姓们都专注于自己的耳聪目明，有道的人使他们都回到婴孩般纯朴的状态。）

圣人以大道为根本，不因为环境和人情的改变而改变，所以对善和不善、信与不信的人都以一样的善良之心和诚信之心相待。对于善良的人就善待，对于不善良的人也同样善待，这样圣人就得到了善良。对于守信的人信任，对于不守信的人也同样信任，这样圣人便得到了信誉。

子曰："己所不欲，勿施于人。"

耶稣往橄榄山去。清早又回到殿里，众百姓都到他那里去，他就坐下教训他们。文士和法利赛人带着一个行淫时被拿的妇人来，叫她站在当中，就对耶稣说："夫子，这妇人是正行淫之时被拿的。你说该把她怎么样呢？"耶稣却弯着腰，用指头在地上画字。但他们还是不住地问他，耶稣就直起腰来，对他们说："你们中间谁是没有罪的，谁就可以先拿石头打她。"于是又弯着腰，用指头在地上画字。他们听见这话，就从老到少，一个一个地都出去了，只剩下耶稣一人，还有那妇人仍然站在当中。（《新约·约翰福音》第八章）

帛书《老子》（《德道经》）的相应内容："圣人恒无心，以百姓之心为心。善者善之，不善者亦善之；德善也。信者信之，不信者亦信之；德信也。圣人之在天下，歙歙焉，为天下浑心，百姓皆属其耳目焉，圣人皆咳之。"

第七十六章

人之生也柔弱，其死也坚强。草木之生也柔脆，其死也枯槁。故曰坚强者死之徒，柔弱者生之徒。是以兵强则灭，木强则折。强大处下，柔弱处上。

（人活着的时候身体是柔软的，死了以后身体就变得僵硬。草木生长时是柔软脆弱的，死了以后就变得干硬枯槁了。所以坚强的东西属于死亡的一类，柔弱的东西属于生长的一类。因此，用兵逞强就会遭到灭亡，树木强大了就会遭到砍伐摧折。凡是强大的，总是处于下位，凡是柔弱的，反而居于上位。）

老子去看望生病的老师常摐，问道："先生病得如此严重，有没有什么教诲告诉弟子们呢？"常摐说："即使你不问，我也要说的。"他张开嘴给老子看了看，问道："我的舌头还在吗？"老子说："在。"常摐又问："我的牙齿还在吗？"老子说："没有了。"常摐问："你知道这是为什么吗？"老子回答："那舌头之所以存在，岂不是因为它柔软吗？牙齿没了，岂不是因为它是刚硬吗？"常摐说："好！完全正确。这天下的事情都说明白了，我没有什么可以再传授你的了。"（常摐有疾，老子往问焉，曰："先生疾甚矣，无遗教可以语诸弟子者乎？"常摐曰："子虽不问，吾将语子。"……张其口而示老子曰："吾舌存乎？"老子曰："然。""吾齿存乎？"老子曰："亡。"常摐曰："子知之乎？"老子曰："夫舌之存也，岂非以其柔耶？齿之亡也，岂非以其刚耶？"常摐曰："嘻，是已。天下之事已尽矣，无以复语子哉！"（刘向《说苑·敬慎》）

帛书《老子》（《德道经》）的相应内容："人之生也柔弱，其死也恒仞坚强。万物草木之生也柔脆，其死也捭槁。故曰：坚强者，死之徒也；柔弱微细，生之徒也。兵强则不胜，木强则恒。强大居下，柔弱微细居上。"

第八十章

小国寡民，使有什伯之器而不用；使民重死而不远徙；虽有舟舆，无所乘之；虽有甲兵，无所陈之；使人复结绳而用之。甘其食，美其服，安其居，乐其俗。邻国相望，鸡犬之声相闻，民至老死不相往来。

（使国家变小，使人民稀少。即使有各种各样的器具，却并不使用；使人民重视死亡，而不向远方迁徙；虽然有船只车辆，却不必每次坐它们；虽然有武器装备，却没有地方去布阵打仗；使人民再回到远古结绳记事的自然状态之中。国家治理得好极了，使人民吃得香甜，穿得漂亮，住得安适，过得快乐。国与国之间互相望得见，鸡犬的叫声都可以听得见，但人民从生到死，也不互相往来。）

在老子的内心，更向往上古黄帝禅让制的时代（夏、商、周已是家天下），那是谁修行好就推举谁来带领、指导大家生活的时代，整个社会朴素自然，国与民都处在道的状态，织而衣，耕而食。如《击壤歌》："日出而作，日入而息。凿井而饮，耕田而食。帝力于我何有哉。"

帛书《老子》（《德道经》）的相应内容："小邦寡民。使十百人之器毋用，使民重死而远徙。有车周无所乘之，有甲兵无所陈之。使民复结绳而用之。甘其食，美其服，乐其俗，安其居。邻邦相望，鸡狗之声相闻，民至老死，不相往来。"

第八十一章

信言不美，美言不信。善者不辩，辩者不善。知者不博，博者不知。圣人不积：既以为人，己愈有；既以与人，己愈多。故天之道，利而不害；人之道，为而不争。

（真实可信的话不漂亮，漂亮的话不真实。善良的人不巧说，巧说的人不善良。真正有知识的人不卖弄，卖弄自己懂得多的人不是真的有知识。圣人是不存占有之心的，而是尽力照顾别人，他自己也更为充足；他尽力给予别人，自己反而更丰富。自然的规律是让万事万物都得到好处，而不伤害它们。圣人的行为准则是，做什么事都不跟别人争夺。）

本章是《道德经》的最后一章，是全书正式的结束语。人们在自然之中，要遵循自然的规律，把自己的勇气建立在柔弱谨慎自存的基础上，去做一个像水一样包容、无私、平和的人。

帛书《老子》（《德道经》）的相应内容："信言不美，美言不信。知者不博，博者不知。善者不多，多者不善。圣人无积，既以为人己愈有，既以予人己愈多。故天之道，利而不害；人之道，为而弗争。"

在《道德经》中，老子试图建立一个囊括宇宙万物的理论。老子认为一切事物都遵循这样的规律（道）：事物本身的内部不是单一的、静止的，而是相对复杂和变化的。事物本身即阴阳的统一体。相互对立的事物会互相转化，即阴阳转化。方法（德）来源于事物的规律（道）。

《道德经》主要论述"道"与"德"："道"不仅是宇宙之道、自然之道，也是个体修行即修道的方法；"德"不是通常以为的道德或德行，而是修道者所必备的特殊的世界观、方法论以及为人处世之方法。

"道"是浑全之朴，"众妙之门"。"道"生成了万物，又内涵于万物之中；"道"在物中，物在"道"中，万事万物殊途而同归，都通向了"道"。

"道"不只是有形的"物质"、思虑的"精神"、理性的"规律"，而是造成这一切的无形无象、至虚至灵的宇宙根本。"物质""精神""规律"皆是"道"的派生物。"道"是先天一炁［qì］，混元无极，"道"是其大无外、其小无内、至简至易、至精至微、至玄至妙的自然之始祖、万殊之大宗，是生成宇宙万物的源头。

老子讲无为，《道德经》提出了"无为而治"的主张。无为而治是道家的基本思想，也是其修行的基本方法。儒家也讲"无为而治"："无为而治者，其舜也与？夫何为哉？恭己正南面而已矣。"《论语·卫灵公》（"能够不做什么就使天下得到治理的人，大概只有舜吧？他做了什么呢？他只是庄重端正地面向南地坐在王位上罢了。"）

老子使"无为而治"系统化而成为理论，他认为统治者的一切作为都会破坏自然秩序，扰乱天下，祸害百姓。他提出统治者无所作为，效法自然，让百姓自由发展。但老子的"无为"并不是以"无为"为目的，而是以"有为"为目的，"无为"

会转化为"有为"。这种思想的高明之处在于，虽然主观上不以取得利益为目的，客观上却可以更好地实现利益。"天地无人推而自行，日月无人燃而自明，星辰无人列而自序，禽兽无人造而自生，此乃自然为之也，何劳人为乎？"可见老子所说的"自然"不是类似于神的概念，万物的规律（道）由自然来指定，即"道法自然"。

《道德经》全篇"空无一人"，既无三皇五帝，也无夏桀商纣。老子书于竹简，字愈五千，简练考究，力透纸背。春风大雅容万物，秋水文章不染尘。《道德经》同时运用了多种修辞方式——对偶、排比、比喻、设问和反问、联珠等，使词句准确、鲜明、生动，富有说理性和感染力。

无为、不争、顺其自然，是老子《道德经》（王弼本）中的核心思想。其中，光"不争"二字就在《道德经》中出现了 8 次，"无为"更是出现 12 次之多。

老子的"无为"和"不争"，是对君王的告诫，告诫他们不要与民争利。老子作为周朝的守藏史，他了然王朝的兴衰和君王的更迭，告诫君王如何治理天下。作为统治者，要用一种"无为"的态度去管理天下，让百姓自治，不要朝令夕改，过于劳民伤财，要让万物自然生长；最后就可以"事无事，为无为"，无为而无所不为！他是告诉乱世君主们，不要私欲膨胀，在治理国家的时候，要"以不争去大争"，不应该在道德上面去争，而要多用实际行动去争取更大的利益，去积极作为，造福黎民苍生。

不过，老子在写《道德经》时，也是有所顾忌的，不能全盘托出，只好点到为止，所以"惟恍惟惚。惚兮恍兮，其中有象；恍兮惚兮，其中有物"；既说道不可道，又说"上士闻道……，中士闻道……，下士闻道……"其中之意，只好读者自己领会。

《道德经》又称《老子》，是中国最古老的哲学典籍之一，魏晋以来传世版本有很多。1973 年湖南长沙马王堆第三号汉墓出土的两本帛书《老子》（甲、乙本），是现今发现的最古老的两种抄本。甲本没有避讳，乙本避汉高祖刘邦的"邦"字讳，说明甲本比乙本更早，甲本应该是在刘邦称帝之前，乙本在称帝之后，距离现在也都有 2000 多年的历史了。帛书《老子》甲、乙本虽然也有遗漏，然而近古必存真，还是较多地保存了老子思想的本来面目。帛书《老子》是以《德经》在前《道经》在后，称为《德道经》，和现行的《道德经》顺序正好相反。

与《道德经》相比，帛书《老子》是目前所见《老子》写本中后人改篡最少的版本。帛书《老子》埋入地下的时间约在距今 2170 年以前，这个时间比目前已知最古老的《道德经》（河上公版）约早 50 年，而且帛书甲、乙本《老子》的誊抄时间都比埋入地下时间更早，而誊抄时间还和母本的生成时间有所差距。大致估算，帛书甲本《老子》出现在《道德经》之前至少 100 年。对照帛书《老子》，可见《道德经》因避刘邦、刘恒、刘启和刘弗陵这四代皇帝的名讳，将全文中的"邦"改成"国"，"恒"改成"常"，"启"改成"开"，"弗"改成"不"，导致全书出现了整整 100 处重大改动。

到了公元前 2 世纪，《道德经》被奉为道教经典，所以有学者认为《道德经》被分为 81 章有明显的道教九九归一的思想，在内容的分割上未免牵强。清代魏源[①]首次破此惯例将《道德经》分为 68 章，总体上更能相对保持每章的完整性。

帛书《老子》

《道德经》内容涵盖广泛，对中国的哲学、科学、政治、宗教等产生了深远的影响，体现了古代中国人的一种世界观和人生观。先秦诸子的文化思想等没有不受老子影响的，《道德经》被华夏先辈誉为"万经之王"。鲁迅说：不读《道德经》一书，不知中国文化，不知人生真谛。

李约瑟说："道家对自然界的推究和洞察，完全可与亚里士多德（Aristotle，公元前 384—公元前 322 年）以前的希腊相媲美，而且成为中国整个科学的基础。""中国人的性格中有许多最吸引人的因素都来源于道家思想。中国如果没有道家思想，就会像一棵深根已经烂掉了的大树。这些树根，今天仍然生机勃勃。"

庄子（约公元前 369—约公元前 286 年）

庄子生活在战国中期。此时，社会由封建领土制向封建地主制过渡。在此期间新旧阶级、阶层之间的斗争复杂而又激烈，同时许多学派纷纷出现，形成了百家争鸣的局面。诸子百家大多生活在这个时代，其中最有代表性的有：墨翟［dí］

---

① 魏源（1794—1857 年），名远达，字默深、墨生、汉士，号良图，湖南邵阳人，清代启蒙思想家、文学家，近代中国"睁眼看世界"的首批知识分子的代表，倡导学习西方先进科学技术，开启了了解世界、向西方学习的新潮流。所编《海国图志》是一部介绍西方国家科学技术和世界地理历史知识的综合性图书，提出"师夷之长技以制夷"的思想，是一部具有划时代意义的巨著。

（墨子）（约公元前 476 年—约公元前 390 年，墨家）、列御寇（列子）（约公元前 450—公元前 375 年，道家）、杨朱（杨子）（约公元前 395—约公元前 335 年，道家）、孟轲（孟子）（约公元前 372—公元前 289 年，儒家）、荀况（荀子）（约公元前 313—约公元前 238 年，儒家）、商鞅（约公元前 395—公元前 338 年，法家）、慎到（慎子）（约公元前 390—公元前 315 年，法家）、申不害（申子）（公元前 385—公元前 337 年，法家）、韩非（韩非子）（约公元前 280—公元前 233 年，法家）、邹衍（约公元前 324—公元前 250 年，阴阳家）、惠施（惠子）（约公元前 370—约公元前 310 年，名家）、公孙龙（约公元前 320—约公元前 250 年，名家）、孙膑（生卒年不详，兵家）、吴起（？—公元前 381 年，兵家）、许行［xíng］（约公元前 372—约公元前 289 年，农家）、张仪（？—公元前 309 年，纵横家）、苏秦（？—公元前 284 年，纵横家）、吕不韦（？—公元前 235 年，杂家）、甘德（生卒年不详，天文家）、石申（生卒年不详，天文家）、扁鹊（生卒年不详，医家）等。

在诸子百家中，很少有像庄子般超脱的。多数人都游说各国国君采用自己的主张，谋个职位，以实现政治抱负。例如孔子、孟子周游列国，四处求职；惠子拜魏相；吴起甚至弑妻求将；苏秦、张仪合纵连横。诸子都怀着"学成文武艺，货与帝王家"的愿望，想"了却君王天下事，赢得生前身后名"。然而庄子却截然不同，他像一只湖畔草侧超凡脱俗的丹顶鹤，更愿孤舞独鸣。

庄子断然拒绝了楚威王的相位邀请，这在整个中国历史上也不多见。庄子在濮水边垂钓，楚威王派遣两位大臣先行前往致意，说："楚王愿将国内政事委托给你而劳累你了。"庄子手把钓竿，头也不回地说："我听说楚国有一神龟，被杀死的时候已经活了三千年了，楚王用竹箱装着它，用巾饰覆盖着它，珍藏在宗庙里。这只神龟，是宁愿死去为了留下骨骸而显示尊贵呢，还是宁愿活在泥水里拖着尾巴呢？"两位大臣说："宁愿拖着尾巴活在泥水里。"庄子说："你们走吧！我仍将拖着尾巴生活在泥水里。"（庄子钓于濮水，楚王使大夫二人往先焉，曰："愿以境内累矣！"庄子持竿不顾，曰："吾闻楚有神龟，死已三千岁矣，王以巾笥而藏之庙堂之上。此龟者，宁其死为留骨而贵乎？宁其生而曳尾于涂中乎？"二大夫曰："宁生而曳尾涂中。"庄子曰："往矣！吾将曳尾于涂中。"（《庄子·秋水》）

本可以做大官，但他宁愿做一只在池塘中自在的乌龟，也不愿做在庙堂上被人供着的祭品。庄子将要去看望在大梁（今河南省开封市）做魏国国相的惠施，却有人告诉惠施说："庄子到大梁来，是想取代你做宰相。"于是惠施非常害怕，在国都搜捕三天三夜。而庄子主动前去见惠施，说："南方有一种鸟，它的名字叫鹓鶵［yuān chú］，与鸾凤同类的神鸟），你知道它吗？那鹓鶵从南海起飞飞到北海去，不是梧桐树不栖息，不是竹子的果实不吃，不是甜美的泉水不喝。在此时猫头鹰拾到一只腐臭的老鼠，鹓鶵从它面前飞过，猫头鹰仰头看着，发出'喝！'的怒斥声。现在你也想用你的梁国来吓我吗？"（惠子相梁，庄子往见之。或谓惠子曰："庄子来，欲代子相。"于是惠子恐，搜于国中三日三夜。庄子往见之，曰："南方有鸟，其名鹓鶵，子知之乎？

夫鹓鶵发于南海而飞于北海，非梧桐不止，非练食不食，非醴泉不饮，于是鸱得腐鼠，鹓鶵过之，仰而视之曰：'吓！'今子欲以子之梁国吓我邪？"《庄子·秋水》）在他眼里，人间的富贵与权力不过是腐烂的老鼠肉，而他是居于梧桐之上餐风饮露的凤凰。

庄子生活贫穷困顿，靠编织竹席草鞋为业，以捕捉河鱼溪虾为生。看透人世的庄子，选取了独善其身的避仕、逍遥之路。他更看重个体生存形式和精神活动的自在，要在攫取爵禄、奉侍王侯之外，创造出另一种自身的生存方式，保持其独立人格与自由意志。他认定仕途官场是污浊的，因而不愿与时辈为伍，与俗流同污，而是洁身自好，特立独群。庄子以放弃仕途、物欲为代价，为的是换取更多的精神自由和更高雅的审美体验。他忽视物质的享受，追求精神的超越，鄙弃以利相交、虚伪夸饰的人际关系，向往恬淡自然、超越功利的精神境界。

庄子一生，仅为养家糊口，在惠施的举荐下做过漆园下吏，因其桀骜不驯、落拓不羁的性格，被人称为"漆园傲吏"。

一次，庄子贫困到甚至揭不开锅，望着嗷嗷待哺的儿子，只好硬着头皮到监河侯家去，想要借贷一点口粮，以暂渡难关。监河侯说："好啊！等我收了封邑里的税金，就借你三百金，你看可以吗？"庄子愤然作色，板着面孔说："昨天我到这里来，中途忽然听到有人叫我的名字。回头一看，原来车辙里有一条小鲫鱼，在那儿跳呢。我就问鲫鱼：'你在那里干什么呢？'小鲫鱼说：'我是东海龙王的臣子，现正处于困境，你难道不能用升斗的水救活我吗？'我说：'好的。我这就要南行，游说吴越之王，等我引西江的水来营救你。你看，可以吗？'这个小鲫鱼沉着脸说：'我失去了水，处在艰危的困境。所求不多，只要得到一斗一升的水就可以活命。可是，你却这样说话，那还不如索性到干鱼店铺里去找我呢！'"（庄周家贫，故往贷粟于监河侯。监河侯曰："诺。我将得邑金，将贷子三百金，可乎？"庄周忿然作色曰："周昨来，有中道而呼者。周顾视车辙中，有鲋鱼焉。周问之曰：'鲋鱼来！子何为者邪？'对曰：'我，东海之波臣也。君岂有斗升之水而活我哉？'周曰：'诺。我且南游吴越之王，激西江之水而迎子，可乎？'鲋鱼忿然作色曰：'吾失我常与，我无所处。吾得斗升之水然活耳，君乃言此，曾不如早索我枯鱼之肆！'"《庄子·杂篇·外物》）成语"涸辙之鲋"就是从此提炼的。

除了遭遇监河侯的冷眼，庄子还曾受到过其他人的奚落。

宋国人曹商，受宋君之命，出使秦国。他到了以后，一见面，秦惠文王当即赏赐他几辆车子；待到正式交谈，秦王倍加喜悦，赏赐车辆百乘。他志得意满地回到宋国，专门来见旧识庄子，语含讥讽并大肆夸耀地说："老朋友啊，要论忍饥耐寒，处于穷闾陋巷之中，终年累月困窘织屦（[jù]，用麻、葛等做成的鞋），最后弄得面黄肌瘦，这是我所赶不上你的；而办理外交事务，会晤大国君王，一举而从车百乘，那可就是我的长项了。"庄子说："听说秦王有病，召请医生，赏格定得很高：能给他的脊背破痈排脓的得车一乘，能给他舔痔疮的得车五乘。所治部位越是往下、手法越卑污的，得车愈多。你是不是整天在那里，给人家舔痔疮、舔屁股呢？不然，怎么会得到那么多车辆的赏赐呢？你可以走了！"（宋人有曹商者，为宋王使秦。其往也，得车数乘；王说之，益车百乘。反于宋，见庄子曰："夫处穷闾厄巷，困窘织屦，槁项黄馘者，商之所短也；一悟万乘之主而从车百乘者，商之所长也。"庄子曰："秦王有病召医，破痈溃痤者得车一乘，舐痔者得车五乘，所治愈下，得车愈多。子岂治其痔邪，何得车之多也？子行矣！"《庄子·杂篇·列御寇》）

庄子的回敬充满挖苦，但诙谐而不失自尊。

庄子说："无以人灭天，无以故灭命，无以得殉名，谨守而勿失，是谓反其真。"（《庄子·秋水》）意思是，不要为了人工而毁灭天然，不要为了世故去毁灭性命，不要为了贪得去身殉名利，谨守天道而不离失，这就是返璞归真。

庄子既关注天道、自然，又重视社会、人生，认为："在太极之先而不为高，在六极之下而不为深，先天地生而不为久，长于上古而不为老。"（《庄子·内篇·大宗师》）

庄子是那个时代最有才华、思想最深刻的人。庄子主张"天人合一"和"清静无为"。他的学说涵盖着当时社会生活的方方面面，但精神还是皈依于老子的哲学。他继承和发展老子"道法自然"的观点，认为"道"是无限的，是"自本子根""无所不在"的，强调事物的自生自化，否认有神的主宰。提出"通天下一气耳"和"人之生气之聚也，聚则为生，散则为死"。他的思想包含着朴素的辩证法因素。他认为"道"是"先天生地"的，从"道未始封"（即"道"是无界限差别的）。他看到一切事物都处在"无动而不变，无时而不移"中，认为："天下最大的是秋毫之末，而泰山却很小；最长寿的是还没出生就死去的婴儿，而活了八百岁的彭祖反而是短命的。"（天下莫大于秋毫之末，而太山为小；莫寿乎殇子，而彭祖为夭。《庄子·内篇·齐物论》）

儒家讲仁爱、墨家讲兼爱，但庄子说人与人之间应该是相忘的境界。庄子说："泉水干涸，鱼儿困在陆地相互依偎，以唾沫相互湿润求得生存，此时此境却不如我们彼此不相识，各自畅游于大江大湖。"（泉涸，鱼相与处于陆，相呴［xǔ］以湿，相濡以沫，不如相忘于江湖。《庄子·内篇·大宗师》）与其在一起痛苦，不如相忘于江湖。

庄子对人性是悲观的，对动荡的世界中人类的倾轧是绝望的，庄子用沉痛的笔触描写了人的困境。在《齐物论》中庄子说："才智超群的人广博豁达，只有点小聪明的人则乐于细察、斤斤计较；合于大道的言论就像猛火烈焰一样盛气凌人，拘于智巧的言论则琐细无方、没完没了。他们睡眠时神魂交媾，醒来后身形开朗；跟外界交接相应，整日里勾心斗角。有的疏怠迟缓，有的高深莫测，有的辞慎语谨。小的惧怕惴惴不安，大的惊恐失魂落魄"。（大知闲闲，小知间间。大言炎炎，小言詹詹。其寐也魂交，其觉也形开。与接为构，日以心斗。缦者、窖者、密者。小恐惴惴，大恐缦缦。《庄子·内篇·齐物论》）

道家思想的主要人物是老子和庄子，在思想上他们一脉相承，但却又有着明显的差异，鲜明地体现了从老子的政治哲学到庄子的人生哲学的转向，鲜明地体现了从老子的无为的方法论到庄子的无用逍遥价值观的转向。

老子是体制中人，其哲学是服务于政治和社会治理的，虽然老子提倡清静无为，而清静无为其实是一种手段，老子追求的其实是无为而无不为的目的。庄子则与老子不同，他只做过无行政级别的"漆园小吏"，并不关心政治、社会，他对人世间的是非荣辱、功名利禄等持藐视态度。庄子追求忘记物质世界、文明世界、自我执念，超脱社会与人的一切，追求一种"无所待"的"物物而不物于物"的逍遥境界。

老子是一个思想深邃、饱经沧桑的历史老人，眼神中透着深沉而坚实，他性格深厚沉默、谨言慎行，每一句话都力透纸背直指真实。而庄子则像是一个反叛的、桀骜不驯的中年人。他知识渊博，但不是世俗中人，不能用世俗的标准去约束庄子。庄子看透了名利的虚伪、生命的悲剧、人的本质：人来到世界，不是做物质和欲望的奴隶的，而是要追求一种"无所待"的精神绝对自由的逍遥境界。

老子的"道"都凝聚在"反者道之动；弱者道之用"这句话上。老子认为世界万事万物都处于对立的状态，而这种对立是运动的，是可以互相转变的。也就是说，一种事物必将发展到它的对立面，这就是"物极必反"的法则。在这个基础上，老子提出了守柔、取反、处弱、居下的方法论。因为按照"反者道之动；弱者道之用"的思想，弱的必将变强，小的必将变大。因此守柔、处弱，只是在等待机会变大变强而已。

如果说老子思想可以用"反者道之动；弱者道之用"来代表的话，那么，"忘"与"游"这两个字，就是庄子思想的精髓。人之所以不自由，在于太在乎一些东西，唯有忘记一切才能自由；人之所以不自由，在于始终强调有用有价值，从而活得不自在，而唯有用无用、无情、无心的精神，用审美的、游戏的态度游于世，才能得逍遥游的大自由。

有人认为，老子讲的是规律，庄子讲的是态度；老子渡人，庄子渡己；老子冷静观照，光明澄澈；庄子放浪形骸，郁勃汪洋。老子是古典的，庄子是浪漫的。老子是苦行的，庄子是享受的。老子内敛克制，以少胜多，以柔克刚；庄子外溢放射，意多繁华，傲慢逍遥。

庄子曾面对悠悠天地感慨："人生天地之间，若白驹之过隙，忽然而已。"（《庄子·外篇·知北游》）在他看来，生死是自然规律，不必过于悲伤，人死后，最终还是要回归天地的。

在《庄子·杂篇·让王》篇中，庄子还打了个比方，说现在如果有一个人，拿隋侯珠①去射高飞在天上的麻雀，世人必定会嘲笑他。因为他竟用如此贵重的东西，

---

① 在中国古代有两件著名的宝物：和氏之璧与隋侯之珠。传说隋侯救蛇，蛇吐出一颗大珍珠，这颗珍珠就是"隋侯珠"。隋侯珠后来随着隋国的灭亡落入楚王之手，及至楚被秦灭后，隋侯珠及和氏璧落入秦王手中。可隋侯珠从秦始皇以后便无下文。有人猜测，因为秦始皇太过喜爱，隋侯珠为秦始皇陪葬，在墓室"以代膏烛"。

去谋求那么轻贱的玩意儿。相比之下，人的生命之贵重，又岂是"隋侯珠"可以比拟的？然而，从古至今，绝大部分世人终其一生，都在干着这种"以隋侯之珠弹千仞之雀"的傻事！

所以庄子在《庄子·内篇·齐物论》中发问：人投生在世，便与外物发生关系，驰骋追逐于其中，而不能止步，这不是很可悲的吗？终生劳劳碌碌，而不见得有什么成就，疲惫困苦却不知道为的是什么，这不是很可哀的吗？这样的人生虽然不死，但又有什么意思呢？人的形体逐渐枯竭衰老，而人的精神又困缚于其中随之销毁，这不是莫大的悲哀吗？人生在世，是本来就这样昏昧呢，还是只有我庄子觉得昏昧呢？（一受其成形，不忘以待尽。与物相刃相靡，其行尽如驰，而莫之能止，不亦悲乎！终身役役而不见其成功，苶[nié] 然疲役而不知其所归，可不哀邪！人谓之不死，奚益！其形化，其心与之然，可不谓大哀乎？人之生也，固若是芒乎？其我独芒，而人亦有不芒者乎？《庄子·内篇·齐物论》)

庄子的想象力极为丰富，语言运用自如，灵活多变，能把一些微妙难言的东西说得引人入胜。他的作品被人称之为"文学的哲学，哲学的文学"。《庄子》在先秦诸子中独具风格，大量采用并虚构寓言故事，想象奇特，形象生动。《庄子》还善于运用各种譬喻，活泼风趣，睿智深刻。文字随意流出，汪洋恣肆，奇趣横生，极具浪漫，至今罕有其比。

《庄子》一书，包罗万象，大到宇宙，上溯洪荒，远至南冥、北冥，小到蝼蚁、锑稗、芥子、浮尘，包含三皇五帝、圣人平民、狂士隐者、五刑畸人、百工技匠。

有人统计，《庄子》一书中，写到飞鸟 22 种、水中生物 15 种、陆地生物 32 种、虫类 18 种、植物 37 种、无生命物象 32 种、虚拟的神性物象 34 种。《庄子》简直可以当成博物学著作来读。

庄子的思想对中国后世哲学、艺术、宗教都产生了深远的影响，《庄子》一书所蕴含的深刻思想内容和高超文学水平都给后世的思想家和文学家以深刻、巨大的影响。后人在思想、文学风格、文章体制、写作技巧上受《庄子》影响的，以第一流文学家而论，就有阮籍、陶潜、李白、苏轼、辛弃疾等，由此可见其影响之大。

正如西晋著名文学家夏侯湛的《庄周赞》：

迈迈庄周，腾世独游。

遁时放言，齐物绝尤。

垂钓一壑，取戒牺牛。

望风寄心，托志清流。

李商隐（813—858 年）在诗中写道："庄生晓梦迷蝴蝶，望帝春心托杜鹃。"（《锦瑟》）白居易云："鹿疑郑相终难辨，蝶化庄生讵可知。"（《疑梦二首》）刘禹锡（772—842 年）云："敧枕醉眠成戏蝶，抱琴闲望送归鸿。"（《览董评事思归之什因以诗赠》）陆游（1125—1210 年）云："但解消摇化蝴蝶，不须富贵慕蚍蜉。"

（《睡觉作》）范成大（1126—1193年）云："纷纭觉梦不可辨，蘧蘧栩栩知谁欤？"（《次韵时叙赋乐先生新居》）阿根廷著名作家博尔赫斯（J.L.Borges，1899—1986年）说："魔幻文学的祖师爷，两千多年的庄周当之无愧。"

近代文学家、翻译家林纾①（1852—1924年）讲过这样一段人生经历：

忆余二十一岁时，病咯血，失眠六夕，且殆。忽忆及《南华》"恶乎知死者不悔其始之蕲生乎"，因自笑曰："今日之病，予为丽姬入晋时矣。"竟废书而酣寝。医至诊脉，大异曰："愈矣！"余曰："《南华》之力也"。

今年六月后，病瘰不得前后溲，在医院中读自注之《南华》，倏然卧以待死，一无所恋已，得善药而愈，距咯血时，盖五十年矣。然则《南华》一书，固与余相终始乎？

林纾讲了他21岁时，以《南华经》为"善药"，治愈咯血、失眠的切身体验。文中引述了《庄子·内篇·齐物论》中"丽姬入晋"的典故：艾地守封疆者的女儿丽姬，为晋国国君所娶，开始时哭得衣襟都湿透了；待到入宫之后，与国君同睡一床，共享美味，才后悔当初不该哭泣。庄子以此为喻，说："我怎能知道死去的人不后悔自己当初努力求生呢！"（毛嫱丽姬，人之所美也，鱼见之深入，鸟见之高飞，麋鹿见之决骤。……丽之姬，艾封人之子也。晋国之始得之也，涕泣沾襟，及其至于王所，与王同筐床，食刍豢，而后悔其泣也。予恶乎知夫死者不悔其始之蕲生乎？）林纾以丽姬为喻，参透了生死，无所忧伤，无所顾念，因而得以酣然入睡，结果病痛竟不治而愈。《南华经》即被道家称道的《庄子》，传庄子曾隐居南华山，卒葬于彼，故唐玄宗天宝初，被诏封为南华真人，《庄子》一书亦因之被奉为《南华真经》。难怪古人赞说：病来乍怯衣裳袂，秋至新尝橘柚香。欲识道人真静处，南华一卷是医王。

2015年，有人问霍金（S.W.Hawking，1942—2018年）："中国古代有个哲学家叫庄子。'昔者庄周梦为胡蝶'，梦醒后，庄周不知是他梦为蝴蝶，还是蝴蝶梦为庄周。霍金教授，请问我们如何知道我们是生活在梦里还是真实存在？"霍金答："谢谢你的问题！庄周梦蝶——也许是因为他是个热爱自由的人。换作我的话，我也许会梦到宇宙，然后困惑是否宇宙也梦到了我。来回答你的问题：'我们如何知道我们是生活在梦里还是真实存在？'——好吧，我们不知道，也许也无法知道！这个问题至少要等到我们开始深刻地了解意识和宇宙时才可知。我们必须孜孜不倦地探索关于存在的基本命题，只有这样，我们也许才会知道蝴蝶（或宇宙）是真实存在，还是只存在于我们的梦里。"

---

① 林纾一生顽固守古，不会外语，不能读原著，只靠"玩索译本，默印心中"，常向马尾船政学堂师生"质西书疑义"。与朋友合作，翻译外国小说，曾笔述英国、法国、美国、比利时、俄国、挪威、瑞士、希腊、日本和西班牙等十几个国家的几十位作家的作品。一生著译甚丰，翻译小说达200余种，为中国近代译界所罕见，曾被人誉为"译界之王"。

庄周与蝴蝶必定有区别，但又是相通的，因此可以时而化为庄周，时而化为蝴蝶。物化人，人化物，玄之又玄，众妙之门，这不正是老子所说的"大道"吗？庄子认为人们如果能打破生死、物我的界限，则无往而不快乐。

庄子这只蝴蝶，既是文学的，也是哲学的，甚至是科学的。他温暖了人和万物，拉近了人和万物之间的距离，增进了人对万物的诗意认识。

再读老庄

《读老庄》

唐·张祜［hù］

等闲缉缀闲言语，夸向时人唤作诗。

昨日偶拈庄老读，万寻山上一毫厘。

历史已经过去了 2000 多年，时代已经变迁，现在读老庄还有意义吗？

16—17 世纪自哥白尼后，近代科学诞生。牛顿的经典力学、麦克斯韦的电磁理论、爱因斯坦的相对论、薛定谔的量子力学已经完全建立，并深刻影响和改变了我们的思想。特别是自蒸汽机发明以来，电的应用、计算机以及网络已经进入了我们的生活，航天潜海，探幽索微，科学技术已经渗透到人类生产生活的方方面面，世界变成了一个小小的村庄。历史的车轮滚滚向前，文明的演进已是一个不可逆的过程，可能我们再也回不到那个"邻国相望，鸡犬之声相闻，民至老死不相往来"的安静祥和状态。

但是，科技的进步、文明的演进、生活水平的提高，并没有使得人们内心获得相应的宁静与安详，反而像是走上一条不知所措的泥泞小道。人们一边享受现代科技文明的成果，又一边抱怨现代科学技术对人的固化。文化的冲突、战争的威胁、核武器的讹诈、贸易的摩擦、环境的污染、贫穷和饥饿、诡异的气候变化、化学化工带来的人的塑化，已经严重威胁到人类的生存。工业革命后的高速发展，人已经变成巨大社会机器上的一颗螺母，每个人的生活必须像精准的时钟一样刻板化、机械化。在残酷的生存竞争和巨大的生活压力下，人们似乎觉得不仅没有在科技时代得到解放，反而失去了更多的自由和尊严。人成了现代社会的奴仆，在大数据社会中失去了更多的精神自主。道德的沦丧、精神的空虚、物欲的横流，人们为了追求权力、物质、金钱、荣誉等，失去底线，勾心斗角，尔虞我诈。那个让我们引以为傲的尧舜禹时代，那个让人向往的路不拾遗、夜不闭户的小邦寡民社会，那种在自给自足的田间地头充满精神张力的舒适生活，似乎已和我们渐行渐远。我们的心可以放在哪里？我们的魄可以停留在何处？我们的魂将何去何从？我们能寻到家园吗？没人知道。我们知道从何处来，但不知道向何处去。

其次，人生多变故，世事常沧桑，"不如意事常八九，可与人言无二三"。荣辱、顺逆、成败、得失随时伴着我们，生老病死、浮沉聚散随时可能发生，内心的嫉妒、猜疑、贪婪、骄纵、恨怨、攀比时时作祟，让人觉得火烫油煎，让平静与安宁消失殆尽，现代人迷失在现代社会中。

蓦然回首，隔着岁月的长河，老子在招手，庄子在微笑。

老子的著作像充满甘冽清泉永不枯竭的古井，只要把桶放进去，便可汲出甘泉滋润我们的心田。读老子，可以暂时让我们缓步到那个我们曾经熟悉和向往的时代，让我们远离现代社会的喧嚣和倾轧，让我们枯萎的心灵得到浇灌，树立起健康的态度：温厚不争、虚怀若谷、质朴纯正。

再读老子，不仅要读到"无为"，更要读到"有为"。要从"无为"中看到怎样"有为"，从"消极"中读到怎样"积极"。看待结果，可以消极一点；对待过程，却要积极行动。以出世后的心态，做入世后的事情。"反者道之动；弱者道之用"，老子是正话反说的高手，老子主张像水一样柔弱不争，但水能载舟，弱能胜强。读老子，目的是要减轻精神的压力、填补内心的空虚，减少复杂人际关系的纷扰和追求过多物欲带来的羁绊，做到宽容、向善、谦卑、知足常乐和返璞归真。

老子忌满，水满则溢，月满则亏。处世当谦虚，内心应空灵。无为是手段，有为是目标；无为只是躺下休憩，去除我们心中的垢痕和鞋中的沙砾，以便更好上路；无为是休息，有为是工作。只有休息好，工作才不会累。再读老子，不是要躺平，而是要准备起跑。在工作和生活的过程中，放下多余的盔甲，轻装上阵，只问耕耘，不问收获，守住底线，循道而行，则无自然会变有。

老子所说的道，是自然的规律，是人类社会发展的必然之路后面隐藏的"科学技术"。今天读老子，要看到社会发展的必然趋势。认识到这种规律和趋势，好顺势而为，积极入世，参与竞争。

庄子似乎在哂笑现代人。庄子早就说过："有机械者必有机事，有机事者必有机心。机心存于胸中则纯白不备；纯白不备则神生不定；神生不定者，道之所不载也。"（《庄子·外篇·天地》）2000多年前，庄子就预言了现代人的状态，为了追求富足安乐的生活，人人疲于奔命，劳心劳力，你争我夺，人与人之间失去关怀、信任，人性本然的纯朴善良、天真可爱，将不复再见。

再读庄子，我们发现要想解脱就得忘，忘掉功名利禄，忘掉物欲，忘掉过多身外之物，自由自在地游于世间，多关注自己的内心世界。卸下思想中的一些沉重负担，消弭内心过多欲望，与大自然为伴，听山川河流的声音，看河鱼游荡小鸟飞翔，神情自然舒展，就会得到比功名利禄更重要的自由与自在。珍惜我们每个人本来就携带的"隋侯珠"——健康的身体和纯良的内心！

再读庄子，不仅能读到说理透彻的哲学，更能读到文采飞扬的文学。庄子行文绮丽，富于幻想，一件小事也能写得排山倒海、气吞山河、瑰丽诡谲、意出尘外。像"野马也，尘埃也，生物之以息相吹也"，更像是诗词，韵律奇美，读来就是享受。

老庄著作，似乎为我们现代人在烈日下提供了阴凉，在干涸中洒下甘霖。

再读老庄，是对内心做一次洗涤和清理。在做加法的同时，也做一些减法，减掉心中不必要的累赘，减掉过多的心灵上的羁绊。但今天的社会，竞争已是谁也改变不了的趋势。文明发展到如今，已让我们不能停留在舒适安闲、日出而作日落而息的上古时代，如不"苦其心志，劳其筋骨，饿其体肤，空乏其身"，积极努力，便不能在激烈的竞争社会中占得先机。

诸子能成为诸子，其一在于诸子天赋极高，个个智商惊艳；其二诸子极为用功，极善向他人学习，向社会学习；其三诸子都找到自己的"道"，能在自己的"道"上坚定不移，甚至踽踽独行。这才有了诸子百家，如果都走同一条"道"，可能就只有诸子一家。

因为既有过尧舜禹汤，也有过老庄孔孟，还有过诸子百家，华夏民族才是一个不平庸的民族，我们才是华夏民族不平庸的后裔。我们的祖上曾在思想上"阔"过，孕育了诸子百家，诸子百家的思想至今仍在滋润我们，让我们重获内心平静。但我们决不能因此刻舟求剑、故步自封，不能只在祖上的身后亦步亦趋。

读经味如稻粱，读史味如肴馔，读诸子百家味如醯醢（[xī hǎi]，鱼肉酱）。再读老庄，深者得其深，浅者得其浅，都有所获。

饮水思源，感谢诸子！感谢老庄！

2 四大皆空的觉者：释迦牟尼（公元前565—公元前485年）

佛陀诞生

大约公元前565年，坐落在喜马拉雅山脚下的天竺（印度古称）北部一个叫迦毗罗卫的小国（今尼泊尔境内），佛陀就诞生在这里。覆盖着皑皑白雪的喜马拉雅山，连绵起伏，直插苍穹。

迦毗罗卫国第一世国王刹帝利，道德高尚，英明善良，深受百姓爱戴。故四方诸族虔诚归附。因此，在喜马拉雅山南麓的这片乐土上，世代相继。到了第六世净饭王，国运益发兴旺。净饭王是一国之君，也是居住在这里的释迦族族长，把迦毗罗卫国治理得井井有条。

年轻有为的净饭王娶了邻邦善觉大王的胞妹摩耶。摩耶王后40岁那年的一天夜里，明月高挂在象牙床上空，阵阵夜风轻轻吹拂着窗棂，高耸的椰子树也随风舞动起来……王后躺在床上观看夜色，便渐渐地困倦了。朦胧中，她忽然看到天门打开了，一头强壮而温顺的大象，全身有如喜马拉雅山顶上的雪花一样白，乘着莲花座，向她徐徐而来，然后由她的右肋处进入体内。王后因此而怀孕。

流光如矢，日月荏苒，不觉已经14个月了。就在一个月圆之夜，摩耶王后在鲜花盛开的蓝毗尼花园一棵葱葱郁郁的无忧树下，诞下小王子。

这一天，是阴历四月初八。小王子被命名为"悉达多"，因为王子降生之时大地上呈现吉祥之兆。"悉达多"就是"大智慧"之意。

王子降生的第七天早上，圣母摩耶王后猝然离开了人世。幸好，王后在临终时将褓褓中的王子托付给了胞妹摩诃波阇[shé]婆提，要她代为抚养。摩耶王后去世后，摩诃波阇婆提公主进入后宫，抚养太子。

王子从7岁到12岁的几年里，在婆罗门学者跋陀罗尼的悉心指点教授下，将古印度的文学知识和自然知识，学得精通烂熟。

在古代社会，最为豪华富贵的，还是帝王之家。今日歌舞，明日宴会，赏不尽美女婀娜的舞姿，听不完旋律优美的乐曲，吃不完精致鲜美的菜肴……然而，悉达多王子对这一切，却感到说不出来的忧郁和厌恶。有时候，他避开灯火辉煌、轻歌曼舞的琉璃宫，独自坐在御花园的石凳上，望着挂在夜空中的皎月，望着望着，心里感到一种永恒的宁静、空灵和幸福。净饭王对此常常感到忧虑不安，想不到这样一个生性贤德、文武双全的王子，竟然将尘世划出心地之外，不为形役，不为情牵，不为声动，不为物移……

出家苦行

尽管锦衣玉食，尽管已成婚生子，尽管王冠已在召唤，但悉达多眼中看到的是王室之外的世界等级森严，众生苦难。

古印度实行种姓制，它是古代世界最典型、最森严的等级制度，各等级世代相袭。

四个等级在地位、权利、职业、义务等方面有严格的规定：

第一等级婆罗门，主要是僧侣贵族，垄断文化教育并负责报道农时季节，拥有解释宗教经典和祭神的特权以及享受奉献的权利；

第二等级刹帝利，是军事贵族和行政贵族，婆罗门思想的受众，他们拥有征收各种赋税的特权，主政军，负责守护婆罗门阶层；

第三等级吠舍，是普通雅利安人，政治上没有特权，必须以布施和纳税的形式来供养前两个等级，主商业；

第四等级首陀罗，绝大多数是被征服的土著居民，属于非雅利安人，由伺候用餐、做饭的高级佣人和工匠组成，是人口最多的种姓，常从事低贱的职业。在种姓制度中，来自不同种姓的父母双方所生下的后代被称为杂种姓。

除四大种姓，还有大量的"第五种姓"，称为"不可接触者"阶层，又称"贱民"或"达利特"，他们多从事最低贱的职业。贱民在印度不算人民，不入四大种姓之列。

种姓世袭，不易更改。社会地位高低、经济状况好坏，大多与种姓有关。

对此悉达多开始了永无休止的思索。无论怎样冥思苦想，他都不得其解。悉达多渐渐明白自己面对的是一个暗无天日、多灾多难的世界。悉达多不禁扪心自问：我能够警示自己，昭告来者，为苦难的众生指点迷津吗？我能有救世的气概，大无畏的精神，挺身而出的勇气……想到这一层，他继而自问自答：拯救万民，普度众生，舍我其谁？

根据佛经记载，悉达多曾三次出城游玩，分别见到了白发及膝的老人、肢体残障的病人和出殡的死人。回到王宫，他感到无比困惑：百姓是这样的贫苦与艰辛，人生是如此的短暂与空虚。由此，他产生种种疑惑。此时已具备独立思考的悉达多，苦思怎样才能摆脱人生的生、老、病、死等苦难。

当悉达多第四次出游时，他遇见了一位出家修行的沙门[①]。沙门告诉悉达多："自从你见到人间的苦难以来，在你心中的问题就有了答案。但只要你仍旧沉溺在声色犬马之中，就永远不会找到答案。"

悉达多听到这里，开始产生了出家修行的念头。后来，悉达多看破了人生的沉沦和哀伤，认为一切声色物相到头来都是一场短暂虚妄，他执意要修筑一座心灵的

───────────

① 沙门（梵语 sramana），意译勤劳、功劳、劬劳、勤恳、静志、净志、息止、息心、息恶、勤息、修道、贫道、乏道，出家修道者之通称。

寺院。他明白，他的任务、他的神圣使命就是要战胜老、病、死。

在他 29 岁那年，悉达多终于立志出家，找寻一条能够解脱身心痛苦的道路。净饭王得知儿子离家出走，百般劝说无果，无可奈何之下，只得在王族中选派了阿若侨陈如等 5 位青年作为侍从尾随他。悉达多始终在各处云游，到处参访，每天都在为追求真理而四处奔走。他使用种种方法，废寝忘食地修戒参禅，忍耐着凡人所不能忍耐的严酷苦行。

悉达多所修的苦行，的确不是普通的苦行，一天只吃一丁点儿东西。有时是一点供应大象、猿、猴的果品，有时是一点豆类。后来达到每天只吃一粒荏麻、一粒麦子的程度。修习到最后，他变得十分瘦弱，几乎是骨瘦如柴。悉达多如此苦苦修行，却仍然无法消除烦恼，感到无法超越生死的苦海。

悉达多为了表示自己的坚定毅力，要为人类寻找出解决生老病死的苦难，在尼连禅河岸边苦修了 6 年。在这 6 年中，他尝尽了千辛万苦，然而获得的却只是枯槁的面貌和虚弱的体质，远远没有实现他原先期望的精神解脱。可以说这 6 年是失败的 6 年，并且自身也受到了很大打击。事实使他醒悟：苦行是徒劳无功的，身体不单是一个器具，还是精神的庙宇和到达彼岸的木筏，于是他决意放弃苦修。

悉达多不安地左思右想，不知不觉就在森林中漫步起来。由于长时间的断食禁欲，悉达多已经虚弱得犹如随时能被风吹起来的一根草，上身微微直晃。这时候，悉达多听到腹中一阵鸣叫，觉得格外饥饿，随着他脚步的迈动，那叫声越发强烈。后来，他有点头晕目眩。于是，他就走下了尼连禅河，想要让河水滋润他枯干的双唇，顺便让长年清净的流水，洗去身上的污垢。但是，水面上跳动的阳光，令他睁不开眼睛。尾随他的 5 位侍者，以为他丧失了信心，颇为丧气，便离开了他。

悉达多疲乏无力地晕倒在清澈的河里，依旧听得到风吹草动的声响。河畔的一位牧女救起了悉达多，并哺以牛乳。当体力恢复后，悉达多独自一人来到菩提伽耶毕波罗树下静坐，面对东方发誓说："我要是不能证得无上大觉，宁可死也不起此座。"悉达多的心，仍像无风的水面，静止得没有一丝波纹。悉达多意志更加坚定，内心也更加平静。他已经深入禅定的境界中，到达无杂念的领域。经过了四十九昼夜的苦思冥想，悉达多终于战胜了来自各方各面的烦恼魔障，在第四十九天的黎明时分豁然开朗，彻悟到人生无尽苦恼的根源和解脱轮回的门径，从而成为无上大觉的佛陀。

这时候的悉达多，已经能够知道久远以前的自己，生在什么地方，叫过什么名字，做过什么事情。他觉悟到：一切的众生都在轮转生死界中，有时为人的儿女，有时做人的父母；有时为人的弟子；有时为人的老师。生和死原来是一致的，只有被现实所迷惑的人，才不知道这种因果循环的真相，终生为杂念利欲所困扰。体悟到这种因缘的真理，悉达多立时生起大慈大悲的心肠，不觉潜然泪下。

悉达多高兴得从菩提树下跳了起来，仿佛是法的曙光已经冲破最后的云层，了然呈现于他的内心。他反复沉思，终于明白自己悟得了正道。

悟得正道的悉达多，立刻想起了救度众生的重大使命。他想起这个问题，心中不觉为了怜悯众生而难过。他想着：现在，我已经实现了久远以来的心愿，成就解脱的大法，但是，我要如何去救度众生呢？

在虚弱与恍惚中，悉达多隐隐觉得自己应该像一盏慧灯，给苦难的众生带来光明。

从此，人们都称悉达多为释迦牟尼，意为"释迦族中的圣人"。

彻悟之后的释迦牟尼来到波罗奈城的鹿野苑，找到曾经追随他的 5 位侍者，对他们宣说自己获得彻悟的经过，而这 5 人也被释迦牟尼所感，明白了释迦牟尼所讲的道理，随即皈依到释迦牟尼门下，成为佛陀最初的 5 位弟子。

很多人都以为今日学佛的人，是逃避现实、消极厌世，这实在是误解了学佛的本义。佛陀所以出家修道成佛，一方面当然是为了解决自己生死苦恼的问题，但另一方面是为了救济被压迫的民众。释迦牟尼佛住世奋斗的经历，证明他实在是一位伟大慈悲的觉悟者。

创立佛教

由王子而沙门，由沙门而释迦牟尼，由释迦牟尼而佛陀。于是，佛教诞生了！这一天，当晓星隐没、朝云出岫时，释迦牟尼强烈感受到，世间用胸怀能包容宇宙的、用慧心能了然生死真谛的，就是他了！

他坐在菩提树下，微睁双眸，圆融无碍地望着天地苍穹，反复回味自己所顿悟的人生真理，思索着人生的生死之源，一手指天，一手指地，用雄浑清亮的声音发出正觉的宣言，那声音惊天地，动鬼神："我，佛陀，从黑暗痴愚中求大道者，生大慈悲心，已经看到流转的相、无明的迷惑是生的根源。众生如果想要不死，唯有不生，唯有断绝无明……"

他悟明了，他见性了。整个人类和人生所面临的困厄和危机，在他的意识中流动。众生匆匆来去的漫长的时间和无边的空间，都浓缩在菩提树下的一席之地。那一幕幕展现出来的是：八正道、四谛法、十二因缘……

阿若侨陈如等几位弟子这一天听佛陀讲"八正道"时，见菩提树下，释迦牟尼在初阳的照耀中，意态安详，满面红光，头放异彩，与未成佛前的王子，判若两人；特别是他的天庭和头顶放射出的华光，金箭四射，灿若披锦，与朝阳对映，金丝缕缕，映射云天。他们禁不住欣喜若狂，一边叩地膜拜，一边雀跃欢呼："师父，你成佛了，真的成佛了！"

觉行圆满，初转法轮。在这法轮初转之日，他先给弟子们讲了"八正道"（①正见：正确体见诸法之理性而不谬误；②正思维：思四谛理，离诸杂念；③正语：说话应该诚实可靠，不说谎、不妄语、绮语、恶口、两舌等；④正业：正确的行为，不做杀生、偷盗、邪淫等恶行；⑤正命：过符合佛陀教导的正当生活；⑥正精进：摆脱烦恼，成为更好的自己；⑦正念：学会觉知自己；⑧正定：禅定），接下来又给他们说"四圣谛"。

佛陀认为：凡俗世界的社会、自然，万物，一切一切的生存都是痛苦的体验。在诸般痛苦的遭遇中，有的可以目识眼见；有的是潜迹隐踪；有的是黑夜惊梦，震颤心魄！第一谛是诸苦，包括八苦，即生苦、老苦、病苦、死苦、爱别离苦、怨憎会苦、求不得苦、五阴炽盛苦。这八苦，凡食人间烟火的众生，生于斯，活于斯，哪个能解脱？

寻根探源，这"苦谛"的来龙去脉在哪里呢？回答这疑难正是"四圣谛"的第二谛——"集谛"。它是造成世间和人生苦谛的原因，致使众生尝受种种苦厄。故"集"是"苦"的因，"苦"是"集"的果。

人本来个个都有佛性，生性善良，心地清明，能够觉悟到自然的永恒和生命的短促，能够善巧方便地打扫妄念，树立佛念。然而，只因为在人生的舞台上，眼观光怪陆离，耳听靡靡之音，满目是酒色财势，万花缭乱，人欲横流，稠密纷繁。在这个大染缸面前，众生执幻为真，颠倒妄想，清珠投浊，摆脱不掉欲念的枷锁，名利声色的缠缚，为势利、钱财、美色，陷入灭顶之灾，而不能自拔。这就给"苦谛"播下了一颗颗劣质的种子，种下了什么"因"，就会结出来什么"果"，所谓"种瓜得瓜，种豆得豆"是也。这两种圣谛，因因果果，轮回不止，无有了期。

把握了第三圣谛，即"灭谛"，就能获得无上圆觉，彻底解脱了。"灭谛"是修道所证得的一颗最神圣的佳果，解脱到无生无死的最高境界，安抵修善断恶的和谐天地，抛锚在柳暗花明的人生彼岸。

四圣谛的最后一谛是"道谛"，主要指修习八正道，即正见、正思维、正语、正业、正命、正精进、正念和正定。修了这八正道，就会证得般若智慧，化颠倒为清静，化烦恼为自在，修善断恶，解脱诸般痛苦，共结胜缘。

佛陀阐释四圣谛的目的，是要告诉我们世间的因果以及出世间的因果。"苦"是指世间的苦果；"集"是苦升起的原因——世间因；"灭"是苦熄灭的果——出世间的果；"道"是灭苦的方法，通往涅槃的道路——出世间的因。几个弟子喜悦得失控，眼里放光，脸上带笑。他们一致仰望着慈爱慧颖的佛陀，虔诚地礼拜不止。

佛祖的声音在四野中回响，在苍穹中飘荡，大气磅礴。宇宙浩瀚，都在他心中，都与他一体。他的法音，犹如在宇宙的虚谷之间，流过一条潺潺的溪流，一切都融合在这条溪流里。

此后，佛陀常常在波罗奈斯国鹿野苑的缚罗迦河畔，率领阿若侨陈如等五位弟子到处行化。这一带，风景优美，四季如春，是一个很适宜于佛化的地方。佛陀对这个地方很中意，同时又是他"初转法轮"的地方，因此就在这里暂住下来。佛陀跳出尘缘后，还需要衣食住行，还需要缘觉六度。六度即布施、持戒、忍辱、精进、禅定、般若。有人误以为"布施"是接受他人的施舍，其实修"布施"乃施之于人，而非要他人布施自己。释迦牟尼是一切有情中的大觉者、大智者，他不但自己觉悟，还要教他人觉悟，教他人智慧，教他人孕育法身慧命，跳出尘缘，脱离苦门。

释迦牟尼为令众生解脱苦难，开示悟入佛知见故，开始了四十九年的弘法事业，十方无量的诸佛、菩萨亦化现于婆娑世界，助兴佛教，救度众生。其中熟知的有观音菩萨、地藏菩萨、普贤菩萨、文殊菩萨等。

佛教自创立以来，就在古印度广泛传播。由于释迦牟尼的说法不立文字、简单易懂，且他一向主张众生平等，对于女性和奴隶也一视同仁，所以，佛教受到了广大底层百姓的欢迎，很快就在印度占据了一席之地。公元前200多年，阿育王统一印度，正式将佛教确立为印度的国教，并派出使团到今斯里兰卡、缅甸等地弘扬佛教，使佛教迈出了印度的国门，传播到全亚洲乃至世界各地。公元1世纪，佛教传入中国。在之后的2000年里，佛教以顽强的生命力在中国落地生根，并影响了中国的政治文化、哲学思想、文学艺术等诸多层面，成为中国传统文化不可分割的一部分。

现在，佛教已形成了一套理论完备、内容丰富、独具魅力的体系，它关注人生的苦难，以慈悲之心怜悯世人，以出世之念开悟众生，因此吸引了诸多信众，成为世界三大宗教之一。特别在当代社会，人心浮躁，动荡不安，佛教更以深刻独到的见解、辩证的思维方式开示众生，倡导世人关注自我的生命，提醒世人认清自己的地位和价值，使人暂时忘却世间的烦恼，并得到身心的安逸和宁静。

佛陀涅槃

随着岁月的流逝，教化的辛劳，久经风霜雨露的佛陀步履蹒跚、衰迈龙钟了，然而他越发庄严而灵明。

佛陀的一生，外有异教徒的迫害，内有提婆达多的捣乱，但他一概漠然置之，逆来顺受。他的慈悲和宽宏，使得异教徒的迫害徒然变得笨拙和愚蠢，使得捣乱的提婆达多最后自取灭亡。

同时，这位大智大勇者清楚，除了躯体和心灵，上苍没有赏赐他任何身外之物。

直到涅槃的那一天，他募缘说法达四十九年，讲经三百八十余会，度人无数。在四十九年弘法的生涯中，说《华严经》二十一天，说《阿含经》十二年，说《方等经》八年，说《般若经》二十二年，说《法华经》和《涅槃经》八年。这都是法会的宣讲，至于讲四圣谛、十善业道、八正道、五蕴因缘、十二因缘、四无量心、三转十二法轮和八关斋戒等，那几乎是每天的课程。直到老年的时候，他还常常外出给众生说法，度化不迭，鞠躬尽瘁。

佛陀的弟子千千万万，仅证得阿罗汉果的就有2000余人众。常随在佛陀身边的弟子，按着他们长年修炼的成果和专长，均膺获了荣誉的法号，成为佛门2000余最负盛名的觉者，一律冠以"第一"的称谓。

佛陀入寂灭前，已经是80岁了。据《佛所行赞》中所述，佛陀是在拘尸那迦城涅槃。但是准确地说，是在拘尸那迦城不远处的一处村落，名为寂静园。佛陀受弟子的一路搀扶，从广延城出来，但是佛陀已经累了，受到了当地的一个工匠——纯陀的供养。而纯陀却已经是最后一名供养佛陀的人，吃过纯陀所献上的旃檀

[zhān tán] 耳后，开始有了赤痢的现象，佛陀知道旃檀耳是他最后一次入食，并且嘱咐了弟子不要责怪纯陀，万事皆有因果，不是你我能够改变得了的。佛陀知道自己的大限将至，寂静园后的一片树林，成为佛陀入灭的地方。

佛陀安静地躺在大树下面，众弟子跪在身边，然后开始最后的交代：以后，迦叶要挑起组织众弟子的担当，集结三藏开始记录经文，传颂佛法；并且要时常教会阿难，阿难的多闻是难得一见的才能，以后会有很大作为。

佛陀说："阿难，我涅槃以后，大家应该依四念处安住。"四念处具体所指：观身不净，观受是苦，观心无常，观法无我。

阿难尊者接着问："佛陀，现在那些凶恶的人，有佛陀调伏，但您走了以后，那些凶恶的人，该如何对付呢？"佛陀说："阿难，调伏凶恶的人，最好的办法就是默摈置之，不要理他就好了。"

阿难又问了最后一个问题："佛陀，您在世时，您的言教，大家容易相信，但您涅槃以后，经典的结集，如何才能让人相信呢？"佛陀说："在一切经首，应该安'如是我闻'一句。这句话就表示，你阿难听到佛陀这么说的。"

公元前 485 年，佛历二月十五日，中夜时分，月到中天，皎洁，清爽。佛陀安卧在拘尸那迦城郊的一棵娑罗双树下，陷入安详的沉默中。他知道自己快要进入不生不灭的涅槃境界了。从四方来的弟子们都围跪在他的周围，含着满腔的泪水，泣不成声……

这时，风息林静，月光如水，照耀着那张慈祥、淳朴的面孔。

传播中土

东汉明帝永平四年（公元 61 年）的一个晚上，汉明帝刘庄睡得很香甜。他做了一个梦，梦见有一位神仙，金色的身体被光环绕着，轻盈飘荡地从远方飞来，徐徐降落在御殿里，端庄祥和地坐着，好像喃喃自语的样子。

汉明帝醒来感到非常奇怪。第二天，他就召集满朝大臣为他解梦，看看是吉是凶。大臣们面面相觑，谁也说不出个所以然来。

就在这时，掌管朝廷奏章和传达圣旨的太史傅毅上奏说："在周昭王二十四年（约公元前 1026 年）四月初八，山川震动，江河泛滥，晚上西方的天空现出五色祥光。就在那天晚上，昭王梦见有金人飞来华庭。这应当是一位大圣人在西天诞生了，这位圣人降临人间应该是为了救苦救难。他的信义，将在千年后传入我国啊！"

傅毅看皇上专注地听着自己解释，继续说："屈指算来，从昭王梦见金人飞来至今将近千年了，陛下梦到的金人，大概就是这位圣人吧！据臣所闻，现在西域有位神人，其名为'佛'。陛下梦见的必定就是他吧！"

汉明帝听了傅毅的话，感到十分高兴，就想了解一下这位神人的详情。于是，他就选派郎中蔡愔 [yīn] 和博士秦景等 12 人，选择了一个黄道吉日，前往西域寻佛求法。

蔡愔一行 12 人离开都城洛阳后，在去西域的路上，跋山涉水，历尽艰险，在一年后终于到了今阿富汗一带的大月氏［dà ròu zhī］国。当时大月氏国佛教已经十分盛行，那里寺院众多，宝塔林立，香火十分旺盛。

蔡愔一行人在大月氏国搜集了一些佛经佛像后，又邀请了到大月氏国传教的中天竺高僧摄摩腾（又译迦叶摩腾）和竺法兰，在永平十年（67 年）返回京都洛阳。蔡愔迎佛画归国，佛像在中国始有蓝本。

汉明帝非常高兴，特意召见了两位远道而来的僧人，然后请他们在接待外国使节的鸿胪寺住下，翻译带回来的那些佛经。

第二年，汉明帝敕令在洛阳雍门外，依天竺的建筑样式，修建了一座僧院。僧院建成后，主要用于收藏带回来的佛经。

由于这两位高僧来到汉朝时住在鸿胪寺，所以两位高僧住的地方就以"寺"著称，并且从此延传下去，以后所有的僧院都被称为"寺"了。

河南洛阳白马寺

68 年，汉明帝为摄摩腾和竺法兰在洛阳建造了中国第一座佛教寺院，以驮载经书佛像的白马命名，称为白马寺。白马寺为中国第一古刹，世界著名伽蓝（寺院），乃中国、越南、朝鲜、日本及欧美国家的"释源"（释教发源地）和"祖庭"（祖师之庭）。摄摩腾在寺中曾译《四十二章经》，藏于 14 石函中，于是建起塔寺。汉明帝的异母弟楚王刘英皈依佛门，成为中国最早的佛教徒。刘英经常与沙门、佛徒们在一起祭祀佛陀，并使佛教传到了中国南方。

南朝宋、齐、梁、陈各代帝王大都崇信佛教。梁武帝萧衍（464—549 年），字叔达，南兰陵郡东城里（今江苏省丹阳市埤城镇东城村）人，是南梁开国皇帝（502—549 年在位），西汉相国萧何的二十五世孙。萧衍晚年笃信佛教，"都下佛寺五百余所，穷极宏丽。僧尼十余万，资产丰沃"。

梁武帝笃信佛教，他信佛做的最为惊人的事就是不顾大权旁落、社稷安危和朝臣反对，四次舍身同泰寺（今南京鸡鸣寺）。什么叫舍身？就是不仅舍弃皇帝的权威和尊严，不当皇帝，而且舍弃自己的肉身，去庙里当和尚（应该说是最彻底的舍弃了）。他的这个惊人之举，确实给满朝的大臣出了个难题，从古到今，哪有人舍弃千万人梦寐以求的皇帝不当，去做和尚的呢？大臣们想出了个万全之策：既然陛下的肉身已舍给同泰寺了，但可以用钱来向同泰寺赎回来。梁武帝四次舍身：普通八年（527年）三月八日，萧衍第一次亲自前往同泰寺舍身出家，三日后返回，大赦天下，改年号大通；大通三年（529年）九月十五日，第二次至同泰寺举行"四部无遮大会"，脱下帝袍，换上僧衣，舍身出家，九月十六日讲解《大般涅槃经》，二十五日由群臣捐钱一亿，向"三宝"祷告，请求赎回"皇帝菩萨"，二十七日萧衍还俗；大同十二年（546年）四月十日，萧衍第三次出家，这次群臣用两亿钱将其赎回；太清元年（547年）三月三日，萧衍第四次出家，在同泰寺住了37天，四月十日朝廷出资一亿钱赎回。

鸡鸣寺

老年的梁武帝从《大般涅槃经》中找到理论根据，下令僧人必须吃素，从此汉传佛教形成吃素的传统。萧衍不近女色，不吃荤，不仅他这样做，还要求全国效仿："以后祭祀宗庙，不准再用猪牛羊，要用蔬菜代替。"他吃素，要神灵也吃素。这个命令下达之后，大臣议论纷纷，都反对。最后，萧衍允许用面捏成牛羊的形状祭祀。他建立了大批寺寮，亲自讲经说法，举行盛大斋会。梁朝有寺2846座，僧尼82 700余人，在建康（今江苏省南京市）就有大寺700余所，僧尼信众常有万人。

杜牧（803—852年）有诗云："南朝四百八十寺，多少楼台烟雨中。"（《江南春·千里莺啼绿映红》）

北朝虽然在北魏世祖太武帝和北周武帝时发生过禁佛事件，但总的来说，历代帝王都扶植佛教。北魏文成帝在大同开凿了云冈石窟；孝文帝迁都洛阳后，为纪念母后开始营造龙门石窟。北魏末，流通佛经共计415部1919卷，有寺院3万余座，僧尼200余万人。北齐僧官管辖下的僧尼有400余万人，寺庙4万余座。在两晋南北朝，有大批外国僧人到中国弘法，其中著名的有求那跋摩、求那跋陀罗、真谛、菩提流支、勒那摩提等。中国也有一批信徒去印度游学，如著名的法显、智猛、宋云、惠生等曾去北印度巡礼，携回大批佛经。

北魏时期，是中国佛教发展史上一个极为重要的阶段。由于官方的保护和提倡，佛教迅速发展，佛教艺术的发展也是蒸蒸日上。这一时期留传下来的金铜佛像数量很多，此外，闻名于世的大同云冈、洛阳龙门两大石窟，都是这时由官方主持开凿的，所以规模巨大，空前绝后，显示了非同凡响的宏伟气势。大同作为当时北方的政治、经济中心，在佛教艺术发展过程中，还形成了被称为"平城模式"的艺术风格，对当时中原地区佛教艺术的发展起着指导性的作用。

禅宗（汉传佛教）

禅宗，中国佛教宗派，主张修习禅定，故名。又因为自称"传佛心印"，以觉悟众生本有之佛性为目的，所以亦称佛心宗。禅宗的祖庭有河南少林寺，安徽岳西二祖寺、天柱山三祖寺，湖北黄梅四祖寺、五祖寺以及广东南华寺等。

作为禅宗代表经典的《六祖坛经》，主张心性本净，佛性本有，觉悟不假外求，舍离文字义解，直彻心源。认为"于自性中，万法皆见；一切法自在性，名为清净法身"。一切般若智慧，皆从自性而生，不从外入，若识自性，"一闻言下大悟，顿见真如本性"，提出了"即身成佛"的"顿悟"思想。

禅宗思想广泛流传的过程中，将其自然任运的态度注入了中国文化的许多方面。禅家南宗的主张经过南岳、青原一二传以后，便将禅的意味渗透在学人的日常生活里，使它构成一种随缘任运的态度。本来南宗主张定慧等学，不分先后，是用契理的知行合一来解释定慧为一件事的两方面，又说外离相即禅，内不乱即定，这样早已扩大了禅定的范围。到了南岳的马祖（709—788年），更生动地用磨砖不能成镜来形容坐禅无从作佛，就不再拘泥平常所说静坐习禅那些功夫了。但是，禅家一切行为的动机，始终在向上一着，探求生死不染、去往自由的境界，并且不肯泛泛地去走迂回曲折的道路，而要直截了当把握成佛的根源。这个根源，在他们所认识到的，即人们的心地，也可称为本心。说心还嫌空灵，于是从心思所表现的各方面即言语举动等来讲。像马祖门下的大珠（慧海）回答如何用功修道的问题时就说"饥来吃饭，困来即眠"；而这些和常人不同之点，即在当时毫无计较，纯任本然。他们又常常说"平常心是道""拟向即乖"，可见都是在日常生活上着眼的。后来更有人说这些不但是心的作用，而且是性的发现，所引的论据即异见王和波罗提尊者的问答。波罗提说见性是佛，性在作用，意指见闻觉知，这样说成性和作用无异。真正道人，"随缘消旧业，任运着衣裳"，当行就行，当止就止，自然合泊而成为随缘任运的生活。禅宗的这种思想特质，对于后世中国产生了深远影响。

始祖达摩

始祖菩提达摩（Bodhidharma，？—536年），南北朝禅僧，略称达摩或达磨，意译为觉法。南天竺（古印度）人，属刹帝利种姓，南天竺香至国国王第三子，通彻大乘佛法，为修习禅定者所推崇。原名菩提多罗，后改名菩提达摩，自称佛传禅宗第二十八祖。出家后从般若多罗大师，倾心大乘佛法。为中国禅宗的始祖，故中国的禅宗又称达摩宗，主要宣扬二入四行禅法。达摩祖师的思想对中土文化产生了很大的影响。

菩提多罗自小就聪明过人，因为香至王对佛法十分虔诚，所以菩提多罗从小就能够遍览佛经，而且在交谈中会有精辟的见解。

师父般若多罗知道菩提多罗的前世因缘，便叫他同两个哥哥辨析其父亲施舍的宝珠，以试探他，让他阐发心性的精髓。然后对他说："你对于各种法道，已经博通。达摩就是博通的意思，你应该叫达摩。"于是他改号叫菩提达摩。

菩提达摩问师父："我得了佛法以后，该往哪一国去作佛事呢？"师父说："你虽然得了佛法，但是不可以远游，暂时住在这里。等我寂灭以后，你就到震旦（即中国）去。广传佛教妙法，接上这里的根。切莫急着去，那会让教派在震旦衰微的。"

般若多罗临终时曾对菩提达摩留有一偈①曰：

路行跨水复逢羊，独自栖栖暗渡江；

日下可怜双象马，二株嫩桂久昌昌。

偈语暗示了菩提达摩到中国弘扬禅宗的历程。"跨水"预示将渡海东行，"逢羊"指他在广州登陆，因广州又称羊城；"渡江"说的是在南方弘法不便，当去北方。

在般若多罗入灭以后，菩提达摩先留本国，行化十数年后，待机缘成熟，乃远渡重洋，历时三载，终于到达了中国的广州。这时是梁武帝普通七年（526年）九月二十一日（阴历）。

广州刺史萧昂备奉旨欢迎达摩一行，并且上表奏禀梁武帝。梁武帝看了奏章，派遣使臣奉诏到广州迎请，这时是大通元年。十月一日达摩等到达金陵。

这位"菩萨皇帝"迫切地希望得到印度来的高僧对他所积功德的认可，希望了解佛教的真谛。梁武帝见到菩提达摩就问："朕即位以来，造寺写经，度僧不可胜纪，可有功德？"菩提达摩只淡淡地回答说："并无功德。"

当头一盆冷水，使梁武帝迷惑不解，于是又问："何以无功德？"达摩说："此但人天小果，有漏之因，如影随形，虽有非实。"

梁武帝紧接着又问："如何是真功德？"达摩说："净智妙圆，体自空寂，如是功德，不以世求。"

梁武帝一转话题，又问："如何是圣谛第一义？"更令梁武帝意外，达摩竟回答说："廓然无圣。"

梁武帝又问："对朕者谁？"达摩说："不识。"

这样，话不投机半句多，两人的谈话不欢而散。达摩也许心里谓梁武帝不善领悟，虽崇佛爱禅，但并不领悟佛法大义；梁武帝或者认为达摩不能圆融善巧。"机缘不契"，达摩只好于十月十九日，悄悄回到长江北岸。达摩是禅宗大乘派，普度众生；而梁武帝信奉小乘佛教，主张自我修行。由于他们的主张不同，谈论起佛事，自然是不投机，达摩只好"独自栖栖暗渡江"。

---

① 偈，或偈子，又名偈颂，一种略似于诗的有韵文辞，通常以四句为一偈。

达摩离开梁武帝的宫廷以后，梁武帝把他与达摩的对话告知他的师父志公禅师，志公听后，对梁武帝说，达摩的开示讲得好极了，当是观音菩萨乘愿再来传佛心乘。梁武帝深感懊悔，当下派人骑骡追赶达摩。达摩夜晚朝长江边走去，途经幕府山时，听到后面有追骑赶来。众人追到幕府山中段时，两边山峰突然闭合，一行人被夹在两峰之间。达摩走到江边，就在江边折了一根芦苇投入江中，化作一叶扁舟，飘然过江，从此留下了"一苇渡江"或"折苇化舟"的传说。实际上，达摩是将芦苇捆成束绑成舟渡江的。

十一月二十三日，达摩到达洛阳。这时是魏孝明帝孝昌三年。达摩下榻在嵩山少林寺，面壁而坐，整天默默不语。人们不知道他在想什么，管他叫"壁观婆罗门"。达摩在嵩山少林寺面壁九年，深入禅定，并将他的身影印在了石壁上。世人还说少室山的五乳峰上有一个"达摩洞"，是达摩面壁的地方，连小鸟在他的肩上筑巢都没有察觉。

二祖慧可

慧可，号神光（487—593年），据说神光的父亲一直求子不得，后来向菩萨虔诚地祈求才有了他，生他的时候满室红光，故得此名。神光自幼志气不凡，为人旷达，博闻强记，广涉儒书，尤精《诗》《易》，喜好游山玩水，而对持家立业不感兴趣。后来接触了佛典，深感"孔老之教，礼术风规；庄易之书，未尽妙理"。于是便栖心佛理，超然物外，怡然自得，并产生了出家的念头。父母见其志气不可改移，便听许他出家。于是他来到洛阳龙门香山，跟随宝静禅师学佛，不久又到永穆寺受具足戒。此后神光禅师遍游各地讲堂，学习大小乘佛教的教义。经过多年的学习，神光禅师虽然对经教有了充分的认识，但是个人的生死大事对他来说仍然是个谜。

32岁那年，神光禅师又回到香山，放弃了过去那种单纯追求文字知见的做法，开始实修。他每天从早到晚都在打坐，希望能够借禅定的力量解决生死问题。这样过了八年。有一天，在禅定中，神光禅师突然看到一位神人站在跟前，告诉他："如果你想证得圣果，就不要再执着于枯坐并滞留在这里了。大道离你不远，你就往南方去吧！"（将欲受果，何滞此邪？大道匪遥，汝其南矣。）

近日听说达摩大士住在少林寺，最圣达的人就离自己不远，神光禅师于是辞别了宝静禅师，前往少室山，来到达摩祖师面壁的地方，朝夕承侍。

达摩却每每对着墙壁端坐，神光听不到他的教诲和鼓励。神光心想："过去的人求学访道，饿了，把骨头敲开吸取里面的骨髓，从身上扎出血来暂时充饥，割下珍贵的头发掩埋在泥里，或者舍身跳崖去喂老虎。古人尚且如此，我算什么呢？"（"昔人求道，敲骨取髓，刺血济饥，布发掩泥，投崖饲虎。古尚若此，我又何人？"）

这年十二月九日晚上，漫天大雪，神光站在殿外，一动不动。到天亮时，积雪都没过他的膝盖了。这时，达摩祖师才慢慢地回过头来，看了他一眼，心生怜悯，问道："你久久地站在雪地里，要求什么事？"（"汝久立雪中，当求何事？"）神光悲苦地流下泪来说："只希望和尚慈悲为怀，打开甘露门，普度众生。"（"惟愿和尚慈悲，开甘露门，广度群品。"）达摩说："诸佛有无上妙道，是天长地久勤奋精进，行难行之事，忍难忍之情而修得的。哪能凭小德小智，轻慢之心，就想得到真乘，白费辛苦。"（"诸佛无上妙道，旷劫精勤，难行能行，非忍而忍。岂以小德小智，轻心慢心，欲冀真乘，徒劳勤苦。"）神光听了达摩祖师的教诲激励，悄悄拿了一把快刀，砍断了自己的左臂，将残臂放在达摩面前。达摩知道他是堪承大业的法器，就说："诸佛最初求道的时候，为了证法而忘掉了形骸。你今天在我面前砍断手臂，你所追求的也可以得到。"（"诸佛最初求道，为法忘形，汝今断臂吾前，求亦可在。"）达摩于是给他改名叫慧可。

慧可问："诸佛的法印，可以说给我听吗？"达摩说："诸佛的法印，不是从人那里得到的。"慧可说："我的心还没有安宁，求大师帮助我安宁。"达摩说："把你的心交给我，我帮助你安宁。"过了一会儿，慧可说："找我的心，找不到了。"达摩说："我帮你安心，完成了。"

过了 9 年，达摩要返回天竺。他召集门人说："回国的时间到了，你们何不说说自己有什么心得？"一个叫道副的禅师说："在我看来，不拘于文字，不离开文字，这就是道用。"达摩说："你学到了我的皮毛。"尼姑总持说："据我理解，就像庆喜见到如来的佛国，见了一次就见不到第二次。"达摩说："你学到了我的肉。"道育说："地、水、火、风四大皆空，色、受、想、行、识五阴并非真有。在我看来，没有什么法可以学得。"达摩说："你学到了我的骨头。"最后，慧可礼拜了大师，依次序站在自己的位置上，没有开口。达摩说："你学到了我的精髓。"

达摩又看看慧可，告诉他："过去如来把他的清净法眼传给迦叶大士，然后又辗转嘱托，传到我手里，你要护持。我把袈裟也传给你，作为传法的信物。它们各有自己的含义，应该知道。"慧可说："请大师指示。"达摩说："内传法印，以便正智与真理相契合。外传袈裟，以便教派承传旨意明确。若是后代轻薄，群起怀疑，说我是西天人氏，你是东方学子，凭什么得真法，你拿什么证明？你如今接受这袈裟和佛法，以后遇上灾难，只消拿出这衣裳和我的法偈，就可以表明化导无碍。我寂灭两百年后，衣裳就不再往下传了，佛法已经遍布天下。但那时候，懂佛道的人多，行佛道的人少；说佛理的人多，通佛理的人少。私下的文字，秘密的证说成千上万。你应当宣传阐发正道，不要轻视了没有真悟佛理的人。他们一旦回复正道，就跟没走弯路的人一样了。听我的偈言：'吾本来兹土，传法救迷情。一花开五叶，结果成自然。'"

当时，北魏皇帝尊奉释家，佛门俊才如林。光统律师和流支三藏二人，便是僧中的鸾凤。他们看到达摩大师演说佛道，常比手画脚同大师辩论，是非纷起。达摩祖师远振玄风，普施法雨，赢得了声望。而气量偏狭的两个僧人不堪忍受，竟相生起害人之心，几次对大师投毒。到第六次放毒时，大师教化世人的因缘已尽，法教也有了传人。便不再自救，端坐圆寂。这时是魏文帝大统二年（536 年）十月五日。同年十二月二十八日，达摩安葬于熊耳山，人们在定林寺为他起了一座塔。

达摩在中国始传禅宗，"直指人心，见性成佛，不立文字，教外别传"。佛陀拈花微笑，迦叶会意，被认为是禅宗的开始。不立文字的意思是禅是脱离文字的，语言和文字只是描述万事万物的代号而已。这也是惠能大字不认识一个，却通晓佛经的原因。只要明心见性，了解自己的心性，就可以成佛。禅宗经二祖慧可、三祖僧璨、四祖道信、五祖弘忍、六祖惠能等大力弘扬，终于一花五叶，盛开秘苑，成为中国佛教最大宗门，后人便尊达摩为中国禅宗初祖，尊少林寺为中国禅宗祖庭。

正是二祖慧可立雪断臂，禅的血脉方能传给二祖，而且不久之后，更如开源的河流般奔流。如果没有慧可立雪断臂的求法精神，禅的大河也许不会很快地在中国发展。他承上启下的功德不可思议。慧可虽不是中国禅宗的开山，但慧可把古印度佛法教义与中国的国情相结合，使佛教彻底中国化，成为适合中国士大夫与百姓口味的中国佛教，这是慧可对中国文化最伟大的贡献。

3 周礼的执着追求者：孔子（公元前551—公元前479年）

孔子，子姓，孔氏，名丘，字仲尼，春秋末期鲁国陬〔zōu〕邑（今山东省曲阜市）人，祖籍宋国栗邑（今河南省夏邑县），中国古代思想家、教育家，儒家学派创始人。他开创了私人讲学的风气，倡导仁、义、礼、智、信。

周礼

西周统治者为巩固自己的统治，建立稳定的政治制度，支撑周朝天下的有四大制度：封建制（分封制）、井田制、宗法制、礼乐制。在礼乐制中，周公旦制定了各种典章制度。礼乐制是周代文化的集中体现，既是典章制度的总汇，又是人们各种行为的准则。"礼"强调的是"别"，即所谓"尊尊"；"乐"的作用是"和"，即所谓"亲亲"。有别有和，是巩固周人内部团结的两方面。礼所要解决的中心问题是尊卑贵贱的区分，即宗法制，进一步讲是继承制的确立。由于没有严密的继承制，殷代是传弟和传子并存，曾导致"九世之乱"。传弟终究还要传子，这本来是生物的规律。传子和传弟有传长、传幼和传贤的矛盾。传弟更有个传弟之子和传兄之子的矛盾。这些矛盾的存在，往往导致王室纷争，王室纷争又会导致王权衰落，国祚不久。殷代从康丁以后，历经武乙、文丁、帝乙、帝辛（纣），明显地废除了传弟制而确立了传子制。由宗法制必然推演出维护父尊子卑、兄尊弟卑、天子尊诸侯卑等级森严的礼法。

西周的礼乐制度逐渐发展为区分贵贱尊卑的等级教条。乐则是配合各贵族进行礼仪活动而制作的舞乐。舞乐的规模，必须同享受的级别保持一致。西周的礼乐，也体现了当时的文明。礼仪、居室、服饰、用具等都是有具体规定的。最上面是周天子，下面是诸侯，再下面是大夫，再下面是士，再下面是平民，最下面是奴隶。

周朝还通过礼乐制度来规范贵族的身份地位，要求贵族在衣、食、住、行等方面都要符合自己的身份，贵贱长幼之间要有明显的差别。一个人处于哪个阶层，就只能享受哪个阶层的待遇、住多大的房子、穿什么样的服饰，使用一定规格的用具……总之，最终的目的就是形成一个有秩序的社会。就连如何称呼"死"，不同等级的贵族也不一样："天子死曰崩、诸侯曰薨〔hōng〕、大夫曰卒、士曰不禄、庶人曰死。在床曰尸、在棺曰柩；羽鸟曰降、四足曰渍；死寇曰兵。（《礼记·曲礼》）"（死了但尚在床上，叫尸；死了并已经入棺，叫柩。飞鸟死叫"降"；四足之兽死叫"渍"。为保卫国家而牺牲者，叫"烈士"。）

安葬时的规格也是不同的，"君大棺八寸，属六寸，裨四寸。上大夫大棺八寸，属六寸。下大夫大棺六寸，属四寸。士棺六寸"。材质上"君松椁，大夫柏椁，士杂木椁"。天子享用四重棺椁，装有尸身的棺四周有水牛皮包裹，称"革棺"；第二重叫"拖"，用椴木制成；第三重称"属"，梓木所制；第四层叫"大棺"，亦梓木制成。

荀子反复重申古之礼制："天子棺椁七重，诸侯五重，大夫三重，士再重。"天子的墓中放置九鼎八簋［guǐ］，诸侯的墓中只能放置七鼎六簋，卿大夫五鼎四簋，士三鼎二簋。

同时，还规定了吉礼（祭礼）、凶礼（丧礼）、军礼（行军，出征）、宾礼（朝觐，互聘）、嘉礼（婚宴，加冠）等，使贵贱有差、尊卑有别、长幼有序，实行所谓"刑不上大夫，礼不下庶人"。

礼包含内在与外在两个方面。礼对于人的内心，是情感的约束，使它不过于泛滥而影响到别人的生活与社会秩序，因此它讲求"敬""让""忠""恕"等心理情感的培养。"夫人知礼然后恭敬，恭敬然后尊让，尊让然后少长贵贱不相逾越，故乱不生而患不作"。（《管子·五辅》）

礼表现在外的是礼仪与礼制。礼仪指各种仪式，其中最主要的莫过于祭祀。因为祭祀是巫术仪式的直接传承，人们祭祀鬼神，以敬天地；祭祀祖先，以表哀念之情、孝敬之意。在商朝，祭祀的重点在于被祭祀的鬼神；而到了周代，孔子时期，祭祀的重点由鬼神转变为礼仪本身。祭祀仪式本身重于被祭祀者。孔子是不讲鬼神的人（"子不语怪力乱神"），讲"祭神如神在"，讲祭祀礼仪本身的神圣庄重，讲祭祀时敬畏或哀戚的心理状态。孔子不断地强调心理情感才是最重要的。这是礼仪向诗与艺术方向的一种发端。

礼制是一套社会管理规范，具强制性，并具有法律效果。从夏朝开始，统治者们制定了一些以礼制为主的治国的方法。商代沿用并进行了改进。到了周代，经过周公的精心归纳、整理、完善，形成了一套完整的治国方略。它详细地规定了诸如祭祀、服饰、军事、政治以及日常生活起居方面的礼仪规范，也有如用鼎制度、乐悬制度、车骑制度、服饰制度、礼玉制度等的具体规范，还有各种礼器的等级、组合、形制、度数。

不同社会等级的人可以观看的舞蹈规格不一样。比如天子可以看"八佾（［yì］，"列"的意思）之舞"，所谓八佾之舞指的是横竖八人（共64人）的舞蹈。诸侯为六佾，卿大夫为四佾，士为二佾。如果超过应有的规格，就叫作"僭越"，"僭越"礼法是犯罪，要论刑的。

在西周，以五声八音为乐。五声为音阶，即宫、商、角、徵、羽；八音为器乐之分类，即埙［xūn］、笙、鼓、管、弦、磬［qìng）、钟、柷［zhù］。

"乐"与礼息息相关，礼与乐分化自巫术。远古人们的巫祝仪式总是载歌载舞。"乐由中出，礼由外作"（《乐记·乐论》），乐的作用是中和人的内心情感，直接作用于人心，以达到"和"的情感境界。"乐者，天地之和也；礼者，天地之序也。和，故万物谐化；序，故群物皆别。"（《乐记·乐论》）所以，乐是用来治心的。"是故乐在宗庙之中，君臣上下同听之，则莫不和敬；在族长乡里之中，长幼同听之，则莫不和顺；在闺门之内，父子兄弟同听之，则莫不和亲。故乐者……所以合和父子君臣，附亲万民也，是先王立乐之方也。"（《史记·乐书》）因此，乐是通过陶冶性情、塑造情感以建立内在融洽和乐的人性，礼外乐内，达到维系社会和谐稳定的目的。当然，一些特定场合的音乐舞蹈还具有巫舞的意义，有着精神统治力量，令人敬畏而自觉服从上天的意旨。上天的意旨由谁传达？由天子，由国家的统治者传达。这就形成了官员及百姓对朝廷政令的无条件服从。

礼乐制度主要用来维护宗法制度和君权、族权、夫权、神权。《荀子·礼论》说："礼有三本：天地者，生之本也；先祖者，类（族类）之本也；君师者，治之本也。""上事天，下事地，尊先祖而隆君师，是礼之三本也。"所说"礼之三本"，天地代表神权，先祖代表族权，君师代表君权。后来统治者以天、地、君、亲、师作为礼拜的主要对象，就是根据这个理论。

在婚姻方面，礼制规定，"天子一取十二女，象十二月，三夫人九嫔。诸侯一取九女，象九州，一妻八妾。卿大夫一妻二妾。士一妻一妾。"（汉·蔡邕《独断》）

但是从春秋时期起，诸侯争霸，人们对上下尊卑的观念，对上天通过天子管理人类的观念已经逐渐淡薄，巫术的精神统摄的力量开始逐渐崩溃。人们认识到，只要自己够强大，便可以通过武力夺取政权，夺取自己想要的很多东西。因此人们对礼乐的敬畏之心已经远不如以前。他们不再遵从周天子号令，而是自行其是；不再恭敬尊让，而是群起而争之。楚国的楚武王就没经周天子的同意而"僭越"自立为王。后来强大的国家纷纷效仿，"春秋五霸"里就有两个"王"。

到春秋后期，"礼崩乐坏"。这些卿大夫在夺取国君权力的同时，不但僭用诸侯之礼，甚至僭用天子之礼。按礼，天子的舞用"八佾"，但季孙氏也用"八佾舞于庭"，孔子斥责说："是可忍也，孰不可忍也！"按礼，天子祭祖唱《雍》诗来撤除祭品，这时鲁国的三家都"以《雍》撤"，孔子认为这种事不该出于"三家之堂"。按礼，只有天子可以"旅"（祭祀）于泰山，这时季孙氏"旅于泰山"，孔子又指责他不懂礼。卿大夫这样"僭礼"，实质上就是夺取政治权力的一种表现。

孔子是春秋晚期的鲁国人，而周公恰好是被分封在鲁国的。孔子比周公晚了大约 500 年。西周初期，"礼乐征伐自天子出"，天子是势力最大的。诸侯是每年要到国都去朝觐的。一方面，是拜见天子；另一方面，就是进贡。如果有什么战事，都是天子发出号令，诸侯派出军队。到春秋时期，就不一样了。首先是天子没有实力了，春秋时期的几个霸主，都是可以号令诸侯的，而天子只是一个陪衬。

在诸侯国内，大夫的地位也大大提高。以鲁国为例，鲁国国君也是没有什么实权的。权力在三家大夫那里，以季孙氏家权力最大。其实，三家大夫，季孙氏、叔孙氏、孟孙氏，历史上称为"三桓"，因为都是鲁桓公的后代。先是三桓专权，后来发展为"家臣执政"，就是季孙氏的家臣阳虎，掌握鲁国大权，最后作乱，被平叛。

而孔子对周代的文化有高度的赞誉："周监于二代，郁郁乎文哉！吾从周。（《论语·八佾》）"（周朝的礼制借鉴于夏、商二代，是多么丰富多彩啊！我遵从周朝的制度。）周代的文化是奠基于前两代之上，才得以发展成为更加优越的文化传统。

孔子反复强调礼乐的重要性，认为一个国家兴衰的重要标志在于礼乐。首先，礼在大的方面，如治国安邦。孔子认为：一个国家要想和谐、稳固，必合乎礼、正乎乐。孔子说："道之以政，齐之以刑，民免而无耻；道之以德，齐之以礼，有耻且格。（《论语·为政》）"（用政令来治理百姓，用刑法来整顿他们，老百姓只求能免于犯罪受惩罚，却没有廉耻之心；用道德引导百姓，用礼制去同化他们，百姓不仅会有羞耻之心，而且有归服之心。其次，礼在这里，是作为治国的一个基本要素来提出的。礼乐于小处看，则在于"博学于文，约之以礼"，陶冶人的境界、情操，使人眼界豁达、心胸开朗，同时也知道该如何规范自己的行为。也就是"恭近于礼，远耻辱也"，知道什么该做，什么不该做。"恭而无礼则劳；慎而无礼则葸（[xǐ]，畏惧）；勇而无礼则乱；直而无礼则绞。（《论语·泰伯》）"（恭敬而不符合礼的规定，就会烦扰不安；谨慎而不符合礼的规定，就会畏缩拘谨；勇猛而不符合礼的规定，就会违法作乱；直率而不符合礼的规定，就会尖刻伤人。）因此，"非礼勿视，非礼勿听，非礼勿言，非礼勿动"。最后，礼在孔子的设想中，无疑是能够使社会和谐的一个重要途径。又称，"礼之用，和为贵。先王之道，斯为美。小大由之，有所不行。知和而和，不以礼节之，亦不可行也。（《论语·学而》）"（礼的应用，以和谐为贵。古代君主的治国方法，宝贵的地方就在这里。但不论大事小事只顾按和谐的办法去做，有的时候就行不通。（这是因为）为和谐而和谐，不以礼来节制和谐，也是不可行的。）

孔子说："能以礼让为国乎？何有？不能以礼让为国，如礼何？（《论语·里仁》）"（如果能用礼制和谦让来治理国家，哪会有什么问题？不能用礼制谦让来治理国家，又要礼制做什么？）

孔子高度赞赏周礼，终其一生，都想恢复周礼，甚至"知其不可而为之"。孔子追求周礼，其实是追求一种500年前的社会秩序。孔子提不出新的秩序，只能克己复礼。

出生

孔子不姓孔，姓子。孔子是商人的后裔。商朝王族为"子"姓，所以孔子自然也姓"子"！孔子的"孔"来自先祖孔父嘉，孔父嘉是宋国的大司马，历经穆公、殇公两朝，备受国君信赖，还有个漂亮的妻子。《左传》在鲁桓公元年有一段记载："宋华父督见孔父嘉之妻于路，目逆而送之，曰：美而艳。"有次宋国的太宰华父督在路上遇见了孔父嘉的妻子，当下就被彻底迷住了。接着，"二年春，宋督攻孔氏，杀孔父嘉而娶其妻。公怒，督惧，遂弑殇公"。隔年，华父就找借口杀了孔父嘉，强占了孔父嘉之妻，孔父嘉的儿子木金父逃到鲁国的陬邑落户，取了孔父嘉的字为氏①，其后代即为孔氏。因此，孔子的"孔"其实是孔子家族的氏名。

---

① 姓因存立时间久远，亲属数目的庞大，分支族氏的增多，未必已能追溯到一个共同明确的祖先。而氏一般皆有明确的、可以追溯到的始祖。氏名来源较多样，如以邑名为氏、以谥为氏、以官为氏等。姓是统一的，虽有氏为分支，但没有更小的姓族；而氏却可以是多层次的，一个大氏可以包括由其分化出来的若干小氏。

木金父当初为何选择鲁国？除了鲁、宋两国邻近外，还有历史方面的原因。鲁国以前是殷人在东方的盟国，叫奄国。周公东征灭奄后，其子伯禽代其受封于此。殷民族后来也迁过来，建立了鲁国。因此，鲁国多数居民仍是殷人，只不过是由周人统治罢了。木金父可能是因此而逃到鲁国。

木金父以落难的异国贵族子弟身份来到鲁国，自然不会很快引起鲁国的重视。所以他和他的儿子两代为平民。第三代人孔防叔在鲁贵族臧孙氏家为家臣，出任防邑宰。防邑位于曲阜以东 30 里，是臧孙氏的采邑，故人们都叫他防叔。防叔之孙叔梁纥〔hé〕任陬邑宰。陬邑位于防邑南十多里处，邾国以前的故都就在此。后来邾迁都于绎，陬邑成为鲁邑。陬邑宰是国家任命的正式地方官，比作为家臣的防邑宰荣耀。

即，木金父生睪夷，睪夷生防叔，防叔生伯夏，伯夏生叔梁纥。叔梁纥就是孔子的父亲。

叔梁纥，英勇果敢，且力大无比，曾建两次奇功，闻达诸侯。

第一次在周灵王九年，即鲁襄公十年（公元前 563 年），晋为盟主，欲灭偪阳（今山东峄县南 50 里），以地封宋之向戌。于是率军攻偪〔bī〕阳，叔梁纥代鲁参战。当各国军队攻打偪阳不下之时，偪阳人以计诱敌，将城门打开，各国军队蜂拥而入。当部分军队进入后，城上悬门落下，使进入者后退无路，前进者闭堵门外；当此危机之时，叔梁纥独力将悬门擎起，让军队脱险而出。叔氏以其力大无比，勇猛绝伦而建一奇功。

第二次是因为在周定王十八年，即鲁成公二年（公元前 589 年），鲁国联合晋军，败齐于鞌，齐君险些被俘，齐鲁因此结下深仇。在周灵王十六年，即鲁襄公十七年（公元前 556 年），齐国由齐君及高厚带兵，分两路进攻，将桃、防两城围困。鲁之国卿臧武仲，被困防城。鲁军救之无效。叔梁纥率军官臧畴、臧贾及战士三百名，夜间攻城，将臧武仲救出。叔氏以此两役，名闻诸侯，成为当时之知名人物。

叔梁纥起初娶了一位施姓女子为妻，生了 9 个女儿，没有男孩，于是他又娶了一位侧室。过了不久，侧室为他生了一个男孩取名为孟皮（伯尼），可惜这孩子天分不高而且足部有毛病，必须撑着拐杖走路。

叔梁纥为了这件事，一直闷闷不乐。施氏虽然贤惠，夫妇二人也很恩爱，不过，在古代没有一个壮健的男孩来继承香火，是一大憾事。

古时候的习俗，凡是女子出嫁后不能生育者，就可按"七去"条把她给休了。所谓"七去"也就是"七出"。《大戴礼记》上记载着妇有七去：不顺父母者去、无子去、淫去、妒去、有恶疾去、多言去、窃盗去。

叔梁纥对结发多年的施氏虽然恩爱难舍，但为了香火后代的子嗣问题，也只好忍痛和施氏分开，准备另选一位名门闺秀为妻。他听说曲阜县的颜姓人家有三位少女待字闺中，而且都是才德兼备，于是就央人去说媒。

虽然叔梁纥是圣王成汤的后裔，又是受人景仰的英雄人物，但毕竟年岁不小，因此使得颜家颇感为难。做父亲的颜襄素只好把这种情形告诉三个女儿，听听她们的意见。颜父问三女曰："陬邑孔氏的父辈和祖辈虽是士，但他们的祖先是圣王的后裔。现在求婚的叔梁纥身高十尺，武力绝伦，我很看中他。虽然年龄大了些性子又急，但不必担心。你们三人谁愿意做他的妻子？"大女儿、二女儿都不说话。小女儿颜徵在则走上前说："听从父亲的安排，还有什么可问的呢？"她父亲说："就是你能做他的妻子。"于是就把徵在许给叔梁纥做妻子。（颜父问三女曰："陬大夫虽父祖为士，然其先圣王之裔。今其人身长十尺，武力绝伦，吾甚贪之，虽年长性严，不足为疑。三子孰能为之妻？"二女莫对。徵在进曰："从父所制，将何问焉？"父曰："即尔能矣。"遂以妻之。《孔子家语·本姓解》）

叔梁纥和颜徵在婚后，自然很希望能生一个孩子。令他们非常欣慰的是，颜徵在很快就有了身孕。这对夫妇在惊喜之余，又进一步希望是个儿子。于是，夫妇二人便依照当时的习俗，到家乡附近的尼山祈祷。希望尼山之神赐给他们一个健康的儿子。大概是鲁襄公二十二年（公元前551年）夏历八月二十七日（公历9月28日），叔梁纥、颜徵在夫妇再次双双上尼山祈祷求子，不料，在山上颜徵在便即将临盆。于是，夫妇俩便赶忙找到一个山洞作为临时的产房，生下了孔子。后人推崇孔子，便把孔子出生的山洞命名为"坤灵洞"。

颜徵在时年不满20岁，而叔梁纥已经66岁。古人认为，女子七七四十九阴绝，男子八八六十四阳绝。因此，女子过49岁后，男子过64岁后成婚，极可能无后。在古代，人类的延续可是头等大事，无后极不合礼法，故谓之"野合"。（纥与颜氏女野合而生孔子，祷于尼丘得孔子。鲁襄公二十二年而孔子生。生而首上圩顶，故因名曰丘云。字仲尼，姓孔氏。《史记·孔子世家》）

孔子生而七漏[①]，头上圩（［xū］，凹陷），而又因其母曾祷于尼丘山，故名"丘"，字"仲尼"。

孔子3岁时，叔梁纥病逝。叔梁纥死后，颜徵在被叔梁纥正妻施氏所逐，于是带孔子庶兄孟皮与孔子至曲阜阙里，过着清贫的生活。《史记·孔子世家》记载说："孔子为儿嬉戏，常陈俎豆，设礼容。"即是说孔子小时候就不像一般的儿童那样好玩耍，而是经常把祭祀时存放供品用的方形和圆形俎豆等祭器摆列出来，练习磕头行礼。这种礼仪于现在当然是不可思议的，而在当时却是很自然而庄重的。孔子从小学习和喜欢练习礼仪，这除了社会的耳濡目染外，还与颜徵在的家庭教育分不开。颜徵在则很希望儿子将来能回到贵族行列中去，故让他学习礼仪以作为阶梯。孔子果然不负母望，年少好礼得到公认。

孔子已意识到要努力学习做人与生活之本领，所以称自己虽然已经15岁了，但志向在于做学问。孔子17岁时，母亲颜徵在去世。这对孔子是一个很大的打击。孔

---

① 双眼露白，双鼻露孔，双耳露轮，嘴露齿，所以谓之"七漏"。

子欲将父母合葬一起。可是叔梁纥去世时，孔子只有 3 岁，根本不知父亲墓穴的确切地址。而颜徵在嫁叔梁纥时是不合礼制的，按习俗要避嫌，不能相从送葬，因而也不知墓在何处，更不可能在生前告诉孔子父墓所在处。无法合葬，孔子便将母亲的棺椁停于五父之衢，借以引人注意，询问生父葬处。后来有一位邑车夫的母亲告诉了他叔梁纥的家世和葬地，孔子便将父母在房（曲阜东 13 公里的防山）合葬，并在此为父母筑造了高四尺的坟墓，开创了"墓而坟，夫妇合葬"的先河。在古代，墓是平的，不高出地面；坟是在墓上堆土高出地面数尺。

安葬了母亲，得知了父亲的贵族身份，孔子的悲伤心情略微平复。这一年，三桓之一季孙氏宴请士一级贵族。孔子觉得自己是陬大夫之子，便去赴宴，被季孙氏家臣阳虎拒之门外，这是孔子第一次与阳虎打交道。

孔子 19 岁时，为了能够经常回到祖籍地宋国祭拜祖先，便迎娶了宋国人亓 [qí] 官氏之女为妻。婚后，亓官氏为孔子生了个儿子。据传此时正好赶上鲁昭公赐鲤鱼于孔子，因此给儿子起名为孔鲤，字伯鱼。孔子自 20 多岁起，就想走仕途，所以对天下大事非常关注，对治理国家的诸种问题，经常进行思考，也常发表一些见解。这一年孔子开始为委吏，管理仓库。第二年，孔子改作乘田，管理畜牧。因孔子小时候生活艰难，所以会干很多粗活。

鲁昭公十七年（公元前 525 年），郯 [tán] 国（今山东省郯城县）国君郯子来到鲁国朝见。郯子治国讲道德、施仁义、恩威有加，百姓心悦诚服，使郯地文化发达，民风淳厚，一些典章制度都保持下来，孔子由此向郯子询问郯国古代官制。孔子开办私人学校，大约在此前后。

办学

孔子深知，欲扶正摇摇欲坠的礼制殿堂，独木难支。便聚徒授业，期待和弟子们一起改变"礼崩乐坏"的社会现实。孔子带领弟子垒土筑坛，并移来一棵小杏树栽在坛边，休息的时候，就坐在杏坛之上。此后，人们把"杏坛"称作孔子讲学的地方，也泛指聚众讲学的场所。再后来，杏坛泛指教书育人的场所。

此后在长期的办学过程中，孔子开创了全新的教育理念。

（1）有教无类

西周时期，设国学和乡学两类。国学又分大学和小学两级，而乡学则多称为校（夏）、序（商）、庠（西周）、塾等。《礼记·王制》记载："小学在公宫南之左，大学在郊，天子曰辟雍，诸侯曰泮宫。"西周前期，因战事频仍，学校教育以武事为主；而西周后期政权稳定，开始注重文化教育。当时大学学习以礼、乐、射、御、书、数为主，小学则多学六艺基础知识。此时的教育依然以贵族教育为主，平民是很难进入官办学校学习的。

到了东周，战乱频仍，礼崩乐坏。周王朝已失去了对全国的控制，诸侯开始为政一方。为了培养本国人才，诸侯纷纷设立自己的官学，称为"庠宫"或"学宫"。

这时候教育对象不再局限于贵族了，一些有能力的平民也被官学吸收培养。

到了孔子的时代，社会的政治经济和文化教育都在下移，为私人办学提供了机会。此时孔子开始了其创办私学的职业生涯，希望通过兴办教育来培养贤才和能吏，以实现其政治思想。在教育对象问题上，孔子明确提出了"有教无类"的思想。"有教无类"的意思是不分贵族与平民，不分国界与华夷，只要有心向学，都可以入学受教。孔子弟子三千，来自鲁、齐、晋、宋、陈、蔡、秦、楚①、吴②等不同国家，这不仅打破了当时的国界，也打破了当时的夷夏之分，还欲居九夷③施教，充分体现了孔子的教育主张。孔子弟子有来自贵族阶层的，如南宫敬叔、司马牛、孟懿子；也有很多是来自平民家庭，如颜回、曾参、闵子骞、仲弓、子路、子张、子夏、公冶长、子贡等。而平民教育更能体现孔子"有教无类"的精神实质。

（2）因材施教

子路问孔子："听到一件合于义理的事，立刻就去做吗？"孔子说："父亲和兄长还活着，怎么可以（不先请教他们）听到了就去做呢？"冉有问道："听到一件合于义理的事，立刻就去做吗？"孔子说："听到了应该立刻就去做。"公西华说："仲由问'听到一件合于义理的事，立刻就去做吗'时，您回答'还有父兄在，怎么可以听到了立刻就去做呢？'冉有问'听到一件合于义理的事，立刻就去做吗'时，您回答'听到了应该立刻就去做'。我感到迷惑，我大胆地请问这是什么缘故呢？"孔子说："冉有畏缩不前，所以我鼓励他进取；仲由好勇过人，所以我提醒他退让些。"（子路问："闻斯行诸？"子曰："有父兄在，如之何其闻斯行之？"冉有问："闻斯行诸？"子曰："闻斯行之。"公西华曰："由也问'闻斯行诸'，子曰'有父兄在'；求也问'闻斯行诸'，子曰'闻斯行之'。赤也惑，敢问。"子曰："求也退，故进之；由也兼人，故退之。"《论语·先进》)

（3）不言而教

孔子的不言而教，又称瑟儆孺悲。孺悲，鲁国人，孔子的仰慕者之一，生平不详，史书中无任何记载，但因对孔子的一次拜访，孔子对他行"不言而教"而留名《论语》。

一天，鲁哀公派他向孔子学习士丧礼，于是孺悲去拜见孔子。孔子的门徒告知

---

① 楚人在春秋时期被中原称为"荆蛮"。孔子学生公孙龙（公元前498—？）、任不齐（公元前545—公元前468年）即楚国人。

② 孔门七十二贤之一言偃（公元前506—公元前443年），字子游，又称叔氏。公元前444年，言偃来到东海之滨开设学馆，不但教授弟子学文习字，更以儒学的礼仪教人育德。在言偃的倡导下，海隅处处可闻礼乐之声，言偃也被海隅百姓尊为"贤人"。为纪念这位毕生致力于传学兴礼的贤人，后人将县名取为"奉贤"（今上海市奉贤区），建造了"言子祠"，以表达怀念之情，更彰显后人以言偃为楷模，崇尚"敬奉贤人，见贤思齐"的民风。

③ 先秦时对居于今山东东部、淮河中下游的部族的泛称。"夷有九种。曰：'畎夷、于夷、方夷、黄夷、白夷、赤夷、玄夷、风夷、阳夷。'（《后汉书·东夷传》）"九夷泛指少数民族，即非居住在中原地区的少数华夏部族。中原的华夏族与四海的九夷并非种族之分，而是居住的地理位置、生产方式及其生活方式的区别。

了孔子，孔子让门人告诉孺悲，他生病了。当门人刚出房门的时候，他便弹起琴瑟，故意让孺悲听见。（孺悲欲见孔子，孔子辞以疾，将命者出户，取瑟而歌，使之闻之。《论语·阳货》）

孺悲不经人引荐而擅自来找孔子，不合于"士相见礼"，故孔子以生病为由拒绝接见。而后孔子又取瑟而歌，实际上是想告诉孺悲自己并没有生病，只是不愿意接见他。让他碰壁之后，会对自己的行为进行反省。

这也是孔子的又一种待人方式，是"不言而教"的启发式教育。这个故事也让我们看到了孔子的另一面：道不同不相为谋，并旗帜鲜明地表达自己的想法。作为一个教育家，首先是一个身心健全、充满张力的人，面对着一个肩负鲁公之命的孺悲，用智慧的方式表达了自己的观点，难能可贵。对于孺悲来说，这件事对其的影响无疑是巨大的，试想一下：一个傲慢的人在这样的情境下，所给他带来的将是从未有过的难堪与尴尬。孔子这样对待孺悲，是在非常了解孺悲这个人的基础上所采取的举动。孔子的举动无疑会让他有所思考，这样教育的目的也就达到了。孔子是行"不言之教"：我没说你做错了什么，但让你自己认识到了错误。

类似的事情，在亚圣孟子身上也发生过。一次，孟子准备去朝见齐王，恰巧齐王派人来传达说："我本应该来看您，但是感冒了，吹不得风。明早我将上朝处理政务，不知您能否来朝廷上，让我见到您？"孟子回答说："不幸得很，我也有病，不能上朝廷去。"第二天，孟子却到东郭大夫家里去吊丧。（孟子将朝王。王使人来曰："寡人如就见者也，有寒疾，不可以风；朝将视朝，不识可使寡人得见乎？"对曰："不幸而有疾，不能造朝。"明日，出吊于东郭氏。《孟子·公孙丑下》）其意是想让齐王知道，要想求教于他，则应礼贤下士，登门求教。

孔子一生以克己复礼为己任，不合礼的事，孔子是断然不会接受的。别人亲自登门拜访，自己无缘无故地不见，也于礼不合。所以，虽然不想见孺悲，却不明着说，而要找个借口说自己病了，通过间接的方式拒绝。类似的事，孔子也不是第一次做。当初阳货欲见孔子，但阳货是孔子在政治上非常鄙视和反对的"乱贼臣子"，孔子直接说"不见"。

事情是这样的：阳货想会见孔子，孔子不去见他。于是，阳货想了一个办法，给孔子送去蒸熟的小猪。根据当时礼尚往来的原则，孔子在收到礼物以后，应该登门拜谢。孔子不想见这个人，就打听到他不在家的时候去拜谢他，可是在路上遇上了阳货。阳货对孔子说："来，我有话要跟你说。"阳货接着说："有才能却怀着不用而听任国家迷乱，这可以叫作仁爱吗？"孔子说："不可以。"——"喜欢参与政事而又屡次错过机会，这可以说是聪明吗？"孔子说："不可以。"——"时间一天天过去了，岁月是不等人的。"孔子只好说："好吧，我答应你去做官。"（阳货欲见孔子，孔子不见，归孔子豚。孔子时其亡也，而往拜之，遇诸涂。谓孔子曰："来！予与尔言。"曰："怀其宝而迷其邦，可谓仁乎？"曰："不可。""好从事而亟失时，可谓知乎？"曰："不可。""日月逝矣，岁不我与。"孔子曰："诺，吾将仕矣。"《论语·阳货》）太过拘泥于"礼"，有时也得违心。

（4）学而时习之

子曰："学而时习之，不亦说［yuè］乎？有朋自远方来，不亦乐乎？人不知而不愠，不亦君子乎？"（《论语·学而》）

"既学而又时时习之，则所学者熟，而中心喜说，其进自不能已矣。"（宋·朱熹《论语集注》）

这里的"习"，既是温习，也包含实习应用。即"学习知识，温习并且在适当的时候实习，学以致用，不也很快乐吗？"

鲁昭公二十年（公元前522年）孔子到30岁时，已有些名气，所以自称30岁前后有所成就。这一年，齐景公与晏婴来出访鲁国时召见了孔子，与他讨论秦穆公称霸的问题，孔子由此结识了齐景公。齐景公问孔子说："从前的秦国，幅员不大，何以能够称霸一方呢？"孔子恭敬地回道："秦国，虽然国家很小，但它的志向却很大；地理位置虽然较为偏僻，但国家的所作所为却很得当。秦君亲自任用以五张黑羊皮赎来的百里奚（约公元前725—公元前621年），封他大夫的爵位，把他从拘禁中解救出来，秦君与他谈论了三天，让他执掌国政。以这样的方法整治国家，即使称王天下也是能够做到的，他当个霸主不算什么大事。"（齐景公与晏婴来适鲁，景公问孔子曰："昔秦穆公国小处辟，其霸何也？"对曰："秦，国虽小，其志大；处虽辟，行中正。身举五羖（［gǔ］，黑色的公羊），爵之大夫，起累绁（［xiè］，捆）之中，与语三日，授之以政。以此取之，虽王可也，其霸小矣。"《史记·孔子世家》）景公听了十分高兴。

鲁昭公二十四年（公元前518年）鲁国贵族、"三桓"家族之一的孟禧子临死前召见了他的家臣，遗命让家臣在他死后，送其两个儿子孟懿子与南宫敬叔拜孔子为师，学习礼乐。

孟懿子和南宫敬叔投入孔子门下，其影响在当时是巨大的。这说明孔子的私学已远远胜于当时的"公学"——各国专门为贵族子弟办的学校。其次是从一个方面说明，孔子办学在社会上的影响已十分广泛，至少他的私学已得到了鲁国贵族的承认甚至推崇。最重要的是由于南宫敬叔的关系，孔子得以适周问礼于老聃，问乐于苌弘。

问礼

两位先哲的相遇，可以说是历史上最激动人心的邂逅。

孔子当时积极奔命于各国之间，主张自己的学说（礼和仁）；但是事不遂意，孔子处处碰壁，没有国君采纳其主张。彼时孔子还年轻，未免出现沮丧而迷茫的心境。孔子听说周朝的收藏史老聃，是一个博学的圣人，便欲求教。

老子见到孔子从千里之外殷勤而来，十分高兴，问道："你积极求索，是否得道了？"孔子答道："学生致力求道二十余年，至今未见大道。愿请先生指点迷津。"

老子说道："假如道有其形质，可以触摸，可以送人，那么大家就会争相将道送给君王邀功了。如果大道可以用语言说清楚，那么人人都会将道说给自己的亲人听了。如果大道可以传给别人，大家都会将道传给自己的子女的。然而，上面所说的，实际上是不可能发生的；一个人对于大道没有深刻的认识，大道是不会到他心中扎根的。"

孔子说道："学生通读了《诗》《书》《礼》《乐》《易》《春秋》，并进行了深入的探究。自认为尽得周公、召公之精髓。于是拜谒了多个国君，然而无一国君肯采纳我的意见。"

老子微笑道："你的所谓的'六艺'，都是先王时代的旧东西，试问有什么用呢？你要知道，这些陈旧的东西，犹如人的鞋子留下的印迹，只是脚印而已；而踏出脚印的'真身'，你是看不到的。"

几天后，孔子辞别老子；老子也不强留，送孔子到官舍之外。老子说道：

"吾闻之，富贵者送人以财，仁义者送人以言。吾不富不贵，无财以送汝；愿以数言相送。当今之世，聪明而深察者，其所以遇难而几至于死，在于好讥人之非也；善辩而通达者，其所以招祸而屡至于身，在于好扬人之恶也。为人之子，勿以己为高；为人之臣，勿以己为上。望汝切记。"

孔子听罢，动情地说道："弟子一定将老师的话刻在心中。"走到黄河边，见到汹涌澎湃的河水，孔子感叹道："逝者如斯夫，不舍昼夜！"

老子听到孔子的话，继续说道："人生天地之间，乃与天地一体也。天地，自然之物也；人生，亦自然之物；人有幼、少、壮、老之变化，犹如天地有春、夏、秋、冬之交替，有何悲乎？生于自然，死于自然，任其自然，则本性不乱；不任自然，奔忙于仁义之间，则本性羁绊。功名存于心，则焦虑之情生；利欲留于心，则烦恼之情增。"

孔子向老子解释道："学生是忧虑大道不行，仁义不施。战乱频繁，百姓受苦。故叹人生之短暂也。"老子道："天地无人推而自行，日月无人燃而自明，星辰无人列而自序，禽兽无人造而自生，此乃自然为之也，何劳人乎？人之所以生，所以无，所以荣，所以辱，皆有自然之理，自然之道也。顺自然之理而趋，遵自然之道为行，国则自治，人则自正，何须津津于礼乐而倡仁义哉？津津于礼乐而倡仁义，则违人之本性远矣！犹如人击鼓寻求逃跑之人，击之愈响，则人逃跑得愈远矣！"停顿了片刻，老子手指浩浩黄河，对孔子说："汝何不学水之大德欤？"

孔子问："水有何德？"老子答道：

"上善若水，水利万物而不争，处众人之所恶，此乃谦下之德也，故江海之所以能为百谷王者，以其善下之，则能为百谷王。天下莫柔弱于水，而攻坚强者莫之能胜，此乃柔德也；故柔之胜刚，弱之胜强。因其无有，故能入于无间，由此可知不言之教，无为之益也。"

孔子听了此番言语，大为惊异，突然大悟。孔子对老子说："先生此言，使我茅塞顿开也！众人处上，水独处下；众人处易，水独处险；众人处洁，水独处秽。所处尽人之所恶，夫谁与之争乎？此所以为上善也。弟子一生之疑虑，尽被老师寥寥数语而解！"

老子点头说："汝可教也！汝可切记，与世无争，则天下无人能与之争，此乃效法水德也！水几于道，道无所不在，水无所不利，避高趋下，未尝有所逆，善处地也；空处湛静，深不可测，善为渊也；损而不竭，施不求报，善为仁也；圜必旋，方必折，塞必止，决必流，善守信也；洗涤群秽，平准高下，善治物也；以载则浮，以鉴则清，以攻则坚强莫能敌，善用能也；不舍昼夜，盈科后进，善待时也。故圣者随时而行，贤者应事而变，智者无为而治，达者顺天而生。汝此去后，应去骄气于言表，除志欲于容貌。否则，人未至而声已闻，体未至而风已动，张张扬扬，如虎行于大街，谁敢用你？"

孔子道："先生之言，出自肺腑而入弟子之心脾，弟子受益匪浅，终生难忘。弟子将尊奉不怠，以谢先生之恩。"孔子说罢，似乎得到了此生最为根本的东西；孔子拜辞老子，与南宫敬叔乘车回鲁国去了。

但孔子志向不改，一心只为"克己复礼"。

闻乐

在洛邑，孔子拜访了周敬王的大夫苌弘。苌弘（约公元前565—公元前492年）亦作苌宏，字叔，古蜀地资州人，其博闻强识，涉猎广泛，通晓历数、天文，且精于音律乐理，以才华闻名于诸侯。周景王、周敬王的大臣刘文公所属大夫。刘氏与晋范氏世为婚姻，在晋卿内讧中，由于帮助了范氏，晋卿赵鞅为此声讨，苌弘被周人杀死。传说死后三年，其心化为红玉，其血化为碧玉，故有"苌弘化碧""碧血丹心"之说。

孔子精通诗、书、礼、易，也颇为擅长音乐，但还没达到精通的程度。他听说周天子的大夫苌弘，知天文，识气象，通历法，尤其精通音律，于是借着代表鲁君朝觐天子之机，专门去苌弘府上拜访。孔子说："丘，喜爱音乐，却半通不通。《韶》乐和《武》乐都很高雅，都流行于诸侯国的宫廷之间，二者的区别在哪里呢？"苌弘缓缓地说："据弘愚见，《韶》乐，乃虞舜太平和谐之乐，曲调优雅宏盛；《武》乐，乃武王伐纣一统天下之乐，音韵壮阔豪放。就音乐形式来看，二者虽风格不同，都是同样美好的。"孔子进一步问："那么，二者在内容上有什么差别吗？"苌弘缓缓回答说："从内容上看，《韶》乐侧重于安泰祥和，礼仪教化；《武》乐侧重于大乱大治，述功正名，这就是二者内容上的根本区别。"孔子恍然大悟地说："如此看来，《武》乐，尽美而不尽善（尽美矣，未尽善也）；《韶》乐则尽善尽美啊（尽美矣，又尽善也）。"

后来在齐国，正逢齐景公举行盛大的宗庙祭祀。齐国是姜太公开建的，是《韶》

乐和《武》乐的正统流传之地。孔子亲临大典，痛快淋漓地聆听了三天《韶》乐和《武》乐的演奏，进一步印证了苌弘的见解。而孔子出于儒家礼仪教化的信念，对《韶》乐情有独钟，终日弹琴演唱，如痴如醉，常常忘形地手舞足蹈。一连三个月，睡梦中也反复吟唱；吃饭时也在揣摩《韶》乐的音韵，以至于连他一贯喜欢的肉味也品尝不出来了。（子在齐闻《韶》，三月不知肉味，曰："不图为乐之至于斯也。"《论语·述而》）

《韶》乐，是古代歌颂虞舜的一种乐舞，庄严无比、优美至极，集音、诗、舞为一体。孔子的音乐天赋极高，他曾经非常形象生动地描述过音乐的演奏过程："音乐（演奏原理）是可知的。开头是合奏，放开了后是纯正、清晰、绵长的音调，这样就完成了。"（乐其可知也：始作，翕（[xī]，相合）如也；从之，纯如也，皦如也，绎如也，以成。《论语·八佾》）孔子晚年对《诗经》作过音律修正，这也是孔子在音乐上的一大贡献。《韶》乐是歌颂舜的德政的音乐，舜的天下平和，是由尧禅让。舜传位于禹也是如此，所以其乐和平。因此孔子赞叹舜之乐是"尽美矣，又尽善也"。武王由于伐纣而得天下，其乐带有杀伐之声，所以孔子说，《武》乐是"尽美矣，未尽善也"。

舜（约公元前2147—约公元前2067年），轩辕黄帝八世孙。姚姓，妫氏，名重华，字都君，生于诸冯（今山东省诸城市）。中华民族共同始祖之一，"三皇五帝"之一。

姚重华生而重瞳，孝顺友爱，善于制陶。得到四岳①推荐，经过重重考验，得到唐尧的认可与禅位，都于蒲阪（今山西省永济市），建立有虞国。即位之后，虚怀纳谏，惩罚奸佞，流放四凶（共工、驩兜、三苗、鲧）；任贤使能，百业兴旺（皋陶[gāo yáo]②管理五刑、大禹治理水利，后稷主管农业，契主管五教），开创了政通人和的局面，成为中原地区最强大的部落联盟首领。晚年听从四岳的安排和建议，禅位于禹，乘车巡行天下，卒于苍梧之野，葬于九嶷山，称为"零陵"。娥皇、女英（尧的长女次女）二妃前去寻夫，得知舜帝已死，埋在九嶷山下，抱竹痛哭，泪染青竹，泪尽而死，因称"潇湘竹"或"湘妃竹"。姚重华死后，谥号为舜，史称帝舜、虞舜、舜帝。舜帝是中华道德文化的鼻祖。《史记》记载："天下明德，皆自虞舜始。"舜帝文化精神之魂，可称为"德为先，重教化"，成为推动由野蛮走向文明的历史转折时期的重要推手，成为中国上古文化三座里程碑③之一。

---

① 四岳，中国上古传说人物，相传为唐尧四大臣，羲仲、羲叔、和仲、和叔。他们是分管四方的诸侯，所以叫四岳。

② 皋陶（约公元前2220—约公元前2113年），上古时期东夷部落首领，伟大的政治家、思想家、教育家，上古四圣（尧、舜、禹、皋陶）之一，后世尊为"中国司法始祖"。他创刑、造狱，倡导"明刑弼教，以化万民"。禹即位，被禹选为继承人。但皋陶在帝禹之前先死了，皋陶死后，大禹曾指定继承人为皋陶之后——伯益。很多人认为伯益是奇书《山海经》的第一撰稿人。

③ 以农耕文化为内涵的炎帝文化，以政体文化为内涵的黄帝文化，以道德文化为内涵的舜文化，共同构成了中华上古文化三座里程碑。

传说虞舜将禅位给禹时和百官相贺和唱，即流传的《卿云歌》。

卿云烂兮，纠缦缦兮。　　　　（卿云灿烂如霞，瑞气缭绕呈祥。）

日月光华，旦复旦兮。　　　　（日月光华照耀，辉煌而又辉煌。）

明明上天，灿然星陈。　　　　（上天至明至尊，灿烂遍布星辰。）

日月光华，弘于一人。　　　　（日月光华照耀，嘉祥降于圣人。）

日月有常，星辰有行。　　　　（日月依序交替，星辰循轨运行。）

四时从经，万姓允诚。　　　　（四季变化有常，万民恭敬诚信。）

于予论乐，配天之灵。　　　　（鼓乐铿锵和谐，祝祷上苍神灵。）

迁于贤圣，莫不咸听。　　　　（帝位禅于贤圣，普天莫不欢欣。）

鼚乎鼓之，轩乎舞之。　　　　（鼓声鼚鼚动听，舞姿翩翩轻盈。）

菁华已竭，褰裳去之。　　　　（精力才华已竭，便当撩衣退隐。）

子产（约公元前584—公元前522年）

鲁昭公二十年（公元前522年），郑国的子产去世，孔子听到消息后，十分难过，称赞子产是从古代流传下来的慈惠的人。（子产卒，仲尼闻之，出涕曰，古之遗爱也。《左传·昭公二十年》）孔子说："他有四种君子之道：自己行事很恭谨，侍奉君上很恭敬，教养人民有恩惠，役使人民合道义。"（子谓子产，有君子之道四焉：其行己也恭，其事上也敬，其养民也惠，其使民也义。《论语·公冶长》）

子产是郑国公子子国（郑穆公的庶子，七穆之一）的儿子。郑简公元年（公元前565年），公子发（子国）和公孙辄（子耳）入侵蔡国，俘虏了蔡国司马公子燮，郑国人都很高兴，只有子产不随声附和。子产说："小国没有文治却有了武功，没有比这更大的祸患了。楚国人前来讨伐，我们能不顺从他们吗？顺从了楚国，晋国的军队就一定会前来了。晋楚两国进攻郑国，从今往后，郑国至少四五年不得安宁。"

郑简公三年（公元前563年），尉止、司臣、侯晋等叛乱，率领叛乱分子进入郑国首都，当日早晨在西宫的朝廷上杀死了公子骈、公子发、公孙辄，将郑简公劫持到了北宫。公子嘉（子孔）事先知道这件事，所以没被杀。子产听说有叛乱，设置守门的警卫，配齐所有的官员，关闭档案库，慎重收藏，在完成防守准备后让士兵排成行列再出动，收拾了公子发的尸骨后进攻北宫的叛乱者。

叛乱平定后，公子嘉当国，打算专权独揽，便制作盟书，规定官员各守其位，听取执政法令，不得参与朝政。大夫、官员们、卿的嫡子们不肯顺从，公子嘉准备诛杀他们。子产劝阻他，请求烧掉盟书。公子嘉不同意，说："制作盟书用来安定国家，众人发怒就烧了它，这是众人掌政，国家不也很为难了吗？"子产说："众怒难犯，专权的意愿也难以成功。把两件难办的事合在一起来安定国家，是危险的办法。不如烧掉盟书来安定众人，您得到了所需要的东西，众人也能安定，不也是可以的吗？专权的欲望不能成功，触犯众人会发生祸乱，您一定要听我的话。"于是在仓门的外边烧掉了盟书，众人这才安定了。

郑简公十二年（公元前 554 年），子孔被诛杀，简公任命子产为卿。

鼎

子产在内政方面，不禁乡校，人畅其言，宣泄有道，则民心顺；善善恶恶，以民为师，则民心凝。封沟洫，作丘赋，为民求生，为国理财；财丰民安，财聚国强，此增生机。铸刑书，以树秩序。在外交方面，审时度势，或陪简公朝晋，或随定公会盟，周旋应对，要求合理纳贡，平等相待，不失尊严，又不开罪强国，有胆、有节、有理、有利，不卑不亢。

刑书是国家权力的象征。公元前 536 年三月，子产将郑国的法律条文铸在象征诸侯权位的铜鼎上，向全社会公布，史称"铸刑书"。

夏商西周的法，是一种完全依附于礼的法。春秋时期，随着社会关系的变迁，传统的法律体制越来越暴露出其不合理性。以前那种不公开、不成文的法律与新兴阶层的利益相冲突。其次，这种法律体制在形式上保守，内容上陈旧，已经不能适应社会变革的新形势，无法满足新的社会关系的发展要求。因此，在春秋中期后，公布成文法的活动便在一些诸侯国中出现。晋国的叔向反对子产的铸刑书，叔向写信给子产说："昔先王议事以制，不为刑辟，惧民之有争心也。民知有辟则不忌于上，并有争心以征于书"，"弃礼而征于书，锥刀之末，将尽争之"。叔向反对把法律明文公布出来，反对把法律从礼教中独立出来。他认为，人们一旦知道了刑书的条文，就不会再看重道德，遵守礼仪，而会去"征于书"，去钻法律条文中的空子。而且刑书一旦公布，人们就可以知道官员审判案件时是否合理合法。这样，社会舆论就会对官员产生一股强大的监督力。这些在叔向眼中都是不可容忍的，从内容上看是因为子产的刑书完全背离了"礼制"。

铸刑书是中国历史上第一次公布成文法的活动,否定了"刑不可知,则威不可测"的秘密法。约百年后，远在西方的罗马也推出"十二铜表法"。

在道德修养上，子产强调节俭戒贪。他不贪图个人享受、奢靡风气、不贪功、不贪赏。此外，后人所解读的子产思想还包括廉政文化、奉行薄葬等内容。

晋国韩宣子有一只玉环，与此配对的另一只在郑国的商人那里，因此他趁一次使郑之际，要求子产给他搞来配成一双。这本是韩宣子的私事，但郑国子太叔、子羽等怕得罪于晋国，欲强求郑国商人给他，独子产不肯。他说，政府与商人世有盟誓："你不叛我，我不强迫你买卖，没有人乞求强取；你有赚钱的买卖和宝物，我不会干预过问。"（尔无我叛，我无强贾，毋或匄［gài］夺；尔有利市宝贿，我勿与知。《左传·昭公十六年》）所以他不能强迫商人一定要卖给韩宣子。

有一年冬天出行，子产看见有人想赤脚渡过溱［zhēn］水和洧［wěi］水，但是天气寒冷，那人趟进水走了两步，冻得瑟瑟发抖。子产看了不忍，于是把那人请到自己车上，将他渡了过去。但孟子对此事评价不高："这只是小恩小惠，他并不懂得政治。如果十一月修成走人的桥；十二月修成走车的桥，百姓就不会再为渡河发愁了。君子只要把政治搞好，他一出外，鸣锣开道都可以，哪里能够一个一个地帮助别人渡河呢？如果搞政治的人，一个一个地去讨人欢心，时间也就会太不够用了。"（子产听郑国之政，以其乘舆济人于溱、洧。孟子曰："惠而不知为政。岁十一月徒杠成；十二月舆梁成，民未病涉也。君子平其政，行辟人可也，焉得人人而济之？故为政者，每人而悦之，日亦不足矣。"《孟子·离娄下》）这是成语"乘舆济人"的出处。

一次有人送了条活鱼给郑国的子产，子产让小吏（校人）把鱼放进池子里。这个小吏把鱼煮着吃掉了，却回来报告子产说："我刚把鱼放在池子里的时候，鱼还奄奄一息的；过了一会儿，鱼就摇头摆尾地游动起来，眨眼间就钻进深水里不见了！"子产听了，说："鱼儿得到好的去处了！鱼儿得到好的去处了！"小吏出来后对别人说："谁说子产聪明？我把鱼煮掉吃了，他却还说：'鱼儿得到好的去处了！鱼儿得到好的去处了！'"

孔子曾说："君子可以被欺骗，却不会被愚弄。"孟子则就子产受骗评论道："对于君子，可以利用合乎情理的方法来欺骗他，但是却难以用他不认可的道义来蒙蔽他。"（君子可以欺以其方，难罔以非其道。《孟子·万章上》）君子不怀疑正当的东西，不质疑合情合理的东西——因为，维护一个社会基本的信任底线，比防范受骗还重要。

公元前522年，执政26年的郑国名相子产逝世。因他一贯廉洁奉公，家中没有积蓄为他办丧事，家人只得用筐子背土在新郑西南陉山顶上埋葬他的尸体。消息传到郑国的臣民耳中，大家纷纷捐献财物，帮助他的家人办理丧事。子产的儿子不肯接受，老百姓只好把捐献的大量财物，抛到子产封邑的一条河水中，悼念这位值得敬仰的人。珠宝在碧绿的河水中放射出绚丽的色彩，泛起金色的波澜，从此这条河被称为金水河，这就是现在郑州市的金水河。

侍坐

鲁定公五年（公元前505年），孔子46岁。此时，鲁国的政治形势越来越乱，而孔子依旧无可奈何。仲春的一天，上完"乐"的课后，孔子没有离开，用散盘的姿势坐在讲坛上休息。弟子们大都离开了，只有子路、冉有、曾皙和公西华在一旁恭敬地陪老师坐着。

孔子说："因为我年纪比你们大一点，你们不要因为我年长就不敢说话了。你们平日说：'不了解我啊！'假如有人了解你们，那么你们打算怎么做呢？"

子路急遽而不加考虑地回答说："一个拥有一千辆兵车的中等诸侯国，夹在几个大国之间，加上有军队来攻打它，接下来又有饥荒；如果让我治理这个国家，等到三年工夫，就可以使人有保卫国家的勇气，而且还懂得合乎礼义的行事准则。"孔子对着他微微一笑。

"冉有，你怎么样？"冉有回答说："一个纵横六七十里或者五六十里的国家，如果让我去治理，等到三年，就可以使老百姓富足起来。至于礼乐教化，自己的能力是不够的，那就得等待君子来推行了。"

"公西华，你怎么样呢？"公西华回答说："我不敢说能做到什么，但愿意学着做些东西。宗庙祭祀的工作，或者是诸侯会盟及朝见天子的时候，我愿意穿着礼服，戴着礼帽，做一个小小的司仪。"

"曾皙，你如何？"曾皙弹瑟的声音渐渐稀疏下来，"铿"的一声，放下瑟直起身来，回答说："我和他们三人为政的才能不一样。"

孔子说："那有什么关系呢？也说说你的志向。"曾皙回答说："晚春的时候，春天的衣服已经穿定了，我和五六个成年人带着六七个孩子，在沂水沐浴之后，在舞雩〔yú〕台上吹风，唱着歌回家。"

孔子长叹一声说："我赞同曾皙的想法呀！"

（子曰："以吾一日长乎尔，毋吾以也。居则曰：'不吾知也。'如或知尔，则何以哉？"子路率尔而对曰："千乘之国，摄乎大国之间，加之以师旅，因之以饥馑；由也为之，比及三年，可使有勇，且知方也。"夫子哂之。曰："求，尔何如？"对曰："方六七十，如五六十，求也为之，比及三年，可使足民。如其礼乐，以俟君子。"曰："赤，尔何如？"对曰："非曰能之，愿学焉。宗庙之事，如会同，端章甫，愿为小相焉。"曰："点，尔何如？"鼓瑟希，铿尔，舍瑟而作，对曰："异乎三子者之撰。"子曰："何伤乎？亦各言其志也！"曰："莫春者，春服既成，冠者五六人，童子六七人，浴乎沂，风乎舞雩，咏而归。"夫子喟然叹曰："吾与点也。"《论语·先进》）

这一场景讲述的是孔子和子路、曾皙、冉有、公西华这四个弟子"言志"的一段话。生动再现了孔子和学生一起畅谈理想的情形。子路的轻率急躁，冉有的谦虚，公西华的委婉曲致，曾皙的高雅宁静，尽在其中。

宰予（公元前 522—公元前 458 年）

宰予，姬姓，宰氏，名予，字子我，春秋末期鲁国人，能言善辩，曾从孔子周游列国。游历期间，常受孔子派遣，使于齐国和楚国。

拜在孔子门下以后，一天，宰予问道："一个人的父母死了，守孝三年，时间不是太长了吗？君子三年不习礼，礼义必定会毁坏；三年不演奏音乐，音乐一定会败坏。

一年间，陈旧的谷子吃完了，新的谷子又成熟了，钻木取火的木材换遍了，守丧一年也就可以了。"孔子说："只守丧一年，你内心安不安呢？"宰予回答说："心安。"孔子说："你既然感到心安理得，你就这样做吧。君子守孝期间，即使吃美味的食品，也感觉不到甜美，听到动听的音乐也感觉不到高兴，所以君子才不这样做呀！"宰予退了出去，孔子说："宰予不是个仁人君子啊！孩子生下来三年，才能脱离母亲的怀抱。为父母守孝三年，是天下共同遵行的礼仪啊！"（宰我问："三年之丧，期已久矣！君子三年不为礼，礼必坏，三年不为乐，乐必崩，旧谷既没，新谷既升，钻燧改火，期可已矣。"子曰："食夫稻，衣夫锦，于女安乎？"曰："安。""女安，则为之。夫君子之居丧，食旨不甘，闻乐不乐，居处不安，故不为也。今女安，则为之！"宰我出。子曰："予之不仁也！子生三年，然后免于父母之怀。夫三年之丧，天下之通丧也。予也有三年之爱于其父母乎？"《论语·阳货》）

宰予是很喜欢提问的。一次宰予问道："对于有仁德的人，别人告诉他井里掉下去一位仁人啦，他会跟着下去吗？"孔子说："为什么要这样做呢？君子可以到井边去救，却不可以陷入井中；君子可能被欺骗，但不可能被迷惑。"（宰我问曰："仁者，虽告之曰：'井有仁焉。'其从之也？"子曰："何为其然也？君子可逝也，不可陷也；可欺也，不可罔也。"《论语·雍也》）

宰予（即宰我）大白天睡觉，古人认为一寸光阴一寸金。因此孔子说："腐烂的木头不可以雕刻，用脏土垒砌的墙面不堪涂抹！对于宰予这样的人，还有什么好责备的呢？"又说："起初我对于人，听了他说的话就相信他的行为；现在我对于人，听了他说的话却还要观察他的行为。这是由于宰予的事而改变。"（宰予昼寝，子曰："朽木不可雕也，粪土之墙不可圬也！于予与何诛？"子曰："始吾于人也，听其言而信其行；今吾于人也，听其言而观其行。于予与改是。"《论语·公冶长》）不过，汉代的王充曾说："昼寝之恶也，小恶也；朽木粪土，败毁不可复成之物，大恶也。责小过以大恶，安能服人？"但王充也不得不承认："孔子，道德之祖，诸子之中最卓者也。"

鲁哀公问宰我，土地神的神主应该用什么树木，宰我回答："夏朝用松树，商朝用柏树，周朝用栗子树。用栗子树的意思是说：使老百姓战栗。"孔子听到后说："已经做过的事不用提了，已经完成的事不用再去劝阻了，已经过去的事也不必再追究了。"（哀公问社于宰我，宰我对曰："夏后氏以松，殷人以柏，周人以栗，曰使民战栗。"子闻之，曰："成事不说，遂事不谏，既往不咎。"《论语·八佾》）宰我说周朝人用栗木，并解释说"那是为了让老百姓害怕"。孔子念念不忘的是恢复周礼，而作为徒弟的宰我却在诋毁周朝！孔子听后，也实在无法给予道理上的回应，只好说"既往不咎。"

孔子的另一个弟子，叫澹［tán］台灭明（孔子七十二贤人之一），字子羽，是鲁国人，比孔子小三十九岁。子羽的体态和相貌很丑陋，想要侍奉孔子。孔子开始认为他资质低下，不会成才。但他从师学习后，回去就致力于修身实践，处事光明正大，不走邪路；不是为了公事，从不去会见公卿大夫。后来，子羽游历到长江，跟随他的弟子有三百人，声誉很高，各诸侯国都传诵他的名字。孔子听说了这件事，感慨地说："我只凭言辞判断人品质能力的好坏，结果对宰予的判断就错了；我只凭相貌判断人品质能力的好坏，结果对子羽的判断又错了。"（澹台灭明，武城人，字子羽。少孔子三十九岁。状貌甚恶。欲事孔子，孔子以为材薄。既已受业，退而修行，行不由径，非公事不见卿大夫。南游至江，从弟子三百人，设取予去就，名施乎诸侯。孔子闻之，曰："吾以言取人，失之宰予；以貌取人，失之子羽。"《史记·仲尼弟子列传》）

尽管如此，宰予还是思过悔改、努力学习，后成正果。因善于言辞，列于孔门十哲 ① 之列。唐玄宗时被追封为"齐侯"，宋代追封为"临沂公"，后改称为"齐公"。明嘉靖九年（1530 年），改称"先贤宰予"。

以今天的眼光看，宰予的独立思考、绝不盲从，恰恰是当代学生学习自然科学所需要的品质；同时，他的质疑和观点并非是无理取闹，相反，正可以从中看到他对儒家思想的深入思考和旺盛的求知欲。

樊迟（公元前 515—？）

孔子还有一个学生，名叫樊迟，即樊须，字子迟。从小贫穷，但读书刻苦，还懂种田。未拜孔子为师之前，他已在季氏宰冉求处任职。樊迟在孔子回鲁后拜师，所以是孔子晚年收的学生。他求知心切，三次向孔子请教"仁"的学说，还问"知""崇德、修慝（[tè]，邪念）、辨惑"等。

樊迟问怎么样才算明智，孔子说："努力从事人民认为合理的工作，尊敬鬼神，但要疏远它们，这样可以称得上是明智了。"樊迟又问怎么样才算有仁德，孔子说："有仁德的人先付出艰苦的努力，然后得到收获，这样可以说是有仁德了。"（樊迟问知，子曰："务民之义，敬鬼神而远之，可谓知矣。"问仁，曰："仁者先难而后获，可谓仁矣。"《论语·雍也》）

樊迟问什么是仁。孔子说："爱人。"樊迟又问什么是智，孔子说："了解人。"樊迟还不明白。孔子说："选拔正直的人，罢黜邪恶的人，这样就能使邪者归正。"樊迟退出来，见到子夏说："刚才我见到老师，问他什么是智，他说：'选拔正直的人，罢黜邪恶的人，这样就能使邪者归正。'这是什么意思？"子夏说："这话说得多么深刻呀！舜有天下，在众人中挑选人才，把皋陶选拔出来，不仁的人就被疏远了。汤有了天下，在众人中挑选人才，把伊尹选拔出来，不仁的人就被疏远了。"樊

---

① 孔门十哲指的是孔子门下的十位学生（颜子、子骞、伯牛、仲弓、子有、子贡、子路、子我、子游、子夏）的合称，儒客杰出代表，受儒教祭祀，为历代儒客尊崇。"子曰：'从我于陈、蔡者，皆不及门也。'德行：颜渊、闵子骞、冉伯牛、仲弓。言语：子我、子贡。政事：冉有、子路。文学：子游、子夏。'"（《论语·先进》）

迟再问孔子仁应该怎么做，孔子说："在居住的地方要恭敬有礼，做事情时要谨慎认真，与人交往时要忠诚老实。即使到了偏远的地方,这些好的习惯也不可以丢弃啊！"（樊迟问仁，子曰："爱人。"问知，子曰："知人。"樊迟未达。子曰："举直错诸枉，能使枉者直。"樊迟退，见子夏。曰："乡也吾见于夫子而问知，子曰,'举直错诸枉，能使枉者直'，何谓也？"子夏曰："富哉言乎！舜有天下，选于众，举皋陶，不仁者远矣。汤有天下，选于众，举伊尹，不仁者远矣。"《论语·颜渊》樊迟问仁，子曰："居处恭，执事敬，与人忠。虽之夷狄，不可弃也。"《论语·子路》）

孔子曾对颜渊说："克制自己，一切都照着礼的要求去做，这就是仁。一旦这样做了，天下的一切就都归于仁了。实行仁德，完全在于自己，难道还在于别人吗？"颜渊说："希望指点一些具体做法。"孔子又说："不合于礼的不看、不听不信、不动。"（子曰："克己复礼为仁。一日克己复礼，天下归仁焉。为仁由己，而由人乎哉？"颜渊曰："请问其目？"子曰："非礼勿视，非礼勿听，非礼勿言，非礼勿动。"《论语·颜渊》）

孔子说："知者乐水，仁者乐山；知者动，仁者静；知者乐，仁者寿。"

一次，樊迟请求学种庄稼。孔子道："我不如老农民。"又请求学种蔬菜。孔子道："我不如老菜农。"樊迟只好退了出去。孔子道："樊迟真是个小人！只要讲究礼节，就没有人敢不尊敬；行为正当，就没有人敢不服从；诚恳信实，就没有人敢不说真话。做到这些，四方的百姓都会背负着小儿女来投奔，为什么要自己种庄稼呢？"（樊迟请学稼。子曰："吾不如老农。"请学为圃，曰："吾不如老圃。"樊迟出，子曰："小人哉，樊须也！上好礼，则民莫敢不敬；上好义，则民莫敢不服；上好信，则民莫敢不用情。夫如是，则四方之民襁负其子而至矣，焉用稼？"《论语·子路》）

其实，孔子曾说："吾少也贱，故多能鄙事。"但孔子的办学目标，不是培养专门人才，而是要培养不器之君子，统治之干才，以期达到恢复周公礼制、恢复周朝前期秩序的目的。今樊迟欲向孔子学稼穑之事，孔子认为这与"克己复礼"是南辕北辙，因此告诉他：这事我不在行。以此教育众弟子，要立志高远，修养自己。立意于"礼""义""信"，立志于平天下。这才是君子所应该做的，这才是君子的社会责任。

后来，樊迟成为孔子七十二贤弟子内的重要人物。正是这个天赋不算高的樊迟继承孔子衣钵，兴办私学，在儒家学派广受推崇的各个朝代享有较高礼遇，这是孔子没有想到的。而众多弟子中，孔子最喜欢的还是颜回。

君子不器

孔子很早就被称为圣人，精通六艺。太宰问子贡说："孔夫子是位圣人吧？为什么这样多才多艺呢？"子贡说："这本是上天让他成为圣人，而且使他多才多艺。"孔子听到后说："太宰怎么会了解我呢？我因为少年时地位低贱，所以会许多卑贱的技艺。君子会掌握这么多的技艺吗？不会。"（太宰问于子贡曰："夫子圣者与？何其多能也？"子贡曰："固天纵之将圣，又多能也。"子闻之，曰："太宰知我乎？吾少也贱，故多能鄙事。君子多乎哉？不多也。"《论语·子罕》）"圣则吾不能，我学不厌，而教不倦也。"孔子学无常师，谁有知识，谁有他所不知道的东西，他就拜谁为师，因此说"三人行，必有我师焉"。

孔子的侄子孔蔑向孔子请教为人处世的方法。孔子说："知而不做，不如不知；亲近而不信任，不如不亲近。得意不可忘形，失意不可颓废。"孔蔑问："我自己应该怎么做呢？"夫子说："设法改掉自己的缺点，尽力弥补自己不具备的才能，不要因为自己修养不够就去怀疑别人，也不要因为自己有才干而看不起别人。每天说话不给自己留下后患之忧；每天一举一动，也不给自己留下隐患。那只有聪明的人才能够做到。"如果不培养内在的德行，那就是自己的过错，培养了道德，名声自然就会树立起来，不求名利，名利也自在其中了。

有一次孔子去鲁庙参观，见庙中有个欹器①。孔子问道："这是什么器物？"守庙的人回答说："这是宥坐器②。"孔子说："我听说这种东西灌满了水就翻过去，没有水就倾斜，灌一半的水正好能垂直正立，是这样的吗？"守庙的人回答说："是的。"孔子让子路取来水试了试，果然这样，于是长叹一声说："唉，哪有满了而不翻倒的呢？"子路说："我想问一下有保持盈满的方法吗？"孔子说："聪明圣智，就要用笨拙来保持它；功劳惠及天下，要保持谦让的态度；勇敢有力，要用怯懦来保持它；富有天下，要用谦逊自守来保持它。这就是所谓的保持盈满的方法啊！"（孔子观于鲁桓公之庙，有欹器焉。孔子问于守庙者曰："此为何器？"守庙者曰："此盖为宥坐之器。"孔子曰："吾闻宥坐之器者，虚则欹，中则正，满则覆。"孔子顾谓弟子曰："注水焉！"弟子挹水而注之。中而正，满而覆，虚而欹。孔子喟然而叹曰："吁！恶有满而不覆者哉！"子路曰："敢问持满有道乎？"孔子曰："聪明圣知，守之以愚；功被天下，守之以让；勇力抚世，守之以怯；富有四海，守之以谦。此所谓挹而损之之道也。"《荀子·宥坐》）

孔子认为"君子不器"，有两个意思：第一，君子不应拘泥于手段而不思考其背后的目的。《易经·系辞》有一句："形而上者谓之道，形而下者谓之器。"形而上是无形的道体，形而下是万物各自的相。被万物各自的形象与用途束缚，就不能领悟、回归到无形的道体之中。第二，君子心怀天下，不像器具那样，作用仅仅限于某一方面。器指器具、器皿、工具。器者，形也。有形即有度，有度必满盈。故君子之思不器，君子之行不器，君子之量不器。器具各有专用，用于此者难用于彼，如斧能砍削而不能用于锯，犁能耕而不能用于耘。若专攻一才一艺，不可称为君子。君

① 欹［qī］器，一种计时器，类似沙漏。有双耳可穿绳悬挂，底厚而收尖，利于空瓶时向下垂直；口薄而敞开，利于盛满大量的水时而倾倒。其上放置匀速滴水，则形成周期性自动滴入水、倾倒水、空瓶立正，循环往复。

② 宥和右的意思相同，也跟侑意思一样，劝说、勉励的意思，坐同座。古时候的人没有桌椅，只能坐地上。前面是案几，常用的物品放在右边，所以，座位右边是经常关注的地方。

子居仁由义，在上能致民安乐和顺，在下位则独行其道（修身齐家），富贵不淫，贫贱不移，威武不屈，才是真正的大丈夫。

孔子说："管仲真小器量！"有人问："管仲节俭吗？"孔子说："管仲有三处家室，各处各项职事，都设有专人，不兼摄，怎么能称得上节俭呢？""那么管仲知礼吗？""国君的宫殿建造照壁，管仲也建造照壁。国君为了君主的外交宴会而设置了放酒杯的设备，管仲也有。说管仲知礼，那还有谁不知礼呢？"（子曰："管仲之器小哉！"或曰："管仲俭乎？"曰："管氏有三归，官事不摄，焉得俭？""然则管仲知礼乎？"曰："邦君树塞门，管氏亦树塞门。邦君为两君之好，有反坫，管氏亦有反坫。管氏而知礼，孰不知礼？"《论语·八佾》）这样看来，当时的社会，人们已经普遍开始无视周公所制定的礼乐，这便是所谓的"礼坏乐崩"。

孔子说："不义而富且贵，于我如浮云。"干不符合道义的事而获得富贵，就如同浮云一样，孔子不屑于用不义的手段取得富贵。在他的心目中，行义是人生的最高价值，在贫富与道义发生矛盾时，他宁可受穷也不会放弃道义。但他的安贫乐道并不能看作是不求富贵，只求维护道。孔子也曾说："富与贵，是人之所欲也；不以其道得之，不处也。贫与贱，是人之所恶也；不以其道得之，不去也。""富而可求也，虽执鞭之士，吾亦为之。如不可求，从吾所好。"孔子还认为，对待"义"与"利"的态度，可以区别"君子"与"小人"。有道德的"君子"，容易懂得"义"的重要性，而缺乏道德修养的"小人"，则只知道"利"而不知道"义"。这就是孔子说的"君子喻于义，小人喻于利"。

一次，孔子出行，听到有人哭得十分悲伤。孔子说："快赶车，快赶车，前面有贤人。"走近一看是皋鱼，身披粗布抱着镰刀，在道旁哭泣。孔子下车对皋鱼说："你家里莫非有丧事，为什么哭得如此悲伤？"皋鱼回答说："我有三个过失：年少时为了学习，周游诸侯国，没有把照顾亲人放在首位，这是过失之一；我的志向崇高，不去侍奉庸君，到头来事业无成，这是过失之二；和朋友交情深厚，却因为小事断绝联系，这是过失之三。树想静下来可风却不停，子女想好好赡养父母可父母却已等不到这一天了！过去而不能追回的是岁月，逝去而再也见不到的是亲人。请允许我从此离别人世（去陪伴逝去的亲人）吧。"说完就辞世了。孔子对弟子们说："你们要引以为戒，这件事足以使你们明白其中的道理！"于是，辞行回家赡养双亲的门徒有十分之三。（孔子行，见皋鱼哭于道旁，辟车与之言曰："子非有丧，何哭之悲也？"。皋鱼曰："吾失之三矣：少而学，游诸侯以后吾亲，失之一也；高尚吾志，闲吾事君，失之二也；与友厚而中绝之，失之三也。树欲静而风不止，子欲养而亲不待也。往而不可追者，年也；去而不可见者，亲也。吾请从此辞矣。"立槁而死。孔子曰："弟子诚之，足以识矣。"于是门人辞归而养亲者十有三人。《韩诗外传》）

一次孔子途径泰山，有一个妇人在墓前哭得很悲伤。孔子扶着车前的横木听妇人的哭声，让子路前去问那个妇人。子路问道："您这样哭，实在像连着有了几件伤心事似的。"妇人就说："没错，之前我的公公被老虎咬死了，后来我的丈夫又被老虎咬死了，现在我的儿子又死在了老虎口中！"孔子问："那为什么不离开这里呢？"妇人回答说："这里没有残暴的政令。"孔子说："年轻人要记住这件事，苛政猛于虎啊！"（孔子过泰山侧，有妇人哭于墓者而哀。夫子式而听之。使子路问之曰："子之哭也，壹似重有忧者。"而曰："然！昔者吾舅死于虎，吾夫又死焉，今吾子又死焉！"夫子曰："何为不去也？"曰："无苛政。"夫子曰："小子识之，苛政猛于虎也。"《礼记·檀弓》）

循礼

孔子在齐国期间，高昭子对他的友情，一直令他感激莫名。昭子曾有一次对孔子说："您一心想辅佐鲁君，尊周室、攘夷狄。小则霸诸侯，大则王天下，这种理想，固然伟大，值得钦敬，无奈目前的时势，由于三桓专权，结果使得鲁君出奔，现在由季孙氏拥立新君定公即位，可怜的定公，毫无实权，只是主管一些祭祀之事，徒具国君的虚名而已。若就您的先祖而论，宋，才是您的祖国。可是，自从宋襄公①以来，国势比鲁更弱，更没有作为。据我看，您若想成就功业，以齐国最为合适。自从管仲相桓公称霸以来，国势日强，府库充足，若能辅佐景公以图霸业，可谓易如反掌，请您多加考虑。"孔子极为感动地回道："管仲是个仁人，他主张尊周室、攘夷狄，最难得的是，他能不以兵车，相桓公九合诸侯，一匡天下，受到万民称颂。如果没有管仲，或者管仲未遇鲍叔这位知音，桓公就不会任用管仲，也就成不了霸业，那么，周朝的天下就成为夷狄的天下。那时候，我们只好披发左衽②，变成夷狄的百姓了……"（"管仲相桓公，霸诸侯，一匡天下，民到于今受其赐。微管仲，吾其被发左衽矣"《论语·宪问》）

齐国的大夫想加害孔子，孔子听说后向齐景公求救。齐景公说自己老了，不能用了。孔子无奈只能回鲁国。孔子在齐国，只有不到两年的时间，从他35岁那年（即鲁昭公二十五年）冬天至齐，至37岁那年（鲁昭公二十七年）返鲁。然而，在鲁国，等待他的又是什么呢？

孔子自然明了当时的国内形势，早在上一年（即鲁昭公二十六年（公元前516年））鲁昭公便挪到郓地去居住了。郓地本为鲁国地盘，当时，鲁国的贵族喜欢斗鸡，

---

① 宋襄公，子姓，宋氏，名兹甫，是宋国第20位国君，宋桓公的次子，为宋桓公的正室夫人（卫昭伯和宣姜之女）所出，因此，兹甫是嫡子。兹甫还有个庶兄目夷，因此，兹甫以嫡子的身份被立为太子。宋桓公病重时，兹甫本应是继位之人，可是兹甫要把太子之位让贤于庶兄目夷。目夷逃到了卫国，兹甫的太子之位没有让出去，只好接位。后宋桓公死后，齐国发生内乱，宋襄公率领卫国、曹国和邾国等四国人马打到齐国，齐人里应外合，杀了无亏与竖刁，赶走了易牙拥立太子昭为齐孝公，宋襄公因此声名鹊起。

② 上古时代，上衣多为交领斜襟。左衽，指古代部分落后部族的服装，前襟向左掩。华夏崇尚右，习惯上衣襟右掩，称为右衽。另外，在华夏死者使用左衽，以示阴阳有别。

这是贵族们之间的一种游戏或赌博活动，规定各方均不得作弊。而季平子却在他的鸡翅膀上涂了芥末，以便在斗鸡时造成对方鸡视力模糊；而郈昭伯竟在他的鸡爪上装了铁爪。斗鸡结果，季平子的鸡败。季平子发现了对方鸡爪上有弊，大怒，出兵武力占据了郈氏的封地。郈昭伯向鲁昭公申诉季平子无礼，要求鲁昭公为他做主，鲁昭公也正有意压一压季氏的气焰，遂出兵攻伐季平子。季平子假装不支，表面求解，鲁昭公不准，形成僵局。拖延时间中，季平子暗请叔孙氏出兵救援。叔孙氏司马问他的家臣："有季氏和没季氏哪一种情况对我们有好处？"家臣回答说："如果没有了季氏，叔孙氏也就不复存在了。"于是，叔孙氏司马下令援救季平子而攻鲁昭公。这时，正在持观望态度的孟孙氏见有机可乘，也带兵去援救季平子，三家联手攻鲁昭公，鲁昭公大败，被迫逃到齐国。斗鸡之变后，齐国为了安顿投奔前来的鲁昭公，便攻取了郓地，作为鲁昭公的安身之所；其间，鲁国大夫虽有接鲁昭公回国的提议，但最终还是被执政的季平子阻止。因为，赶走鲁昭公的正是季平子本人。孔子将要回到一个无国君的家园去，这对于孔子来说是一个难以接受的事实。因为孔子思想的根本之一便是"忠君"，要维持君臣、父子的正统关系。如若君不像国君，臣子不像臣子，那是大逆不道的。而孔子要回去的，恰恰是这样一个无道之国，甚至是一个无君之国。想来，孔子内心充满了无奈与痛苦。

鲁昭公二十八年（公元前 514 年），晋平公执政时，晋平公问祁黄羊："南阳地方没有长官，谁适合去补这个缺？"祁黄羊回答："解狐适宜。"平公说："解狐不是你的仇人吗？"他回答："您问的是谁适宜，并不是问谁是我的仇人呀！"平公说："很好。"依着他任命了解狐。过了一段时间，平公又问祁黄羊："国家缺少了军事统帅，谁适宜担任这个工作？"他回答："祁午适宜。"平公说："祁午不就是你的儿子吗？"他回答："您问的是谁适宜，并不是问谁是我的儿子呀！"平公说："很对。"又依着他任命了祁午，孔子知道后说："祁黄羊说得好啊！外举不避仇，内举不避亲，祁黄羊真公平啊。"（晋平公问于祁黄羊曰："南阳无令，其谁可而为之？"祁黄羊曰："解狐可。"平公曰："解狐非子之仇邪？"对曰："君问可，非问臣之仇也。"平公曰："善。"遂用之，国人称善焉。居有间，平公又问祁黄羊曰："国无尉，其谁可而为之？"对曰："午可。"平公曰："午非子之子邪？"对曰："君问可，非问臣之子也。"平公曰："善"。又遂用之，国人称善焉。孔子闻之曰："善哉，祁黄羊之论也！外举不避仇，内举不避子，祁黄羊可谓公矣。"《吕氏春秋·孟春纪》）

鲁昭公二十九年（公元前 513 年），晋国铸刑鼎，晋国大夫赵鞅和荀寅，把前执政范宣子所制的刑法刻铸在鼎上，公之于众。（晋赵鞅、荀寅……以铸刑鼎，著范宣子所为刑书焉。《左传·昭公二十九年》）孔子对此提出了严厉的批评，认为于"礼"不合。

对于"礼"，孔子一生躬行。大至上庙堂、入公门，小至穿衣、饮食，处处注重礼的规范。孔子走进朝堂的大门，谨慎而恭敬的样子，好像没有他的容身之地。站，他不站在大门的中间；走，也不踩门槛。经过国君的座位时，他脸色立刻庄重起来，脚步也加快起来，说话轻声好像中气不足一样。提起衣服下摆向堂上走的时候，恭敬谨慎的样子，憋住气好像不呼吸一样。退出来，走下台阶，脸色便舒展开了，怡然自得。走完了台阶，快快地向前走几步，姿态像鸟儿展翅一样优雅。再次经过国君的位置时，依旧是一副敬畏的神态。（入公门，鞠躬如也，如不容。立不中门，行不履阈。过往，色勃如也，足躩［jué］如也，其言似不足者。摄齐升堂，鞠躬如也，屏气似不息者。出，降一等，逞颜色，怡怡如也。没阶，趋进，翼如也。复其位，踧踖［cù jí］如也。《论语·乡党》）这一节文字，还仅仅是关于孔子在朝堂之上的守礼形状。

日常饮食方面的回归周礼之举，也十分烦琐，还要求食物不嫌做得精，鱼和肉不嫌切得细。食物放久变味，鱼和肉腐烂了，都不吃。食物的颜色变了，不吃。烹调的食物如果气味恶劣，不吃。烹调不当，不吃。不到该当吃食时候，不吃。切割不当的肉，不吃。佐料放得不适当，不吃。席上的肉虽多，但吃的肉量不超过米面的量。只有酒没有限制，但不喝醉。从市上买来的肉干和酒，不吃。姜虽属斋祭进食时可以食用的辛而不荤之物，也不可吃得太多。（食不厌精，脍不厌细。食饐而餲（［ài］，久而变味），鱼馁而肉败，不食；色恶，不食；臭恶，不食；失饪，不食；不时，不食；割不正，不食。不得其酱，不食。肉虽多，不使胜食气。唯酒无量，不及乱。沽酒市脯，不食。不撤姜食，不多食。《论语·乡党》）这些都体现了他主张恪守祭礼食规以示敬、慎洁、卫生的进食原则。但是应该看到，孔子生活的年代，在中国饮食文化发展中虽然占有很重要的地位，堪称饮食文化的奠基期，但就其烹调工具、方法、食品结构、饮食习惯和风格来看，还是低级和粗糙的。不难看出，"食不厌精，脍不厌细"的真正含义主要是指在做祭祀用的饮食时，应选用上好的原料，加工时要尽可能精细，这样才能达到尽"仁"尽"礼"。孔子"食不厌精"的饮食思想是与祭祀相联系的，是强调"礼"。

其实，孔子平时，"吃粗粮，喝清水，弯起胳膊当枕头，这其中也有着乐趣"。（饭疏食，饮水，曲肱而枕之，乐亦在其中。《论语·述而》）若当真循礼而食、循礼而眠，也不是一件简单平常的事情。

从政

鲁昭公三十年（公元前 512 年）孔子虚龄 40 岁，经过几十年的磨炼，对人生各种问题有了比较清楚的认识，所以自称四十不惑。

鲁定公六年（公元前 504 年）季孙氏家臣阳虎擅权日重。孔子称之为家臣掌政。所以孔子不上任，退隐而修著《诗》《书》《礼》《乐》，众多弟子跟着孔子走遍各国，跟随他学习。阳虎想要见孔子，而孔子却不想见到阳虎，后来两人在路上相遇。阳虎劝孔子出仕，孔子说可以，随后孔子被升为小司空。

鲁定公九年（公元前 501 年）孔子曾被人举荐到鲁国大夫季斯家去应聘，季斯在对孔子面试期间，起身去厕所，刚到屋外时忽然有费邑之人来报，说："我们挖井时挖出一个土罐，里面有一只羊，不知是何怪物？"季斯想借此试试孔子的学问，嘱咐那人不要说话，自己回屋后问孔子："我最近听说有人在挖井时挖出了一条狗，不知是何怪物？"孔子说："要让我说，挖出的东西肯定不是狗，而是羊。"季斯大吃一惊，忙问其故，孔子说："我听说山中之怪叫夔魍魉［kuí wǎng liǎng］，水中之怪叫龙罔象，土中之怪叫羵［fén］羊，现在你说的这个怪物是挖井挖出来的，属于土中之怪，肯定是羊。"季斯问："为什么管这种怪物叫羵羊呢？"孔子说："非雌非雄，所以叫羵羊。"季斯召来费邑人一问，那个怪物果真分不出雌雄，季斯大惊说："先生的学问，实在是无人可及啊！"于是聘用孔子为"中都宰"。

鲁定公十年（公元前 500 年）春天，鲁国同齐国讲和。夏天，鲁定公和齐景公在祝其会见，祝其实际上就是夹谷。孔子担任傧相。犁弥对齐景公说："孔丘懂得礼仪，但是没有勇气，如果派莱人用武力劫持鲁侯，一定能够如愿。"

莱人是炎帝神农氏帝鳌之子帝来（帝居）的后人，起源于鳌，即郲（今陕西省眉县郲亭）。莱人以发明种植小麦而著名（著名学者王献唐考证："莱人之名称来源于莱人首先培育了小麦。"《辞海》《辞源》："小麦名曰来。"），莱即小麦的一种，又称燕麦、野麦。莱人沿黄河东迁至莱山鳌城（今河南省荥阳县东）。虞夏之时，一支莱人又东迁至今山东半岛的莱山（今山东省莱阳市北，今称旌旗山），与当地的东夷人融合，逐渐东夷化而形成新了部族莱夷。

齐景公听从了犁弥的话。而孔子带着鲁定公往后退，并说："士兵们快拿起武器冲上去！两国国君友好会见，而华夏之地以外的夷人俘虏却用武力来捣乱，这不是齐国国君命令诸侯会合的本意。华夏以外的人不得图谋中原，夷人不得触犯盟会，武力不能逼迫友好。这样做对神灵是不吉祥的，对德行也是伤害，对人却是丧失礼仪，国君一定不会这样做。"齐景公听了这番话后，急忙叫莱人避开。即将举行盟誓时，齐国人在盟书上加上了这样的话："一旦齐国军队出境作战，鲁国如果不派三百辆兵车跟随我们，就按此盟誓惩罚。"孔子让兹无还作揖回答说："如果你们不归还我们汶水北岸的土地，却要让我们供给齐国的所需，也要按盟约惩罚。"齐景公准备设享礼款待鲁定公。孔子对梁丘据说："齐国和鲁国从前的典礼制度，您怎么没听说过呢？盟会的事已经结束了，而又没有设享礼款待，这是让办事人辛苦了。再说牺尊和象尊不出国门，钟磬不能野外合奏。设享礼而全部具备牺象钟磬，这是抛弃了礼仪；如果这些东西不备齐，那就像用秕稗来款待，是国君的耻辱；抛弃礼仪则名声不好。您为什么不好好考虑一下呢？享礼是用来发扬光大德行的。不能发扬光大，还不如不举行。"结果齐景公没有举行享礼。冬天，齐国人向鲁国归还了郓邑、谨邑和龟阴邑的土地。（夏，公会齐侯于祝其，实夹谷。孔丘相。犁弥言于齐侯曰："孔丘知礼而无勇，若使莱人以兵劫鲁侯，必得志焉。"齐侯从之。孔丘以公退，曰："士兵之！两君和好，而裔夷之俘以兵乱之，非齐君所以命诸侯也。裔不谋夏，夷不乱华，俘不干盟，兵不偪好。于神为不祥，于德为愆义，于人为失礼，君必不然。"齐侯闻之，遽辟之。将盟，齐人加于载书曰："齐师出竟而不以甲车三百乘从我者，有如此盟！"孔丘使兹无还揖对曰："而不反我汶阳之田，吾以共命者，亦如之！"齐侯将享公。孔丘谓梁丘据曰："齐、鲁之故，吾之何不闻焉？事即成矣，而又享之，是勤执事也。

且牲、象不出门，嘉乐不野合。飨而既具，是弃礼也；若其不具，用秕稗也。用秕稗，君辱；弃礼，名恶。子盍图之！夫享，所以昭德也。不昭，不如其已也。"乃不果享。齐人来归郓、讙、龟阴之田。《左传·定公十年》）

鲁定公十一年（公元前499年）孔子升为鲁国大司寇，摄相事。孔子任鲁国的大司寇时，齐国南方边境处忽然飞来一只大鸟，身长一米左右，颈部羽毛为白色，其余部分为黑色，嘴长，独足。飞了一阵后，腾空往北飞去了。齐侯急忙派使者赴鲁国问孔子这是怎么回事。孔子说："这只鸟叫商羊，能显示有关水的预兆。从前有小孩弯曲一只脚，抖动着双眉，蹦蹦跳跳，并且唱着歌谣：'天将要下大雨，商羊就会飞舞。'现在齐国有了这种鸟，歌谣的内容就要应验了。"于是赶紧告知汶上那个地方的百姓，让大家抓紧修缮房屋。三天后，汶上果然下起了暴雨，但由于齐国提前做好了抗灾准备，所以百姓安然无恙。齐景公以孔子为神，从此孔子的博学多识，名闻天下，时人皆称孔子为"圣人"。（齐有一足之鸟，飞集于宫朝，下止于殿前，舒翅而跳，齐侯大怪之，使使聘鲁，问孔子。孔子曰："此鸟名曰商羊，水祥也。昔童儿有屈其一脚，振讯两眉而跳，且谣曰：'天将大雨，商羊鼓舞。'今齐有之，其应至矣。"急告民趋治沟渠，修堤防，将有大水为灾，顷之大霖雨，水溢泛诸国，伤害民人，唯齐有备，不败。"景公曰："圣人之言，信而征矣。"《孔子家语·辩政》）孔子所在的那个时代，信息很不发达，获得信息的途径也很少，在这种情况下，孔子的博学还这样包罗万象，涉及很多学科及另类问题，因此孔子被称为"圣人"也就不足为奇了。

孔子做鲁国的司寇，代理行使宰相的职务，表现出高兴的神色。弟子仲由问他："我听说君子祸患来临不恐惧，幸运降临也不表现出欢喜。现在您得到高位而流露出欢喜的神色，这是为什么呢？"孔子答说："对，确实有这样的说法。但不是有'显贵了而仍以谦恭待人为乐事'的说法吗？"就这样，孔子执掌朝政七天就诛杀了扰乱朝政的大夫少正卯，不仅在宫殿门外的两座高台下杀了他，还在朝廷暴尸三日。（孔子为鲁司寇，摄行相事，有喜色。仲由问曰："由闻君子祸至不惧，福至不喜，今夫子得位而喜，何也？"孔子曰："然，有是言也。不曰'乐以贵下人'乎？"于是朝政七日而诛乱政大夫少正卯，戮之于两观之下，尸于朝三日。《孔子家语》）

鲁国的"三桓"——孟孙氏、叔孙氏和季孙氏都是鲁庄公（公元前706—公元前662年）之弟——庆父、叔牙、季友的后裔，因为都是桓公（公元前706—公元前662年）的儿子，故其后代称为"三桓"。三桓既强，其为乱之时便多了，专权行事，经常以下犯上。如季孙氏祭祖僭越礼制，竟用了天子礼仪——八佾之舞。孔子对此批评道："八佾之舞于庭；是可忍，孰不可忍。""八佾"是周天子祭祀时用的规格最高的舞蹈。因为鲁国是周公的封地，周公帮助武王平定天下，辅佐成王坐天下，对周王朝的贡献最大，为了表彰和报答周公的恩德，成王特许鲁国国君祭祀时可享受天子的待遇，使用八佾之舞。然而季孙氏为大夫，用八佾舞于祭庙，这是礼制绝不允许的。然而季平子用了，鲁国国君鲁昭公却奈何不得。

鲁定公十二年（公元前 498 年），孔子为削弱三桓采取了堕［huī］三都的措施，拆毁三桓所建城堡。后来堕三都的行动半途而废，孔子与三桓的矛盾也随之暴露。

鲁定公十三年（公元前 497 年），孔子 55 岁。孔子在鲁国的成就使齐景公感到害怕，他特地挑了 80 个美女，让她们穿上华丽的衣服，教她们学会舞蹈，加上 120 匹骏马，一起送给贪图享乐的鲁定公，以腐蚀他的意志。鲁定公接受了女乐，君臣迷恋歌舞，多日不理朝政，孔子非常失望。孔子的学生子路见到这种情况，便对孔子说："老师，我们可以离开这里了吧？"孔子回答说："鲁国现在就要在郊外祭祀，如果能按照礼法把典礼后的烤肉分给大夫们，那我还可以留下不走。"不久鲁国举行郊祭，祭祀后按惯例送祭肉给大夫们时并没有送给孔子。这表明鲁定公不想再任用他了，孔子在不得已的情况下离开鲁国，到外国去寻找出路，开始了周游列国的旅程。

游列国

鲁定公十四年（公元前 496 年），孔子乘牛车，带领弟子离开鲁国，来到卫国，开启了周游列国的旅程。

孔子与弟子过匡城时被困五日，弟子们十分着急，孔子却抚琴放歌，唱出一段气吞山河的歌："周文王死后，周礼不都体现在我身上吗？上天如要灭周礼，那我就不可能掌握周礼；上天如不灭周礼，那匡人能奈何我？"（文王既没，文不在兹乎？天之将丧斯文也，后死者不得与于斯文也；天之未丧斯文也，匡人其如予何？《论语·子罕》）子路问他怎有如此雅兴，孔子说："临大难而不惧者，圣人之勇也。"这就是成语"临危不惧"的由来。

鲁定公十五年（公元前 495 年）孔子离开卫国回到鲁国。

鲁哀公二年（公元前 493 年）孔子由鲁国来到卫国。卫灵公问阵于孔子，孔子回答说："祭祀礼仪方面的事情，我听说过；用兵打仗的事，从来没有学过。"第二天就离开了卫国。（俎豆之事，则尝闻之矣；军旅之事，未之学也。明日遂行。《论语·卫灵公》）孔子认为，君王应以利治天下，而不应寻求霸道。所以对卫灵公所提排兵布阵之事，回答是：没学过。

孔子离开卫国西行，途经蒲邑（今河南省长垣县附近），遇到卫国大夫公叔氏反叛占据蒲邑，蒲邑人扣留了孔子。有个叫公良孺的弟子，带着五辆私车随从孔子。这人高大贤能，又神勇有力，对孔子说："我昔日跟着您在匡遭遇危难，如今又在这里遭遇危难，这是命啊！我与您再次蒙难，宁可搏斗而死。"搏斗非常激烈。蒲邑人恐惧，对孔子说："如果你不去卫都，我们就放了你。"孔子和他们立了盟誓，蒲邑人将孔子放出东门。孔子接着前往卫都。子贡不解地问："盟誓难道可以背弃吗？"孔子说："这是在要挟下订立的盟誓，神是不会理睬的。"（过蒲，会公叔氏以蒲畔，蒲人止孔子。弟子有公良孺者，以私车五乘从孔子。其为人长贤，有勇力，谓曰："吾昔从夫子遇难于匡，今又遇难于此，命也已。吾与夫子再罹难，宁斗而死。"斗甚疾。蒲人惧，谓孔子曰："苟毋适卫，吾出子。"与之盟，出孔子东门。孔子遂适卫。子

贡曰："盟可负邪？"孔子曰："要盟也，神不听"。《史记·孔子世家》）

孔子离开卫国经曹国、宋国、郑国至陈国，陈国于是派服劳役的人将孔子师徒围困在半路，前不挨村，后不靠店，所带粮食吃完，绝粮七日，最后还是子贡找到楚人，楚国派兵迎孔子，孔子师徒才免于一死。

晋国佛肸〔xī〕任中牟邑宰。赵简子领兵攻打范氏、中行氏，进攻中牟。佛肸反叛赵简子，派人召请孔子。子路说："我听您说过这样的话：'那个人本身在做不好的事，君子是不会去加入的。'如今佛肸自己占据中牟反叛，您却打算前往，怎么解释呢？"沉默片刻后孔子说："是有这样一句话。坚硬的东西，再磨砺也不会变薄；洁白的物品，再污染也不会变黑。我哪能是匏〔páo〕瓜呢，怎么可以挂在那里而不能食用？"（佛肸为中牟宰。赵简子攻范、中行，伐中牟。佛肸畔，使人召孔子。孔子欲往。子路曰："由闻诸夫子，'其身亲为不善者，君子不入也'。今佛肸亲以中牟畔，子欲往，如之何？"孔子曰："有是言也。不曰坚乎，磨而不磷；不曰白乎，涅而不淄。我岂匏瓜也哉，焉能系而不食？"《史记·孔子世家》）匏瓜是一种专门供欣赏的葫芦科植物（民间俗称瓢葫芦），皮薄而脆，只能看不能用。孔子的意思是，我不能总是个摆设吧。

孔子本来就犹豫不决，子路的话促使他不再犹豫且下决心不去了。在孔子的弟子中，子路最敢于反驳老师，只要他不理解的便会提出自己的看法。例如，子路曾明确反对孔子应公山不狃之约去费邑，而这次又明确反对孔子应佛肸之约去中牟。

孔子欲西去晋国，拜会赵简子，希冀赵简子会支持他干一番事业，以实现他"仁政德治"的政治理想。于是带着弟子向黄河西面的晋国出发，不久就来到黄河边。望着滔滔东流的黄河，孔子久久伫立，陷入沉思。

当来到黄河渡口，传来窦鸣犊、舜华被赵简子杀掉的消息，孔子面对黄河叹息着说："多么美的黄河水啊，浩浩荡荡！我没有渡过黄河，这是命运使然啊！"子贡快走几步上前说："请问这说的是什么呢？"孔子说："窦鸣犊和舜华都是晋国非常贤德的大夫，赵简子还未得志之时，必须依靠这两个人才得以从政。等到他已经得偿所愿，杀死他们后就执掌了政权。我曾听说，剖腹取胎，杀死幼兽，麒麟就不会来到郊外；竭泽而渔，蛟龙就不会再调合阴阳；倾覆鸟巢，摧毁鸟卵，凤凰就不再飞翔。这是为什么呢？君子忌讳杀伤自己的同类。鸟兽对于那些不合道义的举动都知道躲避，更何况是我孔丘呢！"于是孔子就回到了陬乡居住，创作《陬操》这首琴曲来哀悼晋国已死的两位贤德的大夫。又到卫国，寄居在蘧伯玉家中。（孔子既不得用于卫，将西见赵简子。至于河而闻窦鸣犊、舜华之死也，临河而叹曰："美哉水，洋洋乎！丘之不济此，命也夫！"子贡趋而进曰："敢问何谓也？"孔子曰："窦鸣犊、舜华，晋国之贤大夫也。赵简子未得志之时，须此两人而后从政。及其已得志，杀之乃从政。丘闻之也，刳胎杀夭则麒麟不至郊，竭泽涸渔则蛟龙不合阴阳，覆巢毁卵则凤皇不翔。何则？君子讳伤其类也。夫鸟兽之于不义也尚知辟之，而况乎丘哉！"乃还息乎陬乡，作为《陬操》以哀之。而反乎卫，入主蘧伯玉家。《史

记·孔子世家》）

鲁哀公三年（公元前 492 年），孔子 59 岁，他称自己这时候，能正确对待各种言论，不觉得不顺。孔子到郑国与弟子走散，在城东门发呆。郑国有人对子贡说："东门有个人，前额像尧，脖子像皋陶，肩部像子产，不过腰部以下和大禹差三寸。困顿的样子像一条丧家之犬。"孔子听说后坦然笑着说："外形相貌，细枝末节。不过丧家之犬，真像啊！真像！"（孔子适郑，与弟子相失，孔子独立于郭东门。郑人或谓子贡曰："东门有人，其颡〔sǎng〕似尧，其项类皋陶，其肩类子产，然自腰以下不及禹三寸。累累若丧家之狗。"子贡以实告孔子，孔子欣然笑曰："形状，末也。而谓似丧家之狗，然哉！然哉！"《史记·孔子世家》）这就是成语"丧家之犬"的出处。

鲁哀公五年（公元前 490 年）孔子来到叶邑（〔shè yì〕，今河南省叶县附近），叶公①向孔子问政。孔子在叶邑期间，多次和叶公谈论为政之道，称赞叶公治叶经验为"近者悦，远者来"。叶公有一次与孔子讨论有关正直的道德问题，叶公说："我的家乡有个正直的人，他的父亲偷了人家的羊，他告发了父亲。"孔子却不以为然地说："我家乡的正直人和你讲的正直人不一样；父亲为儿子隐瞒，儿子为父亲隐瞒，正直就在其中了。"（叶公语孔子曰："吾党有直躬者，其父攘羊，而子证之。"孔子曰："吾党之直者异于是：父为子隐，子为父隐，直在其中矣。"《论语·子路》）因为二人观点不一致，孔子的叶邑之行并未得到所期望的结果，于是很快离叶。（需要指出的是，孔子对于"直"，对不同阶层的要求是不同的。"仲尼曰：'叔向，古之遗直也。治国制刑，不隐于亲，三数叔鱼之恶，不为末减。曰义也夫，可谓直矣。'"（《左传·昭公十四年》）说的是公元前 520 年，晋国雍子强占了邢侯的部分封地，邢侯与他打了很久的官司，但一直没有结果。晋国的司法官景伯因公去楚国时，叔鱼代理司法事务，晋相韩宣子令他审理这一案件。自知理亏的雍子为了打赢官司，把女儿送给了 40 多岁的叔鱼。叔鱼得到雍子的女儿后，便不问是非曲直，宣判雍子胜诉。认为自己有理的邢侯输了官司后，勃然大怒，当场把叔鱼和雍子杀死了。此时韩宣子问叔鱼的哥哥叔向，这一案件该怎样处理。叔向说："这三个人都有罪，而且都应处死。雍子明知理亏，却用女儿去贿赂法官；叔鱼贪赃枉法，邢侯私自杀人，所以三人罪责相同。对活着的邢侯应执行死刑，对已死的雍子、叔鱼戮尸。"韩宣子遂杀了邢侯，把雍子、叔鱼的尸体街头示众，表示都被执行了死刑。弟弟犯了罪，做哥哥的却不偏袒庇护，因此，孔子称赞叔向"治国制刑，不隐于亲"。父子相隐，亲亲相隐，小过可以；君臣相隐，官官相隐，则不可以。事亲有隐而无犯，事君有犯而无隐。

---

① 叶公，芈姓，沈氏，名诸梁，字子高，春秋末期楚国军事家、政治家，约生于公元前 529 年。因其被楚昭王封到古叶邑为尹，故史称叶公。叶公宰叶期间，励精图治，兴水利，劝农桑。率民众修筑的东、西二陂（〔bēi〕，池塘），可灌溉农田数十万亩，是中国历史上最早的农田水利灌溉工程之一。被后世文人杜撰子虚乌有的寓言"叶公好龙"。

一次，楚国的狂人接舆①唱着歌经过孔子的车子，说："凤鸟啊，凤鸟！你的德行为什么衰退了呢？过去的事情已经不能挽回了，未来的事情还来得及呀！算了吧，算了！如今那些从政的人都危险啊！"孔子下车，想和他交谈。接舆赶快走开了，孔子无法和他交谈。（楚狂接舆歌而过孔子曰："凤兮凤兮，何德之衰？往者不可谏兮，来者犹可追也。已而已而，今之从政者殆而！"孔子下，欲与之言。趋而避之，弗得与之言。《论语·微子》）

鲁哀公六年（公元前489年）孔子与弟子在陈国和蔡国之间被困绝粮，许多弟子因困饿而病，孔子仍讲习诵读，演奏歌唱，传授诗书礼乐毫不间断。子路生气，来见孔子说："君子也有困厄吗？"孔子说："君子能固守困厄而不动摇，小人困厄就胡作非为了。"子贡怒气发作。孔子说："赐啊，你以为我是个博学强识的人吗？"子贡说："是。难道不是吗？"孔子说："不是啊！我只是用一个思想贯穿于全部学说。"（……围孔子于野。不得行，绝粮。从者病，莫能兴。孔子讲诵弦歌不衰。子路愠见曰："君子亦有穷乎？"孔子曰："君子固穷，小人穷斯滥矣。"子贡色作。孔子曰："赐，尔以予为多学而识之者与？"曰："然。非与？"孔子曰："非也。予一以贯之"。《史记·孔子世家》）

孔子被困于陈国和蔡国之间，连野菜汤都喝不上，七天都吃不上米饭。只有白天睡觉保存体力。弟子颜回出去讨米，讨回来后煮饭，米饭快熟的时候孔子看见颜回用手抓锅里的米饭吃。一会儿，饭熟了，颜回请孔子吃饭，孔子假装没看见（颜回抓饭吃的事情）。孔子起来说："刚刚梦见我的父亲，这一锅米饭还没动过，先拿来供奉先人之后我们再吃。"颜回回答道："不行，刚刚煮饭时炭灰飘进了锅里，抓出来丢掉的话太糟蹋粮食，我就抓来吃了。"孔子叹息道："都说眼见为实，但眼见不一定为实；都说遵从自己的内心，但内心往往也会欺骗自己。弟子们记住，了解一个人是很不容易的。"所以，了解一件事情的真相并不难，孔子认为了解人性本质才难。（孔子穷乎陈蔡之间，藜羹不斟，七日不尝粒。昼寝，颜回索米，得而爨之，几熟。孔子望见颜回攫其甑［zèng］中而食之。选间，食熟，谒孔子而进食，孔子佯为不见之。孔子起曰："今者梦见先君，食洁而后馈。"颜回对曰："不可，向者煤炱［tái］入甑中，弃食不祥，回攫而饭之。"孔子叹曰："所信者目也，而目犹不可信；所恃者心也，而心犹不足恃。弟子记之，知人固不易矣。"故知非难也，孔子之所以知人难也。《吕氏春秋·任数》）

一次，孔子在路上，长沮、桀溺两人在路边并肩耕田，孔子认为他们是隐士，派子路向他们询问渡口。长沮说："那个手中拿着缰绳的人是谁？"子路说："是孔丘。"

---

① 陆通，字接舆，春秋时代楚国著名的隐士。平时"躬耕以食"，因对当时社会不满，剪去头发，佯狂不仕，所以人称楚狂接舆。楚昭王闻其贤，遣使持金百镒，车马二驷往聘之，通不应；使者去，通妻从市来曰："先生少而为义，岂老违之哉？门外车迹何深也！妾事先生穷耕以自食，亲织以为衣，食饱衣暖，其乐自足矣！不如去之。"于是夫妻变名易姓，隐蜀峨眉山，寿数百岁。

长沮说："是鲁国的孔丘吗？"子路说，"是。"长沮说："这个人就知道渡口呀！"桀溺对子路说："你是谁？"子路说："是仲由。"桀溺说："你，是孔丘的门徒吗？"子路说，"是。"桀溺说："浑浑噩噩，天下到处是这样啊，有谁来改变这世道呢？况且与其跟从躲避恶人的士子，哪里比得上跟从避开整个世道的士子呢！"两人说完仍然耕作不止。子路把他们的话告诉孔子，孔子惆怅地说："鸟兽不可与之同流合群。天下有道的话，我就不必参与改变这世道了。"（去叶，反于蔡。长沮、桀溺耦而耕，孔子以为隐者，使子路问津焉。长沮曰："彼执舆者为谁？"子路曰："为孔丘。"曰："是鲁孔丘与？"曰："然。"曰："是知津矣。"桀溺谓子路曰："子为谁？"曰："为仲由。"曰："子，孔丘之徒与？"曰："然。"桀溺曰："悠悠者天下皆是也，而谁以易之？且与其从辟人之士，岂若从辟世之士哉！"耰而不辍。子路以告孔子，孔子怃然曰："鸟兽不可与同群。天下有道，丘不与易也。"《史记·孔子世家》）

有一天，子路行走，遇到一位肩扛蓧（[diào]，竹编的耘田农具）的老人，问："你看到我的老师了吗？"老人说："我忙于播种五谷，没有闲暇，怎知你老师是谁？"老人把他的拐杖竖置在一边而耘除田中的杂草。子路把老人的话告诉孔子，孔子说："是个隐士啊！"子路再次前往，老人已经不在了。（他日，子路行，遇荷蓧丈人，曰："子见夫子乎？"丈人曰："四体不勤，五谷不分，孰为夫子！"植其杖而芸。子路以告，孔子曰："隐者也。"复往，则亡。《史记·孔子世家》）

孔子在卫国时，一次正在击磬，有一个挑着草筐的人经过孔子门前，说："这个磬击打得有深意啊！"过了一会儿他又说："真可鄙呀，磬声硁硁（[kēng]，抑而不扬的击打声）的，没有人知道自己，就自己作罢好了。水深就索性穿着衣服趟过去，水浅就撩起衣服走过去。"孔子说："说得真果断啊！真这样的话，就没有什么可责问他的了。"（子击磬于卫，有荷蒉[kuì]而过孔氏之门者，曰："有心哉，击磬乎"既而曰："鄙哉，硁硁乎！莫己知也，斯己而已矣。深则厉，浅则揭。"子曰："果哉！末之难矣。"《论语·宪问》）

孔子 63 岁时，曾这样形容自己："发愤忘食，乐以忘忧，不知老之将至。"（《论语·述而》）当时孔子已带领弟子周游列国 9 个年头，历尽艰辛，不仅未得到诸侯的任用，还多次遇险。但孔子并不灰心，仍然乐观向上，坚持自己的理想，甚至是明知其不可为而为之。

鲁哀公十年（公元前 485 年），孔子在卫国，孔子的夫人亓官氏去世。

鲁哀公十一年（公元前 484 年），齐国讨伐鲁国，孔子弟子冉有率鲁师与齐战，获胜。季康子问冉有指挥才能从何而来，冉有说是向孔子学来的。

68 岁时孔子在其弟子冉有的努力下，被季康子派人迎归鲁国。孔子周游列国 14 年，栖栖惶惶，席不暇暖，奔走道途的日子至此结束。孔子仍有心从政，但仍是被敬而不用。季康子欲施行田赋，孔子反对。对冉有说，判断一个人的行为是不是君子的行为，应该用他的礼数来判断：施舍的时候，会从重付出；做事的时候，会中庸而行；死的时候，会对自己薄葬。

编《诗经》

孔子在学习方面是很虚心，尤为刻苦。有一次孔子随师襄学鼓琴。曲名是《文王操》。孔子苦苦地练了很多日子，师襄子说："可以了。"孔子说："我已经掌握了这个曲子的弹法，但未得其数。"又练了很多日子，师襄子又说："可以了，你已于其数。"可是孔子仍说："不可以，未得其志。"又过了相当的时间，师襄子认为这回真的可以了，可是孔子仍然认为自己没有弹好这首乐曲。最后，孔子通过反复钻研，体会琴曲的内涵，直到他看到文王的形象在乐曲中表现出来了，才罢休。（孔子学琴于师襄子，襄子曰："吾虽以击磬为官，然能于琴。今子琴已习，可以益矣。"孔子曰："丘未得其数也。"有间，曰："已习其数，可以益矣。"孔子曰："丘未得其志也。"有间，曰："已习其志，可以益矣。"孔子曰："丘未得其为人也。"有间，孔子有所谬然思焉，有所怡然高望而远眺。曰："丘迨［dài］得其为人矣。黮［dàn］而黑，颀然长，旷如望羊，奄有四方，非文王其孰能为此？"师襄子避席叶拱而对曰："君子圣人也，其传曰《文王操》。"《孔子家语·辨乐》）

孔子终于潜心考虑最后的工作。孔子整理着礼乐。他曾问乐于苌宏，学琴于师襄子，听《韶》三月不知肉味。他爱和别人一起唱歌，唱得好就再唱一遍。自从回到鲁国，他对乐曲进行订正，使得《雅》和《颂》各得其所。可惜，孔子整理的这部中国最早的音乐典籍未能流传下来，留下的只是歌词——《诗经》，共305篇。

孔子说："兴于诗，立于礼，成于乐。""《诗》三百，一言以蔽之，曰'思无邪'。""小子何莫学夫诗。诗，可以兴，可以观，可以群，可以怨。迩之事父，远之事君，多识于鸟兽草木之名。"

《诗经》分为《风》《雅》《颂》三篇。《风》是周代各地的歌谣；《雅》是周人的正声雅乐，又分《小雅》和《大雅》；《颂》是周王庭和贵族宗庙祭祀的乐歌，又分为《周颂》《鲁颂》《商颂》。《诗经》是中国第一部诗歌总集，最早的记录为西周初年，最迟产生的作品为春秋时期，上下跨度约五六百年。产生地域以黄河流域为中心，南到长江北岸，分布在今陕西、甘肃、山西、山东、河北、河南、安徽、湖北等地。

《风》包括了十五个地方的民歌，大部分是黄河流域的民间乐歌，有对爱情、劳动等美好事物的吟唱，也有怀故土、思征人，以及反压迫、反欺凌的怨叹与愤怒，常用复沓的手法来反复咏叹，一首诗中的各章往往只有几个字不同。经过润色后的民间歌谣叫"十五国风"，有160篇，是《诗经》中的核心内容。"风"的意思是土风、风谣。《雅》多为贵族祭祀之诗歌，祈丰年、颂祖德。《颂》则为宗庙祭祀之诗歌。

修《春秋》

晚年的孔子，致力于古代典籍《易》的传释工作，并以鲁国的编年史为基本材料开始编纂《春秋》一书。这两部书，前者是一部哲学巨著，后者是一部政治历史著作，是孔子对于中国的哲学、历史，乃至政治思想方面的卓越贡献，有着开风气之先的意义。

《易》本是周代的一部卜筮之书，但其中的语句包含着深刻的哲学思想。孔子之前，《易》只有卦辞和爻辞，即后人称之为"经"的部分；孔子之后，才有了"传"的部分。经、传合而为一，才成为今天所见到的《周易》。依据传统的说法，《易传》（汉代人称之为《易大传》），是孔子所作。

孔子迷恋《易经》，捆竹简的牛皮绳被他翻断了三次，人称"韦编三绝"。孔子将虞、夏、商、周四代的历史档案进行删节整理，编为被称作《书经》的《尚书》，以此光大远古圣君的业绩。孔子做的最用心的一项事业是编撰中国历史上的第一部编年体史书《春秋》。此书根据鲁国的历史档案修订。他有感于当时的乱世，将鲁隐公元年（公元前 722 年）到鲁哀公十四年（公元前 481 年）之间长达 242 年的历史，以自己的观点予以修订。孔子将王公大夫作为他的审视对象，或贬抑，或声讨，以所谓"微言大义""春秋笔法"达到警世的目的。孔子做得非常认真，字斟句酌，使精通文辞的弟子子夏在整理时感到竟无一字可改动。

《春秋》是由鲁国史官记录大量当时该国诸侯、大夫、国人等失礼非礼之事；鲁国史官也会收集其他诸侯国公侯大夫等失礼非礼之事，记录诸侯国公侯、大夫间书信内容，比如晋叔向与郑国子产关于铸刑书的书信，其中记录了齐国史官因为保持真实记录而被杀掉的事件等。

《春秋》从每一季的开始，一般要写"春"到"冬"四季的季节。据说古时历法先有春秋，后分冬夏二时，因此把国史记载叫作《春秋》，这可能是"春秋"作为史书名的由来。现存《春秋》，从鲁隐公记述到鲁哀公，不过一万六千多字。旧时有"文王拘而演周易、仲尼厄而作春秋"之说。司马迁对《春秋》极为推崇："《春秋》，从上而言，阐明了夏禹、商汤、周文王的政治原则；从下而言，辨明了为人处事的纲纪，分清了疑惑难明的事物，判明了是非的界限，使犹豫不决的人拿定了主意，褒善贬恶，崇敬贤能，排抑不肖，保存已经灭亡了的国家，延续已经断绝了的世系，补救政治上的弊端，兴起已经荒废的事业，这些都是王道的重要内容。……《春秋》是用来阐明正义的。把一个混乱的社会引导到正确的轨道上来，没有比《春秋》更有用了。《春秋》全书有数万字，其中的要点也有数千。万物万事的分离与聚合，都记在《春秋》里了。……所以《春秋》这部书，是关于礼义的主要经典著作。礼的作用是防患于未然，法的作用是除恶于已然；法的除恶作用容易见到，而礼的防患作用难以被人们理解。"（夫《春秋》，上明三王之道，下辨人事之纪，别嫌疑，明是非，定犹豫，善善恶恶，贤贤贱不肖，存亡国，继绝世，补敝起废，王道之大者也。……《春秋》以道义。拨乱世反之正，莫近于《春秋》。《春秋》文成数万，其指数千。万物之散聚皆在《春秋》。……故《春秋》者，礼义之大宗也。夫礼禁未然之前，法施已然之后；法之所为用者易见，而礼之所为禁者难知。《史记·太史公自序》）《左传·成公十四章》说："《春秋》用词细密而意思显明，记载史实而含蓄深远，婉转而顺理成章，穷尽而无所歪曲，警诫邪恶而褒奖善良。如果不是圣人谁能够编写？"（《春秋》之称，微而显，志而晦，婉而成章，尽而不污，惩恶而劝善，非圣人，谁能修之？）

　　无论从哪方面考量，《春秋》的开创之功都是无可争辩的。它的编年体例，为史学三大体例之一，"系日月而为次，列时岁以相续"，垂范千秋，继之者众，《资治通鉴》称《春秋》最出类拔萃。它的私修性质，打破了官方对史学的垄断，成为诸子百家争鸣的先声。后来的"二十六史"中，私修者多达三分之一，亦可说是受其引领所致。它的春秋笔法，姑且不论有多少后人穿凿附会之处，但其本身所彰显的史学精神却毋庸置疑，那便是勇敢无畏，刚直无私。

　　孔子用修订史书的方法贬斥他深恶痛疾的君不君、臣不臣的乱世乱臣。但这本是天子的职权，孔子取而代之有僭越之嫌。孔子整理修订完《春秋》时说："知我者，其惟《春秋》乎；罪我者，其惟《春秋》乎！"可见《春秋》在孔子的心目中具有很高的地位，是把它当作自己最为重要的成就。后人是"知"还是"罪"，孔子只能听天由命了。

　　孔子将他的方法称作"述而不作"，即传述古籍而非创作。经孔子整理的"六经"，《礼》和《乐》已失传。其余的《诗》《书》《易》《春秋》，作为儒家的经典成为中国古代知识分子的必读书，深刻而长久地影响着一代代的中国人。

　　叔孙氏手下有个叫钽商的车夫，在鲁国西郊大野的一次狩猎中，猎获了一头异兽。因人人不知是何物，就请孔子来辨识。孔子一见，大吃一惊，顿时泪流满面。孔子说："这就是麒麟呀！在唐虞那种太平盛世麒麟和凤凰才会出现。如今天下无道，怎么会有麒麟呢？"麒麟是能体现孔子"仁"的思想的祥瑞之兽。它生有独角，角为肉柱，有角而不用以伤人。它有马的足蹄，蹄声洪亮，行走有规有矩，从不践踏活物。它不群居不结伴而行，不入陷阱，不罹罗网，圣王当道才显现于世。麒麟的出现和死去，在孔子看来并非吉兆，此事就应在自己身上。他叹息道："吾道穷矣！"于是扔下手里的笔，不再编撰《春秋》。

　　孔子近七十，垂垂老矣。孔子说："七十而从心所欲，不逾矩。"虽说任何念头都不会超出规矩，思想已升华到自由的境界，可是孔子的身体却越来越力不从心。

　　鲁哀公十二年（公元前483年）孔子继续从事教育及整理文献。这一年冬天，孔子的儿子孔鲤去世了，留下孔鲤的幼子孔伋（子思）。孔子薄葬了孔鲤。孔子儿子出生时，鲁国国君送来鲤鱼祝贺，孔子因此取子名鲤。对孔鲤的教育，孔子一直很上心。有一次孔子独自站在堂上，孔鲤快步从庭前走过，孔子看到后马上就问："学《诗经》了吗？"孔鲤说："没有。"孔子说："不学《诗》，就不懂得怎么说话。"孔鲤就回去学《诗》。又有一日，孔子又独自站在堂上，孔鲤快步从庭里走过，孔子又问："学《礼》了吗？"孔鲤回答说："没有。"孔子说："不学礼就不懂得怎样立身。"孔鲤就回去学《礼》。这就是成语"孔鲤过庭"的由来。以上情况是孔子的弟子陈亢问伯鱼（孔鲤）得知的，陈亢回去高兴地说："我问一件事（却）知道了三件事，知道了学《诗》的意义，知道了学《礼》的意义，还知道了君子不偏爱自己儿子的道理。"（尝独立，鲤趋而过庭。曰："学诗乎？"对曰："未也。""不学诗，无以言。"鲤退而学诗。他日又独立，鲤趋而过庭。曰："学礼乎？"对曰："未也。""不学礼，无以立。"鲤退而学礼。陈亢退而喜曰："问一得三，闻诗、闻礼，又闻君子之远其子也。"《论语·季氏》）孔鲤资质平平，不算可造之才，成就远不如原宪、颜回、子贡等。

颜回（公元前 521—公元前 481 年）

鲁哀公十四年（公元前 481 年）孔子已经 70 岁了，这一年，颜回先他而去，孔子得知，放声大哭，跟随孔子的人说："您悲痛太过了！"孔子说："有悲痛太过了吗？不为这样的人悲痛还为谁悲痛呢？"连连叫道："老天要我命啊！老天要我命！"（颜渊死，子哭之恸。从者曰："子恸矣！"曰："有恸乎？非夫人之为恸而谁为！""噫！天丧予！天丧予！"《论语·先进》）孔子悲伤之余，感慨昔日曾跟随自己从陈国到蔡国去的学生，此时却都不在身边受教了。孔子弟子三千，贤人七十二。颜回天赋非常高，是孔子最得意的学生，他敏而好学，闻一知十，从来不迁怒于人，不重复已犯过的错误，深得孔子的器重，孔子认为他有宰相之才。也许因为家贫和清苦，颜回身体一直较弱，不到 30 岁头发全白了。平时颜回用竹器盛饭吃，用木瓢舀水喝，住在简陋的小巷，这是别人忍受不了的困苦生活，但颜回依旧快乐，美哉，颜回！窘困如斯，仍守贫乐道。（一箪食，一瓢饮，在陋巷，人不堪其忧，回也不改其乐。贤哉，回也！《论语·雍也》）

而颜回对孔子更是推崇备至："仰之弥高，钻之弥坚，瞻之在前，忽焉在后，夫子循循然诱人。博我以文，约我以礼，欲罢不能。"

颜回的父亲颜路，是孔子最早的弟子。他来和孔子商量，能否卖掉孔子的车，去为颜回换一副套在棺材外的椁。孔子没同意。按照礼的规定，颜回的身份是不能享用椁的。孔子对颜路说："无论有才能还是没有才能，都是自己的儿子啊（把颜回与孔鲤比较）！我的儿子孔鲤也死了，我葬他，有内棺而无外椁。我不能卖掉车，为颜回添上外椁。我曾做过大夫，按礼，是不可步行上街的呀！"孔子说罢，泪如雨下。孔子一直强调"哀而不伤"，弟子们劝孔子说："老师，您哭得太悲哀！"孔子说："我真是太悲哀了吗？我不为这样的人悲哀，又为谁悲哀呢？"孔子的弟子们背着老师，厚葬了颜回。孔子知道后很伤心，说："颜回将我当父亲看待，我却不能待他如儿子。他葬得合不合礼法，不是我能做主的，是我的弟子要那样做的呀！"（颜渊死，颜路请子之车以为之椁。子曰："才不才，亦各言其子也。鲤也死，有棺而无椁。吾不徒行以为之椁。以吾从大夫之后，不可徒行也。"子哭之恸。从者曰："子恸矣。"曰："有恸乎？非夫人之为恸而谁为？"门人欲厚葬之，子曰："不可。"门人厚葬之。子曰："回也视予犹父也，予不得视犹子也。非我也，夫二三子也。"《论语·先进》）

《孔子家语》中记载的一次郊游，可看出孔子对子路、子贡和颜回不同的评价。

孔子向北游览到了农山，子路、子贡和颜渊在身边陪侍。孔子四处看了看，然后深深地感叹说："在这儿凝神思虑，思绪万千。你们几个各自谈谈你们的志向，我从中进行选择。"

子路走上前去说道："我希望得到一个机会，将帅的白色指挥旗像月亮，红色的战旗似太阳，钟鼓的声音响彻云霄，繁多的旌旗在地面盘旋飞舞，在这种情况下，我率领一队人马攻击敌人，一定能夺得上千里的土地，夺取敌人的战旗，手执割下的敌人的左耳，只有我能干这些事，让他们两个跟着我吧。"孔子说："好勇猛！"

子贡也走上前去说道："我希望当齐楚两个大国在广阔的田野上交战，两军对垒相望，战场扬起的灰尘连成一片，士兵就要拿起武器交手时，我穿着白衣，戴着白帽，居中调停，陈述利害关系，消除两国的灾难，这样的事只有我能够做得到，就让子路、颜渊跟着我吧。"孔子说："好口才！"

颜渊退后不说话。孔子说："颜回，向前来，为什么只有你不谈谈心愿？"颜回回答说："文武两方面的事，子路和子贡都已经说过了，我还说什么呢？"孔子说："即使这样，不过是各自谈谈自己的志向，你说说看。"颜回回答说："我听说薰草和莸草不能放在同一个容器中，尧和桀不能共同治理一个国家，因为他们不是同类的，我希望遇到圣明的君主，辅佐他，施行五教，用礼乐教化人民，让人民安定，不用加固城墙，不用越过护城河，把剑、戟这些兵器销铸成农具来使用，平原、湖泽上放养成群的牛马，家家没有离别相思之苦，千年没有战争的忧患，那么，子路就没有地方施展他的勇气，子贡也没地方用他的辩才了。"孔子神情肃穆地说："好德行！"

子路举起手来问道："老师会选择谁呢？"孔子说："不耗费钱财，不伤害百姓，不废太多的口舌，颜回都具备了。"

（孔子北游于农山，子路、子贡、颜渊侍侧。孔子四望，喟然而叹曰："于斯致思，无所不至矣。二三子各言尔志，吾将择焉。"子路进曰："由愿得白羽若月，赤羽若日，钟鼓之音，上震于天；旌旗缤纷，下蟠于地，由当一队而敌之，必也攘地千里，搴〔qiān〕旗执馘〔guó〕，唯由能之，使二子者从我焉。"夫子曰："勇哉！"子贡复进曰："赐愿使齐、楚，合战于漭漾之野，两垒相望，尘埃相接，挺刃交兵，赐着缟衣白冠，陈说其间，推论利害，释国之患，唯赐能之，使夫二子者从我焉。"夫子曰："辩哉！"颜渊退而不对。孔子曰："回，来！汝奚独无愿乎？"颜回对曰："文武之事，则二子者，既言之矣，回何云焉？"孔子曰："虽然，各言尔志也。小子言之。"对曰："回闻熏莸不同器而藏，尧桀不共国而治，以其类异也。回愿得明王圣主辅相之，敷其五教，导之以礼乐，使民城郭不修，沟池不越，铸剑戟以为农器，放牛马于原薮，室家无离旷之思，千岁无战斗之患，则由无所施其勇，而赐无所用其辩矣。"夫子凛然曰："美哉德也！"子路抗手而对曰："夫子何选焉？"孔子曰："不伤财，不害民，不繁词，则颜氏之子有矣。"《孔子家语·致思》)

曾经，鲁哀公问孔子："你的学生中谁是最好学的呢？"孔子回答说："有一个叫颜回的学生好学，他从不迁怒于别人，也从不重犯同样的过错。不幸短命死了。现在没有那样的人了，没有听说谁是好学的。"（哀公问："弟子孰为好学？"孔子对曰："有颜回者好学，不迁怒，不贰过，不幸短命死矣。今也则亡，未闻好学者也。"《论

语·雍也》）

孔子又说："颜回可以一直保持仁德之心，其他的人只能坚持一段时间罢了。"（子曰："回也其心三月不违仁，其余则日月至焉而已矣。"《论语·雍也》）

颜回终身在孔子身边学习，未曾做官，也未曾留下名篇著作，但颜回的思想和孔子大致相同，其言语片段《论语》中也有少量记载。但颜回对孔子的言论总是说"好好好"，未曾对孔子产生思想上的激荡，不能不说是一个遗憾。

子路（公元前 542—公元前 480 年）

仲由，字子路，又字季路，鲁国卞人，少孔子 9 岁，也是弟子中侍奉孔子最久者。

子路少年时，家贫，靠从事各种劳作来维持家庭生活，甚至常吃野菜充饥。拜入孔门之前，据《史记》记载，他志气刚强，性格直爽，曾头戴雄鸡式的帽子耍威风，佩戴着公猪装饰的宝剑显示自己的无敌，瞧不起孔子的学说，屡次冒犯欺负孔子。为此孔子专门设计出礼乐仪式慢慢加以引导。后来，子路穿着儒服，带着拜师的礼物，通过孔子学生的引荐，请求成为孔子的学生。他为人伉直鲁莽，敢于对孔子提出批评，勇于改正错误，深得孔子器重。又为人果烈刚直，且多才艺，事亲至孝，性格爽直，为人勇武，信守承诺，忠于职守。"志伉直"，使得子路的好勇与一般的逞勇好斗之徒有所区别，使他的好勇含有了某些伸张正义、不欺幼弱的意蕴。为此，他常遭师之痛责，说他"好勇过我，无所取材""不得其死"等等。孔子曾评价子路："由也升堂矣，未入于室也。"可以认为这是单纯评论子路的学问和境界，同时这一评价所包括的含义更加广泛。它说明子路尽管经过孔门的洗礼，但身上的野气始终未能脱除干净，故孔子说他只是"升堂"，而始终未能"入室"，即子路始终未能成为儒雅君子。

子路很尊敬孔子，"子疾病，子路请祷"。但对待同一事物的对错，如果有他不同的观点，他也会提出来，与宰予、颜回不同，从不隐瞒。卫灵公晚年有个夫人叫南子。孔子率弟子到卫国，南子夫人执意召见这位名闻列国的学者和政治家。妇人而接见外宾，在当时是罕见的。孔子也许出于学者的开明，更可能是知道南子受宠，或许能为他们师徒在卫找到安身立命之所，总之他是高高兴兴地参见了这位年轻貌美的君夫人。据说南子在帘内，同孔子主宾相见相互致礼时，孔子及其随行的弟子子路已经闻得到脂粉味儿，听得见环珮之声。孔子见完南子之后，整个人变得精神起来，连脚步都变轻快了。子路很不高兴，因为南子"美而好淫"，埋怨老师不当如此不慎重。闹得孔子很不好意思，发誓说这件事并非出于他的本心，直说："我假若做了什么不对的事，让上天厌弃我吧！让上天厌弃我吧！"（子见南子，子路不说［yuè］。夫子矢之曰："予所不者，天厌之！天厌之！"《论语·雍也》）当孔子谈"正名"时，他就说孔子太迂阔，他甚至认为读书人并不是成才的唯一路径，"何必读书然后为学"，如此坦诚直言，是其他弟子所没有的。

子路的伉直好勇在师从孔子之前即已形成，子路性伉直，表现在言语上就是从不掺假欺瞒，对此孔子评价说："只听了单方面的供词就可以判决案件的，大概只有仲由吧。子路答应今天兑现的事情，决不拖延到明天。"（片言可以折狱者，其由也与？子路无宿诺。《论语·颜渊》）孔子对子路忠心不二、讲信义的品性深有了解，曾断言说："如果我的主张行不通，我就乘上木筏子到海外去。能跟从我的大概只有仲由吧！"子路听到这话很高兴。孔子说："仲由啊，好勇超过了我，其他没有什么可取的才能。"（子曰："道不行，乘桴浮于海，从我者其由与。"子路闻之喜。子曰："由也好勇过我，无所取材。"《论语·公冶长》）当穷途末路、逸往海外时，随从自己的可能只有子路一人。但同时又指出子路的不足乃在于仅有勇而已。

子路是孔子门下最优秀的弟子之一，孔子有时对他单独传授，另开小灶，这是孔子的儿子伯鱼都没有享受过的。当然单独传授是有针对性的，孔子针对子路的个性而说"六言六蔽"。孔子说："由呀，你听说过六种品德和六种弊病了吗？"子路回答说："没有。"孔子说："坐下，我告诉你。爱好仁德而不爱好学习，它的弊病是受人愚弄；爱好智慧而不爱好学习，它的弊病是行为放荡；爱好诚信而不爱好学习，它的弊病是拘于小信而贼害自己；爱好直率却不爱好学习，它的弊病是说话尖刻；爱好勇敢却不爱好学习，它的弊病是犯上作乱；爱好刚强却不爱好学习，它的弊病是狂妄自大。"（子曰："由也，女闻六言六蔽矣乎？"对曰："未也。""居，吾语女。好仁不好学，其蔽也愚；好知不好学，其蔽也荡；好信不好学，其蔽也贼；好直不好学，其蔽也绞；好勇不好学，其蔽也乱；好刚不好学，其蔽也狂。"《论语·阳货》）

孔子讲求中庸之道，认为"质朴胜过了文饰就会粗野，文饰胜过了质朴就会虚浮，质朴和文饰比例恰当，然后才可以成为君子。"（"质胜文则野，文胜质则史，文质彬彬，然后君子。"《论语·雍也》）孔子曾把几个学生放在一起评价："高柴愚笨，曾参迟钝，子张偏激，子路鲁莽。"（"柴也愚，参也鲁，师也辟，由也喭。"《论语·先进》）

孔子常与弟子谈志向，每次仲由都抢先发言，而且多数是谈他如何勇敢，如何打仗等。孔子对子路说："你喜欢什么？"子路（对孔子）说："喜欢长剑。"孔子周游列国时，仲由和颜回等人始终跟随孔子，由于他极勇武，实际上起了保卫者的作用，所以孔子评价子路这个弟子的忠诚时说："自从我有了仲由后，我就没有再听到恶意的言辞。"

子路觉得孔子行事过于谨慎，便跑去质疑孔子。子路问孔子说，君子是不是应该比常人勇敢一些。他觉得自己可以说服孔子，或是得到孔子的认可。孔子回答说，君子的基本素养是具备仁义，君子做事只考虑勇气而忽视仁义，这是一种鲁莽的表现；小人只有勇气而放弃仁义，那就是欺世盗名。（子路曰："君子尚勇乎？"子曰："君子义以为上。君子有勇而无义为乱，小人有勇而无义为盗。"《论语·阳货》）

卫出公跟子路交情很好，观念也非常相似。他很欣赏子路，多次邀请子路来卫国做官，子路欣然同意。时间不久，子路向卫出公推荐孔子，说老师的才能比自己更大。卫出公便想召见孔子，让他们师徒一起辅佐自己。

子路兴高采烈地跑去找老师，认为在众多师兄弟中，只有自己为老师找到一条出路，老师肯定会表扬自己。没想到，师徒见面后，引出儒家史上一次著名的顶嘴。《论语·子路》是这样记载的：

子路先问孔子说，假如卫出公邀请你来辅佐他，老师会如何治理卫国。孔子想了想说，若是非要我去的话，那就从纠正名分开始吧。子路听后，双目瞪着孔子说，先生居然如此迂腐。（子路曰："卫君待子而为政，子将奚先？"子曰："必也正名乎！"子路曰："有是哉，子之迂也！奚其正？"《论语·子路》）

子路认为孔子迂腐。卫灵公驾崩后，按照继承的流程，卫国君主的位置应该由太子蒯聩［kuǎi kuì］继承。蒯聩的事还得由南子说起。蒯聩（？—公元前478年），姬姓卫氏，卫灵公之子，卫出公的父亲。南子生性淫乱，与宋国公子朝私通。卫灵公不加阻止，纵容南子召公子朝与其在洮［yáo］地相会。卫灵公的太子蒯聩知道南子私通之事后，非常愤怒，便和家臣戏阳速商量，在朝见南子时趁机刺杀她。结果因阳速反悔而没有行动，被南子所察觉，蒯聩于是逃亡宋国，卫灵公将蒯聩党羽全部赶走。公元前493年，卫灵公去世，南子遵照卫灵公意愿，想立公子郢继位，公子郢推辞，于是改立蒯聩之子辄继位，是为卫出公。但孔子却主张卫出公应该把王位让给父亲蒯聩。

孔子的回答实在令子路难以接受，觉得根本不可行。子路一气之下把老师数落一顿，说孔子的想法根本行不通。

据后人说，有一次子路去做邵这个地方的首长，当时鲁国的政权掌握在季氏的手里，季氏限百姓在五个月以内开通一条运河。古代生产力低下，季氏这个命令，对老百姓来说是很沉重的。而子路的行政区内正管到这件事，为了要鼓励大家做工，公家的经费又不够，就自己掏腰包，把自己的薪水贴上，乃至从家里弄粮食来，供给大家吃。孔子听到了这个消息，马上派子贡去，把子路做好给工人吃的饭倒掉，把锅砸破。子路是个急脾气，跑去跟老师吵架，对孔子说，你天天教我们做好人好事，教我们行仁义，现在我这样做，你又嫉妒了，又反对我了，还教子贡来捣乱。孔子就说："子路！你不要糊涂，当了君王的人，因为天下都是自己的，便忘了自己而爱天下；当了诸侯，就爱自己国家以内的人民；当了大夫就只管自己职务以内的事；普通一般人，爱自己的家人。超过了范围的仁义，虽然仁义之举，但是侵犯了别人，所以你错了。"（议曰：昔仲由为邵宰，季氏以五月起长沟，当此之时，子路以其私秩粟为浆饭，以馈沟者，孔子闻之，使子贡往覆其饭，击毁其器。子路曰："夫子嫉由之为仁义乎？"孔子曰："夫礼！天下爱天下，诸侯爱境内，大夫爱官职，士爱其家，过其所爱，是曰侵官。"唐·赵蕤［ruí］《反经》）

孔子设案授徒，辟德行、政事、言语、文学四科，而子路是政事科之优异者。孔子曾多次谈到子路擅长"政事"，并向人介绍说："对于子路，可以任命他来治理千乘之国的军事后勤工作，至于是不是仁，我不知道。"他开始步入仕途，是孔子在鲁国做"中都宰""大司寇"的时候。最初，他在季孙氏那里干点小事，后来得到信任，升为"季氏宰"，即季氏家族的总管。其后，还做过"费宰"。

在孔子周游列国客居卫国时,子路做了卫国实际掌权者孔悝的蒲邑的"蒲大夫",前后三年,取得不少政绩,深得孔子称赞。孔子路过,入境时说:"好啊！由恭敬来取得信用了！"进入城邑说:"好啊！由忠信而宽容了！"到庭院说:"好啊！通过观察来判断了！"。（子路治蒲三年,孔子过之,入其境,曰:"善哉由也,恭敬以信矣。"入其邑,曰:"善哉由也,忠信而宽矣。"至廷曰:"善哉由也,明察以断矣。"《孔子家语·辩政》）

小邾国一个叫射的人,带领句绎的人来投奔鲁国,专门指名叫子路代表鲁国出来定盟约,而其他人一概不信。用冉求的话说就是"千乘之国不相信盟誓,而相信你说的话"。可是子路坚辞不干,原因是不能鼓励小邾射干背叛国家这种不义之事。

孔子认为,正是因为子路做到了这些,才使得"民尽力""民不偷""民不扰",而国家富强,这显然是对子路政绩的极高评价。

子路一生追随孔子,保护孔子,积极捍卫或努力实践孔子的思想学说,对儒家的贡献、对后代的影响也是很大。他为子至孝,善政为民,诚实守信,忠义仁勇,闻过则喜,闻善则行,见义必为,见危必拯,其德其行如日月在天、江河行地。

子路曾救起一名溺水者,那人感谢他送了一头牛,子路收下了。孔子高兴地说:"鲁国人从此一定会勇于救落水者了。"（子路拯溺者,其人拜之以牛,子路受之。孔子曰:"鲁人必拯溺者矣。"《吕氏春秋·先识览》）这是成语"子路受牛"的由来。孔子见之以细,观化远也。

孔子对颜渊说:"被任用,就施展抱负;不被任用,就能躲藏起来,只有我和你才能这样吧！"一旁的子路上前问道:"那么,您统率三军的话,又会找谁共事呢？"孔子说:"那种空手搏虎,赤足过河,即使死了都不会悔悟的人,我是不会找他共事的。我一定要找那种遇事谨慎,善于通过巧妙的谋划来取得成功的人共事。"（子谓颜渊曰:"用之则行,舍之则藏,惟我与尔有是夫！"子路曰:"子行三军,则谁与？"子曰:"暴虎冯河,死而无悔者,吾不与也。必也临事而惧,好谋而成者也。"《论语·述而》）

忽然,从卫国传来消息,担任蒲邑宰的子路为了救护主人孔悝［kuī］,在争夺君位的混乱中被杀。临死,他还记着"君子死,冠不免",将被砍断的帽缨系好,不惜被斩为肉泥。孔子听说后,老泪纵横。他吩咐将家中的肉酱盖上,不忍再看。之前,在鲁国的孔子听说卫国发生了宫廷内乱,马上就说:"嗟乎,由死矣！"他太了解子路了,他了解他的忠,他的勇,他也知道双方势力的悬殊,所以他知道子路死定了。这也是他们师生之间的默契和心有灵犀吧。子路的死,对孔子这样一个72虚龄的古稀老人打击太大了。

子贡（公元前 520—公元前 456 年）

子贡是卫国人,比孔子小 31 岁。

子贡思维活跃,擅长辞令,是孔门弟子中最擅长外交的学生,深得孔子的器重。

子贡曾多次陪同鲁国君臣出席外交活动。

孔子生前对子贡是赞赏而又率直批评。鲁国有一条法律：如果鲁国人在国外见到同胞遭遇不幸，沦落为奴隶，只要能够把这些人赎回来帮助他们恢复自由，就可以从国家获得补偿和奖励。孔子的学生子贡，把鲁国人从外国赎回来，但拒绝了国家的补偿。他将此事告诉孔子，本以为会得到赞赏，孔子说："赐（端木赐，即子贡），你错了！向国家领取补偿金，不会损伤到你的品行；但不领取补偿金，（这条法令就可能失效）鲁国就没有人再去赎回自己遇难的同胞了。"（鲁国之法，鲁人为人臣妾于诸侯，有能赎之者，取其金于府。子贡赎鲁人于诸侯，来而让，不取其金。孔子曰："赐失之矣。自今以往，鲁人不赎人矣。取其金则无损于行，不取其金则不复赎人矣。"《吕氏春秋·先识览》）这是"子贡赎人"的故事。

孔子一行在卫国的时候，一次子贡有事回鲁国，正赶上第二年正月邾隐公朝见鲁定公。子贡因为跟孔子学礼的缘故，所以特意去观礼。返回卫国后，子贡谈起鲁、邾二君会见时的情景。邾子把朝见用的礼器圭玉高举，脸朝上仰；鲁侯低身接受圭玉，脸朝下俯。这两种做法都不合乎礼，有死亡之象，鲁侯是主人，子贡认为他可能先死。这年五月，鲁定公果然死了。孔子感叹子贡的话"不幸而言中"，埋怨子贡多说话。（十五年春，邾隐公来朝。子贡观焉。邾子执玉高，其容仰，公受玉卑，其容俯。子贡曰："以礼观之，二君者，皆有死亡焉。夫礼，死生存亡之体也。将左右周旋，进退俯仰，于是乎取之。朝祀丧戎，于是乎观之。今正月相朝，而皆不度，心已亡矣。嘉事不体，何以能久？高仰，骄也；卑俯，替也。骄近乱，替近疾。君为主，其先亡乎？"……仲尼曰："赐不幸言而中，是使赐多言者也。"《左传·定公十五年》）

子贡不仅在学业、政绩方面有突出的成就，而且他在理财经商上也有着成就。孔子曾说"颜回啊，学问德行差不多完善了，但却穷得叮当响，连吃饭都成问题，而子贡学问德行不高，不被命运摆布，去囤积投机，猜测行情，竟每每猜对。"（回也其庶乎，屡空。赐不受命，而货殖焉，臆则屡中。《论语·先进》）

子贡问孔子："我算什么？"孔子说："你算个器。"子贡又问："什么器啊？"孔子说："瑚琏之器。"（子贡问曰："赐也何如？"子曰："女，器也。"曰："何器也？"曰："瑚琏也。"《论语·公冶长》）子贡以文辞圆通、行事干练见长，是实用型人才。子贡在孔门十哲中以言语闻名，利口巧辞，善于雄辩，善于外交沟通，且办事通达，曾任鲁国、卫国之相。他还善于经商之道，曾经经商于曹国和鲁国两国之间，富致千金，为孔子弟子中首富。朱熹说："夏曰瑚，商曰琏，周曰簠簋［fǔ guǐ］，皆宗庙盛黍稷之器而饰以玉，器之贵重而华美者也。""瑚琏"是祭器，是贵重华美可列于庙堂的器物，喻指国之重臣，治国贤才。

子贡车马连接，喧闹显赫，四匹马驾一辆车，用丝绸货物结交诸侯，所到之处，国君没有不以平等之礼相待的。他使孔子名扬天下，子贡相助他，这就是所谓的有了地位而更加显扬的例子吗？（子贡结驷连骑，束帛之币以聘享诸侯，所至，国君无不分庭与之抗礼。夫使孔子名布扬于天下者，子贡先后之也。此所谓得势而益彰者乎！《史记·货殖列传》）子贡卓尔不群的政治外交才能和雄厚的财势，促使孔子的声名远播天下。所以有人认为子贡贤于孔子，有人甚至诋毁孔子。在这种时候，子贡总是极力维护孔子："仲尼是毁谤不了的。别人的贤德好比丘陵，还可超越过去，仲尼的贤德好比太阳和月亮，是无法超越的。虽然有人要自绝于日月，对日月又有什么损害呢？只是表明他不自量力而已。"（仲尼不可毁也。他人之贤者，丘陵也，犹可逾也；仲尼，日月也，无得而逾焉。人虽欲自绝，其何伤于日月乎？多见其不知量也。《论语·子张》）他说孔子是"固天纵之将圣""自生民以来，未有夫子也"。

尽管子贡有着多方面的建树与成就，但他在孔子面前却表现得非常谦虚。孔子问子贡："你和颜回比，谁更强些？"颜回是孔子最得意的门生，子贡对此是深知的，但孔子偏偏向子贡提这样的问题。子贡相当有涵养，回答说："我怎敢跟颜回比？他闻一知十，我也就闻一知二罢了。"（"汝与回也孰愈？""赐也何敢望回？回也闻一以知十，赐也闻一以知二。"《论语·公冶长》）其实到底子贡与颜回哪个强，世人有目共睹。子贡与颜回比，就政事言，颜回要交白卷；就生存能力言，颜回连生计也几乎维持不下去，《论语》中说他"屡空"，看来断炊的事情亦经常发生，而子贡却是"家累千金"；论彰扬其师之美名，颜回更没有子贡那样的巨大能量。至于孔子遇危难、遭险恶时，子贡总能挺身而出，显其大智大勇。孔子曾困于陈、蔡，绝粮，情形十分危急，而当时孔子门徒个个面面相觑，不知所措，是"子贡使楚"，"楚昭王兴师迎孔子，然后得免"。

子贡在学问、政绩、理财经商等方面的表现有目共睹，有耳共闻，故其名声地位雀跃直上，甚至一度超过了他的老师孔子。一次，叔孙武叔在朝堂上对大夫们说："子贡比仲尼更贤明。"子服景伯把这一番话告诉了子贡。但子贡对于老师，是发自肺腑敬仰的。子贡说："拿围墙来作比喻吧。我家的围墙只有齐肩高，老师家的围墙却有几仞高，如果找不到门进去，你就看不见里面宗庙的富丽堂皇和房屋的绚丽多彩。能够找到门进去的人并不多。叔孙武叔那么讲，不也是很自然吗？"（叔孙武叔语大夫于朝曰："子贡贤于仲尼。"子服景伯以告子贡。子贡曰："譬之宫墙，赐之墙也及肩，窥见室家之好。夫子之墙数仞，不得其门而入，不见宗庙之美，百官之富。得其门者或寡矣！夫子之云，不亦宜乎？"《论语·子张》）古时七尺或八尺叫作一仞，后人觉得"夫子之墙数仞"不足以表达出对孔子的敬仰，就将"数仞"改为"万仞"。明胡缵宗（1480—1560年）题写了"万仞宫墙"镶在仰圣门（阜城的正南门）上。清乾隆为表示对孔子的尊崇，又换上了自己御笔书写的"万仞宫墙"四个大字。

子贡是孔门弟子中最杰出者之一。

太山坏乎

孔子知道自己已时日不多，他悲哀地说："我衰弱得多厉害啊！我已经很久未

梦见周公了。"（子曰："甚矣吾衰也！久矣吾不复梦见周公。"《论语·述而》）

此时孔子眼前，往事的画面一个一个地闪过。一次，孔子经过泰山，在山地驻足仰望巍峨突起五岳独尊的泰山良久，毅然弃车带众弟子登山。登上绝顶，望山底风光，辽阔无边，往东南望去，仿佛能见到吴国之地，孔子不由得感叹："天下真小啊！"如今，随行登山的弟子都不在身边，有的还先己而去，而自己的身体已十分衰弱，独自走出庭院也是十分困难的事了。

鲁哀公十六年二月初四（公元前479年4月4日）子贡来见孔子，孔子拄杖倚于门前遥遥相望。他责问子贡为何那么晚才来见自己，尔后叹息而放歌：泰山将要坍塌了，梁柱将要腐朽折断了，哲人将要如同草木一样枯萎腐烂了。子贡听到歌声，说："泰山要是崩塌了，我仰望什么？梁木要是毁坏了，我依靠什么？哲人要是委顿了，我效仿谁人？老师大概要生病了！"于是快步走了进去。孔子流下了眼泪，讲道天下无道已经很久了，没有人肯采纳自己的主张，自己的主张不可能实现了。夏朝的人死时在东阶殡殓，周朝的人死时在西阶殡殓，殷商的人死时在两个楹柱之间。昨天黄昏梦见自己坐在两楹之间祭奠，自己的祖先就是殷商人啊！

子贡再也抑制不住，虽不敢放声痛哭，却泪如雨下，不能自己。他勉强安慰着说道："夫子之道，是圣人大道，纵然今世不行，后世也必有宗法的。这种梦境，怎可当真？夫子虽然老年，可是精力还没有衰弱呢，何至于弃我等而去？"

7日后，鲁哀公十六年二月十一日（公元前479年4月11日），孔子患病不愈而卒，终年73岁（虚岁）。

（孔子病，子贡请见。孔子方负杖逍遥于门，曰："赐，汝来何其晚也？"孔子因叹，歌曰："太山坏乎！梁柱摧乎！哲人萎乎！"因以涕下。谓子贡曰："天下无道久矣，莫能宗矣。夏人殡于东阶，周人于西阶，殷人两柱间。昨暮予梦坐奠两柱之间，予始殷人也。"后七日卒。《史记·孔子世家》）

有个守城门的人，称孔子为"知其不可而为之"的人。孔子说："在大道施行的时候，天下是人们所共有的。把品德高尚的人、能干的人选拔出来，讲求诚信，培养和睦气氛。所以人不只是敬爱自己的父母，不只是疼爱自己的子女，要使老年人能终其天年，中年人能为社会效力，幼童能顺利地成长，使老而无妻的人、老而无夫的人、幼年丧父的孩子、老而无子的人、残疾人都能得到供养。男子有职务，女子有归宿。反对把财物弃置于地的浪费行为，不是为了占为己有；人们都愿意为公众之事竭尽全力，而不一定为自己谋私利。因此奸邪之谋不会发生，盗窃、造反和害人的事情不发生。所以门从外面带上，而不从里面闩上，这叫作理想社会。"（大道之行也，天下为公。选贤与能，讲信修睦。故人不独亲其亲，不独子其子。使老有所终，壮有所用，幼有所长，矜、寡、孤、独、废疾者皆有所养。男有分，女有归。货恶其弃于地也，不必藏于己。力恶其不出于身也，不必为己。是故谋闭而不兴，盗窃乱贼而不作，故外户而不闭。是谓大同。《礼记》）

孔子去世后，弟子们犹疑不定，不知该用什么等级的丧礼服。子贡说："以前先生对待颜回的丧事，如同死了儿子一样，但没穿丧服，对待子路的丧事也一样。今天对待先生的丧事就像对父亲的丧事一样，但不穿那样等级的丧服。"于是弟子们都穿上吊丧的服装系上麻带，出门到那里都系上麻带。子夏说："回到家可以系麻带，出去可不用。"子游说："我听老师说过，对待朋友的丧事，在家时系麻带，出去则不系。自己的尊辈去世了，即使系着麻带出去也是可以的。"（既卒，门人疑所以服夫子者。子贡曰："昔夫子丧颜回也。若丧其子而无服，丧子路亦然。今请丧夫子若丧父而无服。"于是弟子皆吊服而加麻，出有所之，则由绖〔dié〕。子夏曰："入宜绖可也，出则不绖。"子游曰："吾闻诸夫子，丧朋友，居则绖，出则否。丧所尊，虽绖而出可也。"《孔子家语·终记解》）

孔子的丧事，由公西赤主持。按周礼饭含[1]，他在孔子口中放三勺米，给孔子穿上十一套衣服，加上朝堂官服一套，戴章甫帽，佩戴象牙环珮，环珮直径五寸，用青白色的丝带系着。桐木棺厚四寸，柏木棺厚五寸。装饰了遮挡棺柩的帷帐，设置了障棺的翣〔shà〕扇，还设置了牵挽灵车的披，这是按照周朝的礼制；旗上有齿形边饰，这是按照殷代的礼制；魂幡用缯练做成，这是按照夏朝的礼制。兼用夏、商、周三代君王的礼制，是表示尊敬老师，而且古代的礼仪都具备。孔子的灵柩葬在鲁城北面的泗水边，埋入地下，碰不到地下水。上面的封土为半斧形，高四尺，周围种上松柏作为标志。孔子的弟子都把家建在坟墓的四周，行心丧的礼仪。（孔子之丧，公西掌殡葬焉。唅以疏米三具，袭衣十有一称，加朝服一，冠章甫之冠，佩象环，径五寸而綥组绶。桐棺四寸，柏棺五寸，饬棺墙，置翣，设披，周也，设崇，殷也，缯练设旐，夏也。兼用三王礼，所以尊师，且备古也。葬于鲁城北泗水上，藏入地，不及泉。而封为偃斧之形，高四尺，树松柏为志焉。弟子皆家于墓，行心丧之礼。《孔子家语·终记解》）

不少弟子为之守墓三年（三年之丧）[2]，唯独子贡为孔子守墓六年。弟子及鲁国人从墓而家者上百，得名孔里。后孔子的故居改为庙堂，孔子受到人们的奉祀。

子曰："吾十有五而志于学，三十而立，四十而不惑，五十而知天命，六十而耳顺，七十而从心所欲，不逾矩。"这是孔子对自己一生各阶段的总结。

岁寒，然后知松柏之后凋也！

---

① 饭含：饭，是根据死者身份不同，把谷、贝等放入死者口里；含是把珠、玉放在死者口里。所放之物根据死者地位不同而有不同。关于饭，"君用粱，大夫用稷，士用稻"；关于含，"天子含实以珠，诸侯以玉，大夫以玑，士以贝，庶人以谷实。""天子饭黍含玉，诸侯饭粱含璧，大夫饭稷含珠，天子之士饭粱含贝，诸侯之士饭稻含贝。（《周礼·地官·舍人》）"

② 古代为直系亲属服丧，称之为居丧，或称丁忧。《礼记·杂记》："三日不怠，三月不懈，期〔jī〕悲哀，三年忧。"

《论语》

　　孔子的弟子们在守丧期间，将孔子平时所讲的话，经过仔细地讨论辨正，然后一一记录下来，这就是留传下来的《论语》。《论语》并非严格的著作，主要是格言与一些小的故事，比较生动、全面地记录了孔子之学、行、思与其人格形象。其中，孔子与其弟子的教与学的问答占了很大的一部分，而这些最能反映孔子所做的哲学思考，比如其对于仁、礼、乐、诗及生死的种种看法。同时，《论语》也比较生动地反映了孔子因材施教、因势诱导的教育方法。孔子与时人的问答也在其中占有较大的比例，主要是与执政者及隐士阶层的探讨与争执，能够比较如实地反映当时的社会政治情况与孔子的社会地位，同时也彰显了孔子特立独行、以天命为己任的人格和精神。再则，孔子之行止、居处也有较为细腻的记载，反映了孔子生活细节中的独特形象。《论语》后来被尊奉为儒家经典，成为"四书"之一。《论语》是孔门弟子集体智慧的结晶。其编纂者主要是仲弓、子游、子夏、子贡，他们忧虑师道失传，首先商量起草以纪念老师。然后和少数留在鲁国的弟子及再传弟子完成。

　　现存《论语》20篇，492章，其中记录孔子与弟子及时人谈论之语约444章，记孔门弟子相互谈论之语48章。

　　《论语》中所记孔子循循善诱的教诲之言，或简单应答，点到即止；或启发论辩，侃侃而谈；或富于变化，娓娓动人。孔子是《论语》描述的中心，"夫子风采，溢于格言"。书中不仅有关于他的仪态举止的静态描写，而且有关于他的个性气质的传神刻画。此外，围绕孔子这一中心，《论语》还成功地刻画了一些孔门弟子的形象。如子路的率直鲁莽，颜回的温雅贤良，子贡的聪颖善辩，曾皙的潇洒脱俗等，都称得上个性鲜明，能给人留下深刻印象。

　　《论语》还反映了孔子的教育原则。孔子因材施教，对于不同的对象，考虑其不同的素质、优点和缺点、进德修业的具体情况，给予不同的教诲，表现了诲人不倦的可贵精神。据《论语·颜渊》记载，同是弟子问仁，孔子有不同的回答，答颜渊"克己复礼为仁"，答仲弓"己所不欲，勿施于人"，答司马牛"仁者其言也讱（[rèn]，迟钝）"。颜渊学养高深，故答以"仁"学纲领，对仲弓和司马牛则答以细目。

　　《论语》是语录体散文，主要记言。其中多半是简短的谈话和问答。主要特点则是语言简练，用意深远，有一种雍容和顺、迂徐含蓄的风格。例如"岁寒，然后知松柏之后凋也！"，后世诗人所歌颂的"郁郁涧底松"和"松柏有本性"，都是从孔子这一深刻的观察中得到的启示。又如子贡看见孔子有道不仕，就说："有美玉一块，是把它放在匣子里珍藏起来呢，还是找识货的商人卖掉呢？孔子说："卖掉它吧！卖掉它！我在等待识货的商人啊！"（"有美玉于斯，韫匮而藏诸？求善贾而沽诸？"孔子说："沽之哉！沽之哉！我待贾者也。"《论语·子罕》）这里孔子自比美玉，言简意赅，耐人寻味。又如，孔子去了武城，听到弦歌之声，孔子微微一笑说："杀鸡焉用牛刀？"子游回答说："过去的时候我曾经听老师说过：'君子学习礼乐之道就会懂得爱人，小人学习礼乐之道就会容易使唤。'"孔子说："学生们，子游的话是对的，前面我说的话不过是跟他开玩笑罢了。"（子之武城，闻弦歌之声。夫子莞尔而笑曰："割鸡焉用牛刀？"子游对曰："昔者偃也闻诸夫子曰：'君子学道则爱人，小人学道则易使也。'"子曰："二三子！偃之言是也。前言戏之耳。"《论语·阳货》）既诙谐，又严肃。孔子平日的风趣，子游的笃信师说，他们师弟子间的和平愉悦之情都宛然如见。

《论语》的篇名通常取开篇前两个字作为篇名；若开篇前两个字是"子曰"，则跳过，取句中的前两个字；若开篇三个字是一个词，则取前三个字。篇名与其中的各章没有意义上的逻辑关系，仅可当作页码看待。

孟子（公元前 372—公元前 289 年）

孔子逝后 107 年，孟轲诞生。姬姓孟氏，名轲，战国时期邹国（今山东省邹城市）人。哲学家、思想家、政治家、教育家，儒家学派的代表人物之一，地位仅次于孔子。

孟子是鲁国贵族孟孙氏（鲁国三桓之一）的后裔，孟孙氏衰微后，有一支从鲁迁居到邹国，这就是孟子的祖先。比起孔子活动的春秋时代，孟轲生活在一个更为动荡、混乱与凶险的战国时代。这是一个武士喋血、处士横议、豪杰辈出的时代，一个刀与火、血与剑、泪与笑、希望与幻灭的时代。历史选择了孟轲作为中国历史上这段动荡岁月的见证人与批判者。

孟轲"宿丧其父，幼被慈母三迁之教"。孟轲幼年和孔子一样，三岁时失去父亲，与寡母相依为命，母亲靠纺线织布维持生计。孟子是在母亲的教育下成长的。孟子家贫，孟母迁居城外，近于墓地。孟轲见人丧葬，嬉游其间，助人挖掘墓穴。孟母说："此地不宜吾子成长！"忍痛迁居城内，近于集市。孟轲见人货卖，嬉游其间，助人吆喝买卖。孟母说："此地不宜吾子成长！"再次以更高租金迁居学宫之旁（这就是最早的"学区房"）。孟轲见人读书，嬉游其间，模仿儒生的进退揖让。孟母大悦，教导孟轲："孔子三岁丧父，以君为父，践行周公之道。生前得到诸侯礼敬，死后被鲁哀公称为尼父！你三岁丧父，也应以君为父，读孔子之书，做孔子之徒，行孔子之道。"

虽然三迁后有了较好的学习条件，但孟母对孟轲的教育一刻也不敢放松。孟母十分注重言传身教，孟轲年少时，有一次看见邻居杀猪，就问母亲说："邻居为什么杀猪？"孟母随口而出，说："要给你吃肉。"话音刚落，孟母就后悔了，想："我十月怀胎时，草席摆得不正，我不坐；肉割得不正，我不吃，这都是对他的胎教。现在他刚刚懂事，而我却欺骗他，这不等于在教他不讲信用吗？"于是孟母忍痛花钱买了邻居的猪肉给孟轲吃，表明她没有欺骗，以自己的言行对孟轲施以诚实守信的品德教育（类似的事情，在曾子身上也发生过，即成语"曾子杀猪"①）。孟轲少年读书时，有一次贪玩逃课回家。孟母看见了孟轲，没有生气，也没有骂他，而是举起一把刀把刚刚织好的布割断了。孟轲看到母亲把辛辛苦苦才织好的布割断了，心里既害怕又不明白其中的原因，忙问母亲出了什么事。孟母教训儿子说："你读书就像织布一样，一匹布需要一针线，连成一寸再连成一尺，再连成一丈；一匹布要织成最好才是有用的东西，如果织不完，它就是没用的。学问是靠日积月累，由不分昼夜勤奋学习而来的，如果你偷懒了不好好读书，半途而废，就好像这匹被割断的布，变成了没有用的东西。"孟轲听到母亲的教诲感到很惭愧，从此以后，他牢牢地记住母亲的话，起早贪黑，用心读书，发愤用功。

即使成年娶妻后，孟轲仍然受到母亲的教诲。那年孟轲24岁，已娶妻多年。一次外出归来，进屋看见妻子岔开双腿踞坐，衣衫穿戴不整。孟轲大为生气，告诉母亲："我回家进屋，内人竟然岔开双腿踞坐，衣衫穿戴不整。如此不知礼仪，我要休了她！"孟母问："你怎么知道的？"孟子说："我亲眼看见的。"孟母说："这就是你没礼貌，不是妇人没礼貌。《礼记》上不是说了吗？'将要进屋的时候，先问屋中有谁在里面；将要进入厅堂的时候，必须先高声传扬（让里面的人知道）；将进屋的时候，必须眼往下看'，为的是不让人没准备。现在你到妻子闲居休息的地方，进屋没有声响，因而让你看到了她两腿伸开坐着的样子。这是你没礼貌，并非是你妻子没礼貌！"孟轲羞愧自己一知半解，打消了休妻之念。（孟子妻独居，踞，孟子入户视之，向其母曰："妇无礼，请去之。"母曰："何？"曰："踞。"其母曰："何知之？"孟子曰："我亲见之。"母曰："乃汝无礼也，非妇无礼。《礼》不云乎？'将入门，问孰存。将上堂，声必扬。将入户，视必下'。不掩人不备也。今汝往燕私之处，入户不有声，令人踞而视之，是汝之无礼也，非妇无礼也。"于是孟子自责，不敢言妇归。《韩诗外传》）

孟子说："予未得为孔子徒也，予私淑诸人也。"（《孟子·离娄下》）据《史记·孟子荀卿列传》，孟子可能是孔子门人子思的再传弟子。

孟子对孔子备极尊崇，《孟子·公孙丑上》说："自生民以来，未有盛于孔子也""乃所愿，则学孔子也"。孟子曾经游历齐、宋、滕、魏、鲁等国，前后有二十多年。儒家创始人孔子是一个文质彬彬的君子，孔子醇厚文雅，不急不躁，在数十年挫折的生涯中，他依然保持了一个大宗师的平静。即使是受到了生命的威胁，也是平淡如水。一次孔子被人当成是坏人围困起来，依然能悠然自得地弹琴作乐。另外一次孔子被困于宋国和楚国的边境，孔子依然是礼乐不绝。即使是受了委屈，顶多是转身走人，从来没有雷霆万钧过（据记载，仅骂过一次，就是"宰予昼寝"）。

---

① 曾子之妻之市，其子随之而泣。其母曰："汝还，顾反为女杀彘。"妻适市来，曾子欲捕彘杀之，妻止之曰："特与婴儿戏耳。"曾子曰："婴儿非与戏耳。婴儿非有知也，待父母而学者也，听父母之教。今子欺之，是教子欺也。母欺子，子而不信其母，非所以成教。"遂烹彘也。（《韩非子·外储说左上》）

而与孔子的温文尔雅文质彬彬相比，孟子简直就是一个怒发冲冠的斗士。他游说诸侯从来都是"说诸侯而藐之"，好像所有的诸侯都欠他，孟子总是怒怼，简直把那些国君当成了不成器的学生看待。

但在思想上，孔子与孟子的差别并不明显。孟子完善了孔子的思想，并在孔子的"仁者爱人"思想的基础上，提出了"仁政"与"王道"理想的政治哲学。"性善论"是孟子谈人生和谈政治的理论根据。孟子说："恻隐之心，人皆有之；羞恶之心，人皆有之；恭敬之心，人皆有之；是非之心，人皆有之。恻隐之心，仁也；羞恶之心，义也；恭敬之心，礼也；是非之心，智也。仁义礼智非由外铄我也，我固有之也。"（《孟子·告子上》）在孔子文质彬彬的君子人格的基础上，孟子提出了"富贵不能淫，贫贱不能移，威武不能屈"的大丈夫人格，与孔子的思想一脉相承。是孔子之后、荀子之前的儒家学派的代表人物，与孔子并称"孔孟"，元朝时期孟子被追封为"亚圣"。

孟子的"性善论"在战国时期显得是那么的苍白无力，连他也曾怀疑，他曾经痛心疾首地指出"春秋无义战"，是因为他看到了统治者们"率兽食人"的血淋林的现实。

当时，与儒家争鸣者以墨家和杨朱学派的势力最大。墨家是中国先秦时期的哲学派别，诸子百家之一，其与"名家""数术家"等并列为诸子百家中专门研究"自然科学"的学派，创始人为墨翟。墨家是一个纪律严密的学术团体，其首领称"钜子"，其成员到各国为官必须推行墨家主张，所得俸禄亦须向团体奉献。墨家学派有前后期之分：前期思想主要涉及社会政治、伦理及认识论问题，关注现世战乱；后期墨家在逻辑学方面有重要贡献，开始向科学研究领域靠拢。墨家的主要思想主张是：人与人之间平等的相爱（兼爱），反对侵略战争（非攻），推崇节约、反对铺张浪费（节用），重视继承前人的文化财富（明鬼），掌握自然规律（天志）等。墨子的极端道德主义，超出了人的极限，杨朱站出来反对他。老子主张"身重物轻，无为而治"，杨朱发展了老子的这个思想观点，形成了"贵己""为我"的学术主张，成为中国最早主张个人主义思想的学术宗师。

孟子说："杨子取为我，拔一毛而利天下，不为也。墨子兼爱，摩顶放踵，利天下，为之。""杨朱、墨翟之言盈天下，天下之言，不归杨则归墨。"又说："逃墨必归于杨，逃杨必归于儒。"然后批评这两家学说："杨氏为我，是无君也；墨氏兼爱，是无父也。无父无君，是禽兽也。"孟子痛斥杨、墨学派，说："杨、墨之道不息，孔子之道不著。是邪说诬民，充塞仁义也。仁义充塞，则率兽食人，人将相食。吾为此惧，闲先圣之道，距杨、墨，放淫辞，邪说者不得作。"他说，他这样严厉地驳斥杨、墨的异端邪说，是继承大禹、周公、孔子三个圣人的事业，他要正人心，就必须辟杨墨。他的弟子公都子告诉他，别人都说他好辩论，他说："岂好辩哉？予不得已也。能言距杨、墨者，圣人之徒也。"（《孟子·滕文公》）

44岁时，孟子率弟子来到齐国的稷下学宫。在稷下学宫，曾与著名的稷下先生淳于髡［kūn］（公元前386—公元前310年）有过多次交流。淳于髡在历史上最为人熟知的，就是他的"滑稽多辩"。淳于髡学识渊博，能言善辩，尤其喜欢在与人辩论时运用"隐语"。淳于髡的"隐语"，其实就是富于哲理的讽喻。

一次，淳于髡拜访孟子，却率先发难："请问先生，男女之间授受不亲，是礼制所规定的吧？"孟子规规矩矩地回答道："男女授受不亲当然是礼制规定的。"淳于髡进一步说："假如嫂子掉水里了，兄弟我是救她还是不救呢？"孟子很生气地说："嫂嫂溺水了不去救，简直就是狼心狗肺！"可能孟子意识到自己说的话有失体统，忙补充道："男女授受不亲，的确是礼。但救嫂子，是权宜之计啊！"于是淳于髡讥讽孟子："那现在天下黎民生活在水深火热中，你为什么不伸出友爱之手呢？"孟子说："救天下黎民要授之以道。嫂子掉水里，可以拉一把。难道天下人还得挨个去拉吗？"（淳于髡曰："男女授受不亲，礼与？"孟子曰："礼也。"曰："嫂溺则援之以手乎？"曰："嫂溺不援，是豺狼也。男女授受不亲，礼也；嫂溺援之以手者，权也。"曰："今天下溺矣，夫子之不援，何也？"曰："天下溺，援之以道，嫂溺，援之以手。子欲手援天下乎？"《孟子·离娄上》）

孟子的作用是教化，而不是凡事都亲自去做。

虽然孟子在齐国一直受到礼遇，但却不受重用。在孟子献言时，齐威王常常"顾左右而言他。"孟子毅然离开齐国，齐威王赠金（黄铜）百镒（一镒等于二十两），孟子礼貌而客气地拒绝："我的盘缠还很充足！"后来在宋国，宋君送他七十镒，他收了；在薛国，薛君送他五十镒，他也收了。弟子陈臻问，如果以前不接受是对的，后来接受就是错的；如果后来接受是对的，以前不接受就是错的，先生一定有一次是错的。孟子回答说：都是对的，在宋国的时候我要远行，对远行的人照例要送些盘缠，这是人之常情。我在你这里讨论政治，你送我点盘缠，这是国君的风度，所以我接受了。离开薛国的时候，外面好像打仗，很危险，薛君说，送你些钱，可以买些兵器保护好自己，所以我就接受了。至于在齐国的时候，既没有去远行，外面也没有什么危险，他为什么要送我钱呢？那是要收买我，哪里有君子可以用钱收买的呢？（陈臻问曰："前日于齐，王馈兼金一百而不受；于宋，馈赠七十镒而受；于薛，馈五十镒而受。前日之不受是，则今日之受非也。今日之受是，则前日之不受非也。夫子必居一于此矣。"孟子曰："皆是也。当在宋也，予将有远行，行者必以赆，辞曰'馈赆'，予何为不受？当在薛也，予有戒心，辞曰'闻戒，故为兵馈之'，予何为不受？若于齐，则未有处也，无处而馈之，是货之也，焉有君子而可以货取乎？"《孟子·公孙丑下》）

孟子一生的经历，也很像孔子，过着长期的私人讲学的生活，中年以后怀着政治抱负，带着学生周游列国。随从的学生最盛的时候，是"后车数十乘，从者数百人"。他也是到处受到当权人物的款待，但他的政治主张却不被接受。孟子晚年回到故乡，从事教育和著述。他说："得天下英才而教育之"是最快乐的事。他在家乡与万章等人整理《诗》《书》，阐发孔丘的思想学说，写成《孟子》一书，共 11 篇，现存 7 篇。

《史记》说孟子有著述 7 篇传数世，宣扬"仁政"，最早提出"民为贵，社稷次之，君为轻"的思想，推崇"易子而教"的传统教育方法，留下"孟母三迁""孟子受教""断织喻学""杀豚不欺子""始作俑者""五十步笑百步""一曝十寒"等轶事典故。

孔孟之道，即儒家思想或称儒学，是先秦诸子百家学说之一，具有开放包容和经世致用的特性。

长期以来，人们对孔孟之道抱着一种想当然的偏见，认为孔子是封建忠君思想的倡导者和支持者，却全然不知儒家思想的最大特征是"以为天下仪表，贬天子，退诸侯，讨大夫，以达王事而已矣"（《史记·太史公自序》）。孔子曰："邦有道，谷；邦无道，谷，耻也。"（《论语·宪问》孔子说："国家政治清明，做官领俸禄；国家政治黑暗，也做官领俸禄，这就是耻辱。"）孔、孟游说诸王，均是为了实现心中的理想——"道"，道不同，则不相为谋，但从未攀附取悦权贵。（孟子曰："民为贵，社稷次之，君为轻。是故得乎丘民而为天子，得乎天子为诸侯，得乎诸侯为大夫。诸侯危社稷，则变置。"（《孟子·尽心下》孟子说："人民最为重要，国家其次，君王为轻。所以，得到民心的做天子，得到天子欢心的做国君，得到诸侯欢心的做大夫。诸侯危害到国家，就改立诸侯。"）有必要指出的是，这里的"民"是一个集合概念，"民"作为一个整体是贵的，是重于国君的。齐宣王问孟子："商汤流放夏桀，周武王讨伐商纣王，有这回事吧？"孟子答道："史书上有这样的记载。"宣王说："做臣子的弑他的君主，可以吗？"孟子说："破坏仁爱的人叫作'贼'，破坏道义的人叫作'残'。残贼俱全的人，叫作'一夫'。我只听说过武王诛杀了一夫殷纣，没有听说过他是以臣弑君的。"（齐宣王问曰："汤放桀，武王伐纣，有诸？"孟子对曰："于传有之。"曰："臣弑其君，可乎？"曰："贼仁者，谓之贼；贼义者，谓之残。残贼之人，谓之一夫。闻诛一夫纣矣，未闻弑君也。"《孟子·梁惠句下》）可见孔、孟心中的王是有道之君，而非仅居高位之君。

儒、释、道

公元前 6 世纪到公元前 5 世纪，在这个被称为轴心的时代，孔子的"儒"、佛陀的"释"、老子的"道"全部诞生。

更有趣的是，几百年后在汉朝出现三教之争。先是西汉初期的黄老之治，然后有"罢黜百家、独尊儒术"，到东汉佛教进入中国，掀起礼佛热潮。从最初的三教并立，到唐宋以后三教合流，即儒、释、道三家思想相互影响、融会贯通，儒、释、道深刻地影响了中国人的思想和生活。

从唐朝以来，中国社会形成了"一主两辅"的儒、释、道格局——儒家拥有政治上的独大势力，佛、道两教对中国人日常生活产生深远影响。从信众的数量、典籍的流通看，佛教的势力最大；从宗教思想根基看，道教在中国人的日常生活中影响最深。

儒家主张"诚心、正意、修身、齐家、治国、平天下"。儒家有社会责任感，积极入世，自觉地"以天下为己任""先天下之忧而忧，后天下之乐而乐"，甚至"知其不可为而为之"。

道家讲"自然"，讲"道"，超离了尘世。老子讲："人法地，地法天，天法道，道法自然。"凡事顺其自然，人力所不能及的事不可过分强求，让热衷于尘世功名的人更加清醒。

佛家讲"三界""轮回转世""因果报应""色空"等，善者入天堂，恶者下地狱。

从功能角度看，儒家——治世（进取）："天行健，君子以自强不息。"道家——治身（规律）："道生一，一生二，二生三，三生万物。"佛家——治心（奉献）："众生度尽，方证菩提，地狱不空，誓不成佛。"儒家的修养是正心，道家的修养是静心，佛家的修养是明心。儒家养正气，道家养大气，佛家化怨气。儒家讲敬是敬畏：敬天，敬地，敬人；道家讲静是无为；佛家讲清净。儒家认为世界是展现才华的舞台；道家认为大自然是人类赖以生存的环境；佛家认为相由心生，世界在自己心中，一花一世界，一叶一菩提。

儒家以"为天地立心，为生民立命，为往圣继绝学，为万世开太平"为使命；道家以"自然"观照人，认为一个人若能超脱于生死的执着，其心灵也就可以超脱形体的局限，而与"道"契合为一，进入"万物一府，死生同状"的境界，在心灵上获得极大的自由，成为精神上不受任何环境影响的"圣人"，或神妙至真的"神人"。佛家基于对人生"无常故苦"的价值判断，怀着对人的迷惑、烦恼、痛苦、死亡的真诚关切，指出解脱的方法和途径，从而为人提供了一种宗教的精神依托，更着重转向内心的探索、转换和提升，把心性修养看作人生解脱的必由之路，明心见性，超脱修心。

中国历史上形成的儒、释、道三教会通融合、和而不同的和谐关系，这种现象在世界文明史上实属罕见。一方面，是由于中国的主流价值体系儒家具有较大的宽容性；另一方面，又在于儒、释、道三教各有擅长、互为补充。三教以不同的文化功能最终实现了和谐共存，所谓"以佛治心，以道治身，以儒治世"。

有人作了个形象的比喻：在精神上，儒家是"粮店"，道家是"药店"，而佛家是"杂货店"。儒家主张人生在世，当积极进取，要拿得起；道家主张人生一世，不尽是顺景，要放得下；佛家主张人处世上，会艰辛凉薄，要想得开。

春秋时期，楚国国君楚共王熊审（公元前600—公元前560年，楚庄王之子，公元前590—公元前560年在位），喜爱打猎。一次，他骑着马拼命追逐几头野兽，眼看快要追上了，欲取弓射猎。哪知他腰间一摸，弓已不知去向，原来他跑得太快，在马上颠来颠去，那张弓丢失在路上。

这是一张制作精美、嵌珠镶玉的良弓，大臣及随从都觉得丢了十分可惜，向楚共王请求回头寻找。楚共王手一挥说道："算了，楚人丢的弓，拾得的还是楚人。何必寻找？"（"止！楚人遗弓，楚人得之，又何求焉？"《说苑·至公》）共王胸怀宽广，不计得失。

孔子得知此事后，说："楚共王所讲表现了胸怀广大，但他还不够广大。应该这样说，一个人丢失了弓，另一个人得到了，为什么一定要是楚国人呢？"（"楚王仁义而未遂也。亦曰人亡弓，人得之而已，何必楚！"《说苑·至公》）

老子听说后，觉得"去其人而可矣"，应该说："失弓，得弓。"（老聃闻之曰："去其人而可矣。"故老聃则至公矣。《吕氏春秋·孟春纪》）。在老子的心目中，人与天地万物也是一样的，都是造化和自然的平等产物。

明代高僧莲池大师对楚王的"沧海之胸襟"和孔子的"乾坤之度量"都很嘉许，但他意犹未尽。虽然孔子的境界高于楚王，但是还"不能忘情于弓"。楚王失弓或得弓，他本身犹如故往，弓是空的，人也是空的，那也就无所谓得与失。这还不够，因为还"不能忘情于我"，连求所谓"我"都不可得，又如何求"弓、人、楚"呢？这是佛家四大皆空的境界。（大矣哉！楚王固沧海之胸襟，而仲尼实乾坤之度量也。虽然，仲尼姑就楚王言之，而未尽其所欲言也。何也？尚不能忘情于弓也。进之则王失弓，王犹故也，无失也；假令王复得弓，王犹故也，无得也。虽然，犹未也，尚不能忘情于我也。又进之，求其所谓我者不可得，安求其所谓弓也、人也、楚也。《竹窗随笔·楚失弓》）

而名家的对此也有看法，公孙龙借用孔子关于楚王失弓的说法，指出孔子认为"楚人"和"人"是两个不同的概念，也就是"楚人非人"的意思。（仲尼闻之曰："楚王仁义而未遂也。亦曰人亡弓，人得之而已，何必楚！"若此，仲尼异楚人于所谓人。《公孙龙子·迹府》）公孙龙的用意，是借用孔子的"楚人非人"道理来辩护他自己的"白马非马"理论。

与诸子约饭

2500 多年过去了，今天我们回溯的几位先哲，在那个时代，他们都是对社会不满的人。囿于当时的传播手段，他们传下来的多是极简的文字。《道德经》五千余字，《论语》一万多字。他们可能不知道所写下的东西或说过的话对后世能产生如此大的影响，如果知道的话，可能还会字斟句酌，也许会更加精彩。

设想一下，如果和他们生活在同一时代，能面见他们，请教他们，甚至能和他们吃饭谈心，会是怎样的场面。假如在公元 2000 年这个世纪交替之时，约请诸子吃饭。

同老子一起吃饭，可能是在山间草棚中，清风明月、花鸟虫兽相伴，但粗茶淡饭清素无味。老子吃饭能填饱肚子即可，省欲去奢。虽然老子也认为食当五味，但调味太多，五觉会错乱，反而无味了。老子说"为无为，事无事，味无味"，要从无味中去体味，最后达到"甘其食"的目的。老子说："五色令人目盲，五音令人耳聋，五味令人口爽（此处是杂乱麻木的意思）……是以圣人，为腹不为目，故去彼取此。"席间话不会多，但不会使人忐忑尴尬，听几句便有所得。老子记性极好，下次再见他仍然记得你。

同孔子一起吃饭，菜肴就丰富多了。首先，肉是够的，弟子们送来的束脩（脩，古时指干肉）是有的，并且"食不厌精，脍不厌细"。但孔子吃饭比较讲究：鱼、肉腐烂变质不食，食物变色变味不食，火候不足或蒸煮过头不食，时令节气不当的蔬菜水果不食（拒绝大棚蔬果），桌上肉虽多但更应多吃米饭，酒可以管够但自己要适可而止。如果有子贡作陪，菜品还会丰盛，运气好的话，还能欣赏舞乐。

孔子吃饭时不说话（"食不语，寝不言"），但不会让人局促拘谨，他是一个温和宽厚的老人。吃完饭有什么问题尽可请教，孔子会有问必答，诲人不倦。

和孔子吃饭要注意什么？首先，要预约，不请而至；会吃闭门羹。其次，品行要端正；品行口碑不好的人，即使捧着厚礼去，孔子也会躲。最后，虽然是粗米饭青菜汤，但在吃前要分出一些祭祀祖先；席不正不坐，老人优先，送行的时候要拜谢两次。

孔子记性极好，但下次再约孔子，他老人家未必会答应。

约孟子吃饭，一定得礼节周到，提前一周预约。孟子主张"君子远庖厨"，但对饮食也非常讲究。"饥者甘食，渴者甘饮，足未得饮食之正也，饥渴害之也。岂惟口腹有饥渴之害？人心亦皆有害。人能无以饥渴之害为心害，则不及人不为忧矣。"（《孟子·尽心上》）饥不择食有损饮食的正常滋味，利欲熏心会损害人的心智，如果人能知礼守正，不被心遭受利欲的饥渴，就不会因赶不上而忧患。

但是，孟子反对只追求美食而罔顺仁义道德。"饮食之人，则人贱之矣，为其养小以失大也。饮食之人无有失也，则口腹岂适为尺寸之肤哉？"（《孟子·告子上》）只是讲究吃喝的人，人家都鄙视，因为他只保养了小的部分而丧失了大的东西。孟子认为，世界上并没有"素餐"，"士无事而食，不可也"。为了生存，为了养家糊口，就必须要用劳动去换取食物，没有用劳动就换来的饮食是不可取的。

孟子认为，食用别人饮食之时要有"礼"，给予别人饮食之时也要有"礼"，并且说："食而弗爱，豕交之也；爱而不敬，兽畜之也"。（《孟子·尽心上》）意思是，人们在交往之中，不爱别人却用饮食相馈赠，就如同是喂猪；爱别人却不以礼相待，则就像豢养禽兽一样，违背"礼"的原则。孟子有一名言："鱼，我所欲也，熊掌，亦我所欲也。二者不可得兼，舍鱼而取熊掌者也。……一箪食，一豆羹，得之则生，弗得则死。呼尔而与之，行道之人弗受；蹴〔cù〕尔而与之，乞人不屑也。"（《孟子·告子上》）。

同庄子一起吃饭，山间田野、荒地背坡，哪里都行，简直就是野餐，"食于苟简之田，立于不贷之圃"（《庄子·外篇·天运》），不追求珍馐美味。"人之所取畏者，衽席之上，饮食之间，而不知为之戒者，过也。"（《庄子·外篇·达生》）庄子过的是清心寡欲简朴单纯的生活，"其食不甘"，因为"五味浊口，使口厉爽"，"啜菽饮水"，所费无几，即可果腹，人反而易处于快乐之中。当然，有时也能吃到庄子刚从河里捕获的新鲜鱼虾。但庄子认为，过分追求美味，追求感官的刺激，会丧失人的本性，所以，食物常用清水一煮，便端上席来。甚至"不食五谷，吸风饮露；乘云气，御飞龙，而游乎四海之外"。（《庄子·逍遥游》）在吃饱和节食的基础上，庄子认为随性而食、不拘泥于物，才能获得真正意义上的精神自由与逍遥幸福。有一次，庄子携弟子出游，弟子问："道德之乡，人只能神游其中；当今乱世，人究竟怎样安息？"庄子反问："你知道鹌鹑、鸟是怎样饮食起居的吗？"弟子立刻大悟道："人应像鹌鹑一样以四海为家，居无常居，随遇而安；像鸟一样饮食，不择精粗，不挑肥瘦，随吃而饱；像飞鸟一样行走，自在逍遥，不留痕迹。"

同庄子一起吃饭，尽管吃得随意，但能饱耳福，他会给你讲很多故事。有时会让人深思，更多时候会让人捧腹大笑。庄子讲故事，常常信手拈来，随心所欲，却妙趣横生，幽默滑稽。庄子给后人留下了数百个成语与寓言，随便拈出几个，便可佐酒下饭。他讲"浑沌"的故事说："南海的帝王叫作'倏'，北海的帝王叫作'忽'，中央的帝王叫作'浑沌'。倏和忽常常一起在浑沌的居地相遇，浑沌对待他们非常友好，倏与忽商量着报答浑沌的恩情，说：'人都有七窍，用来看（外界），听（声音），吃（食物），呼吸（空气），唯独浑沌没有七窍，（让我们）试着给他凿出七窍。'于是倏和忽每天替浑沌开一窍，到了第七天，浑沌就死了。"（南海之帝为倏，北海之帝为忽，中央之帝为浑沌。倏与忽时相与遇于浑沌之地，浑沌待之甚善。倏与忽谋报浑沌之德，曰："人皆有七窍，以视听食息，此独无有，尝试凿之。"日凿一窍，七日而浑沌死。《庄子·内篇·应帝王》）他还讲"马蹄"的故事说："马，蹄可以用来践踏霜雪，毛可以用来抵御风寒，饿了吃草，渴了喝水，性起时扬起蹄脚奋力跳跃，这就是马的天性。即使有高台正殿，对马来说没有什么用处。等到世上出了伯乐，说：'我善于管理马。'于是用烧红的铁器灼炙马毛，用剪刀修剔马鬃，凿削马蹄甲，烙制马印记，用络头和绊绳来拴连它们，用马槽和马床来编排它们，这样一来马便死掉十分之二三了。饿了不给吃，渴了不给喝，让它们快速驱驰，让它们急驰奔跑，让它们步伐整齐，让它们行动划一，前有马口横木和马络装饰的限制，后有皮鞭和竹条的威逼，这样一来马就死过半数了。"（马，蹄可以践霜雪，毛可以御风寒，龁草饮水，翘足而陆，此马之真性也。虽有义台、路寝，无所用之。及至伯乐，曰："我善治马。"烧之，剔之，刻之，雒之，连之以羁馽，编之以皂栈，马之死者十二三矣；饥之，渴之，驰之，骤之，整之，齐之，前有橛饰之患，而后有鞭策之威，而马之死者已过半矣。《庄子·外篇·马蹄》）

庄子记性也是极好，但下次再遇到他时，已不记得你，相忘于江湖了。

同荀子吃饭，入座时遵从贵贱长幼礼节，彬彬有礼；就餐时围桌合食，谦让和谐；烹制食物时调和五味，独具匠心；饮食时注重美味享受，饮食养生。荀子认为，能吃到经过烹调制作的美味是国家强盛的表现；反之若品尝不到美味，说明人民已处在水深火热之中了。荀子是一个冷静的现实主义者，他说人性是恶的。"人莫生而不欲"，人人都有欲望，因为人天然地"目好色，耳好声，口好味，心好利，骨体肤理好愉佚"（《荀子·性恶》），因此荀子对美食不拒绝。

同韩非吃饭，首先，食忌过生。他说，远古先民大多食用腥味浓重、气味扑鼻的生肉、果实，因而容易患有各种疾病，寿命很短。其次，口味要淡，尽量节俭。美食在韩非子看来是一种诱惑，韩非认为芳香甜口的食物、醇香的酒、肥嫩的肉是有害的，正如同肌肤白皙、冰清玉洁的女子，虽然使人愉悦，但会消耗你的精力，使你的身体遭到日积月累的损害。美食也一样，让追求者耽于享受、身体遭到腐蚀，进而变成行尸走肉。韩非认为，奢侈的饮食追求就是政治开始堕落的标志，从酒池肉林的例子就可以看出。用餐前，韩非展示了写作的最新寓言"矛与盾"：有一个楚国人，既卖盾又卖矛。他夸耀自己的盾，说："我的盾坚固无比，没有什么东西能够穿透它。"又夸耀自己的矛，说："我的矛锋利极了，任何坚固的东西都穿得透。"有人问他："如果用你的矛刺你的盾，结果会怎么样呢？"那人张口结舌，一句话也回答不上来。什么都不能刺穿的盾与什么都能刺穿的矛，不可能同时存在于这个世界上。（楚人有鬻盾与矛者，誉之曰："吾盾之坚，物莫能陷也。"又誉其矛曰："吾矛之利，于物无不陷也。"或曰："以子之矛，陷子之盾，何如？"其人弗能应也。夫不可陷之盾与无不陷之矛，不可同世而立。《韩非子·难一》）最后，用餐时少交谈，避免尴尬，因为韩非口吃。

同墨子吃饭应节俭，绝不浪费，一定要光盘。墨子先祖是殷商王室，后来因故从贵族降为平民，后简略为墨姓。作为一个平民，墨子在少年时代做过牧童，学过木工。他自诩说"上无君上之事，下无耕农之难"。墨子少年时曾从师于儒者，学习孔子的儒学，但因不满儒家学说而另创一对立的学派。虽然墨子一向俭朴，但席间喝一小盅后，便以激烈的言辞抨击儒家以及各诸侯国的暴政。他对老子提出了物质的本原是"有生于无"也甚不满意，认为万物始于"有"。他说，"无"有两种：一种是过去有过而如今没有了，如某种灭绝的飞禽，这不能因其已不存在而否定其曾为"有"；另一种是从来没有过的事物，如天塌陷的事，这是本来就不存在的"无"。本来就不存在的"无"不会生"有"，本来存在而后来不存在的，更不是"有"生于"无"。

后来墨子开始讲当时很多人都听不懂的数学。他说："倍，为二也。""平，同高也。"也就是同样的高度称为"平"（这与欧几里得几何学定理"平行线间的公垂线相等"意思相同）。"中，同长也。""圜（圆），一中同长也。"（《墨子·经上》）看到有人点头称是，墨子很是高兴，话锋一转，便开始谈论物理学："力是使物体运动的原因，即使物体运动的作用叫作力。"（"力，刑（形）之所以奋也。"《墨子·经上》）他又讲"小孔成像"、平面镜、凹面镜、凸面镜等（《墨子·经下》）以及声学知识（《墨子·备穴》）。

同杨子吃饭一定是 AA 制，杨子不多掏一分，客人不多亏一毫。

由荀子倡议，诸子坐成一桌。首座一定是老子，他老人家年纪最大，话不多但思想深刻；孔子坐在老子右边，态度冲淡平和；孟子紧随孔子，孟子的右手是荀子，接下来是韩非、张仪、苏秦等；老子的左边分别坐着列子、庄子、惠子、墨子、杨子和公孙龙子等。庄子坐于席上，身形瘦削，褛衣敝屣，但平静自在，悠然自得，宠辱不惊。惠子心里一直放不下带回宋国的五车书籍（学富五车），但一看到席上的鱼就和庄子争论"鱼在水里是否快乐"。席间讲话最多的是孟子，他既和荀子争论，又同墨子、杨子抗辩，不时还与孔子交流几句。韩非坐在荀子右手，一言不发，脸色阴沉，目光阴鸷，既不看老师荀子，也不看诸子。而张仪、苏秦时而与荀子时而与公孙龙子闲聊。这是怎样的一场盛宴啊！

约诸子吃饭，穿着可以随意，但一定不要撞色。老子穿的是灰白色，像白云一样缥缈；孔子穿的是浅褐色，像大地一样宽广；孟子穿的是青铜色，像剑一样犀利；列子穿的是浅灰色，像雾一样虚空；庄子穿的是湖蓝色，像海一样深邃；荀子穿的是墨绿色，像树一样繁茂；韩非穿的是深蓝色，像冰一样冷峻；墨子穿的是玄黑色，像夜一样神秘；杨子穿的是土黄色，像山一样沉稳；惠子上深下浅，但颜色上看不出什么区别；公孙龙子上浅下深，一眼就能区别……

记住，席间的几个关键词：无为（老子），成仁（孔子），取义（孟子），贵虚（列子），逍遥（庄子），性恶（荀子），合同异①（惠子），离坚白②（公孙龙子），法术势（韩非），兼爱非攻（墨子），一毛不拔（杨子），合纵连横（苏秦、张仪）。

---

① 合同异是名家学派创始人及主要代表人物惠施的基本论点，强调事物之间的同一性，认为"至大无外，谓之大一；至小无内，谓之小一"，"天与地卑，山与泽平"，"天地一体"，万物毕同于"一"，一切都包容在至大无外的"大一"之中，一切又都由至小无内的"小一"构成。一切被常人当作相异的事物，都是相同的。他们着重指出差异中的同一，合异于同，所以被称为合同异。

② 离坚白是公孙龙子的著名论点。他认为，一块坚硬的白石，用眼看不会看出它是否坚硬，只能看到它是白色的，用手摸不能感觉其白色，只能感觉到其坚硬，所以世界上只有白石和坚石，没有坚白石。因此认为：坚、白不能判定为同时存在。公孙龙子的这道哲学命题，与海森堡测不准原理有着某种程度的相似性。

4　一无所知的智者：苏格拉底（公元前 469—公元前 399 年）

古希腊

在蔚蓝的地中海东北部，包括希腊半岛、爱琴海诸岛、小亚细亚半岛[①]西南部沿岸、爱奥尼亚群岛，以及意大利东部和西西里岛东部沿岸地区，现代人把这个地区称为古希腊。古希腊不是一个国家概念，而是一个时空的称谓。古希腊（文明）在时间上是从公元前 800—公元前 146 年。约有 200 多个城邦，无首都，主要城市为雅典、斯巴达、迈锡尼[②]、底比斯[③]、科林斯[④]等。

古希腊的自然环境并不丰富，从气候上来看，属于地中海气候，冬雨夏热，土地并不肥沃，只能生长耐旱的水果，如橄榄、葡萄等，粮食不能自给。谷物主要有大麦，此外则有蜂蜜和酒。希腊半岛是一个山多、平原少、地势崎岖不平的地区，仅有的小块平原又被难以逾越的山脉阻隔，不适耕作。虽也有河川，不过都水浅流急，不利于航运。雨季会泛滥成灾，旱季又常干涸，因此灌溉不易，很难发展农业。而畜牧业也只适合养殖绵羊和山羊，所以不甚发达。

但是，浩瀚的海域却赋予希腊先民以广阔的发展空间。这里海岸曲折，绿岛相连，港湾众多。地中海气候温和宜人，海洋资源得天独厚。由于山岭沟壑众多，耕地缺乏，土地贫瘠，限制了粮食的生产；人地矛盾突出，迫使古希腊从事海外贸易、海外殖民和经济文化交流。而曲折的海岸线，众多的优良港湾为这些活动提供了得天独厚的条件。特殊的地中海气候使得古希腊盛产葡萄酒和橄榄油，为海外贸易提供了商品。正是这些原因，包括没有强大的中央集权，促成了古希腊宽松自由的社会环境、互利互惠的思想观念、开放探索的民族精神。

埃及的宗教、波斯的哲学、腓尼基的文字、巴比伦的天文和"野蛮民族"的艺术，多得数不清的远古文明和几千年的文化成果都迅速传播到伯罗奔尼撒起伏的丘陵，传播到阿提卡丰收的果园，传播到比阿提亚贫瘠的山岭。公元前 12—公元前 8

---

① 小亚细亚（Asia Minor）半岛，又称安纳托利亚半岛，地处欧亚非三大洲交界处。公元前 1200 年，特洛伊战争发生在今土耳其的爱琴海沿岸。其后，强大的波斯大流士大帝、马其顿亚历山大大帝、古罗马帝国、拜占庭帝国、奥斯曼帝国等先后统治这块神奇的大地。

② 迈锡尼（Mycenaean）位于伯罗奔尼撒半岛，从公元前 16 世纪上半叶起逐渐形成一些奴隶制国家，出现了著名的迈锡尼文明。

③ 底比斯（Thebes）又译作忒拜，位于中希腊维奥蒂亚州的城市，是关于卡德摩斯、俄狄浦斯、狄奥尼索斯、"七将攻忒拜"、特伊西亚斯等故事的发生地。

④ 科林斯（Corinth）是古希腊古罗马时期的一个城邦，位于伯罗奔尼撒半岛的东北，是希腊本土和伯罗奔尼撒半岛的连接点，同时又是穿过萨罗尼科斯和科林西亚湾通向爱奥尼亚海的航海要道。其不仅是贸易和交通要地，同时又是战略重地。

世纪是古希腊从氏族公社制向奴隶制社会过渡的时期，史称"英雄时代"，又称"荷马时代"，这一时期文学的主要成就是神话和史诗。

在古希腊文明兴起之前 800 年，爱琴海地区就孕育了灿烂的克里特文明和迈锡尼文明。在公元前 1200 年，另一支希腊人（多利亚人）的入侵毁灭了迈锡尼文明。在此后 300 年，希腊历史进入所谓"黑暗时代"。《荷马史诗》记载了这一切，所以这一时代又称"荷马时代"。在荷马时代末期，铁器得到推广，取代了青铜器；海上贸易也重新发达，新的城邦国家纷纷建立。古希腊人使用腓尼基字母创造了自己的文字，并于公元前 776 年举办了第一届古代奥林匹克运动会。古代奥林匹克运动会的举办也标志着古希腊文明进入了兴盛时期。公元前 750 年左右，随着人口的增长，古希腊人开始向外殖民。在此后的 250 年间，新的希腊城邦遍及包括小亚细亚和北非在内的地中海沿岸。在诸城邦中，势力最大的是斯巴达和雅典。

掷铁饼者和断臂维纳斯：古希腊力与美的象征

古希腊人比较重感觉，对肉体的崇拜更甚于对精神的关怀。以宙斯为首的奥林匹斯诸神并不是一些枯燥乏味的道德偶像，而是一大群相貌俊美、体魄健壮的有血有肉的神灵。诸神在精神或道德方面并没有超人之处，只是在肉体上比人更强壮、更健美，而且能够长生不死。这些极具感性色彩的神成为古希腊人的生活理想。对人的自然形体之美的崇拜使古希腊出现了特有的运动形式——裸体竞技。古希腊人为了取悦宙斯，每四年在伯罗奔尼撒半岛西部的奥林匹亚附近举行一次竞技会，参赛的每个运动员均须裸体出场。人们丝毫不以裸体为耻，相反，倒是以拥有一副矫健的体魄为无上的荣耀。这就使得古代奥林匹克运动会成为力与美的展示，得胜归来的运动员被当成英雄受到崇拜。裸体竞技使雕塑家得以观察人体在各种自然形式和姿态中的情况，于是体育和宗教的结合产生了造型艺术的美。通常雕塑家关注的是人物外在形象是否健美，试图通过对美的形体的描绘表现出人物的内在意韵之美。如米隆的"掷铁饼者"和波里克波利特的"持矛者"。

对美的不懈追求使古希腊人对现实生活的关注更甚于对彼岸世界的向往。古希腊人相信，人死后另有一个世界，人的死亡只是由生界到该世界的变迁，而非人体的消失。苏格拉底就曾经说过："倘使死是由一个地方移到另一个地方，而那另一个地方又是奥尔弗斯、赫西阿德、荷马所居住的，那么我将乐于在那里。"

在公元前 8—公元前 6 世纪，古希腊城邦逐渐形成。城邦是指古希腊的一种国家形态，它一般以一个城市为中心，也包括其周边的村社。城邦居民的主体是拥有政治参与权的男性公民集体，其中最大的城邦是斯巴达和雅典。斯巴达面积达 8400 平方千米（大约是北京市的一半），人口约 40 万，男性公民最多时有 9 万人。雅典领土约 2550 平方千米（大约是北京市的七分之一），人口 20 万～30 万，男性公民最多时有 3 万～4 万人。古希腊更多的是蕞尔小邦，人口不过 1 万～2 万。因而，其主要特征是小邦寡民，各邦长期独立自治。每个城邦都是独立自主的主权国家，各邦之间一般是平等的邻邦关系。城邦的自治权利或多或少地属于各邦公民，根据各邦公民在公民大会中参政权利的大小，可将城邦政体划分为若干类型，其中贵族制和民主制在古希腊城邦中最为流行。所谓城邦公民，并非指全体成年公民，而是指具有公民身份，有权参加公民大会的男性成员。除了贵族制和民主制外，古希腊城邦还存在君主制、寡头制和僭主制[1]。

雅典

雅典是古希腊最著名的城邦。在公元前 6 世纪与公元前 5 世纪，这里孕育了梭伦[2]、庇西斯特拉图、底米斯托克利、阿里斯泰德、伯里克利等政治家，他们创立了法律，完善了民主制度，建立了一个真正的希腊帝国，并建立了一支强大的海军。

雅典城邦高度重视教育。早在公元前 6 世纪，梭伦立法中就明确规定，父亲有责任让其子女接受适当的教育。否则，子女成年后有权不赡养父亲。

不同于斯巴达的教育，雅典人认为，必须培养公民在履行公共义务时所应具有的理智、聪慧和公正等品质，这也是雅典法律所规定的。但是，在如何安排个人的闲暇时间以及在勇敢、强壮等品质的培养上，就不能完全依靠由国家控制的教育。因此，雅典盛行私人办学，国家只负责 16～20 岁青年的教育。

优越的地理位置、发达的贸易、自由的环境，为雅典城邦带来空前的思想繁荣。

伯里克利（Pericles，约公元前 495—公元前 429 年）是雅典黄金时期（希波（希腊 - 波斯）战争至伯罗奔尼撒战争）具有重要影响的领导人，他在希波战争后的废墟中重建雅典，扶植文化艺术，现存的很多古希腊建筑都是在他的时代所建的。他的时代也被称为伯里克利时代，在这个时代产生了苏格拉底、柏拉图等一批著名

---

[1] 僭主制是一种城邦政体，是指军事领导人、贵族或任何得到机会的人通过政变或内战夺取了政权，所建立的军事独裁政体。僭主是指不依合法程序不经公民授权而僭取国家权力者，也就是僭取本由公民集体享有的政治权力，所以被视为违背常规与不合法的。

[2] 梭伦（Solon，约公元前 640—约公元前 558 年），生于雅典，古希腊时期雅典城邦著名的改革家、政治家，在前 594 年出任雅典城邦的执政官，制定法律，进行改革，史称"梭伦改革"。

思想家。历史学家修昔底德①曾记下伯里克利在阵亡将士葬礼上所说过的一段话，足以见证雅典的光荣：

我们不羡慕邻国的法律，因为我们的政体是其他国家的楷模，而且是雅典的独创。我们这个政体叫作民主政体。它不是为少数人，而是为全体人民所有。无论能力大小，人人都享有法律所保障的普遍平等，在成绩卓著时得享功名。担任公职的权利不属于哪个家族，而是贤者方可为之。家境贫寒不成其为障碍。有能力为国家服务的人，不因地位卑微而受妨碍。我们可以畅通无阻地从一个职位走向另一个职位；我们无所顾忌地共享亲密无间的日常生活；我们既不会为邻人的我行我素而烦恼，也不会面露不豫之色——这有伤和气，却于事无补。这样，我们一方面自由而善意地与人交往；另一方面又不敢以任何理由触犯公益，因为我们遵从法庭和法律，特别是那些保护受害者的法律，以及那些虽未成文，但违反了即为耻辱的法律。另外，为了陶冶身心，我国法律还规定了十分频繁的节假日。赛会和祭祀终年不断。届时美不胜收，蔚为大观，欢愉的气氛驱散了忧郁。

我们的雅典如此伟大，致使宇内各地的产品云集于此。这些精美产品和国内产品一样，给雅典人带来了习以为常的乐趣。我们在军事政策上也胜过敌人。我们的方针与敌人的方针截然不同。雅典向世界敞开大门。

……

斯巴达

斯巴达是古代希腊城邦之一。斯巴达城邦位于伯罗奔尼撒半岛东南部、拉哥尼亚平原南部以及欧罗塔斯河西岸。"斯巴达"原来的意思就是"可以耕种的平原"。公元前 1100 年左右，一批由多利亚人组成的希腊部落从希腊半岛北部侵入了伯罗奔尼撒，其中的一支进入拉哥尼亚，毁灭了迈锡尼时代的城市文明。在公元前 10—公元前 9 世纪，由五个村落联成一个新的政治中心，这就是多利亚人的斯巴达城。它名之为城，实际上既没有城墙，也没有像样的街道。居住在这一带的多利亚人，称为斯巴达人。

为了镇压黑劳士奴隶和不断对外扩张，斯巴达城邦规定了严格的公民军事训练制度。斯巴达以其严酷纪律、贵族统治和军国主义而闻名。斯巴达的政体是寡头制。

斯巴达重视生育，鼓励公民多生育子女。斯巴达的婴儿呱呱落地时，就抱到长老那里接受检查，如果长老认为婴儿不健康，就被抛到荒山野外的弃婴场去；母亲用烈酒给婴儿洗澡，如果婴儿抽搐或失去知觉，这就证明他体质不坚强，任他死去，

---

① 修昔底德（Thucydides，约公元前 460—公元前 400 或 396 年），雅典人，古希腊历史学家、文学家和雅典十将军之一，以其著《伯罗奔尼撒战争史》而在西方史学史上占有重要地位。他提出的"使战争不可避免的真正原因是雅典势力的日益增长由此引起斯巴达人的恐惧"，被后人概括为"修昔底德陷阱"。

因为他不可能成长为良好的战士。

男孩子 7 岁前，由双亲抚养。父母从小就注意培养他们不爱哭、不挑食、不吵闹、不怕黑暗、不怕孤独的习惯。7 岁后的男孩，被编入团队过集体的军事生活。他们被要求对首领绝对服从，要求增强勇气、体力和残忍性。他们练习跑步、掷铁饼、拳击、击剑和殴斗等。男女青年也会学习读书、写作、跳舞等。为了训练孩子的服从性和忍耐性，他们每年在节日敬神时都要被皮鞭鞭挞一次。他们跪在神殿前，火辣辣的皮鞭如雨点般落下，但不许求饶、不许喊叫，甚至不许出声。对于斯巴达人来说，勇敢、服从和爱国心就是美德。

满 20 岁后，斯巴达男青年正式成为军人。30 岁成亲，但每天还要参加军事训练。60 岁时退伍，但仍是预备军人。无论是少年的宿舍还是战士的兵营，都没有相应的建筑物，他们都要生活在帐篷里。这样做的目的是使斯巴达人可以忍受恶劣的环境。过了 30 岁才被认为是独立市民的斯巴达人，可以和妻儿一起在有墙有屋顶的室内生活，也只有独立市民才能享有这种权利。

斯巴达女孩 7 岁仍留在家里，但她们不是整天织布、做家务，而是从事体育锻炼，学习跑步、竞走、掷铁饼、搏斗等。斯巴达人认为，只有身体强健的母亲，才能生下刚强的战士。为此要进行严格的体重管理，严禁甜食、酒和美食。和男人一样，女人也必须接受体育教育，并在一次次的运动会上接受检验，成绩优秀的比较容易出嫁。斯巴达妇女很勇敢和坚强，她们不怕看到儿子在战场上负伤或死亡。一个斯巴达母亲送儿子上战场时，不是祝他平安归来，而是给他一个盾牌，说："要么拿着，要么躺在上面。"意思是说，要么拿着盾牌光荣胜利归来，要么光荣战死被别人用盾牌抬回来。在斯巴达，性生活就是以生产身强力壮的战士为目的的一种手段，所以，单身会被人蔑视。丈夫战死后，已经养育了子女的寡妇，国家更是鼓励其再婚。斯巴达女人的义务就是尽可能多地生育健康的孩子，同时料理好以纺织为主的家务事。

斯巴达人轻视文化教育。青少年只要求会写命令和便条就可以了。斯巴达人要求他们的青少年语言简明，直截了当，从小养成沉默寡言的习惯。他们说话就像军事口令一样。有一次，一个国王威胁斯巴达国王，要斯巴达听从他的命令，否则就把斯巴达夷为平地。斯巴达国王的回答很简单："请！"这种简洁的回答后来被称作"斯巴达式的回答"。

斯巴达通过改革废除了之前流通的金币和银币，用铁币作为流通货币。因为使用铁制货币，别国商人就不来通商。于是，一切与艰苦朴素的生活无关的东西也就不会再进入斯巴达境内。斯巴达人认为，超过艰苦朴素的生活所需的东西是很容易使斯巴达人产生骄奢淫逸的。

由于斯巴达人一切都服从于军事目的，所以其军事力量之强大令人惊畏。尽管军队数量很少，但是其威名甚至远震波斯。在古希腊，一提起精锐部队，指的就是斯巴达的步兵军团。

除了战士，斯巴达什么都不产。哲学、科学、文学、历史、建筑和雕刻，没有留下任何一样东西，仅留下一个词——"斯巴达式的"。

在公元前 500 年前后，在多达 150 个的希腊城邦中，只有雅典和斯巴达异军突起，遥遥领先于其他各国。雅典靠的是经济实力，斯巴达倚仗的是军事力量。

苏格拉底生平

在古希腊文明的大环境中，在希波战争和伯罗奔尼撒战争（以雅典为首的提洛同盟和以斯巴达为首的伯罗奔尼撒联盟之间的一场战争）的背景下，苏格拉底（Socrates）出生于雅典一个普通公民的家庭。其父索佛洛尼斯科斯是雕刻匠，母亲费纳瑞特是助产士。

当时正值智者从全希腊各地云集雅典，给民主制度下的雅典带来了许多新知和自由论辩的新风尚。年轻的苏格拉底曾向著名的智者普罗泰格拉和普罗狄柯等人求教，讨论各种重要的社会人事和哲学问题；又曾从女智者狄奥蒂玛受业，自称有"灵迹"伴随，预示以何事不当为；也受到奥尔斐秘教及毕达哥拉斯派的影响。

苏格拉底天生就有着狮子鼻，肥厚的嘴唇，凸出的眼睛，矮小的身体。他容貌平凡，语言朴实，却具有深刻的思想。苏格拉底一生过着艰苦的生活，无论严寒酷暑，他都穿着一件普通的单衣，经常不穿鞋，对吃饭也不讲究。但他似乎没有注意到这些，只是专心致志地做学问。其生平事例，成就思想，均由其弟子记录。

苏格拉底把自己看作神赐给雅典人的一个礼物、一个使者，任务就是整天到处找人谈话，讨论问题，探求对人最有用的真理和智慧。贯穿这些讨论的主题就是引导人们认识：在这些对于人至关重要的问题上，其实人是非常无知的，因此人们需要通过批判的研讨去寻求什么是真正的正义和善，达到改造灵魂和拯救城邦的目的。

苏格拉底把批评雅典看作神给他的神圣使命，这种使命感和由此而来的思考探索，便成为他生活与哲学实践的宗旨。他知道自己这样做会使许多人十分恼怒，要"踩死这只牛虻"，但神给自己的使命不可违，故冒死不辞。在此意义上，他自称是针砭时弊的"神圣牛虻"。

作为公民，他曾三次参军作战，当过重装步兵，在战争中表现得顽强勇敢，并不止一次在战斗中救助伤兵。此外，他还在雅典公民大会中担任过陪审官。

苏格拉底主张一个新神，他是道德善、智慧真的源泉：宇宙理性的神。这个宇宙理性神是苏格拉底的哲学追求——真正的善的终极根据。人能有知识，是因为人得到了神的特别关爱，被赋予了神性的一部分，因而有了灵魂，有了爱智的心灵和理智。但是人应当明白，人所具有的那点灵魂同神的智慧是无可比拟的。所以这个新的理性神的观念和关于人当"自知无知"的教导，就成了激发和推动人追

苏格拉底雕像

求真知与批判不真不善、伪真伪善的强大力量。

苏格拉底热爱雅典城邦，他更不容许最神圣的信仰有丝毫的被亵渎，因此，他毅然选择死亡。他并非不珍惜自己的生命，但他更注重自己的灵魂，他相信神无处不在，无所不能，万事万物都是神有意识、有目的的巧妙安排。他没有背叛神，既然如此，死亡也就是神对他的召唤，他还有什么可犹豫的呢？也许人们笑他，笑他天真，笑他顽固，执迷不悟，但是唯有那些真正洞察了他内心世界的人，才会为他的智慧与忠诚所折服：智慧使他看到并一直紧紧关注着众人未曾察觉的美德，忠诚于他自己热爱的城邦、他一生遵从的法律、他永恒不变的理想追求。

智慧第一人泰勒斯（Thales，公元前 624—公元前 547 年）提出了"万物源于水"，但毕达哥拉斯（Pythagoras，公元前 580—公元前 500 年）却不这样认为，他和他的学派都认为"万物皆数"。赫拉克利特（Heraclitus，公元前 535—公元前 475 年）却说"人不能两次走进同一条河流"，而德谟克利特（Demokritos）走进了原子的虚空。那时古希腊的天空，和地中海一样湛蓝，星星闪烁，似乎等待伟大的生灵诞生。

苏格拉底的出现则代表着雅典哲学的巨大转折和发展，希腊从此进入了苏格拉底时代。苏格拉底本人曾对物理世界进行研究，但很快就失去了兴趣，他宣称，从树木和石头那里学不到什么，与其玄而又玄地讨论世界的构成，不如研究人类自己。人生各个方面，如战争、婚姻、友谊、爱情、家政、艺术、伦理、道德，都成为他探寻的课题。

开门办学

苏格拉底终生从事教育工作，具有丰富的教育实践经验并有自己的教育理论。但是他并没有创办自己的学校。那么他在哪里施教呢？他怎么施教呢？广场、庙宇、街头、商店、作坊、体育馆等，都是他施教的场所。青年人、老年人，有钱人、穷人、农民、手艺人、贵族、平民，都是他施教的对象，不论是谁，只要向他求教，他都热情施教。当时的其他教师——智者，是收取学费的，他们以当教师作为赚钱的手段，而苏格拉底教人是不收学费的，他是为城邦的利益而教人，是义务教师。他认为，教育对一个人的成长非常重要。他认为，无论是天资比较聪明的人还是比较鲁钝的人，如果他们决心要得到值得称道的成就，都必须勤学苦练才行。

苏格拉底的教育目的是造就治国人才。伯里克利死后，雅典由于没有好的领导人，民主制度变成了极端民主，变成了无政府主义，连国家领导人都是用抓阄或抽签的办法选出来。苏格拉底对此十分痛心。他认为治国人才必须受过良好的教育，主张通过教育来培养治国人才。为了培养治国人才，他付出了毕生的精力。

关于教育的内容，首先，他主张要培养人的美德，教人学会做人，成为有德行的人。其次，要教人学习广博而实用的知识。他认为，治国者必须具有广博的知识。他说，在所有的事情上，凡受到尊敬和赞扬的人都是那些知识最广博的人，而受人谴责和轻视的人，都是那些最无知的人。最后，他主张教人锻炼身体。他认为，健康的身体无论在平时还是在战时，对体力活动和思维活动都是十分重要的。而健康的身体不是天生的，只有通过锻炼才能使人身体强壮。

这个矮胖、秃顶、凸眼睛、朝天鼻的哲学家在粗陋的外表之下有某种和蔼可亲的东西，使他成为雅典城最优秀的青年衷心爱戴的导师，这些青年有贫有富，有贵有贱，有不同的思想信念与政治抱负，但他们都被苏格拉底的了无牵挂、自由自在的思想所吸引，无数后人争论不休的一些题目也曾使这些热爱论道的思想者激动过。

雅典的每一条道路、每一块石头都异常熟悉苏格拉底健行不倦的身影。他见多识广，让人很难相信他70年的岁月几乎全部消磨在雅典城的街头巷尾与路人谈天上。他是节制的典范，他是他所倡导的美德的最好实践者。他薄有资产，战时能够负担重甲步兵的装备，但从不工作，不考虑明天的事情，永远不知道下一顿饭在哪里，却随时随地会陷入沉思冥想，物我两忘，很少念及对妻儿的责任。妻子桑西普不得不独自抚养三个儿子，不免时时作河东狮吼，故而与苏格拉底流芳百世相比，她做了历史上最著名的悍妇。

清谈是苏格拉底唯一的授课方式，思维与论辩的乐趣是他最乐意收到的报酬。不著一字，尽得风流。德尔斐神庙的先知说，苏格拉底是最聪明的人，但他总是谦逊地宣称自己一无所知，对人所公认的知识持普遍的怀疑态度，而且宣称，只有知道自己无知者，才是人类中最聪明的人。不同于那些号称教人以所谓"有用"知识的智者们，苏格拉底四处请教关于人的知识，什么是勇气，什么是快乐，什么是正义，等等。在德谟克利特万物流变的思想和普罗泰戈拉"人是万物的尺度"的说法影响深远的情况下，苏格拉底坚持认为，如果不能用全面完整而绝对的方式给某一件事物下定义，你就并不真正知道它是什么。他的谈话总是在和和气气的请教中开场，对一个习以为常的东西，请你下一个明晰的定义和绝对的判断。但任何想当然的定义都会被苏格拉底以事实分析步步紧逼，在排山倒海般的追问下，这个可怜人的脑袋和舌头都麻木了，而且发现自己走到了最初立场的反面。此时，苏格拉底仍然谦虚地称自己几乎什么都不知道，只是知道自己不知道而已。他以自己的无知而自豪，并认为人人都应承认自己的无知。这种近乎自大的自谦令自命不凡的希腊人如坐针毡，气得发疯，但苏格拉底却受到天生叛逆的青年们发自内心的赞许。

但他令人不安的言谈在各个阶层的雅典人中都引起了不满，日积月累，终于成为一种敌意。

终于，在公元前399年，以渎神罪的名义，雅典民主派开始了对苏格拉底的审判。这是有史以来人类对思想家的第一次有名的审判，罪名却并不陌生。不久之前，为了在政治斗争中击败伯里克利，伯里克利本人的好朋友、出色的哲学家阿那克萨哥拉被驱逐出雅典时，罪名就是"他居然胆敢公开宣称，太阳是一块燃烧着的大石头，"因而冒犯神灵，罪不可恕。

但是，这次审判远非后世的许多次迫害那样卑鄙无耻，他们给予苏格拉底申诉的权利，而苏格拉底自己选择了死亡。作为曾经存在过的人们中最高贵的一个，他不屑于任何逃避或者言行不一。他既不肯让哭哭啼啼的妻儿来到法庭，引起审判者的怜悯，也不肯降低自己的尊严去迎合某种口味，他不愿意终生享受雅典法律的保护却在此刻逃避它的惩罚。他曾经自由自在地活过了，也愿意气势如虹地走向死亡。

弟子

苏格拉底弟子无数，产生较大影响的有三位。除了柏拉图，还有克里同和色诺芬。

克里同（Kriton，公元前 469—？）

克里同和苏格拉底同年生，他更像苏格拉底人生的一个知己。他们是总角之交，又是多年的老朋友，克里同的儿子也是苏格拉底的弟子。克里同本人有时也去广场听苏格拉底讲学，克里同与苏格拉底间也是"师友间"的"风义"。克里同是雅典的巨富，在苏格拉底受审时及被投入狱中后，他都不止一次表示愿意出重金为苏格拉底免除一死。但是对克里同的好意苏格拉底是执意不领情的，他要舍生取义，为维护雅典民主制度所制定的法律而献身、殉道。苏格拉底认为，交纳赎金以求免于一死，实际上是承认自己有罪，这是苟且偷生；而不承认有罪，甘愿接受法律的裁决，虽然被处死了，但大义凛然，作为哲人，是最崇高的殉道表现。

天刚亮，狱中的苏格拉底一醒来就看到挚友克里同坐在自己的身边。苏格拉底并不知道克里同这么早来狱中探望他的缘由，克里同带来的是一个意料之中的，但是苏格拉底的友人及弟子都不愿意接受的消息，因为这一消息对他们无疑是一个极大的打击。

克里同要告知苏格拉底的消息是，前往提洛岛献祭的船，在这一天就要返回来了。这就意味着苏格拉底距死亡不远了！事情是这样的，在苏格拉底被判处死罪后，正值雅典的德利阿节，庆祝这个节日的仪式是雅典派遣代表团乘船到提洛岛去向阿波罗神献祭，相传阿波罗神出生在那里。这一习俗起源于有关忒修斯誓言的传说。从前，载着忒修斯和少男少女的船，在驶向库拉岛的途中遇难，于是他起誓："要是有人把我们救起来，我们每年都将把祭品献给阿波罗神。"果然，他们被救了。起初，每年献祭 7 对童男童女，受祭者是人身牛头的怪物。后来，忒修斯杀死了这一怪物，于是废除了献祭童男童女这一残酷的陋习。为了纪念忒修斯，献祭照常，但祭品已不再是童男童女。德利阿节的时间是雅典的 11 月，即现时的 5—6 月间。按照雅典的法律，死刑是在当天日落后执行，苏格拉底当然也不能例外。不过在苏格拉底被判死罪的前一天，驶向提洛岛献祭的船舶已举行了装饰船尾的仪式，以此表示献祭的时刻已经开始。由此时起到船从提洛岛返回雅典抵岸为止，在城中要保持绝对的洁净，不能在这一期间执行死刑。因此，苏格拉底的死刑得以推后。这样，苏格拉底在狱中被关了 30 天左右。有些时候，献祭的船在海上遇到风暴，会延长返回的日期。但克里同已探悉到确切的信息，船已从提洛岛返航。这样算来，苏格拉底只能再活一天了，第二天傍晚就将被处以死刑。

克里同对醒来的苏格拉底说道:"我最爱的苏格拉底啊,请听我说,趁现在还来得及,赶快逃走吧!要是你真的被处死,我不仅失去一位良友,而且还会蒙上不白之冤。那些不了解你和我的人,会认为我把金钱看得比朋友还重要,不愿意花钱把你救出来。世间最可耻与不义的事莫过于看重财富而轻友谊和朋友;世上的人必然不会相信,我曾经尽力劝说你逃走,但是你却拒绝我。"

苏格拉底听了克里同说的这番话后说道:"亲爱的克里同,我们何必去顾及某一些人的看法呢?只有那些贤者的看法才值得我们尊重。"

"在没有找到别的好办法之前,我不能照你所说的那样去做,我不能听从你的劝告,请原谅我。"

随即,苏格拉底甚至还说道:"就是那些人要使用比现在更加残酷的手段,如监禁、没收财产、杀戮等,我也不愿意逃走。"

作为人类的万世师表,古希腊的先哲苏格拉底视死如归,义无反顾,英勇殉道,这是他闪光生命的巅峰。

色诺芬(Xenophon,公元前 440—公元前 355 年)

色诺芬出生于雅典阿提卡一个富有的奴隶主家庭,在雅典与斯巴达的大战时期(公元前 431—公元前 404 年)长大成人。他曾在雅典骑兵部队中服役,后来,与当时许多富家子弟一样,投拜苏格拉底的门下。这些子弟大多不满于极端民主政治,同情曾在公元前 411 年和公元前 404 年一度执政的右翼人士。公元前 401 年雅典重新建立民主政治,而色诺芬选择了漂泊海外的生活。公元前 399 年苏格拉底被处死后,更加深了他对极端民主政治的憎恶。

他一生的重大经历是在波斯王子小居鲁士(Cyrus Ⅲ,公元前 423—公元前 401 年)的希腊雇佣兵团中服役。公元前 401 年,波斯帝国西部小亚细亚的长官小居鲁士在希腊招募雇佣军,39 岁的色诺芬应募。当时招募的这支军队大约 1 万余人。此后这支军队在不知情的情况下,由小居鲁士带领向波斯帝国腹地前进,当到达塔尔苏斯时,士兵们才得知了小居鲁士的阴谋——推翻波斯国王,自立为王。希腊雇佣军一方面没有退路;另一方面得到小居鲁士的许多许诺,继续前进至巴比伦附近。但是小居鲁士在库那克萨(Kunaxa)战役中身亡,由此这支希腊雇佣军陷入波斯帝国腹地。而后来军队的首领克里巧斯又被波斯总督提萨费尼斯诱捕杀害,色诺芬被推举出来领导这支军队。他率领这批远离故国约 1500 千米的希腊人在库尔德斯坦和亚美尼亚陌生的土地上冲杀。公元前 400 年初,他们回到黑海之滨的希腊城市特拉彼祖斯(今土耳其的特拉布宗)。这次的光辉战绩成为他的名著《远征记》的素材。此后,他在保加利亚和小亚细亚服役。在小亚细亚时结识了他毕生推崇备至的斯巴达国王阿格西劳斯二世。色诺芬曾参加阿格西劳斯二世所指挥的打败希腊联军的科罗尼亚战役。战役结束后,他陪同阿格西劳斯二世前往德尔斐,向雅典圣库中的阿波罗神奉献祭礼。公元前 399 年,色诺芬的老师苏格拉底在雅典被处死,雅典政府也对色诺芬宣布了放逐令。

从此，色诺芬与斯巴达结下了不解之缘。阿格西劳斯二世赐给他房屋和地产。他的婚姻也幸福美满。他有钱也有时间，经常出去打猎，并建造了一座供奉狩猎女神阿耳忒弥斯的神殿。约公元前 365 年，雅典和斯巴达携手反对底比斯，因而解除了对色诺芬的放逐令。色诺芬返回故乡，但依旧对民主政治不满。

色诺芬于公元前 355 年写作《财源论》，向各城邦鼓吹和平政策。在他的著作中，最富有他个人色彩的是《远征记》。这部历史叙事生动而细致，但有故作玄虚、牵强造作的地方。出于对修昔底德的景仰，色诺芬撰写《希腊史》（修昔底德《伯罗奔尼撒战争史》之续编，叙事始于公元前 411 年，止于公元前 362 年）。也有批评者认为，色诺芬在作品中明显袒护斯巴达方面，倾向于反对雅典的民主制度。作为苏格拉底的学生，色诺芬对老师怀有深厚的感情，他著有《回忆苏格拉底》《苏格拉底的辩护》等。色诺芬不是个哲学家，因此有人认为他并不能真正地记载苏格拉底的思想。也有人认为，他因为不懂哲学，所以更能够记载一个真实完整的苏格拉底，这是相对于柏拉图常常借苏格拉底的言论而发表自己的看法而言的。

柏拉图（Plato，公元前 427—公元前 347 年）

柏拉图是含着金钥匙出生的，即便整个城邦和民族遭遇战争磨难，他的家族也能够让他安然无忧地成长。不过，任何一场重大的社会转型，都必然会引发沉痛的思考，而沉痛的思考又往往能够孕育伟大的思想家。柏拉图的童年时光，尽管感受到了伯罗奔尼撒战争带来的阴影，但雅典时代的辉煌仍然留有诸多遗迹，如此在两相对比之下，碰撞出了令人惊叹的火光。

柏拉图自小受到了良好的教育。他是一个强壮的青年、优秀的军人、出色的运动员。由于他具有敏感的心灵和语言的天赋，他还是一个诗人与剧作家。除了资质出众以外，他与雅典其他世家子弟并无二致，雄心勃勃地等待着在政坛大展身手的那一天。

柏拉图原名亚里士多克勒,后来他的一位老师涅安忒为他取名"柏拉图"（宽阔），并很快叫开了。有人说，他得到这样一个名字，是由于他前额的宽广；又有人说，是由于他肩宽膀圆，体格丰美；但更有人说，是由于他谈论中所表现出的知识的丰富和广博。

在当时的社会上，要能在政治上有所作为，不仅需要广博的知识，而且首先要具备高超的辩论才能。为了获得从政的雄才大略，一展胸中的宏愿，青年柏拉图四处奔波求学，最后师从苏格拉底。苏格拉底的雄辩才干有口皆碑，其思维方式也独辟蹊径，令柏拉图眼界大开，并很快被苏格拉底的思想和方法所深深震撼和吸引。当时有个智者学派，总是宣称自己是最有知识、最有智慧的大学问家。苏格拉底则不同，他总是自称"无知",并用向别人"请教"的方式来驳倒对方，达到使别人"认识你自己"的目的。

与先贤牵手，一个全新的世界便在这个少年面前徐徐展开，他乐于看到苏格拉底以排山倒海的雄辩术揭露那些简单常识的武断和臆想，并投身其间。在苏格拉底的指导下，从为论辩而论辩进而条分缕析的讨论，所以，后来柏拉图常说："感谢上帝，我生为希腊人而非野蛮人，生为自由人而非奴隶，尤其是，我生逢苏格拉底时代。"

柏拉图和苏格拉底朝夕相处达 8 年之久，他们经常在一起讨论不同的问题，而他们之间的每一次讨论，都显示出了苏格拉底高超的教育能力，以及柏拉图超凡脱俗的领悟能力。于是他们之间的每一次对话，都给后人留下了无限的智慧启迪。

一次，柏拉图在课后陪苏格拉底到树林散步，兴致颇高的师生二人对当天课业探讨完毕之后，柏拉图忽然问了一个关于爱情的问题。作为哲学家，师生二人看待问题的角度自然与众不同，这也让他们很快把爱情提升到了哲学高度。经过一番思考，苏格拉底并没有着急回答柏拉图的问题，而是抬手指着森林的深处说："倘若让你穿过这片原始森林，去战胜未知的危险和挑战，身边有马、狗和兔子，你会选择带哪种动物？"柏拉图思考了片刻，如实回答说："我会选马或者狗，因为马能代替我走路，狗能为我引路，而兔子恐怕什么忙都帮不到我。"苏格拉底不置可否，只是语气平和地说："如果换成是我，则会选择兔子，恰恰是因为兔子什么能力都没有，我才要通过努力把它带出危险境地。"

柏拉图随师学习，十分勤奋努力，果然没有辜负老师的殷切希望，进步很快，不几年就深得苏格拉底哲学思想和思维方式的要义。对于柏拉图来讲，跟随苏格拉底的一个未曾预料的结果，是他在相当大的程度上改变了柏拉图的人生理想和今后发展的方向。

中世纪描绘的苏格拉底与柏拉图

自从跟随苏格拉底以后，柏拉图发现自己的人生理想发生了重要的变化。过去，那金碧辉煌的政治大厦始终是他竭力追求的最高目标；而今，那迷宫般的哲学殿堂却是如此强烈地吸引着他，令他流连忘返，几乎倾注了他的全部心血和激情。虽然，他从来未曾放弃对政治的思考和追求，但是，随着学识的增长和哲学思考的进展，他对政治逐步采取了更客观谨慎的态度。

苏格拉底去世后，柏拉图常常做长途的旅行，显示出他与苏格拉底大不相同。苏格拉底是一个地地道道的雅典市民。对苏格拉底来说，从城市前散步走过已是不寻常，显然，离开城门，除非是市民的义务召唤他奔赴疆场。相比而言，柏拉图也是一位大希腊国人，一位地中海人，今天我们更要说，他是一位属于大世界的人。

40岁的柏拉图在雅典西北郊外约2千米的地方购置了一片土地，办起了一所学校。学校坐落在美丽的克菲索河边，两岸林木茂密，婀娜多姿，学校的建筑和雕塑就掩映在一丛丛绿色林荫深处。学校以当地一名叫阿卡德穆（Academus）的英雄命名，叫作阿卡德穆学园（后来的科学院 academy 一词即源于此）。但历史使柏拉图成为真正的英雄，他掩盖了原来英雄的声名，因而这所学校习惯上称为柏拉图学园。

学园是求智的中心、爱智者的乐园，历代的弟子为科学与哲学的发展做出了不可磨灭的贡献。基督教兴起后，学园是欧洲异教主义的孤岛，以后历代相传，延续不替，一直到529年才最后被虔诚而顽固的罗马皇帝查士丁尼（Justinian the Great，约482—565年）关闭。柏拉图学园的关闭标志着欧洲文明史上的黑暗时代的降临。

柏拉图是希腊最有声望的哲学家和教师，在授业解惑的同时，他同时写下新的作品，如《会饮篇》《斐多篇》《理想国篇》《泰阿泰德篇》《巴门尼德篇》《智者篇》等。这些文章保留了对话体裁，苏格拉底仍然是每一篇对话的主角，人物描写栩栩如生，结构严谨，语言华美机智，思想深沉。引人注目的是，有些作品充分运用备受柏拉图推崇的辩证法，内容十分晦涩难懂，而对难以自圆其说的地方，就用比喻和神话，避重就轻，借以推销自己的说法。

《理想国》是柏拉图在大约公元前390年的作品，主要谈及正义、秩序、正义的人及城邦所扮演的角色。它以苏格拉底为主角，采用对话体的形式，共分10卷，其篇幅仅次于《法律篇》。《理想国》是柏拉图最著名的著作，也是人类历史上最有影响力的哲学和政治理论著作之一。

在柏拉图的《理想国》中，用一个著名的洞穴比喻来解释理念论：设想在一个地穴中有一批囚徒，他们自小待在那里，被锁链束缚，不能转头，只能看到面前洞壁上的影子。在他们后上方有一堆火，有一条横贯洞穴的小道；沿小道筑有一堵矮墙，如同木偶戏的屏风。有一些特定的人，扛着各种器具走过墙后的小道，而火光则把透出墙的器具投影到囚徒面前的洞壁上，这些器具就是根据现实中的实物所做的模型。囚徒自然地认为影子是唯一真实的事物。如果他们中的一个囚徒碰巧获释，转过头来看到了火光与物体，最初他会感到眩晕（就像才从电影院走出来一样），但他会慢慢适应。此时他看到有路可走，便会逐渐走出洞穴，看到阳光下的真实世界。他意识到以前所生活的世界只不过是一个洞穴，而以前所认为的真实事物也只不过是影像而已。这个时候，他有两种选择，可以选择返回洞穴，也可以选择继续留在真实世界。不论出于何种原因，最终他选择了返回洞穴，并试图劝说他的同伴走出洞穴。但他的同伴根本没有任何经验，故认为他在胡言乱语，根本不会相信，并且会绑架他，甚至在可能的情况下杀死他，整个比喻到此结束（似乎和井底之蛙的寓言异曲同工）。

柏拉图明确声称囚徒与我们人类相像，即他们代表人类无知的状态，而囚徒走出洞穴的过程则被比喻成通过教育而获得真理的过程，而其中转向是个至关重要的举动。我们可以把上升之途和对上面事物的观照解释为灵魂上升到可知世界而变成哲学家的过程。"洞穴之喻"对于后来的政治和教育理论影响甚巨。

公元前347年，80岁的柏拉图受邀参加一个学生的婚礼，一起共享欢乐时光。宴会持续到深夜，柏拉图感觉到疲倦，就退出狂欢人群，歇息在一旁的长凳上——"小睡一憩竟长眠而未起"。第二天早晨，当人们去叫醒他时，发现他已经进入了永远的沉睡，安详，恬静。

岿岿盛德，莫之能名。

光风霁月，涵育贞明。

有诵其文，有瞻其行。

乐此盛世，善以缮生。

柏拉图奔波耕耘一生，没有建立自己的家庭。他除了给后人留下著名的"柏拉图式爱情"之外，还留下千古学园和深邃著作，留下理性的光辉，是人类思想史上一座不朽的丰碑。

取义

苏格拉底是历史上第一位被判处死刑的哲学家。他的死，震动了当时的整个希腊，也以其悲剧色彩震撼着后人的心灵，同时他的死也成了一个难以解开的谜。人们不禁要问：像苏格拉底这样终生以讨论哲学问题为唯一乐趣，至多也不过是同其伙伴们闲谈形而上学的人，是触犯了哪条法律而终受极刑的呢？而在雅典这样一个标榜自由和民主的城邦里（伯里克利在公元前430年一次著名的阵亡将士葬礼上的演说中就如此标榜过，见前面"雅典"一节），又为何会发生这样的惨剧呢？

判决苏格拉底死刑的直接起因是公元前399年3位雅典公民对苏格拉底提出的公诉（按照雅典的法律，每位雅典公民都有权对危害雅典城邦的行为或个人提出公诉），指控他不敬神灵和毒害青年。一个由501名雅典公民组成的陪审团在听取了双方的辩护和证词以后，以280票赞成、220票反对的结果判苏格拉底有罪，并处以死刑。

即使是在判决以后，苏格拉底也有机会逃走，他的弟子也安排好了，但他再次选择了死。或许是为理想而献身的缘故，他死得那么从容。服毒前他先送走了妻子和孩子，对他的弟子和朋友们说他想欣慰地死，不想有人看到他哭泣的样子。他的最后一句话是对克里同说的："我还欠阿斯克里皮乌斯一只鸡，不要忘了还他。"

苏格拉底说，困难的不是逃避死亡，而是逃避不义。然而最大的悲剧不是苏格拉底之死，而是苏格拉底死后雅典继续走它的路，好像什么也没有发生一样。苏格拉底是位英雄，他意识到道德理想的力量，并自觉、自愿去实现它，即使为此献出自己的生命。他的死是个悲剧，悲剧在于冲突双方都有存在的理由，又不可调和。于是苏格拉底用自己的身躯托负起这个伟大的冲突，托负起自由人格的责任与使命。对苏格拉底而言，他的事业就是他的精神，自觉、自愿、自律从而自由的精神，通过他得到了光大。苏格拉底是哲学的圣徒和殉道者，至今，没有哪位哲学家像他那样痴迷于过一种正义的生活，他把一个人的生命充分活了出来。

苏格拉底被称为"西方的孔子"，这是因为他们都开创了一个新的时代。这个时代并不是靠军事或政治的力量所成就的，而是透过理性，对人的生命做透彻的了解，从而引导出一种新的生活态度。雅典城并没有因为处死苏格拉底而重焕辉煌，也没有任何文字记载那些法官们在审判后的心路历程。但他们中的许多人，已经没办法面对和说服自己的良知了，他们的灵魂，将笼罩在那位老人孤独而顽强的身影下。苏格拉底去了，到他的神那里去了。"哪一条路更好，惟有神知道。"千年来的步行者们越走越远，但是谁都无法从他们心中抹去这个虽然有点虚幻的名字——苏格拉底。

遇见孔子

比较一下轴心时代的东西方，很有意思。孔子开创了中国私人办学的先河，造堂设馆，前后招收学生三千多人。拜师孔子，只需几条束脩，几乎是免费教育。苏格拉底也办学，但无固定场所，街道广场都是课堂。中国有儒家三哲——孔子、孟子、荀子；古希腊有哲学三贤——苏格拉底、柏拉图、亚里士多德。

苏格拉底出生于约公元前 469 年，彼时孔子已去世约 10 年。隔着时空，在生前他们无论如何也是遇不见的。如果，尽管没有如果，但在穿越时空或是在平行的世界，他们遇见了，会是怎样一番情景？会有怎样的对话？

苏格拉底一生都在雅典，他不大可能来到东方；而孔子，周游列国期间，某一天带着弟子颜回、子贡、子路等，忽然穿越到了雅典的广场。

广场上人来人往，穿梭不息，贩夫走卒，引车卖浆。有的人高声喧哗，有的人赤身露背，还有的人居然住在巨大的木桶里。孔子一行十分不解，即便是华夏之外的九夷，也未见过如此情形。颜回面色平静，子贡对集市的货物与价格很好奇，子路紧紧护在孔子身后。孔子对这些早有耳闻，但亲眼所见后，有一种欲迫切施教的心绪。

忽然，广场上走来一行人，中间有一位个子不高，看上去却很受拥戴的人。孔子知道是苏格拉底来了，好像还有柏拉图、克里同等，广场上有年轻人向他涌去。孔子听说，苏格拉底没读过什么经典名著，但学生一旦遇上了他，就不得不在他的不断追问下开始思考，不得不开动脑筋共同追索问题的根源，环环相扣，永无终止。

　　苏格拉底认为，一切知识均从疑难中产生，愈求进步疑难愈多，疑难愈多进步愈大。苏格拉底承认他自己本来没有知识，而他又要教授别人知识。这个矛盾，他是这样解决的：这些知识并不是由他灌输给别人的，而是人们原来已经具有的；人们已在心上怀了"胎"，不过自己还不知道，苏格拉底像一个"助产婆"，帮助别人产生知识。苏格拉底的助产术，集中表现在他经常采用的"诘问式"的话语形式中，以提问的方式揭露对方提出的各种命题、学说中的矛盾，以动摇对方论证的基础，指明对方的无知；在诘问中，苏格拉底自己并不给予正面的、积极的回答，因为他承认自己无知。

　　后人对前人思索的问题跃跃欲试，对前人未尽的思索代代相传，不断深入、递进、超越。在这个过程中，每个人的经验和智慧都得到创造性的激发，每个人也都获得思考和言说的权利。他的弟子把他的话记录下来，写成《对话录》。

　　孔子想想自己也是，自己的想法，思想被弟子们记录下来，后来整理为《论语》。但弟子们却把自己有意无意说过的每一句话，奉为经典，不去继续探讨，只是反复背诵和论证。

　　孔子看到，一个叫欧提德谟斯的人，上前问道："苏格拉底，请问什么是善行？"苏格拉底："盗窃、欺骗、把人当奴隶贩卖，这几种行为是善行还是恶行？"欧提德谟斯："是恶行。"苏格拉底："欺骗敌人是恶行吗？把俘虏来的敌人卖作奴隶是恶行吗？"欧提德谟斯："这是善行。不过，我说的是朋友而不是敌人。"苏格拉底："照你说，盗窃对朋友是恶行。但是，如果朋友要自杀，你盗窃了他准备用来自杀的工具，这是恶行吗？"欧提德谟斯："是善行。"苏格拉底："你说对朋友行骗是恶行，可是，在战争中，军队的统帅为了鼓舞士气，对士兵说，援军就要到了，但实际上并无援军。这种欺骗是恶行吗？"欧提德谟斯："这是善行。"欧提德谟斯陷入了苦思与混乱之中。

　　子路听到后，被苏格拉底的话绕得晕，心里想，说这么多废话，弟子还是不明白。

　　苏格拉底转头看见颜渊问孔子什么是"仁"。孔子："克己复礼是仁。"颜渊："那具体要怎么做？"孔子："非礼勿视，非礼勿听，非礼勿言，非礼勿为。"颜渊听后颇感满足。

　　色诺芬心想：不去思考而问答案，弟子什么都不敢想。

　　孔子很尊敬苏格拉底，因为苏格拉底很有智慧。但他认为，苏格拉底的思想始终曲高和寡，在实际中没有用处。

　　苏格拉底很敬重孔子，但他认为愚人虽愚，却是一张白纸，还可以画出无限可能的作品，但如果被上满了色彩，就无法装下更多东西。孔子的学生一直在践行已知的知识，而忽略了对未知领域的探求。

　　孔子优秀的弟子充满了使命感，并坚信自己找到了"道"。苏格拉底优秀的弟子充满了疑惑，一直在孜孜不倦地寻找"道"。孔子的后人很爱戴他，并把他奉为圣人，相信他的"道"，并发展他的"道"。苏格拉底的后人很爱戴他，但他们一直在质疑自己的老师。

　　孔子的儒家思想在发展过程中兼收并蓄，不同而和，在东方成为社会的底层思维，长期影响人们的生活，并在全社会被认同，使得这个以儒家文化为底色的东方文明在两千多年的历史进程中，不管遇到任何危机都总有人站出来挽狂澜于既倒，扶大厦之将倾，使之能转危为安、延绵不绝、经久不衰、复兴光大；苏格拉底的思维方式，影响了整个西方社会，在两千年后，经笛卡儿、开普勒、伽利略等的不断探索，促成了近代科学的诞生。

中

篇

群星璀璨

篇　首

众星罗列夜明深，岩点孤灯月未沉。
圆满光华不磨莹，挂在青天是我心。

[唐]寒山

书同文、车同轨的功臣：李斯（公元前280—公元前208年）

拜师荀子

李斯，战国末楚国上蔡（今河南省上蔡县西南）人。年轻时，李斯做过掌管文书的小吏。有一次，他跟随上司检查粮仓，看到粮仓里的老鼠，一只只吃得又大又肥，在米堆中嬉戏交配，旁若无人。蓦然他想起厕所里的老鼠，遇人或狗到厕所来，它们都惊恐逃走。所见所想，李斯喟然长叹："一个人是否出息，就如同老鼠一样，是由自己所处的环境决定的！"他认为人无所谓能干不能干，聪明才智本来就差不多。富贵与贫贱，全看自己是否能选择环境和抓住机会。（李斯者，楚上蔡人也。年少时，为郡小吏，见吏舍厕中鼠食不絜，近人犬，数惊恐之。斯入仓，观仓中鼠，食积粟，居大庑之下，不见人犬之忧。于是李斯乃叹曰："人之贤不肖譬如鼠矣，在所自处耳！"《史记·李斯列传》）

在战国时期人人争名逐利的情况下，李斯也想干出一番事业来。为了达到飞黄腾达的目的，李斯辞去小吏，到兰陵（今山东省临沂市兰陵县）求学，拜荀子为师。

荀子，名况，字卿，战国末期赵国人，先秦最后一位大儒。荀子对儒家思想有进一步的发展，在人性问题上，提倡"性恶论"，主张人性有恶，否认天赋的道德观念，强调后天环境和教育对人的影响。韩非、李斯都是他的入室弟子，亦因为他的两名弟子为法家代表人物，使历代都有学者怀疑荀子是否属于儒家学者，荀子也因其弟子在中国历史上的行为受到许多学者猛烈抨击。

到了战国时期中后期，儒家已分为八派："自孔子之死也，有子张之儒，有子思之儒，有颜氏之儒，有孟氏之儒，有漆雕氏之儒，有仲良氏之儒，有孙氏之儒，有乐正氏之儒。"（《韩非子·显学》）

荀子生活的时代，百花齐放，百家争鸣。赵国有公孙龙，他曾以"离坚白"之说，同惠施的"合同异"之说展开论辩；此外还有剧子（剧辛）的著述；魏国曾有李悝［kuī］（公元前455—公元前395年），他提出了"鼓励耕作以尽地力"的主张。

荀子最著名的是他的"性恶论"，这与孟子的"性善说"截然相反。他的总论点是，凡是善的、有价值的东西都是人努力的产物。价值来自文化，文化是人创造的。正是在这一点上，人在宇宙中具有和天、地同等的重要性。

"性恶论"的价值在于提出人的自然本性的先天合法性，从人的实然层面来看待人性，强调后天环境对人发展的作用（教育的必要性），进而说明礼乐教化的价值与意义。"性恶论"的缺陷在于把人的先天的自然本性等同于社会道德之恶，如此将使社会性的"恶行"具有自然存有论的根基，以至于"恶"成了价值的合理性行为。

50岁的时候荀卿到齐国来游说讲学，成为齐国著名的稷下学宫的主持人（祭酒）。

稷下学宫是世界上最早的官办高等学府和我国最早的"社科院"和"政府智库"，始建于齐桓公田午时期（柏拉图学院也几乎在同时期建立）。"稷"是齐国国都临淄城（今山东省淄博市临淄区）一处城门的名称。齐国君主在此设立学宫，故因学宫地处稷门附近而得名为"稷下学宫"（与东汉时期的"鸿都门学"得名由来相同）。

公元前255年，荀卿曾在楚国春申君的举荐下任兰陵县令。

春申君黄歇为战国四公子之一，是唯一一位非王族的公子。另外三位是孟尝君田文（齐威王之子）、平原君赵胜（赵武灵王之子）、信陵君魏无忌（魏昭王之子）。

春申君因"无妄之灾"死后，荀卿也被免职，从此告别仕途，在兰陵找了一个僻静之处，闲居下来。作为一位70多岁的老者，此时的荀卿已无跻身政坛、游历列国之志，他只想潜身著书立说，记录下自己大半生的思索和主张，阐发自己对社会、对人生的见解和看法，弘扬儒家思想，综合百家之言，传之后世，教育后人。

此时，韩非、陈嚣等已受教于荀卿，李斯比韩非小10岁。荀子上午讲学，下午著述。初见荀子，李斯如黑暗中见到光明。荀子的思想很接近法家的主张，也是研究如何治理国家的学问，即所谓的"帝王之术"（荀子的"帝王之术"，通过李斯后来的实践体现出来）。

辞师入秦

李斯在学问上的天赋，不及韩非等，对韩非也常抱妒忌之心。但李斯不愿仅仅勤研苦学，成为一代大师，他要做像苏秦、苏代、张仪、范雎那样的政客，追求高官厚禄、荣华富贵。很快，李斯向荀卿辞别。荀卿感到很意外，问他为什么要走，李斯也不掩饰，说："我听说一个人若遇到机会，千万不可松懈错过。如今各诸侯国都争取时机，游说之士掌握实权。现在秦王想吞并各国，称帝治理天下，这正是平民出身的政治活动家和游说之士奔走四方、施展抱负的好时机。地位卑贱，而不想着去求取功名富贵，就如同禽兽一般，只等看到现成的肉才想去吃，白白长了一副人的面孔勉强直立行走。所以最大的耻辱莫过于卑贱，最大的悲哀莫过于贫穷。长期处于卑贱的地位和贫困的环境之中，却还要非难社会、厌恶功名利禄，标榜自己与世无争，这不是士子的本愿。所以我就要到西方去游说秦王了。"（"斯闻得时无怠，今万乘方争时，游者主事。今秦王欲吞天下，称帝而治，此布衣驰骛之时而游说者之秋也。处卑贱之位而计不为者，此禽鹿视肉，人面而能强行者耳。故诟莫大于卑贱，而悲莫甚于穷困。久处卑贱之位，困苦之地，非世而恶利，自托于无为，此非士之情也。故斯将西说秦王矣。"《史记·李斯列传》）

李斯毫不掩饰，言必谈富贵名利，却只字不谈仁义礼教，使荀卿很是失望，便说："人各有志，望好自为之。"

公元前247年，秦庄襄王驾崩，13岁的嬴政被立为秦王，当时吕不韦为秦相，独揽大权。李斯对秦国的历史了如指掌，也想像百里奚、蹇叔和商鞅一样通过秦国的平台实现自己平生抱负、达到荣华富贵，于是辞师入秦。

李斯到了秦国以后，很快就得到秦相吕不韦的器重，被收为舍人。在进言被吕不韦采纳后，由吕不韦推荐，当上了秦宫护卫（郎官），侍卫秦王。这样，在人生路上的大贵人吕不韦的举荐下，李斯终于有了接近秦王的机会。善于窥探人心的李斯发现了秦王政不像其父庄襄王那样平庸，浑身上下透着一种非同寻常的王者之风。秦王的雄健、英武、果决更非一般人所具备。李斯断定，秦王政定能干一番大事业，说不定会成为威震诸侯的雄主。这样想着，李斯对吕不韦的敬仰和崇拜渐渐转移到秦王政身上，他决计尽一切努力向秦王政靠近，让秦王政尽早地发现他，重视他。

守卫殿门时，他始终保持着良好的仪表和姿态。每当秦王政出入，他总要把身子挺得笔直，用敬仰的目光向秦王政行注目礼并目送着秦王政远去，直至在视野中消逝。有一次，一只黄蜂落在他持戟的手上，狠狠地蜇了他一下。此时，正好上秦王政经过，他强忍住疼痛，一动不动地笔直站立，用力将手中的戟握住。秦王政偶然一侧脸时发现了他，见他额头上渗出豆粒大的汗珠，赞许似的微微一笑。李斯受宠若惊，顿觉一股热流涌遍全身，手上的疼痛也抛到九霄云外。待秦王政走远，他才低头看了看已经红肿的手背。他不感到疼痛，心中充满了幸福。他甚至感激那只黄蜂，因为有了它的这一蜇，才招来秦王政那永难忘怀的一瞥。

一次，秦王狩猎，李斯在秦王身后护卫，李斯绞尽脑汁一心想接近秦王。忽然，机会降临。秦王看着一望无际的旷野有感而发："天地悠悠，何其大也！"机灵的李斯马上用《小雅》的诗天衣无缝地接口应和："溥天之下，莫非王土；率土之滨，莫非王臣！"（《诗经·小雅·北山》）

秦王一怔，转身回头，未发一言。

李斯并不气馁，他决心让秦王心中的这个印记进一步深化，让自己的才学得到秦王的赏识。归来后，李斯连夜写了一道奏疏，并于第二天上午亲自交到秦王手上。

这道奏疏是关于吞并六国，统一天下的建议，内中写道：

"小人之过是不知时局之微妙，成大功者则善于捕捉时机。昔日秦穆公虽然称霸诸侯，却无法实现东进并吞六国的宏图，这是为什么呢？因为当时诸侯尚多，周天子的德望还未完全衰落，所以尽管齐桓公、晋文公、秦穆公、宋襄公、楚庄王这五位霸主一个接一个地兴起，相继推尊东周王室。但从秦孝公以后，周朝衰微，诸侯兼并，关东广大地区只剩下六国。秦国商鞅变法，国势强大，逐渐征服诸侯，迄今已有六世。现在诸侯都被秦国征服，好像直接隶属于秦国的郡县一样。以秦国国势的强盛，加上大王的贤明，消灭诸侯就像炊妇扫除灶上的尘垢一样轻而易举。建立帝王的业绩，完成天下统一，这是万世难逢的唯一时机！现在如果疏忽怠惰不抓紧行动，诸侯的实力必然渐次得到恢复，到那时，大王纵然贤如黄帝，也将无能为力"。（"胥人者，去其几也。成大功者，在因瑕衅而遂忍之。昔者秦穆公之霸，终不东并六国者，何也？诸侯尚众，周德未衰，故五伯迭兴，更尊周室。自秦孝公以来，周室卑微，诸侯相兼，关东为六国，秦之乘胜役诸侯，盖六世矣。今诸侯服秦，譬若郡县。夫以秦之强，大王之贤，由灶上骚除，足以灭诸侯，成帝业，为天下一统，此万世之一时也。今怠而不急就，诸侯复强，相聚约从，虽有黄帝之贤，不能并也。"《史记·李斯列传》)

秦王政读罢这道奏疏，十分震惊。又联想到李斯在狩猎时用《诗经》的妙对，越发感到李斯绝非寻常之辈。更重要的是，李斯所谈正是秦王政和大臣们久议不决的问题，其见解也和秦王政相吻合。秦王政顿觉如获知音，如得良才，得知李斯曾师从荀卿，当即下达诏令，让李斯参与基本国策的讨论。

李斯对秦王还提出了"先灭韩，以恐他国"的吞并顺序，得到了秦王的赏识，因而被擢升为长史。李斯劝秦王派人持金玉去各国收买、贿赂、离间六国的君臣，果然也收到了效果，又被封为客卿。

善抓机会的李斯成功了。直到现在，李斯才觉得稍稍挺起了腰身。当然，他决不满足于此，他期待着更高的升迁。

正当秦王下决心统一六国的时候，韩国怕被秦国灭掉，派水工郑国到秦国鼓动修建水渠，目的是想削弱秦国的人力和物力，牵制秦的东进。

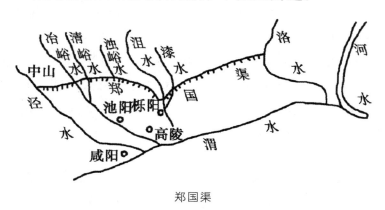

郑国渠

这是一项规模巨大的水利工程。渠首在礼泉东北的谷口，这里是泾河冲出群山入平原的一个峡口，峡口的东面和西面都是山。一道石堰大坝在这里修筑，借以抬高水位，拦截泾河入渠。干渠自西向东，横穿冶峪水、清峪水，尔后汇纳浊峪水，其下利用了一段浊峪水的河道。干渠再东去横穿沮水、漆水，此后往东北注入洛水。

干渠东西长300里，测量施工、布置和运用渠系、选择渠线都十分复杂。干渠在穿过几道天然河流时需要建造"飞渠"，即在所穿过的天然河流上架设渡槽，以接通干渠的上下段，工程量非常巨大。

这条渠是秦王政即位那年（公元前246年）开始修建的。近十年间，数以十万计的百姓紧张劳作在这条长长的施工线上。旷日持久的挖掘使渠道沿线成了一个大工地，被征发的平民离开了田园，离开了家乡，不少农田因疏于管理而歉收。除耗费人力之外，国家还投入了很多物力、财力，给秦国国家财政造成了不小的负担。

就在水渠即将告成的时候，一位叫冉礼的韩国宾客来到咸阳向秦王告密：郑国是韩国派来的奸细！冉礼说，郑国来秦国根本不是为了帮助秦国，而是执行韩王的"疲秦之计"。韩王非常惧怕秦国的强大，但又无可奈何，便决定派水工郑国劝秦国挖掘大型水渠，从而耗费秦国的人力物力，疲惫秦国，使之无力东伐。

韩国"疲秦"的阴谋败露，秦王大怒，要杀郑国。郑国说："我开始是作为间谍来修渠的，然而修成后却是秦国得利。我只不过为韩国稍微延长几年寿命，但为秦国建立的是万世之功。"（**始臣为间，然渠成亦秦之利也。臣为韩延数岁之命，而为秦建万世之功。《汉书》**）

秦王政是位很有远见卓识的政治家，认为郑国说得很有道理，同时，秦国的水工技术还比较落后，在技术上也需要郑国，所以一如既往，仍然加以重用。经过十多年的努力，全渠完工，人称郑国渠。

郑国渠的竣工，大大改变了关中的农业生产面貌。用注填淤之水，溉泽卤之地。就是用含泥沙量较大的泾水进行灌溉，增加土质肥力，使秦国农业迅速发展。雨量稀少、土地贫瘠的关中，变得富庶起来。

这时，东方各国也纷纷派间谍来到秦国做宾客，群臣对外来的客卿议论很大，对秦王说："各国来秦国的人，大抵是为了他们自己国家的利益来秦国做破坏工作的，请大王下令驱逐一切来客。"此时秦王已动逐客之心，但仍犹豫不决。

然而接下来发生的一件事，让秦王决心逐客。

就在秦王政到旧都雍城举行加冠仪式的时候，兵变突然发生，长信侯嫪毐（［lào ǎi］，？—公元前238年）率叛军气焰嚣张地向秦王政所在的蕲年宫攻杀而来。

秦王政沉着冷静地应对了这一意外变故，并取得了最后的胜利。

面对突然袭来的政治风雨，李斯没有任何思想准备。他惊恐万分，手足无措，一颗心提到嗓子眼上。他在为吕不韦担心，因为吕不韦的命运也关连着他的命运。秦王政平定了嫪毐之乱后，便想一并杀掉吕不韦，后因大臣力谏，秦王政又考虑到吕不韦扶立了秦国两代君主，有功于秦，没有杀他，但还是免去了他的相国职位。最后吕不韦服毒自杀。

吕不韦的死，给李斯的心理上造成极大的震动。他第一次领略到政治的险恶。权相昨日何显赫，不期今朝成鬼魂！而这种天翻地覆的事变，仿佛是在一夜之间，这是多么可怕的现实！兔死狐悲，李斯为吕不韦而悲，也为自己而悲，他不知道灾祸会不会降临到他头上。当吕门门客舍人提出要李斯一起安葬吕不韦时，李斯当面答应，随后却逃之夭夭。他知道安葬罪臣是要受罚的，他可不愿以身殉义、自毁前程。果然，参加的人全部受到处罚，李斯心里捏了把汗，庆幸自己的先见之明。

但是，在宗室大臣的奏劝下，秦王下了逐客令，李斯也在被逐之列。

李斯来自楚国，现为秦国客卿，但平心而论，他对楚国并无好感。楚国究竟给了他什么呢？是贫穷，是微贱，是怀才不遇！李斯钟情于秦国，他早已把自己当成秦国人了。他觉得只有在秦国才能大有作为，大展宏图。他已经走过了一段艰难的求仕之路，正值春风得意，怎可忍心离开秦国？

《谏逐客书》

李斯自认为无愧于秦国，他每天都在忠诚地为秦国效力，他想不通，秦王为什么如此糊涂，轻信谗言，盲目地下达逐客之令？他有心面见秦王，但是，他又怯于举步。他知道，秦王刚愎自用，绝少怜悯，如果拿不出足以说服他的理由，是很难使他收回成命的。李斯决心上书秦王，力陈逐客之弊，劝秦王回心转意，收回成命。李斯展开简册，握笔在手，写成史上著名的《谏逐客书》：

臣听说官吏们在商议驱逐客卿这件事，私下里认为这是错误的。从前秦穆公寻求贤士，西边从西戎取得由余，东边从宛地得到百里奚，又从宋国迎来蹇叔，还从晋国招来丕豹、公孙支。这五位贤人，不生在秦国，而秦穆公重用他们，吞并国家二十多个，于是称霸西戎。秦孝公采用商鞅的新法，移风易俗，人民因此殷实，国家因此富强，百姓乐意为国效力，诸侯亲附归服，战胜楚国、魏国的军队，攻取土地上千里，至今政治安定，国力强盛。秦惠王采纳张仪的计策，攻下三川地区，西进兼并巴、蜀两国，北上收得上郡，南下攻取汉中，席卷九夷各部，控制鄢、郢之地，东面占据成皋天险，割取肥田沃土，于是拆散六国的合纵同盟，使他们朝西事奉秦国，功绩延续到今天。昭王得到范雎，废黜穰侯，驱逐华阳君，加强、巩固了王室的权力，堵塞了权贵垄断政治的局面，并蚕食诸侯领土，使秦国成就帝王大业。这四位君主，都依靠了客卿的功劳。由此看来，客卿哪有什么对不住秦国的地方呢！倘若四位君主拒绝远客而不予接纳，疏远贤士而不加任用，这就会使国家没有丰厚的实力，而让秦国没有强大的名声了。

陛下求得昆山的美玉，宫中有隋侯之珠、和氏之璧，衣饰上缀着光如明月的宝珠，身上佩戴着太阿宝剑，乘坐的是名贵的纤离马，树立的是以翠凤羽毛为饰的旗子，陈设的是蒙着灵鼍（［tuó］扬子鳄）之皮的好鼓。这些宝贵之物，没有一种是秦国产的，而陛下却很喜欢它们，这是为什么呢？如果一定要是秦国出产的才许可采用，那么这种夜光璧玉，决不会成为秦廷的装饰；犀角、象牙雕成的器物，也不会成为陛下的玩好之物；郑、卫二地能歌善舞的女子，也不会填满陛下的后宫；北方的名骥良马，决不会充实到陛下的马房；江南的金锡不会为陛下所用，西蜀的丹青也不会作为彩饰。用以装饰后宫、广充侍妾、爽心快意、悦人耳目的所有这些，都要是秦国生长、生产的然后才可用的话，那么点缀有珠宝的簪子，耳上的玉坠，丝织的衣服，锦绣的装饰，就都不会进献到陛下面前；那些闲雅变化而能随俗推移的妖冶美好的佳丽，也不会立于陛下的身旁。那敲击瓦器，拍髀弹筝，呜呜呀呀地歌唱，能快人耳目的，确真是秦国的地道音乐了；那郑、卫的《桑间》，《韶》《虞》《武》《象》等乐曲，可算是外国的音乐了。如今陛下却抛弃了秦国地道的敲击瓦器的音乐，而取用郑、卫悦耳之音，不要秦筝而要《韶》《虞》，这是为什么呢？难道不是因为外国音乐可以快意，可以满足耳目功能的需要么？可陛下对用人却不是这样，不问是否可用，不管是非曲直，凡不是秦国的就要离开，凡是客卿都要驱逐。这样做就说明，陛下所看重的，只在珠玉声色方面；而所轻视的，却是人民士众。这不是能用来驾驭天下、制服诸侯的方法啊！

臣听说田地广就粮食多，国家大就人口众，武器精良将士就骁勇。因此，泰山不拒绝泥土，所以能成就它的高大；江河湖海不舍弃细流，所以能成就它的深邃；有志建立王业的人不嫌弃民众，所以能彰明他的德行。因此，土地不分东西南北，百姓不论异国他邦，那样便会一年四季富裕美好，天地鬼神降赐福运，这就是五帝、三皇无可匹敌的缘故。抛弃百姓使之去帮助敌国，拒绝宾客使之去侍奉诸侯，使天下的贤士退却而不敢西进，裹足止步不入秦国，这就叫作"借武器给敌寇，送粮食给盗贼"啊！

物品中不出产在秦国，而宝贵的却很多；贤士中不出生于秦，愿意效忠的却很多。如今驱逐宾客来资助敌国，减损百姓来充实对手，内部自己造成空虚而外部在诸侯中构筑怨恨，那要谋求国家没有危难，是不可能的啊！

（臣闻吏议逐客，窃以为过矣。昔穆公求士，西取由余于戎，东得百里奚于宛，迎蹇叔于宋，来邳豹、公孙支于晋。此五子者，不产于秦，而穆公用之，并国二十，遂霸西戎。孝公用商鞅之法，移风易俗，民以殷盛，国以富强，百姓乐用，诸侯亲服，获楚、魏之师，举地千里，至今治强。惠王用张仪之计，拔三川之地，西并巴蜀，北收上郡，南取汉中，包九夷，制鄢郢，东据成皋之险，割膏腴之壤，遂散六国之从，使之西面事秦，功施到今。昭王得范雎，废穰侯，逐华阳，强公室，杜私门，蚕食诸侯，使秦成帝业。此四君者，皆以客之功。由此观之，客何负于秦哉！向使四君却客而不内，疏士而不用，是使国无富利之实，而秦无强大之名也。

今陛下致昆山之玉，有随、和之宝，垂明月之珠，服太阿之剑，乘纤离之马，建翠凤之旗，树灵鼍之鼓。此数宝者，秦不生一焉，而陛下说之，何也？必秦国之所生然后可，则是夜光之璧不饰朝廷，犀象之器不为玩好，郑、卫之女不充后宫，而骏良駃騠不实外厩，江南金锡不为用，西蜀丹青不为采。所以饰后宫、充下陈、娱心意、说耳目者，必出于秦然后可，则是宛珠之簪，傅玑之珥，阿缟之衣，锦绣之饰不进于前，而随俗雅化佳冶窈窕赵女不立于侧也。夫击瓮叩缶弹筝搏髀，而歌呼呜呜快耳者，真秦之声也；郑、卫《桑间》《韶》《虞》《武》《象》者，异国之乐也。今弃击瓮叩缶而就郑、卫，退弹筝而取《韶》、《虞》，若是者何也？

快意当前，适观而已矣。今取人则不然。不问可否，不论曲直，非秦者去，为客者逐。然则是所重者在乎色乐珠玉，而所轻者在乎人民也。此非所以跨海内制诸侯之术也。

臣闻地广者粟多，国大者人众，兵强则士勇。是以太山不让土壤，故能成其大；河海不择细流，故能就其深；王者不却众庶，故能明其德。是以地无四方，民无异国，四时充美，鬼神降福，此五帝三王之所以无敌也。今乃弃黔首以资敌国，却宾客以业诸侯，使天下之士退而不敢西向，裹足不入秦，此所谓"借寇兵而赍盗粮"者也。

夫物不产于秦，可宝者多；士不产于秦，而愿忠者众。今逐客以资敌国，损民以益仇，内自虚而外树怨于诸侯，求国无危，不可得也。《史记·李斯列传》）

李斯的《谏逐客书》不仅是一篇好文章，更是一个好策略。其社会、历史价值远远不止于改变"逐客"，更重要的是为秦王朝的统一天下奠定了策略基础。《谏逐客书》识高文亦高，它不仅思想可贵，而且辞采富赡，文思横溢，写作技巧十分出色，其主要特点是：第一，摆事实，设比喻，重铺叙，论辩有力，说理透辟。"事实胜于雄辩"，确凿的事实最具有说服力。第二，在结构上，既曲折多变，又严谨有序。第三，多用排比句和对偶句，形成文章雄浑奔放的气势。文章气势充沛主要是由严密的逻辑、有力的论辩形成的，但是善用排偶句，并和散体句错杂出之，在语言形式上就富有整齐错落之美，在音节上又显得抑扬顿挫、铿锵响亮，给人一种音乐的美感，这些都增强了此文滔滔不绝、雄放不羁的气势。最精彩的是中间一段，语辞泛滥，意杂诙嘲，语奇字重，兔起鹘落，可谓骈体之祖。李斯虽为羁旅之臣，然其抗言陈词，有一种不可抑制的气势，成为后世奏疏的楷模。

秦王明辨是非，果断地采纳了李斯的建议，立即取消了逐客令，李斯仍然受到重用，被封为廷尉。

韩非之死

韩非出生于战国末期韩国的都城新郑的一个贵族之家，彼时韩国国难深重。韩非始读"家有之"的商、管之书和孙、吴之书，也读各类杂书。韩桓惠王十年（公元前262年），秦将白起率兵攻韩，一下攻取五十城。韩国上党郡守降赵，韩国上层开始分崩离析。在此前后，青年韩非开始上书，这个历程约为五年。韩桓惠王十五年（公元前257年），韩非痛恨治理国家不能寻访任用贤明的人才，反而提拔浮夸之人在有实际功绩的人之上，于是开始埋头著述。

韩非著有《孤愤》《五蠹》《内储说》《外储说》《说林》《说难》等文章，后人收集整理编纂成《韩非子》一书。韩非的文章说理精密，文风犀利，议论透辟，构思精巧，描写大胆，语言幽默，于平实中见奇妙，具有耐人寻味、警策世人的艺术效果。韩非文章出众，且爱编撰寓言，为其所用，连李斯也自叹不如。韩非的文章传到秦国，李斯还是向秦王推荐了。

在《五蠹》中，韩非认为，学者（儒家）、言谈者（纵横家）、带剑者（游侠刺客）、患御者（逃避兵役的人）、商工之民（商人、手工业者）是危害国家的五种蛀虫。

韩非首先从历史的进化和现状出发，论证了法治的必然性和合理性。他指出，治国方法应随时代而发生相应的变革，"世异则事异，事异则备变"，否则便是"守株待兔"。要治"急世之民"，不能采用过去的"宽缓之政"，所以，他反对仁治、礼治，主张施行法治、势治。他认为，"赏莫如厚而信，使民利之；罚莫如重而必，使人畏之；法莫如一而固，使民知之"。在实行法治中，韩非特别强调一切依法办事的原则，主张用权势、财富和权术来辅助法的实施。

为了保证其法治主张的实现，韩非针对当时的社会现实，提出了清除五蠹之民的主张，指责君主尊重儒侠贤智、听任纵横家的错误。他认为，"儒以文乱法，侠以武犯禁"；"言谈者，为设诈称，借于外力，以成其私，遗社稷之利"；"患御者""事私门"而"远战"；"商工之民""蓄积待时而侔农夫之利"，都是破坏法治，妨碍耕战、对君王有害的人，必须坚决地加以铲除。

秦王嬴政读完《五蠹》后，非常赞赏韩非的才华和见识，他说："唉，如能见到韩非并和他结交，就是死了也不遗憾啊！"（"嗟乎，寡人得见此人与之游，死不恨矣！"《史记·老子韩非列传》）

对有才之士，秦王是很爱惜的。有个例子，梁人尉缭为秦国献上攻灭六国的谋略，嬴政于是以亢礼（对等的礼节）相待，穿衣吃饭都和尉缭一样，如此程度的礼贤下士有些过犹不及。尉缭懂得相面占卜，在被秦王赏识之初曾经认定秦王的面相刚烈，有求于人时可以虚心诚恳，一旦被冒犯时却会变得极为残暴，对敌人也毫不手软。（"秦王为人，蜂准、长目、挚鸟膺、豺声，少恩而虎狼心，居约易出人下，得志亦轻食人。我布衣，然见我常身自下我。诚使秦王得志于天下，天下皆为虏矣。不可与久游。"《史记·秦始皇本纪》）尉缭因为不安与恐惧，想要逃出秦国，不过没有成功。秦王嬴政阻止尉缭的出逃后，不仅没有对他治罪，反而让他担任国尉的高官。

战国时期，韩国是弱小的国家，西面就是强大的秦国。当秦国国力蒸蒸日上，虎视眈眈，欲有事于东方时，首当其冲的韩国，却孱弱到不堪一击的地步，随时都有可能被秦并吞。韩国十分惧怕秦国的军事实力，身为韩国公子的韩非十分忧心，他多次向韩王提出自己的观点和建议，但都未被韩王所采纳。

这个时候，秦国统一的大势就在眼前，韩王为避灾祸，出于向秦国示好的目的，准备派使臣出使秦国，割韩国南阳之地给秦国，并欲献上韩王的玉玺，以示诚意。公元前234年，韩非作为韩国的使臣来到秦国。

韩非是在一个阴晦的日子到达秦国的，他的心情也如这天气一样沉重。他心里清楚，秦国这次攻韩，势在灭韩，无力的说劝是毫无意义的。特别是当他看到秦国上下一片兴旺景象，朝野内外洋溢着生机和活力之后，对韩国、对韩王安更是失去了信心，他不禁问自己：为这样的无能的君主效命能有什么意义？

韩非初见秦王时，并未进行徒劳的说劝，只是说，他受韩王之命而来，韩国愿意献上南阳之地，以表示对秦国的臣服。秦国若能大度容人，允许韩国保存社稷，韩国之地可随时割让，韩国之民愿受驱遣，韩国之君则每年向秦王朝贡一次，三年大贡一次。

秦王政在殿上用善意的目光端详着韩非，细心地观察着他的一举一动。他思忖：这位貌不惊人、说话口吃的文士难道就是自己想见久已的韩非吗？《五蠹》等美文佳作难道就出自他之手吗？秦王政没有对韩非的请求做出任何表态，他只是命人好好接待韩非。

在来秦国之前，韩非并未见过秦王政。今见秦王，气宇轩昂，神采奕奕，谈吐不凡，且有礼贤下士的明君之风，深为折服，顿感相见恨晚。他不再为自己的国家忧心忡忡，决计不再回韩，而是留在秦国效力，在这块新的天地里一展才华。

当晚，韩非上书秦王："现今秦国的疆域方圆数千里，军队号称'百万'，号令森严，赏罚公平，天下没有一个国家能比得上。而我鲁莽地冒死渴求见您一面，是想说一说破坏各国合纵联盟的计略。您若真能听从我的主张，那么，您如果不能一举拆散天下的合纵联盟，占领赵国，灭亡韩国，使楚国、魏国臣服，齐国、燕国归顺，不能令秦国确立霸主的威名，使四周邻国的国君前来朝拜，就请您把我杀了在全国示众，以此告诫那些为君主出谋划策不忠诚的人。"（今秦地方数千里，师名百万，号令赏罚，天下不如。臣昧死愿见大王，言所以破天下从计，大王诚听臣说，一举而天下之从不破，赵不举，韩不亡，荆、魏不臣，齐、燕不亲，霸王之名不成，四邻诸侯不朝，大王斩臣以徇国，以戒为王谋不忠者也。《资治通鉴·卷六》）

秦王政读后，心中颇为喜悦，再度召见韩非问政。

秦王政问："先生上书言及，若听你计，一举可灭六国，请述其详！"

韩非伸出了三个手指，道："臣之计只三个字：法、术、势。此三字乃人君南面之术，帝王不可不具也。"

"何为'法'？"

韩非道："法即国家法令。法者，臣之所师也。臣无法则乱天下，吏不必贤，能守法而已。当年，申不害在韩国推行改革之所以没有成功，关键在于法令不严。设使申不害以法治国，韩国决不至于贫弱至此。"

秦王政道："请再言'术！'"

韩非道："术者乃君主御臣之权谋，君主无术则不能驾御臣下。商君变法即只知法而不知术，结果，国家虽富，君主却不能御下，以致数十年不能成帝王之业。前事之师，不可忘也！"

秦王政赞道："讲得好！请快言'势'！"

韩非道："势即君主之权威。威势可以禁暴，德厚不足以止乱，唯有权势方能使法令推行。君主之于权势，譬若飞龙乘云，腾蛇游雾，云罢雾霁，则失其所乘也。"

"法、术、势，何重？何轻？"

韩非道："三者不可偏废，缺一不可。抱法处势则治，背法去势则乱。"

秦王政深以为然。他想到，在此之前，自己独重"法"，却看不到"术"与"势"的重要，实在是一大失策。从今以后，"法""术""势"当兼而用之也。

秦王听后，更加欣赏韩非，但一时还没有任用他。

不过，此时的韩非自己却卷入秦国的政事中。姚贾出使燕、赵、魏、楚四国有功，欲拜上卿，封千户。韩非却急切在秦国发声，上书秦王，称姚贾结交诸侯、以谋私利，请秦王收回成命，以免后患。

姚贾知道后苦涩暗道："难道我姚贾三年奔波要断送在韩非之手吗？"

姚贾被宣召进宫，秦王政见到姚贾，开口便问："听说你以寡人之财，结交诸侯，可有此事？"

姚贾努力镇定着自己的情绪，平静地答道："确有此事。"

秦王面有愠色："你有何面目复见寡人？"

姚贾道："臣只知为国谋利，从未敢损国而肥私。臣以珍珠宝物结交诸侯，意在买通敌国重臣，寻找内应，成就统一大业，难道大王夙夜操劳不正是为此吗？臣若谋私，出使时所带资车百乘，黄金千斤，足可富贵终生，安会赠予外人？"

秦王觉得有道理，沉思有顷。问："听说你是监门卒之子，魏之大盗，赵之逐臣，此事当真？"

姚贾坦率地说："当真。臣出身微贱，确有过一些不光彩的经历。但大王难道就不信任臣吗？姜太公吕尚在齐国时曾被老妇赶出，在朝歌卖过臭肉，又曾被子良赶走，钓鱼鱼不得食饵，卖庸作又不能自售；管仲也出身贫贱，曾在鲁国被囚；百里奚曾以五张羊皮被卖；咎犯①则曾在中山为盗。但这四人都被明主所用，且皆立有大功。明主不究其过，不计其非，而是用其所长，放手让他们效劳立功。大王既有并吞天下之心，效法明君之志，怎可以出身尊卑定高下，以一时一事论是非呢？臣虽微贱，但愿竭诚报王，大王岂可拒而弃之？"

听了姚贾这番话，秦王很受感动，于是说道："卿襟怀坦荡，直言不讳，忠心为国，大可嘉奖。误信人言，忠奸不辨，寡人之过也！"

韩非来到秦国并受秦王看重，李斯也很是嫉妒，怕有朝一日自己被取代。于是和姚贾一起轮番向秦王进献谗言，慢慢地秦王对韩非的看法发生了变化。

一次，李斯似在对秦王面前不经意提到韩非，说："韩非是韩国的一个公子，如今您想吞并各国，韩非最终还是要为韩国利益着想，而不会为秦国尽心效力的，这

---

① 狐偃（约公元前715—公元前629年）之别称，姬姓，狐氏，字子犯，大戎（今山西省交城县）人。晋国重臣，狐突之子。

也是人之常情。现在您不用他，而让他在秦国长期逗留后再放他回去，这不是自留后患啊。还不如依法将他除掉。"秦王政认为李斯说得有理，便把韩非下狱，交司法官吏调查。李斯又派人送毒药给韩非，让他趁早自杀。不久，秦王政有些后悔，就派人去赦免韩非，可是韩非已经死了。（王悦之，未任用。李斯嫉之，曰："韩非，韩之诸公子也。今欲并诸侯，非终为韩不为秦，此人情也。今王不用，久留而归之，此自遣患也；不如以法诛之。"王以为然，下吏治非，李斯使人遗非药，令早自杀。韩非欲自陈，不得见。王后悔，使人赦之，非已死矣。《史记·老子韩非列传》）正应了古话：伴君如伴虎。

韩非在曾试图亲自向秦王嬴政陈述冤情，写下《孤愤》和《说难》（韩非囚秦，《说难》《孤愤》司马迁《报任安书》）。孤愤，指自己在于权臣争斗中的孤立之势和悲愤的心情，指出诸侯国内存在的维护君主专权的"智法之士"和结党营私盗窃国柄的"当涂之人"的尖锐对立，分析了"当涂之人"如何利用各种有利条件与"智法之士"争取控制君主，而君主由于受"当涂之人"的欺骗和蒙蔽，以至于失势亡国的严重局面。这也是"智法之士"无法得到君主了解和信任，往往遭受杀戮和迫害，并产生强烈孤立无援和悲愤之感的原因。说〔shuì〕难，即游说、说服君主之难。在文中，韩非分析了进说君主过程中会遭到的种种困难和危险，认为进说根本的困难在于难以弄清君主的真实心理，从而以适当的话去适应它；如果不根据君主的心理与要求进言，则会存在种种危险。接着还正面阐述了进说的具体原则和方法，关键的一点是要说者"知饰所说之所矜而灭其所耻"。文章还列举历史故事和民间传说，强调取得进说成功，一定要迎合君主的心理，获得君主的信任，甚至不惜卑躬屈节，使用种种诡诈的手段。最后，把封建君主比为喉下有逆鳞数尺的龙，进说的人存在着随时可能婴（触动）龙鳞、遭杀戮的危险。

但此时的韩非，既无法呈进，更无法见到秦王，只能听任李斯摆布。

韩非死于李斯的妒忌？是，好像又不是。"法家残害至亲，伤恩薄厚"（《汉书·艺文志》）。韩非认为，人的一切行为动力都是一个字——利。在利益的基础上，韩非进一步指出，个体是没有价值的，只有实施严刑峻法，社会才会发展。韩非是荀子的私学弟子，但他认为，大凡危害君主统治、反对现实社会的，常常就是那些身怀异心、大搞私学的人（凡乱上反世者，常士有二心私学者也。《韩非子·诡使》），应当禁其行、破其群、散其党。另外，韩非为韩出使，却不为韩尽力，反而留秦不归。出使秦国即使不死，也早已断绝了活路。韩非，先秦最后一位诸子百家的代表人物，就以这样的方式结束了一生。

秦王朝

荆轲刺秦事件发生后，秦王大发雷霆，增派军队前往赵国，命令王翦的军队去攻打燕国，十月攻克了蓟城（今北京市）。

秦王政二十四年（公元前 223 年），王翦率 60 万大军灭楚国。临行前王翦自知为秦王猜忌，假意向秦王请赏咸阳附近的田宅，以视并无异心。王翦攻破楚国都城寿春（今安徽省寿县），虏楚王负刍，项燕自刎。

秦王政二十六年（公元前221年）秦国灭掉了齐国。

秦王政共用了10年的时间，先后消灭韩（公元前230年）、赵（公元前228年）、魏（公元前225年）、楚（公元前223年）、燕（公元前222年）、齐（公元前221年）六国，结束了自春秋战国500多年来诸侯分裂割据的局面，建立秦朝，定都咸阳，一个大统一的帝国屹立在了东方神州大地。

秦国统一，看似嬴政仅用10年时间，但难度非常大。因为从春秋时期开始，周朝就陷入了分裂之中，而春秋开始于公元前770年，秦国统一天下于公元前221年，前后有500多年的时间。而且，由于周朝采用的是分封制，从公元前1046年周朝统一天下开始，很多诸侯国就开始有了自己的"国家"意识，所以他们对于统一的天下，完全没有概念和认同感。

秦国在各诸侯国中变法图强，后来居上；各代秦王虽英明神武，但其他六国国君也不全是昏君。战国七雄一直在激烈的竞争当中，所以他们每一代国君都有强烈的忧患意识，每一代国君都会励精图治，每一代国君都会努力地任用当时天下最为贤能的人才来辅佐。西汉的贾谊[①]在《过秦论》这样说道："在这个时候，齐国有孟尝君，赵国有平原君，楚国有春申君，魏国有信陵君。这四位封君，都见识英明有智谋，心地诚而讲信义，待人宽宏厚道而爱惜人民，尊重贤才而重用士人，以合纵之约击破秦的连横之策，联合韩、魏、燕、楚、齐、赵、宋、卫、中山的军队。在这时，六国的士人，有宁越、徐尚、苏秦、杜赫等人为他们出谋划策，齐明、周最、陈轸、召〔shào〕滑、楼缓、翟景、苏厉、乐〔yuè〕毅等人沟通他们的意见，吴起、孙膑、带佗、倪良、王廖、田忌、廉颇、赵奢等人统率他们的军队。

但六国诸侯国君，只有争霸称雄之心，皆无统一中国之志。唯嬴政发展六世遗留下来的功业，以武力来统治各国，将东西二周和各诸侯国统统消灭，登上皇帝的宝座来统治天下，威风震慑四海。秦始皇向南攻取百越的土地，把它划为桂林郡和象郡。秦始皇于是又命令蒙恬在北方修筑长城，守卫边境，使匈奴退却七百多里。"

（当此之时，齐有孟尝，赵有平原，楚有春申，魏有信陵。此四君者，皆明智而忠信，宽厚而爱人，尊贤而重士，约从离衡，兼韩、魏、燕、楚、齐、赵、宋、卫、中山之众。于是六国之士，有宁越、徐尚、苏秦、杜赫之属为之谋，齐明、周最、陈轸、召滑、楼缓、翟景、苏厉、乐毅之徒通其意，吴起、孙膑、带佗、倪良、王廖、田忌、

---

① 贾谊（公元前200—公元前168年），洛阳人，西汉初年著名政论家、文学家，世称贾生。贾谊少有才名，18岁时，以善文为郡人所称。文帝时任博士，迁太中大夫，受大臣周勃、灌婴排挤，谪为长沙王太傅。3年后被召回长安，为梁怀王太傅。梁怀王坠马而死，贾谊深自歉疚，抑郁而亡，时仅33岁。司马迁对屈原、贾谊都寄予同情，为二人写了一篇合传，后世因而往往把屈原与贾谊并称为"屈贾"。

廉颇、赵奢之伦制其兵……

及至始皇，奋六世之余烈，振长策而御宇内，吞二周而亡诸侯，履至尊而制六合，执敲扑而鞭笞天下，威震四海。南取百越之地，以为桂林、象郡……。乃使蒙恬北筑长城而守藩篱，却匈奴七百余里。《过秦论》)

嬴政统一中国，打破了自西周以来的分封意识，打破了千百年来的诸侯国（方国、邦国）意识。可以说自秦朝以后，历史上的中国不管怎样被分裂割据，但走向统一一直都是主流意识。

秦统一六国之后，秦王嬴政"乃采上古君号，惟三皇五帝，功德在三王之上，惟秦德兼三皇，功迈五帝，遂兼二号称'皇帝'"，是中国历史上第一个使用"皇帝"称号的君主，所以自称"始皇帝"。

秦朝建立以后，李斯被拜丞相。他继续辅佐秦始皇，在巩固秦朝政权、维护国家统一、促进经济和文化的发展等方面做出了卓越的贡献。他建议秦始皇废除分封制，实行郡县制。又提出了统一文字的建议，之后又在统一法律、货币、度量衡和车轨等方面付出了巨大努力。

政治上废分封。设郡县，全国分为三川、河东、南阳、南郡、九江、鄣郡、会稽、颍川、砀郡、泗水、薛郡、东郡、琅琊、齐郡、上谷、渔阳、右北平、辽西、辽东、代郡、巨鹿、邯郸、上党、太原、云中、九原、雁门、上郡、陇西、北地、汉中、巴郡、蜀郡、黔中、长沙凡三十五，与内史为三十六郡，中央集权制度得以建立。这一制度在秦以后的帝制社会里一直沿用了 2000 多年。

文化上统一文字。秦始皇接受丞相李斯"书同文字"的建议，命令禁用各诸侯国留下的文字，一律以秦篆为统一书体。统一后的中国急需一种统一的官方文字。李斯便奉秦始皇之命制作这种标准字样，这便是小篆。小篆虽然在艺术上的个性不强，但在文字学领域具有极大的意义，主要表现在文字的规范发展上，作为实用性文字，它的简洁和规律化更有利于传播。不久，李斯又采用秦代一位叫程邈的小官吏创造的一种书体，打破了篆书屈曲回环的形体结构，形成新的书体——隶书。从此，隶书便作为书体，始于秦，盛于汉，直到魏晋楷书流行才渐被取

小篆

而代之。但作为书法艺术，篆书、隶书因其独具一格，深受后人喜爱。中国书法四大书体真、草、隶、篆中，隶、篆占其半壁江山，是李斯的功劳。

经济上统一度量衡。秦朝建立后，为了不使其影响王朝的经济交流和发展，李斯上奏皇帝，建议废除六国旧制，把度量衡从混乱不清的状况下明确统一起来，得到了秦始皇的允许。度制以寸、尺、丈、引为单位，采用十进制计数；量制则以合、升、斗、桶为单位，也采用十进制计算；衡制则以铢、两、斤、钧、石为单位，二十四铢为一两，十六两为一斤，三十斤为一钧，四钧为一石固定下来。为了有效地统一制式、划一器具，李斯又从制度上和法律上采取措施，以保证度量衡的精确实施。

此外，嬴政还下令统一货币，废除原来秦以外通行的六国货币，在中国范围内使用一种货币。

在李斯的主持下，货币规定了以黄金为上币，以镒为单位，每镒重二十四两，以铜半两钱为下币，一万铜钱折合一镒黄金。并严令珠玉、龟、贝、银、锡之类只能作为装饰品和宝藏，不得当作货币流通。同时，规定货币的铸造权归国家所有，私人不得铸币，违者定罪等。

沙丘之变

秦始皇三十七年（公元前 210 年），年逾半百的始皇帝在第五次出巡的途中病倒了。虽然他一生都在寻求着所谓的长生不老的秘方且"讨厌别人谈到死"，但仍然无法抗拒生命的自然规律。随着病势一天天加重，始皇帝深知自己的大限已到，当务之急是赶快确定立储之事。长子扶苏虽屡屡与自己政见不合，但为人"刚毅而武勇，信人而奋士"，再加上大将蒙恬的辅佐，无疑会是一位贤能的君王。况且，依照嫡长子继承制也应该传位于他。当下秦始皇不再犹豫，召来兼管着皇帝符玺和发布命令诸事的赵高，让他代拟一道诏书给长子扶苏。时扶苏正监军在上郡（今陕西省榆林市东南），秦始皇命他将军事托付给蒙恬，赶回咸阳主事。这实际上已确认了他继承者的身份。诏书封好后，秦始皇吩咐赵高火速派使者发出，赵高假意允诺。由于太子扶苏与赵高向来不合，赵高担心太子扶苏继承帝位后，对自己的个人地位不利，而幼子胡亥昏庸无知，若胡亥继任帝位后，容易控制，因此暗中扣压了遗诏。时年七月，秦始皇嬴政暴毙于他第五次东巡途中的沙丘（今河北省邢台市广宗县）。

赵高的父亲是赵国贵族，在秦始皇攻下邯郸时，赵高的母亲被罚为奴婢，在隐官（手工作坊）服劳役。赵高、赵成兄弟几个，就跟着母亲在隐官生活。赵高替人养马驾车，没事爱舞弄棍棒，身手敏捷。后来赵母又犯罪诛死，赵高也受宫刑，好在他早年在赵国便跟父亲读书，受宫刑后因书法出众入宫当宦官。

赵高敏而好学，在宫中刻苦学习律法，也没忘练字，他著有《爱历篇》六章，书法精湛。在秦朝万千宦官中，赵高可能是书法最好、又懂律法的一位，他因此而慢慢进入秦始皇视线。经过几次提拔，赵高被授为中车府令（官职七品），掌管皇帝车马。赵高这个中车府令，在所有车府令中排位第一，虽然官不算大，却经常在秦始皇身边侍奉。

秦始皇很欣赏赵高，令其教幼子胡亥练字、刑法。如果胡亥是太子，赵高相当于担当太子太傅的角色。如果胡亥即位，赵高就是帝师，对应的官职是太傅。赵高曾犯下大罪，郎中令（九卿之一，官职二品）蒙毅本要杀之，秦始皇爱惜赵高，特命赦其死罪，进而又官复原职。

丞相李斯鉴于皇上死于宫外而太子又未确立，害怕天下人知道真相后大乱起来，也担心秦始皇的诸多儿子纷纷起来争夺皇位，于是封锁了消息，将棺材置于辒辌车（[wēn liáng chē]）（古代可以卧的车，有窗户，闭之则温，开之则凉，后也用作丧车）内，队伍所经之处，进献食物、百官奏事一切如故。因此当时除了随行的胡亥、赵高和五六名宠幸之臣知晓始皇已逝外，其余的人均被蒙在鼓里。

一天傍晚，车队停下住宿。赵高觉得时机已到，便带着扣压的遗诏来见胡亥，劝他取而代之："而今大权全掌握在你我和丞相手中，希望公子早作打算。"胡亥早就梦想能够登上皇帝的宝座，只是碍于父皇的威严而不敢轻举妄动。听赵高一番贴心之语，但仍还有些犹豫，叹息道："父皇病逝的消息还没有诏示天下，怎么好就去麻烦丞相呢？"赵高胸有成竹地说："公子不必再瞻前顾后，机不可失，时不再来。这事没有丞相的支持不行，臣愿替公子去与丞相谋划。"胡亥立即答应了。

赵高看出，只有争取到李斯，篡位之事才有可能成功。为此，他颇费了一番心计。赵高知道李斯本出身布衣，正是因为不堪卑贱穷困才效命于秦国。而今虽然位居三公，享尽荣华富贵，但依然时时为自己的未来担忧，唯恐有一天眼前的一切会化为泡影。于是，他决定从李斯这个性格弱点发动进攻。

赵高径直找到李斯，有恃无恐地对他坦言："皇上驾崩一事，外人无从知道，给大公子扶苏的诏书及符玺也在我那里，定谁为太子，全在丞相与我一句话，丞相看着办吧！"

李斯大惊，听出了他想篡诏改立的意图，当下断然拒绝，义正词严地说："如此大逆不道的话，你怎么说得出口！李斯本来出身低微，幸得皇上提拔，才有今日的显贵。皇上现今将天下存亡安危托付给你我，怎么能够辜负他呢！"

赵高见正面游说无效，便一转话锋，问道："丞相，依你之见，在才能、功绩、谋略、取信天下以及扶苏的信任程度这几方面，你与蒙恬将军谁强呢？"李斯沉默半晌，黯然地说："不及也。"赵高进一步试探道："丞相是个聪明人，其中的利害关系恐怕比高看得更清楚。大公子一旦即位，丞相之职必定落入蒙恬之手，到时候，你还能得善终吗？胡亥公子慈仁敦厚，实乃立嗣的最佳人选，希望丞相仔细度量度量。"

李斯此刻已心乱如麻，经过激烈的思想斗争，他终于向赵高妥协。赵高知计已成，欣喜若狂，马上与李斯合谋，假托始皇帝之命，立胡亥为太子；又另外炮制一份诏书送往上郡，以"不忠不孝"的罪名赐扶苏与蒙恬自裁。

五年前，即秦始皇三十二年（公元前215年），秦始皇"巡北边"，到帝国的北方边境巡视。当时燕地有一很有名的方士卢生，受秦始皇之命，入海求仙回来，向秦始皇献出一册神秘的图书，图书上有句话："亡秦者胡也！"秦始皇看到这则谶言，心中大恐。他当时的理解是：大秦帝国，会亡于北方之胡人。秦始皇一统中国后，特别迷信神仙之说。他认为，六国已灭，在中国境内，大秦王朝没有对手，可生活在中国北方的胡人，是秦国潜在的、最大的威胁！所以秦始皇下令："蒙恬统兵三十万，北击于胡，略河南地！"同时令手下大将，攻取了北方胡人的老根据地灵州、夏州、胜州。为了一劳永逸地强化北方的防御，秦始皇下令蒙恬在边境上，修筑了象征中国的万里长城，由公子扶苏任监军。

此时公子扶苏接到诏书后，如晴天霹雳，他失声大哭，转身回到帐中就要拔剑自杀。但蒙恬对这份意外的诏书产生了怀疑，劝阻道："陛下而今出巡在外，又没有立定太子，诸公子必定都虎视眈眈，暗含窥伺之心。他委任你我监军守边，足见信任之深。今天忽然派使者送来赐死命令，怎知不是有诈？不如提出恳请，弄清楚再死不迟。"那使者早就受了赵高、胡亥等人的指使，只在一旁不断地催促。而李斯又以秦始皇的名义任命派左丞相府舍人董翳^①为护军都尉（军职四品），替代扶苏为监军。

董翳也是刚正不阿，他拜在左丞相李斯门下，在朝中小有名气。作为李斯的心腹，董翳态度坚决，不容扶苏拖延时间。扶苏虽然已看出赵高的诏书有假，但仍然认为其父秦始皇责备他，对蒙恬说道："陛下当年令我监军，已是无立我为太子之心也。今胡亥既定为太子，年最幼，陛下必恐诸公子不服，尤其是我。你我领三十万大军，守边御贼，其势足以谋反，虽陛下神威天降，却也不得不防。陛下赐我以死，正为此也。我一日不死，陛下一日不得心安。"扶苏将印玺交与护军都尉董翳，见王离、苏角、涉间等将领冷目相对，便捧着赐剑，一路涕泣，走入内室自杀。

胡亥听说扶苏已死，就有释放蒙恬的念头。此时正好遇上蒙毅替秦始皇祭祀名山大川归来，但赵高本与他积怨已久，同时也担心日后蒙氏重新掌握大权，于是对胡亥进谗言："先帝本来早就想选贤立太子，就是因为蒙毅屡次阻止才没有实行。这种不忠惑主的人，不如杀之，永绝后患。"胡亥信以为真，就派人把蒙毅拘留在代地（今河北省蔚县东北）。

赵高见障碍已除，建议胡亥赶快回去继承皇位。由于气候炎热，秦始皇的尸体已开始腐烂，一阵阵恶臭从车中传出。为掩人耳目，赵高便命人买来大批鲍鱼将臭味盖住。一行人浩浩荡荡回到了咸阳，这才发丧，公告天下，不久举行了空前隆重的葬礼。胡亥称帝，是为秦二世。赵高官封郎中令，成为胡亥最亲信的决

---

① 这个董翳是春秋晋国太史董狐的后人。晋灵公夷皋聚敛民财，残害臣民，举国上下为之不安。作为正卿的执政大臣赵盾，多次苦心劝谏，灵公非但不改，反而肆意残害。他先派人刺杀赵盾，未遂，又于宴会上伏甲兵袭杀，未果。赵盾被逼无奈，只好出逃。当逃到晋国边境时，赵盾听说灵公已被其族弟赵穿带兵杀死，于是返回晋都，继续执政。董狐在竹简上写道"秋九月乙丑，晋赵盾弑其君夷皋"，以示笔伐。赵盾辩解，说晋灵公是赵穿所杀，不是他的罪。董狐申明理由说："子为正卿，亡不越境，反不讨贼，非子而谁？"意思是他作为执政大臣，在逃亡未过国境时，原有的君臣之义就没有断绝，回到朝中，就应当组织人马讨伐乱臣，不讨伐就未尽到职责，因此"弑君"之名应由他承当，这是按写史之"书法"决定的。赵盾见董狐正气凛然，语气软了下来，问道："太史，竹简还能改吗？"董狐冷哼一声道："吾头可断，此简不可改也！"

策者。

沙丘之变是秦帝国和李斯命运的转折点，一子落错，满盘皆输。

胡亥登上皇位不久，就开始追求起穷奢极欲的生活来，而李斯也投其所好，呈上《行督责书》，劝二世不受约束，纵情姿乐。为了显示皇帝的威仪，即位第一年（公元前209年）的春天，二世就仿效始皇的排场沿着东线出巡，一直到达海边。又南下会稽，最后由辽东返回。此外，他还大修阿房宫，征召5万名精壮之士屯卫咸阳，并收集天下奇花异草、珍禽奇兽供自己玩乐，以至于"咸阳三百里内不得食其谷"。

胡亥把朝野大事交给赵高代理，于是不再上朝，一味地寻欢作乐，决断之权大部落到了赵高的手中。随着权力的扩大，赵高的野心也不断地膨胀，将眼光转向了一人之下、万人之上的丞相之位。因此，除掉李斯在他的心目中显得日益迫切了。

当时的秦朝已是危机四伏，自秦始皇以来的暴政到了胡亥之世变本加厉。"税民深者为明吏"，"杀人众者为忠臣"。沉重的徭役赋税和残酷的苛政刑法，使人民苦不堪言；六国的旧贵族们也日夜谋划着复辟江山。各种复杂的矛盾交织在一起，终于，曾发出天问"王侯将相宁有种乎"、怀"鸿鹄之志"的陈胜揭竿而起；原六国旧贵族势力也日趋活跃，他们纷纷招兵买马，企图利用农民力量达到复辟目的；秦朝的小官吏如刘邦等人，由于不满秦的统治，也加入了起义的队伍。虽然他们心怀各异，但由于眼前利益一致，从而很快就形成了一股强大的力量，所向披靡，极大地震撼着秦王朝的根基。

李斯面对危局，屡次想进见二世，二世只是不许。赵高见此情形，假意问李斯："现在关东反叛的盗贼如此嚣张，但皇上仍然声色犬马，毫不关心。我本想劝阻一番，无奈位卑言微。丞相乃先帝重臣，说话有分量，为何不进谏呢？"李斯苦笑摇头："我何尝没有想过。只是现在陛下常居深宫，很难见到，我找不到机会啊！"赵高见李斯已上钩，表面却不动声色："只要丞相肯进言，卑职一定留心，瞅到皇上有空闲，立即来禀报。"李斯自是感激不尽。

赵高深知胡亥已沉湎于酒色而不能自拔，当然就十分反感别人在他玩兴正浓的时候来打扰。于是，每当看到胡亥歌舞狂欢，与众姬妾厮混时，赵高就派人通知李斯："皇上正闲着，可以奏事。"李斯赶忙去求见，一连几次，都是如此。二世非常恼怒，破口大骂："李斯这老贼，竟敢拿朕寻开心！我闲着的时候他不奏事，偏我宴饮正酣之时再三扫我兴致。难道是看朕年轻，瞧不起朕吗？"赵高在一旁，立即应声说："哎呀！如果丞相真这么想，那就糟了！沙丘之谋，丞相也是参与者。现在，陛下做了皇帝，他却没捞到多少好处，必定怀恨在心。大概他是想让陛下实行分封，立他为王呢！"赵高又说道："另外，还有一事，陛下不问，臣还不敢直言相告。"胡亥厉声问："莫非又与李斯有关？"赵高拜了两拜，接着说："丞相的长子李由现任三川郡守，造反闹事的贼子陈胜等人与丞相本是同乡。正是因为这层关系，所以盗贼们经过三川的时候，李由也不组织攻击，致使事端越闹越大。臣还听说李由与陈贼有过书信往来，由于还没有得到真凭实据，才不敢贸然奏知圣上。"胡亥立刻就要审办李斯，并当即派人去调查李由通盗一事。李斯知道后，才恍悟自己中了赵高的圈套。他上书给二世，一面申诉自己的冤屈，一面指出赵高"有邪佚之志，危反之行"，提醒二世当心。

过了几日，李斯邀同将军冯劫和右丞相冯去疾联名上奏二世，建议暂停阿房宫的工程，减少边区戍守和转输，以缓解民愤。二世对李斯本就有怒气，这下一触即发。他咆哮道："这些都是先帝开创的功业，必须继续从事！如今我才即位两年，就盗贼蜂起，完全是因为你们镇压不力所致，却想罢先帝之所为。你们身为两朝重臣，上无以报先帝，次不为朕尽忠，还有何资格占着丞相、将军的位子！"说罢，下令将他们交付司法官审办。

冯去疾、冯劫非常痛心，为了不受羞辱，不久便在狱中含恨自杀。胡亥派赵高审讯李斯父子谋反的案件，赵高天天严刑逼供，直打得李斯皮开肉绽，体无完肤；李斯实在受不住，只得招了假供。他之所以不自杀，是因为自忖有雄辩之才，又是秦王朝的有功之臣；而且，自己也的确没有谋反，通过上书二世就会赦免他。

于是，李斯提笔写下234字的《狱中上书》。这是一封充满冤郁与血泪的自白书。文中，李斯历数自己的"七大罪状"，但实际上每一件都不是罪，而是他跟随秦始皇之后创立的丰功伟业，如辅助秦王兼并六国、扩大秦国疆土、辅助秦王巩固政权、提升大臣地位而行郡县制、统一度量衡和文字、修筑驰道、减轻刑罚。不凡的政绩，却用反语陈述，其全部的用意在于借此表明对秦王朝的耿耿忠心，决无谋反之意。李斯自负能言善辩，又有建立丰功伟绩事实，望二世明辨是非与忠奸，为自己昭雪冤屈，脱去缧绁（[léi xiè]，捆绑犯人的黑绳索）之绊。

写完《狱中上书》，李斯有一种清白无污、心胸坦荡的气概，冤屈之情、愤激之态更是溢于言表。但不知李斯是否还记得25年前韩非在狱中写下《孤愤》《说难》的情景，申诉书能送达二世手里吗？

李斯应该知道，进谏之路已完全为赵高一党把持，申诉书全落入了赵高手中。为了堵住李斯的嘴，他派自己的亲信扮成御史（监察官）、谒者（官名，为国君掌管传达）、侍中（官名，秦时设五人，往来殿内、东厢奏事），轮番提审。若李斯以实情相对，则施行拷打，直到李斯被打得坚持假供不再改口为止。后来二世真的派人来审讯他，李斯以为还是和以前一样，就仍以假口供对之。胡亥看到口供后，以为李斯真想谋反，对赵高感恩戴德："如果不是爱卿，朕几乎被丞相出卖了！"等到调查"李由通盗"的使者到三川时，李斯已为项梁带领的起义军所杀。赵高见死无对证，便又欺骗二世说已将其就地正法。

秦二世二年（公元前208年）七月，经过一系列策划，李斯的罪名终于被赵高罗织而成，再也无法改变了。奔赴腰斩刑场的李斯，悔恨交加却为时晚矣。李斯临死前已看到了秦必亡的气息："今反者已有天下之半矣，而心尚未寤也，而以赵高为佐，吾必见寇至咸阳，麋鹿游于朝也。"秦朝的气数，在胡亥与赵高的统治下，已丧失殆尽。李斯被赵高"腰斩咸阳市"，"而夷三族"。

李斯死后，赵高名正言顺地当上了丞相，事无大小，全由他决断，指鹿为马。

一年后，公元前 207 年 9 月，赵高杀死胡亥。此时六国诸侯在乱世中纷纷复国，大秦帝国一统天下的局面已不复存在。赵高匆匆立二世之兄子公子婴为秦王，五天后，子婴杀赵高。同年十月，刘邦攻入咸阳，子婴率百官投降，秦帝国正式宣告灭亡。"亡秦者胡也！"帝国没有亡于北方胡人，却是真正亡于二世胡亥。

一个如此强大的秦王朝，一个从秦穆公起就发奋图强、经商鞅变法后傲视群雄，经过六代雄主（孝公、惠文王、武王、昭襄王、孝文王、庄襄王）后，秦王政用十年时间就能横扫六国，统一天下的帝国，却在秦始皇崩后仅两三年，就轰然倒塌，这是为什么？各代政治家、史学家、哲学家都在思考这个问题。

卢生等人曾评论说："始皇为人，天性粗暴凶狠，自以为是，他出身诸侯，兼并天下，诸事称心，为所欲为，认为从古到今没有人比得上他。他专门任用治狱的官吏，狱吏们都受到亲近和宠幸。博士虽然也有七十人，但只不过是虚设充数的人员。丞相和各位大臣都只是接受已经决定的命令，依仗皇上办事。皇上喜欢用重刑、杀戮显示威严，官员们都怕获罪，都想保持住禄位，所以没有人敢真正竭诚尽忠。皇上听不到自己的过错，因而一天更比一天骄横。臣子们担心害怕，专事欺骗，屈从讨好。"司马迁引用贾谊的《过秦论》说："秦王满足一己之功，不求教于人，一错到底而不改变。二世承袭父过，因循不改，残暴苛虐以致加重了祸患。子婴孤立无亲，自处危境，却又柔弱而没有辅佐，三位君主一生昏惑而不觉悟，秦朝灭亡，不也是应该的吗？"（始皇为人，天性刚戾自用，起诸侯，并天下，意得欲从，以为自古莫及己。专任狱吏，狱吏得亲幸。博士虽七十人，特备员弗用。丞相诸大臣皆受成事，倚辨于上。上乐以刑杀为威，天下畏罪持禄，莫敢尽忠。上不闻过而日骄，下慑伏谩欺以取容……秦王足己不问，遂过而不变。二世受之，因而不改，暴虐以重祸。子婴孤立无亲，危弱无辅。三主惑而终身不悟，亡，不亦宜乎？《史记·秦始皇本纪》）

900 年后，柳宗元在他著名论说文《敌戒》或许给出了其中一个答案。

《敌戒》

"都知道敌人有作为自己仇敌的一面，却不一定懂得对自己还有有益的一面；都知道敌人对自己有危害的一面，却不一定懂得对自己还有有利的一面。

秦国有六国为敌，因此能够兢兢业业，使国家强盛起来；六国已经除灭之后，秦朝骄傲自得，不久就灭亡了。晋国军队大败楚军于鄢陵，晋国大夫范文子感到忧虑。晋厉公不考虑范文子应知戒惕的意见，越发骄横，搞得全国上下冤声沸腾，最后被人杀死。鲁国大夫孟孙速憎恨大夫臧孙纥，孟孙速死后，臧孙纥感到忧虑；臧孙纥去孟孙速家里吊丧，哭得很悲伤，说孟孙速憎恶我，这就好像是能够帮助我治病的良药，现在孟孙速死了，没有了药物，我也活不长了。明智的人懂得这个道理，最终还可能遇到危害；何况当今某些人根本不去思量这个道理呢！

敌人存在就害怕，敌人没了就得意忘形，解除戒备，自满自足，这恰恰会造成更大的祸患。敌人存在，能够提高自己的警惕，可以免除祸患；敌人不存在了，思想懈怠，反而会招致错误。能够懂得这个道理的人，他的德行就会光大，名声就会远扬。能够预防疾病的人，才能够长寿；自恃强壮的人，容易死于暴病；纵情逞欲而不知警戒的人，不是傻瓜就是混蛋。我写下这篇《敌戒》，能够思考其中道理的人可以免除过错和灾祸。"

（皆知敌之仇，而不知为益之尤；皆知敌之害，而不知为利之大。

秦有六国，兢兢以强；六国既除，訑訑乃亡。晋败楚鄢，范文为患；厉之不图，举国造怨。孟孙恶臧，孟死臧恤，"药石去矣，吾亡无日"。智能知之，犹卒以危，矧今之人，曾不是思。

敌存而惧，敌去而舞，废备自盈，祗益为愈。敌存灭祸，敌去召过。有能知此，道大名播。惩病克寿，矜壮死暴；纵欲不戒，匪愚伊耄。我作戒诗，思者无咎。）

这是一篇富有哲理性的文章，柳宗元用正反面的历史事实证明了"敌存灭祸，敌去召过"的客观规律，批判了"敌存而惧，敌去而舞"的思想，以此告诫后来的统治者要居安思危，不可麻痹懈怠。

李斯之叹

李斯被押上刑场时，不知道他是否想起当年在咸阳摆出"天下第一宴"的情形。李斯的长子李由担任三川郡守，儿子们娶的是秦国的公主，女儿们嫁的都是秦国的皇族子弟。当时李由请假回咸阳时，李斯在家中设下酒宴，文武百官都前去给李斯敬酒祝贺。望着门前的车水马龙，李斯喟慨然长叹："唉！我听荀卿说过'物极必反'。我李斯原是上蔡的平民，街巷里的百姓，皇帝不了解我才能低下，竟把我提拔到这样高的地位。现如今做臣子的没有人比我职位更高，可以说是富贵荣华到了极点。然而事物发展的极点就要开始衰落，我不知道归宿在何方啊！"……后来李斯跟他的次子一同被押解，走出监狱赴刑场面对一死，他绝望地对儿子感叹说："我和你牵着黄狗在东门外打猎的日子再也没有了。"（斯长男由为三川守，诸男皆尚秦公主，女悉嫁秦诸公子。三川守李由告归咸阳，李斯置酒于家，百官长皆前为寿，门廷车骑以千数。李斯喟然而叹曰："嗟乎！吾闻之荀卿曰'物禁大盛'。夫斯乃上蔡布衣，闾巷之黔首，上不知其驽下，遂擢至此。当今人臣之位无居臣上者，可谓富贵极矣。物极则衰，吾未知所税驾（[tuō jià]，指解下驾车的马，停车，有休息或归宿之意。）也！"……斯出狱，与其中子俱执，顾谓其中子曰："吾欲与若复牵黄犬，俱出上蔡东门逐狡兔，岂可得乎？"《史记·李斯列传》）此时李斯的眼里，荣华富贵如一缕烟云顷刻而散，人生从此再无意义，而最有意义的事则是东门外牵着黄犬捕猎自由自在的生活。李斯想再回到从前，但他再也回不去了。

后来二世胡亥面对赵高女婿、咸阳令阎乐提剑相逼，曾再三乞求饶他一死，像个小商贩一样讨价还价。先是请为郡王，后又希望当个万户侯，皆被拒绝。二世于是再次退步，恳请道："让我保全性命，与妻同为平民可以吗？"阎乐仍不允许，眼睛一瞪说："我奉丞相之命将你处死，多言无益，快自裁吧！"二世这才万念俱灰，拔出佩剑，抹入脖颈。（二世曰："吾愿得一郡为王。"弗许。又曰："愿为万户侯。"弗许。曰："愿与妻子为黔首，比诸公子。"阎乐曰："臣受命于丞相，为天下诛足下，足下虽多言，臣不敢报。"麾其兵进。二世自杀。《史记·秦始皇本纪》）

二世的最后退路是想当平民，李斯的临终彻悟也是想当平民。然而，古往今来的人们还是辛辛苦苦、机关算尽地追逐着利禄和功名，全然不在乎前车之覆。这，或许是天性使然？

李斯死了，他死在名利场上。他的身后，是一片寂寞。进入关中的刘邦不曾提起他，那个"匆匆一炬火咸阳"的项羽更是对李斯其人其事不屑一顾。只是秦王子婴乘素车、驾白马、脖子上系着绳子跪伏在轵道旁向刘邦投降时，曾将一枚封好的皇帝玉玺献给了刘邦。那玉玺是用和氏璧刻的，上面的八个小篆是李斯的手笔："受命于天，既寿永昌"。这枚玉玺后来被视为皇室至宝、帝业象征，三国时期，孙策得到后献给袁绍，唐朝后不知踪迹。

李斯的政治生涯与秦朝的历史相伴随，他称得上一代名臣。他凭借超乎寻常的政治谋略帮助秦王嬴政兼并了六国，建立了中国历史上第一个中央集权的国家，开创了一个崭新的时代；此后，又以杰出的经国之才制定了各种统一措施与制度，改变了割据状态的政治和文化，使统一后的社会经济顺利向前发展。

然而，李斯也犯下了不可饶恕的罪过。他把功名利禄视为人生的唯一追求，为博取独宠，不惜同室操戈，陷害韩非；又为保高官厚禄而助纣为虐，焚书坑儒；进献督责之术，行严刑峻法于天下，致使竹帛烟销，儒者被坑，杀人盈野，黔首涂炭，"犹是秦人恨李斯！"司马迁说："李斯出身布衣，行踪遍历诸侯各国，后至秦，趁六国有机可乘，辅佐始皇，终成帝业。李斯位至三公，可谓尊宠，然李斯虽知儒家六经之宗旨，却不力求政治修明，纠正君主过失，而是贪恋爵禄，阿顺苟和，严刑酷法，听信赵高邪说，废弃嫡子扶苏，立庶子胡亥，及至诸侯已叛，才知谏争，岂不太晚？人皆以为李斯极忠而被五刑死，未免冤枉，然查其真相，所见却与世俗不同。若依世俗之见，李斯之功不是可以与周公和召公相比了吗？"（太史公曰："李斯以闾阎历诸侯，入事秦，因以瑕衅，以辅始皇，卒成帝业，斯为三公，可谓尊用矣。斯知六艺之归，不务明政以补主上之缺，持爵禄之重，阿顺苟合，严威酷刑，听高邪说，废适立庶。诸侯已畔，斯乃欲谏争，不亦末乎。人皆以斯极忠而被五刑死，察其本，乃与俗议之异。不然，斯之功且与周、召列矣。"《史记·李斯列传》)

李斯，一个荣辱交织、功过并著的人物，得之于名利，又失之于名利。

五百年后，西晋大才子陆机被杀时发出与李斯一样的感叹：故乡华亭的鹤唳，能再听一遍就好了（欲闻华亭鹤唳，可复得乎《世说新语·尤悔》)。

临终前的态度体现了一个人的境界。

庄子临死时要求弟子随便将自己扔到荒郊野外，因为在他看来，在荒郊野外被鸟兽吃掉，与披金镶玉地埋在地下被虫子吃掉，结局是一样的。人生于自然而终于大化，世间生死荣辱没有区别。

魏晋风流名士嵇康，在刑场上临刑前悠然弹起《广陵散》，平静地迎接屠刀，"纵浪大化中，不喜亦不惧"（陶潜《形影神三首·其三》)。

李斯在功成之日也曾想到过范蠡的泛舟五湖，想到过文种的兔死狗烹，他也曾想过收手，但他做不到。李斯的悲剧就在于，该收手时未收手，一往无前而最终无路可走。

唐朝的诗人们对李斯的悲剧颇有共鸣，连一心向往功名，梦想"天生我材必有用"的李白，对此也深有感慨。李白在《行路难三首·其三》中写道：

......

吾观自古贤达人，功成不退皆殒身。

子胥既弃吴江上，屈原终投湘水滨。

陆机雄才岂自保？李斯税驾苦不早。

华亭鹤唳讵可闻？上蔡苍鹰何足道？

君不见吴中张翰称达生，秋风忽忆江东行。

且乐生前一杯酒，何须身后千载名？

命运坎坷的诗豪刘禹锡，因为参与王叔文的改革且永不服输的性格，在"巴山蜀水凄凉地"，被"二十三年弃置身"。官场的险恶让他对李斯的命运感慨尤深，他在《题欹器图》中写道：

秦国功成思税驾，晋臣名遂叹危机。

无因上蔡牵黄犬，愿作丹徒一布衣。

白居易也在《闲卧有所思·其二》中叹曰：

权门要路是身灾，散地闲居少祸胎。

今日怜君岭南去，当时笑我洛中来。

虫全性命缘无毒，木尽天年为不才。

大抵吉凶多自致，李斯一去二疏^①回。

宋代徐钧作诗《李斯》曰：
燃除六籍忍坑儒，本欲愚人卒自愚。
若使当时甘被逐，东门牵犬欢应无。

---

① 疏广（？—公元前45年），东海兰陵（今山东枣庄市峰城区）人，知识广博，治学严谨。汉宣帝征其为博士郎太中大夫，后封为太子太傅。其侄疏受（？—公元前48年）被封为太子少傅。二疏功成名就后，审时度势，急流勇退，辞官还乡。回乡后，散尽家产，广设学馆不收分文，二疏去世后，乡人感念其散金之惠，在其旧址筑一座方圆三里的土城，名"二疏城"。三百年后，陶潜路过此地，赋五言《咏二疏》："大象转四时，功成者自去。借问衰周来，几人得其趣。游睇汉庭中，二疏复此举。"

6 共和国的执政官：西塞罗（公元前106—公元前43年）

古罗马

古罗马，是指从公元前9世纪初在意大利半岛中部兴起的文明。古罗马先后经历罗马王政时代（公元前753—公元前509年）、罗马共和国（公元前509—公元前27年）、罗马帝国（公元前27—476或453年）三个阶段。

公元前753年，在意大利半岛中部平静的台伯河畔，诞生了一个方圆20多英里（1英里=1.609千米）的小国，这个小国便是罗马。

动荡的年代，弱肉强食的周边环境使这个小国在夹缝中勉强求得自身的生存，但同时也锻造了这个民族的精神与风格。这种精神与风格便是勇武顽强、自强不息，以及对土地、财产、权力、地位等无止境的渴望与占有。这些精神和风格以其特有的方式溶入了每个罗马人的血液之中，成为罗马长期扩张和个人奋斗的强大精神支柱。

罗马人的那种精神所产生的作用和影响延续了几代、几十代，乃至影响了当代人。"一战""二战"和当代的德国、法国、意大利精彩而活跃的"表演"，不能不说与他们原来的同一母体——古罗马有着千丝万缕的联系……

罗马王政时期经历了7代国王，最后一位国王是"傲慢者塔克文"。塔克文（Tarquinius）对内实行独裁统治，他从来没有向元老院征求过任何意见或建议，也从来不问市民大会同意与否。塔克文在军事方面却表现出了非同寻常的才能，在与周边各部族的战斗中，罗马几乎是常胜军。随着第七代国王塔克文的统治的结束，罗马的王政时代也告结束，时间是公元前509年。从罗穆路斯（Romulus）于公元前753年建国到这一年，罗马已经走过了244年。随后的罗马进入了共和政体，迎来了共和时代。

在罗马共和时代，人被分为三个等级：一元公民等级（公民拥有选举权和被选举权），二元平民等级（平民无选举权和被选举权，但拥有人身自由），三元奴隶等级（奴隶没有人身自由）。政权由两名执政官共同掌管国内事务，指挥军队作战。执政官一年一任，不得连任，由百人议会中选出。两执政官权力平等，如遇非常时期，设独裁官代替两执政官，任期仅为半年，独裁官有24名扈从，肩扛插战斧的一束笞棒，此权标就是"法西斯"一词的来源。

除此之外，还设立财务官、市政官和大法官。均为一年一任，不得连任。三权分立是古罗马共和国的基本政治体系，也是被后人认为古代最经典的政治体系之一。这种结合了君主、议会、共和三种政体基本特点的体制为其称霸一方提供了保障。但也因为其存在着矛盾的隐患，例如奴隶和奴隶主的矛盾，以及后来随着国土的扩张而产生的征服者与被征服者的矛盾、保守派与改革派的矛盾、元老派与骑士派的矛盾等。而平民与贵族之间这一最基本的矛盾更是自始至终伴随着共和国，这也使其日后必然走上改革的道路。

古罗马时期插着战斧的笞棒

公元前 477—公元前 396 年，罗马与伊特鲁里亚城邦维爱进行了战争。最终维爱被灭，伊特鲁里亚人一蹶不振，罗马的领土却翻了一倍，成了意大利中部强国。公元前 390—公元前 331 年，高卢人入侵并夷平罗马城，但后来被击败逐走。此后 700 多年罗马未被外族攻克。

公元前 264—公元前 146 年，罗马和迦太基①之间为争夺地中海沿岸霸权发生了三次战争，被称为布匿战争。公元前 215—公元前 148 年发动四次马其顿战争。

第一次布匿战争（公元前 264—公元前 241 年），主要是在地中海上的海战。开始在西西里岛交战，接着罗马进攻迦太基本土，迦太基被打败。

第二次布匿战争（公元前 218—公元前 201 年）是三次战争中最著名的一次。迦太基主帅汉尼拔②率 6 万大军穿过阿尔卑斯山，入侵罗马。罗马则出兵迦太基本土，汉尼拔回军驰援，迦太基战败。历时十多年的第二次布匿战争，迦太基终于投降，放弃了西班牙，交出了作战舰队，偿还了巨额战争赔款，并同意交出汉尼拔。但汉尼拔潜逃，在偷渡到亚洲的途中，由于追兵赶至，这位古代军事史上杰出的天才不甘落入罗马人之手，被迫服毒自杀。

第三次布匿战争（公元前 149—公元前 146 年），罗马主动进攻，长期围困迦太

---

① 古国名，存在于在公元前 8—公元前 146 年，位于今北非突尼斯北部，临突尼斯湾，当东西地中海之要冲。

② 汉尼拔·巴卡（公元前 247—公元前 183 年），北非古国迦太基统帅、行政官，军事家。汉尼拔生长的时代正逢罗马共和国势力的崛起，他少年时向父亲立下誓言终生与罗马为敌。汉尼拔自小接受严格和艰苦的军事锻炼，在军事及外交活动上有突出表现，在当代仍是许多军事学家所研究的重要军事战略家之一，被誉为"战略之父"。第二次布匿战争期间，他奇迹般地率领军队从西班牙翻越比利牛斯山和阿尔卑斯山进入意大利北部，并多次以少胜多重创罗马军队。汉尼拔是欧洲历史上的四大军事天才（另外三人是亚历山大、恺撒和拿破仑）之一。

基城，最后罗马人冲进城内，战斗持续一个星期，罗马军队攻下中央要塞——比尔萨。罗马元老院委员会抵达这座被占领的城市后，决定把迦太基城夷为平地。罗马血洗了迦太基，挨家挨户搜索，将所有居民找出杀死。迦太基港口被毁灭，国家成为历史，在公元前146年成为罗马的一个行省——阿非利加行省，罗马争得了地中海西部的霸权。

古罗马与马其顿帝国共发生四次战争，最后以罗马胜利告终。

第一次马其顿战争（公元前215—公元前205年），罗马战败。

第二次马其顿战争（公元前200—公元前197年），罗马胜利。

第三次马其顿战争（公元前171—公元前168年），罗马胜利。

第四次马其顿战争（公元前151—公元前146年），罗马胜利。

经过四次马其顿战争，罗马征服了马其顿并控制了整个希腊。又通过叙利亚战争和外交手段，控制了西亚的部分地区，建成一个横跨非洲、欧洲、亚洲，称霸地中海的大国。

罗马在长期开疆扩土的事业中，在耗费本国大量人力、物力、财力的同时，也获得了更多的土地、奴隶和钱财。土地、钱财和奴隶的增加，促成了罗马贫富差距的拉大，奴隶主庄园得到了充分的发展，小土地所有制开始衰落，在商业领域出现了金融资本和商业资本的巨大增长，所有的这一切，使得罗马迅速由原始的落后奴隶制阶段跨入到高度发达、繁荣的奴隶制阶段，实现了社会经济制度的变革。

在罗马统治的如此广大的地域，人们怀着对罗马的仇恨和对自由的渴望，纷纷起来反抗罗马的统治。这种反抗斗争此起彼伏，汇成了一支反罗马统治的洪流，直接威胁着罗马对这些地区的统治。另一方面，在罗马内部，士兵们付出自己的鲜血和生命而建立起来地域如此广大的帝国，当他们返回家园的时候，却是家园的破产。最能代表他们意志的平民会议，此时也成了政治掮客、市井无赖的集会，根本不能有效合法地限制那些大人物的行为了，民主政治实际上成了罗马上层社会争权夺利的工具。与此同时，罗马的社会结构当中又出现一个新的阶层——骑士阶层。

他们出身于军队，掌握着庞大的军权，并且拥有雄厚的资产，控制着整个罗马的商业、包税和一般的财政事务。他们在经济金融方面占据着统治地位，但政治的实权仍掌握在传统农业派即元老院和高级官吏的手里。这样，两者之间围绕着最高领导权问题展开了激烈的斗争。

这时的罗马从上到下所有的统治阶层无不散发着肮脏的气味，整个国家机构中贪污腐化像瘟疫一样传染到每个人的身上，更可怕的是军队的堕落和弱化，原来罗马的军事制度此时已不能适应长期远距离征伐的需要了。在罗马与北非努米底亚的军事冲突中，昏庸无能的罗马军官指挥下的涣散军队很快败下阵来，并与朱古达（Jugurtha，约公元前160—公元前104年，努米底亚国王）缔结了条约：10天之内罗马军退出努米底亚。战争的失利，动摇了罗马在非洲的统治。罗马为了挽回面子，一位出身贫寒而颇具才能的军事家——马略（Gàius Marius，公元前157—公元前

86年）被推举为执政官。马略首先从军队改革入手，一改以前的征兵惯例，开始招募雇佣兵，严肃军纪，并对所属的军队严加训练，最后终于获胜，由此马略在罗马获得了极高的声望。

马略的军事改革，提高了罗马军队的战斗力，使罗马军队的组织和队形发生了重大变化。作为统帅的马略对他的雇佣兵有绝对的统帅权，这支军队可以随他到任何一个地方。而马略恰恰凭此成为罗马政治上一股不可忽视的力量。当马略执政官期满后，马略在他这支亲信军团的支持下，无视传统的贵族和元老院，继续任执政官，此时的罗马已没有什么力量来约束他了。这样，在罗马的历史上首次出现军事独裁的萌芽，而这支军队便在罗马以后的历史发展进程中逐渐壮大，成为后世军事独裁者推翻共和国体制的工具。

公元前100年，罗马国内又展开了大规模的民主运动。由于民主派与共和派、平民与贵族的斗争愈演愈烈，此时担任保民官的民主派领袖为了在同元老贵族派展开的斗争中获胜，试图和军事上有强大实力的马略联合，以便取得军队的支持。而马略也想借此来巩固自己在罗马的统治地位，利用民主派的帮助来赏赐自己军队的老兵。

马略依靠自己军队的力量，在选举期间，甚至不惜动用武力，杀死贵族所支持的保民官的候选人，以取得执政官的职位，保证了同盟者推举的候选人当选为保民官和行政长官。此时一个在马略手下担任财务官，并随同他一起征服努米底亚的十分精明的贵族苏拉（Lucius Sulla，公元前138—公元前78年）开始崛起。他凭着自己卓著的战功和显赫的出身，在军队中逐渐形成了自己庞大的势力，成为马略的政敌和强大的对手。

苏拉为人处世之道是很有名的，他善于调动各方面的有利因素，使他人心甘情愿地为实现他的个人目的服务。苏拉随和的作风、善辩的口才、高超的处世手腕、雅俗并济的仪态成为他个人奋斗道路上的强大武器。苏拉的聪明机智和圆滑的处世方法，决定了他政治道路上的成功。而残酷复杂的罗马政治斗争，又为他这样的人物提供了施展才能和计谋的舞台。

苏拉以雄厚的资财、能屈能伸的气度和灵活的手腕，贿买、谄媚于平民和元老贵族，结果在公元前93年他终于如愿以偿地获得了行政长官之职。在任行政长官期间，他积极投身于政务和广泛的交际活动之中，赢得了元老院的信任，巩固了他的威信，加强了他的政治影响力。

此时的苏拉，可以说是羽翼丰满、名声煊赫的罗马头号人物了。他的声望和散发出的光辉已远胜于从小亚细亚归来的马略，并已取代了马略在罗马的位置。

公元前88年，苏拉当选为执政官，时年50岁。就在这时，苏拉举行了他的第四次，也是最重要的一次婚礼，娶大祭司之女、显贵遗孀梅特拉为妻，从而结成新的政治联盟，成为贵族派的领袖。

公元前82年，已废置了120年的独裁官制度，在苏拉强权的压力之下被恢复，苏拉不知廉耻地将这顶几近于帝王的桂冠戴在了自己的头上，并规定这种独裁官任期不限（这一职位法定期限为 6 个月）。这样，在罗马的历史上，经过世代奋斗而建立起来的共和体制，轰然崩塌，最后只剩下了一个共和的躯壳。而苏拉这个名副其实的独裁者，做了马略想做而没有敢做的事情，把整个罗马的立法、司法、行政、经济、军事大权集于一身，由原来的执政官、军事统帅摇身一变，成为不逊于专制君主的终身独裁官，开创了罗马历史上军事独裁的先例。

为了巩固自己和其他贵族寡头的统治，苏拉制定或恢复了形形色色的法律法令，诸如不法侵害法、刺杀毒杀法、反勒索法、反奢侈法、选举舞弊法、叛逆法、盗窃公物法、通奸不贞法等。苏拉设立了 7 个常设刑事法庭，确立了审判程序。苏拉废止了向城市贫民廉价配粮制度，而代之以大兴土木工程。苏拉还将 10 000 名原属"公敌"的奴隶升为平民，赐姓"科尔涅利乌斯"，于是在罗马社会生活中又出现了一支新的唯苏拉马首是瞻的力量，与苏拉的雇佣军队一起，成为苏拉独裁统治的支柱和驯服工具。

公元前 79 年，正当其权势如日中天、达到顶峰的时候，苏拉却突然辞职隐退，幽居于他在普特奥利的滨海别墅之中。对此，古往今来人们众说纷纭，莫衷一是。有人说他是因为病疾缠身而不得不放权归隐的，有人说他是在权力欲望得到极大满足后厌倦政治斗争而隐退的，有的人说他是因政治上改革无望而知难而退的。但不管怎样，如果说权重位尊的大人物即便昏庸老朽也不愿退出政治舞台在古代历史上是个通例的话，那么，苏拉确实是一个罕见的例外。

隐退后的苏拉，在他的庄园别墅里过着悠闲的生活，体味着长期征战生活中所不曾品尝到的田园诗般惬意的滋味。公元前 78 年，苏拉于他的滨海别墅安静地死去，终年 60 岁。苏拉虽然死了，但他所实行的贵族寡头统治却深深触动了罗马共和国的根基，为后来共和国的倾覆和帝国的建立埋下了伏笔。

公元前 73 年，爆发了斯巴达克斯起义。斯巴达克斯（Spartacus，？—公元前 69 年），是巴尔干半岛东北部的色雷斯人。罗马进兵北希腊时，斯巴达克斯在一次战斗中被罗马人俘虏，被卖为角斗士奴隶，送到卡普亚城一所角斗士学校，受非人待遇。在忍无可忍的情况下，角斗士们在斯巴达克斯的鼓动下，拿了厨房里的刀和铁叉，冲出了牢笼。在路上，他们正好遇上几辆装运武器的车子，就夺取了这些武器武装了自己，在几十里以外的维苏威火山上聚义。元老院选任克拉苏 ① 统率大军，镇压起义军。公元前 72 年秋，斯巴达克斯的军队在布鲁提亚半岛（今意大利卡拉布里亚大区）集结，计划乘奇里乞亚海盗的船渡过墨西拿海峡，但海盗不守信用，

---

① 马库斯·李锡尼·克拉苏（M. Licinivs Crassv，约公元前 115—公元前 53 年），古罗马军事家、政治家、罗马共和国末期声名显赫首富。他曾帮助苏拉在内战中夺权建立独裁统治，大半生都在政坛上度过，并继承父业进行商业投机。

没有提供船只，罗马元老院分别从西班牙和色雷斯将庞培 ① 和卢库鲁斯（Lucullus Licinius，约公元前 117—公元前 56 年）的部队调来增援克拉苏，在罗马军队的围攻下，6 万名起义军战死，斯巴达克斯也壮烈牺牲。

公元前 60 年，克拉苏、恺撒（Gaius Julius Caesar，公元前 100—公元前 44 年）、庞培秘密结盟，共同控制罗马政局，史称"前三头同盟"。公元前 53 年，克拉苏战死于安息。公元前 48 年，恺撒在内战中击败庞培，被宣布为终身独裁官，集军政大权于一身。他厉行改革，但因独裁统治而招致政敌仇视，于公元前 44 年 3 月 15 日遭贵族派阴谋分子刺杀。恺撒死后，罗马内战又起。公元前 43 年，安东尼（Marcus Antonius，公元前 82—公元前 30 年）、雷必达（Marcus Lepidus，约公元前 89—公元前 13 或 12 年）、屋大维（Gaius Octavius，公元前 63—公元前 14 年）公开结盟，获得统治国家 5 年的合法权力，史称"后三头同盟" ②。随后屋大维将另外两人打败，于公元前 27 年接受元老院授予的"奥古斯都"的尊号，建立元首制。屋大维大权在握，成为事实上的皇帝，罗马共和时代结束了，古罗马进入了罗马帝国时代。

马略、苏拉刚刚退出历史的舞台，紧随其后，克拉苏、庞培、恺撒、西塞罗等人便又粉墨登场。克拉苏早年投于苏拉的门下，并且屡立战功、颇有建树，后来通过镇压斯巴达克起义而名声大噪，随后他进军小亚细亚、入侵安息，最后被安息击溃而死在他乡异域。庞培则依靠父辈的荫护并在苏拉的提拔下开始发迹，他占领过西西里，征服过非洲的努米底亚，平定过西班牙的塞尔托里乌斯起义，镇压过斯巴达克斯奴隶起义，从海盗手中夺回了地中海的控制权。后来他又远征东方，完成了苏拉未竟的事业，平灭了本都国王米特拉达特斯六世，把叙利亚、本都、比提尼亚并入罗马行省；他还突入了伊伯利亚（今天的格鲁吉亚）和阿尔巴尼亚，使外高加索山区臣服于罗马；他在小亚细亚、巴勒斯坦地区到处活动，扶植新国王，使他们归附于罗马统治之下。庞培为罗马的发展壮大立下了丰功伟绩，他还积极参与罗马高层的政治斗争，最后经过长期较量败下阵来，于公元前 48 年在埃及被杀。

克拉苏和庞培先后死去，只剩下了恺撒，于是历史进入恺撒时代。他是罗马历史上少有的军事天才、出色的政治家和文学家。

而西塞罗（Cicero），正是出生和生活在罗马共和国的晚期——罗马政治动荡、共和制风雨飘摇、帝国制度呼之欲出的关键时期。这时的罗马正处于疾风暴雨、惊涛骇浪之中，庞大的基业需要巩固，广阔的领地需要维持，而各地的反抗斗争连绵不断，战事频起。国内随着奴隶经济的发展、军事集团的壮大、阶级矛盾的加深，

---

① 格涅乌斯·庞培（Gnaeus Pompey，公元前 106—公元前 48 年），又译庞贝，古代罗马共和国末期著名的军事家和政治家。勇敢善战，于"前三头同盟"中势力最强。

② 与"前三头同盟"的私人协议性质不同，后"三头同盟"后来获得罗马公民大会的承认，被授权同盟颁布法令和任命高级官员，统治国家 5 年，因此具有公开和合法的性质。

也出现了严重的危机。派系纷杂，相互倾轧。一些拥有实权的人物开始凭借自己强大的力量进行政治权力的角逐，军队已不再属于共和国，而成为个别统帅手中的工具。原来的民主制度迅速衰落，元老院和每年选出的各级官吏成了一种空洞的头衔，化为罗马光荣过去的一个暗淡的影子。阴谋、权术、威胁、利诱、虚伪、暗杀、械斗、造谣、诽谤成为罗马政治斗争中的司空见惯的工具。拉帮结伙、明争暗斗、勾心斗角、强取豪夺、荒淫无耻、贪污受贿，如此种种成为当时罗马社会的一大底色。

在这样的时代从政，西塞罗身不由己地被卷入政治的漩涡中。他比恺撒晚出生5年，在他生命的后期，他的政治生活和恺撒交织在一起；恺撒被刺杀后，又和后三头（安东尼、雷必达、屋大维）纠缠不清，在一年后被杀。

少年时代

西塞罗，罗马共和晚期的哲人、政治家、律师、作家、雄辩家。他出生于骑士阶级的一个富裕家庭，青年时期就投身法律和政治，其后曾担任罗马共和国的执政官；同时，因为其演说和文学作品，他被广泛地认为是古罗马最好的演说家和最好的散文作家之一。在罗马共和国晚期的政治危机中，他是共和国所代表的自由主义的忠诚辩护者，安东尼的政敌。

西塞罗出生于意大利的阿尔皮诺，在罗马南边约100千米的一个小镇。"西塞罗"这个姓氏，意思是鹰嘴豆，因此，西塞罗的名字常常被其他人拿来开玩笑。当西塞罗初涉政治时，他的朋友劝他更换一个新名字，但西塞罗坚决拒绝了，并且反驳道，他将会努力让西塞罗这个姓氏比当时的贵族家庭司卡鲁斯和卡图鲁斯更加荣耀。

根据普鲁塔克[①]的记载，西塞罗出生时，他母亲做了一个梦，说西塞罗将会为罗马带来极大的福祉。在他出生后，西塞罗被证明确实是一个优秀的学生，并因为其超凡的智力和天赋而很快成为学校里最好的学生，以至于他同学的家长都纷纷去学校拜访这位天才少年。在完成学校的学习后，起先，西塞罗希望能够在政府谋职，并且短暂地在军队服役过一段时间，在感到共和国正在陷入政治危机，并且变得越来越走向独裁主义后，他从军队退役，恢复了一个学者的生活。

尽管西塞罗的家庭相对富裕，但罗马的政治职位一直被几大政治家族所垄断，因此对于西塞罗来说，在政治上谋求事业非常困难。但西塞罗仍然对政治抱有极大的热情。据说他把阿基里斯的名言当作自己的座右铭："追求最好的，超越他人。"但由于家庭背景不强，西塞罗只能有两个途径进入政治：从军或是从法。在一段不成功的军队经历之后，西塞罗选择了律师作为自己的职业起点。很快，西塞罗就在律师界中展露了自己的演说天分，开始为自己赢得名声。

---

① 普鲁塔克（Plutarchus，约46—120年），罗马帝国时代的希腊作家，哲学家、历史学家，以《希腊罗马名人传》一书闻名后世。他的作品在文艺复兴时期大受欢迎，蒙田对他推崇备至，莎士比亚不少剧作都取材于他的记载。

显露政坛

成为律师后，其雄辩力显现出来，西塞罗承办的案子几乎总是胜诉。公元前77年，西塞罗从希腊回到罗马。第二年，西塞罗被选举为财务官，正式开始了他的政治生涯。随后他以财务官的身份前往西西里行省西部任职了大约一年，在那里他干出了不错的政绩。但据说当他颇为自得地向罗马的朋友问起自己在罗马的名声时，他的朋友却表示罗马对他一无所知。这让西塞罗非常失望，因此他坚定了自己要离开西西里，回到罗马干出一番事业的决心。后来，出于西西里人民的请求，西塞罗指控了西西里的裁判官维勒斯。维勒斯本是亚细亚的裁判官，后来通过大量贿赂得到了西西里裁判官的职务，在任内破坏了西西里的经济、侵害了公民的权益，并且在斯巴达克斯起义期间通过敲诈奴隶主敛聚了大量财富。在被西塞罗指控后，维勒斯聘请了罗马当时最好的律师霍达鲁斯为自己辩护，但由于西塞罗高超的演讲技巧，以及其通过大量调查搜集而来的人证和物证，西塞罗击败了对手赢得了案件的胜利。因此，在成功指控维勒斯后，西塞罗在罗马声名鹊起，被认为是罗马最好的演说家。后来西塞罗指控维勒斯的演讲也被出版成书，书名为《反对维勒斯的演讲》。

西塞罗在公元前69年被选为市政官，公元前66年被选为裁判官。尽管在两次选举中他都以多数当选，但在任内，西塞罗并没有太大的政绩。在这段时期里，庞培正在崛起，并逐渐在罗马掌握了权力，而西塞罗也渐渐地变为庞培的支持者。在庞培被赋予所有东部行省的管辖权时，西塞罗便是他的有力支持者之一，而他当时发表的支持庞培的演说曾被评论为"充满近乎阿谀的尊敬"。

公元前63年，屋大维出生，而西塞罗这一年成了执政官。在这一时期，他突出的政绩在于镇压了喀提林阴谋：卢修斯·瑟金斯·喀提林（Lucius Sergius Catilina）因为不满时政而企图推翻罗马共和国。

喀提林本是罗马的贵族，其祖先跟随埃涅阿斯来到意大利，因此其家庭本是罗马最古老的家庭之一。但几百年来，喀提林的家族渐渐衰败，失去了往日显赫的地位，加上在执政官选举中的落选，因此喀提林对罗马的政治体制日益不满，于是煽动一些同样不满的贵族和穷人起来推翻罗马共和国。公元前63年8月，喀提林的同谋首先在伊特鲁里亚起事，后来很快扩张到整个山南高卢，同时，由于普遍的贫富不均和机会不公，罗马城也处在起义的边缘，危机一触即发，西塞罗本人也差点被喀提林刺杀。

起初，元老院并没有意识到事态的严重性，并且认为提前得知情报的西塞罗在夸大其词。但西塞罗还是在不利情况下说服了元老院做出紧急决议，宣布戒严。西塞罗起草了戒严令，也被称作"元老院决议"，西塞罗为此发表了四个言辞激烈的演说，指责喀提林及其追随者生活腐朽糜烂，并指责他们挥霍无度。叛乱扩大后，他在元老院发表了谴责喀提林的演说，揭露喀提林刺杀自己和推翻国家的阴谋，但由于仍然没有直接证据，他只能命令其离开罗马。而在场的喀提林也发表演讲反驳了西塞罗，希望争取元老院，却没有成功。第二天，见到自己的计划已经被揭露的喀提林离开了罗马。

　　喀提林旋即前往他的同谋曼留斯所在的北方，同时在罗马留下了他的另一个同谋伦图鲁斯。尽管喀提林在罗马起事的计划已经破产，伦图鲁斯仍然出于未知的原因决定继续他的计划，密谋在12月中旬的节日刺杀整个元老院的成员。但在计划过程中，伦图鲁斯出现了一个重大失误。他接触了停留在罗马的阿洛布罗基人，劝他们在高卢起事。这些阿洛布罗基人不知道如何应对，便向他们在罗马的领袖桑加求助，而桑加得知此事后旋即通知了西塞罗。于是，西塞罗将计就计，指使阿罗布罗格人与伦图鲁斯接洽，并且通过他们得到了罗马城内的主要密谋者劝其叛变的书信。随后，阿洛布罗基人离开了罗马城，被西塞罗所安排好的军队逮捕，带回了罗马。直到这时，西塞罗才得到了喀提林参与阴谋的确凿证据。

　　得到证据后，西塞罗很快便逮捕了罗马城内的密谋者，并且迫使他们承认了罪行。直到这时，元老院才开始意识到西塞罗此前一直是对的。为此，元老院给予了西塞罗"祖国之父"的称号表示感谢，并且立即着手审判被逮捕的叛乱分子。随后元老院举行会议商讨对他们的处置方式，西塞罗认为这些人应该被立即处死，以除后患。当时，罗马的"极刑法"规定所有极刑都应当通过全体公民的审判，否则违法。但在城内的喀提林支持者还没有完全被清除的情况下，把叛乱者送至全体公民审判无疑会面临巨大的风险；况且，喀提林倡导债务改革，在罗马公民之间获得了不少支持和同情。因此，西塞罗在元老院提出跳过法律程序强制处决叛乱分子，这个意见得到了元老们的支持与赞同。

　　但就在这时，恺撒提出了反对。他认为，首先，元老院并不是法庭，没有权力审判罪犯；并且，不经审判处决公民会开下一个很坏的先例，是对罗马法治的破坏，如果将来的独裁者希望清除政敌，那么在这个先例之下就会非常容易。与西塞罗相反，恺撒提出叛变者应当被终身监禁，没收财产。尽管恺撒的提议并不现实，但还是动摇了元老院起先的决定，随即元老们也纷纷提出别的意见，直到小加图①站起来反对了恺撒的提议。他认为无论叛乱者被关押在何处，元老院都无法阻止他们被尚未确认的同谋所营救；同时，在喀提林和他的军队还没有被消灭的情况下，元老院需要处死他的同谋来威慑喀提林。

　　最后，西塞罗发言，重申了处死叛乱者的必要。他声称，因为这些叛乱者密谋反对国家，他们就应当被视为国家的敌人，因此以罗马公民为客体的"极刑法"不再适用。同时，西塞罗指出，元老院赋予他的紧急权力使得他有权处死公民。尽管西塞罗的观点有法律缺陷，但在小加图的影响下，元老院投票决定处决叛乱者。得

---

　　① 小加图（Cato the Younger 或 Cato Minor，公元前95—公元前46年），区别他的曾祖父——老加图。罗马共和国末期的政治家和演说家，是一个斯多亚学派的追随者。他因为其传奇般的坚忍和固执而闻名（特别是他与恺撒的长期不和），他不受贿、诚实，厌恶当时普遍的政治腐败。

到元老院支持的西塞罗亲自把囚犯带到刑场，处决了他们。随后他回到公共广场，对罗马人民宣布："他们曾经活过。"罗马人民纷纷欢呼，称西塞罗是他们的救星。这个时刻被西塞罗视为他政治生涯的巅峰，但也为他日后的被流放和处死埋下了种子。

在罗马的叛乱者被处死的消息传到喀提林在北方的营地后，喀提林的同谋者开始渐渐逃离，喀提林也只得撤退以求生路，但在退往高卢的路上碰到了罗马的军队，只得一战。在经过长时间的激战后，喀提林被击败了，他的尸体随后在战场上被找到。据撒路斯提乌斯（Sallustius，公元前86—公元前35年）的记载，死去的喀提林脸上仍然充满了不屈的表情。喀提林阴谋终告结束。

罗马的史学到了撒路斯提乌斯的手里跃进了一大步。撒路斯提乌斯也是一个活跃于政界的显赫人物，公元前52年曾当选为保民官。在当时罗马党争十分激烈的情况下，他因追随恺撒而与西塞罗积怨很深。恺撒与庞培进行大决战时，他随恺撒前往北非，直接参加了消灭庞培余党的战斗。之后，他被恺撒任命为努米底亚总督。在总督任内，他大肆搜刮钱财，回罗马建造了一座豪华的别墅。恺撒被刺以后，他归隐林园，潜心著述。撒路斯提乌斯曾著有一部《罗马史》，记述了公元前78—公元前67年罗马的重大事件。可惜这部著作自佚失之后再也没有被发现，他流传下来了两部著作：《喀提林阴谋》记述了罗马贵族喀提林利用当时社会上的不满情绪兴兵叛乱，最后战死的经过；《朱古达战争》记述了公元前2世纪末罗马用兵努米底亚王国，其国王朱古达率军抵抗，最后战败的经过。

他这两部著作的共同主题，就是揭示共和制时代末期罗马社会中的严重危机，揭露罗马贵族集团的腐败无能、骄奢淫逸和贪赃枉法，抨击罗马政界的各种弊端，进而寻究罗马社会日益衰败的根本原因。为了撰写这两部历史著作，他可谓殚精竭虑。既为搜集史料而到处奔波，又为著作的谋篇布局和遣词造句而费尽心机，尤其在刻画历史人物的性格和内心世界方面，以及在分析罗马各政治集团所代表的不同利益的过程中，表现出了高超的语言驾驭能力。与此同时，还可以从他的分析与叙述中，深切地体会到这位亲身经历过政治动荡和社会战乱的知识分子对罗马共和国前景的忧虑，感受到一个拥护共和制度的历史学家的思想情怀。因此，西方史学界把他与李维、塔西佗并列为"罗马三大史学家"。

提图斯·李维（Titus Livius，公元前59—17年），历史学家。其家世和父母不得而知，据说他出身于贵族，早年受过良好的传统教育。他学习了文学、史学、修辞学、演说术等，是罗马共和国后期学问渊博的博物学家。后移居至罗马，与屋大维交往甚密。此时屋大维已经打败马克·安东尼，罗马局势恢复稳定，李维奉命教授屋大维的继孙克劳狄乌斯（Claudius，公元前10—公元54年），即后来的皇帝克劳狄一世。

他拥护屋大维创立的元首制，但是思想仍然偏向于共和制，为了挽救中后期的罗马共和国，他决定写一部史书来记述罗马人的祖先的英勇，避免罗马共和国的覆灭，于是创作了《罗马自建城以来的历史》（简称《罗马史》），书中充满爱国思想、道德说教、复古主张和对共和制度的赞赏。李维撰史的目的在于歌颂罗马的伟大和祖先的业绩，寓道德说教于叙史之中。

塔西陀（Tacitus，约56—120年），是罗马帝国时代著名的历史学家、文学家和演说家，古代杰出的历史学家之一。塔西陀的文风简练有力，典雅别致，独具一格。但作为一个历史学家，他比不上修昔底德，不能深刻揭示历史发展的基本原因。

塔西陀在政治上倾向于共和制度，他对帝制有着强烈的反感。他认为从奥古斯都死后直到图拉真以前的时代是悖逆不道的，厌恶鄙视这一时代的所有"元首"，对他亲身经历的尼禄和图密善（Domitian，51—96年）的暴政更是深恶痛绝。他把暴君的出现归咎于世袭君主制，而当探索世袭君主制的成因时，他却归之于个别人物的作用。他认为奥古斯都始终是个独裁军人，提比略才是专制君主制的奠基者。他对帝国初期的统治者的残暴、荒淫、丑恶和愚笨都进行了无情的揭露和尖锐的讽刺。这些在当时被崇奉为神圣的皇帝，在塔西陀的笔下成了微不足道的人物。与此同时，塔西陀对共和派深表同情，虽然他并没有生活在共和时期，却对共和政体下所享受的"自由"表现出无限的留恋和向往。他的这种情绪始终贯穿在他的历史著作之中。正因为如此，恩格斯称塔西陀是"罗马旧贵族共和派的最后一个代表人物。"

怀有革命情绪的作家和政治家往往把塔西陀看成专制暴政的挞伐者，法国大革命时期，塔西陀备受推崇。"塔西佗陷阱"即得名于他。这一概念最初来自塔西佗所著的《塔西佗历史》，是塔西佗在评价一位罗马皇帝时所说的话："一旦皇帝成了人们憎恨的对象，他做的好事和坏事就同样会引起人们对他的厌恶。"之后被学者引申成为一种社会现象，指当政府部门或某一组织失去公信力时，无论是说真话还是说假话，做好事还是坏事，都会被认为是说假话、做坏事。

这里有必要叙述盖乌斯·儒略·恺撒，共和制的衰落和帝国的建立都与他密切相关。恺撒公元前100年7月13日出生于罗马，他的父母皆出身于纯粹的贵族家庭，由此他获得了很好的庇荫。

7岁时，恺撒进入专门培养贵族子弟的学校。在校内，恺撒的文学、历史、地理等科目总是得到老师的夸奖。他活泼开朗，脑子灵敏，且令老师惊奇的是他有问不完的问题，而且总是要打破砂锅问到底。恺撒的母亲相信自己的儿子不是凡夫俗子，便加强了对他的教育。恺撒也不辜负母亲的期望，博览群书，学业日益长进，文章写得非常好，十几岁就发表了《赫库力斯的功勋》和悲剧《俄狄浦斯》。他酷爱古希腊文化，特别是古希腊的古典文学。除文学外，恺撒还喜欢体育运动，他精通骑马、剑术等。15岁时，按照罗马的习俗，恺撒开始穿成人的白长袍。

公元前86—公元前84年，元老院民众派领袖马略和秦纳（Lucius Cornelius Cinna）先后去世，前者是恺撒的姑父，后者曾提名恺撒为朱庇特神祭司，而恺撒则由于亲缘等被视为马略的支持者。虽然恺撒一下失去两个保护人，但同时也获得从事某种职业并取得巨大成就的自由。公元前 84 年，恺撒娶秦纳之女科涅莉亚为妻。这桩婚姻不仅给他带来一个女儿——尤莉娅，还使其获得元老院民众派成员的支持。

公元前 82 年，在内战中取胜并得到元老院精英派成员支持的独裁官苏拉要求恺撒同科涅莉亚离婚。但是，恺撒选择拒绝并离开罗马。在亲友的帮助下，恺撒躲过放逐和死亡的威胁。虽然后来苏拉屈服于对年轻的恺撒各种有利的强大压力而宽恕了恺撒（传说，苏拉在同意宽恕恺撒时曾向为恺撒说情的属下言道："汝等当知，这个年轻人将比马略可怕百倍！"），但恺撒仍然认为远离罗马更好。

公元前 78 年，苏拉去世，恺撒回到阔别数载的家乡。在罗马的家中赋闲期间，恺撒没有什么大作为，极少关心政治，仅仅是以律师身份在法庭等处为自己和支持者辩护或起诉。但恺撒并没有坚持下去，公元前 76 年，他再次踏上前往东方的旅程。公元前 75 年，他在罗得岛（Rhodes）拜米隆之子、雄辩大师阿波罗尼奥斯为师，进修雄辩学。

在旅途中，他曾被奇里乞亚海盗劫持。海盗要求二十塔兰特的赎金，却遭恺撒嘲笑，说他们居然只要这一点点钱，自己的身价绝不只这些，并主动把赎金提高到五十塔兰特。更令海盗们惊讶的是，在等待赎金的 38 天之中，恺撒像没事般和海盗们同吃同住，甚至一同饮酒作乐。一次酒酣耳热之际，恺撒说自己有一天一定会将海盗们统统钉上十字架。海盗们听了哈哈大笑，以为他在开玩笑，等拿到赎金后就依约将他释放了。不料恺撒获释之后立刻组织了一支舰队杀回岛上，将所有海盗们一网打尽。但或许是因为那些海盗待他不错，恺撒为减轻他们的痛苦，先把他们的喉咙割断后才把尸体钉上十字架。

公元前 74 年，恺撒返回罗马，并很快继承了舅舅奥莱利乌斯·科塔的职位，成为祭司。公元前 72 年，他获得了第一个通过选举产生的低级职位——军事保民官，这是罗马官职体系中最低的一级。

公元前 70 年，32 岁的恺撒再次参选，并顺利当选公元前 69 年的财务官，这一职务是罗马官职体系中第一个正式官职，而且只有 30 岁以上的人才能参与竞选，任期一年，获胜者将自动获得元老院议员的资格。恺撒于公元前 69 年前往西班牙赴任，作为总督的副手，并主管这个行省的财政。在西班牙各城市巡回审理案件期间，一天，恺撒在赫库利斯神庙中看到了亚历山大大帝的塑像，联想到亚历山大在自己这个年龄就已征服世界，而自己还无所作为，不禁感慨万千，随即便请求解除自己的职务，离开了西班牙，回到罗马。

公元前 63 年是西塞罗的执政官任期年，他选择了和元老院中的精英派合作而与罗马的平民阶层决裂，其结果是在任期中显得无所作为。与之相反，恺撒此时却节节上升。公元前 63 年 12 月，西塞罗完成了一年的执政官任期。作为传统，执政官在卸任时会发表一篇演讲，并且宣誓自己履行了执政官的职务。但在西塞罗任期行将结束时，新任保民官昆图斯·尼波斯——很可能是在庞培的操纵下——发起了一场反对西塞罗的政治活动，召开集会称西塞罗随意处死公民，践踏了国家的法律。在西塞罗卸任当天，尼波斯以保民官的身份禁止西塞罗发表卸任演讲，只允许他宣誓。然而西塞罗机智地宣誓称"我承诺我拯救了共和国，使她永远强盛"，得到了人民的欢呼，挽救了尴尬的局面。但尽管如此，西塞罗暴露给对手的致命软肋从这一刻开始慢慢被政敌加以利用，并且最终导致他的流放。

西塞罗在卸任后提出了自己的政治主张，即"阶级和谐"。他希望借助自己的政治影响力，使得罗马的各个阶级可以和谐共存于元老院的领导之下。但陷入剧烈社会冲突和面临强人政治威胁的晚期罗马共和国，这个高度乐观的主张体现了西塞罗在政治上的不成熟，也折射了他珍视的理想主义政治。尽管在愈发严重的阶级冲突和派系纷争中，共和国的向心力已经越来越小，西塞罗还是相信他的政治主张可以挽救国家于颓败与崩溃。在《反对喀提林的演讲》第四篇，他提出："阶级的和谐在我的任期内已经被建立了起来，倘若我们能够维护它，使之永存，我向你们保证，自此没有任何内部的弊病或是公民之间的纷争会威胁到我们共和国的任何一部分。"除了这个政治口号之外，西塞罗并不能提供任何实质上的帮助来维护罗马共和国的和谐。共和国面对的政治危机是现实的，但西塞罗并没有能力解决任何现实问题。因此，尽管在国家面对阴谋的威胁时，阶级之间的和谐看似在西塞罗的任内建立了起来，但在长远的利益冲突和危机之下，这种和谐很快就烟消云散了。

同时，西塞罗在同僚心中的好感不仅没有持续太久，反而急剧下跌。成功挫败了喀提林阴谋后，西塞罗开始变得骄傲自满，以至于，依照普鲁塔克的描述："在元老院，在公民大会，在法庭——在所有的这些场合，没有哪一场会议里，人们可以躲避西塞罗无休止地谈论喀提林和伦图鲁斯。不仅如此，他自己的书籍中甚至都填满了对自己的夸耀；而他本来优美动人的演说，如今也因为他这令人讨厌的习惯变得冗长乏味、令人生厌。但是这习惯却偏偏像疾病一般附着在他身上……"

而西塞罗的口无遮拦和他不合时宜的幽默也为他招来了许多敌意。据说当他看见一位同僚护送自己的三个女儿走过广场时，西塞罗居然拿他女儿的相貌开起了玩笑，说："他生孩子时一定违背了阿波罗的旨意。"而当一位据说有奴隶血统的元老在元老院用洪亮的嗓门发言时，西塞罗也忍不住取笑他一番说："元老们，不要惊异，他来自于那些曾经呼喊过自由的人。"这些不合时宜的玩笑使得西塞罗的同僚对他的好感大大降低，为他本人招来了许多麻烦。

此时，罗马的祭司长皮乌斯去世，恺撒提出参加竞选。虽然恺撒已经因为市政官任期的巨大支出和贿选而债台高筑，以至于在选举当天曾发誓将取得大祭司的身份，否则就永不回家，但是恺撒仍然顺利地取得了这一拥有极大荣耀和权威的终身职位。

就在同一年稍后，恺撒又获得了另外一个职位——大法官。这一职位本应在40岁之后才能获得，而恺撒在39岁时就已得到。当然，也有历史学家指出恺撒的贵族身份可以助其降低一年的年龄限制。无论如何，恺撒在同一年中获得大祭司和大法官两个职位本身就已经说明恺撒在罗马已经上升到了权势很大的地位。

同一年，恺撒与苏拉的孙女庞培娅成婚。

在公元前 62 年 12 月举行的"善良女神节"上发生的一件丑闻使得西塞罗得罪了一个人，此人会为他招来巨大的麻烦。"善良女神节"是古罗马时代向贞洁和丰产的女神献祭的节日，因此只有女人可以参加。当年的"善良女神节"由时任大祭司恺撒的夫人庞培娅主持，在恺撒家中举行。当晚，献祭仪式正在举行时，恺撒的政治盟友克洛狄乌斯（Clodius）装扮成女笛手潜入仪式中，据说是为了和庞培娅约会。但克洛狄乌斯的伪装并不成功，很快就被发现了，他当即逃跑，但随后被恺撒家的仆人发现躲在床下。之后，尽管没有证据表明克洛狄乌斯潜入恺撒家的目的就是和庞培娅幽会，但恺撒还是休掉了庞培娅，因为"恺撒的妻子不能被怀疑"。并且克洛狄乌斯很快也被指控渎神，被送至法庭审判。在法庭上，克洛狄乌斯声称当天自己并不在罗马，但西塞罗站起来反驳了克洛狄乌斯的不在场证明，声称自己当天看到了他出现在罗马。这个证词得到了证人的证明，从而几乎把克洛狄乌斯推向了有罪判决。但在开庭前，克洛狄乌斯位高权重的朋友（可能是克拉苏）贿赂了大部分陪审员，使得他们都纷纷为其提供有利的证据。最终克洛狄乌斯被判无罪，但因为西塞罗的证词，他开始嫉恨西塞罗，并且发誓要让西塞罗为此付出代价。但西塞罗不以为意，反而常常拿克洛狄乌斯贿赂陪审团当作笑柄。实际上，克洛狄乌斯确实有一天让他付出了代价。

公元前 61 年，大法官任期届满，恺撒得到了远西班牙行省总督的职位。与此同时，庞培从东方返回罗马。这次，恺撒又一次陷入了经济困境中，以至于克拉苏不得不为他偿还贷款。刚一抵达伊比利亚，恺撒就发动了对卢西坦人和加拉埃西人的进攻，这次行动为其带来了丰厚的战利品。在恢复行省的秩序后，不等继任者到达，恺撒便匆匆地离开了行省返回罗马，同时提出两个要求：凯旋式和执政官职位。但是由于选举日期迫在眉睫，而他必须等在罗马城外或者以普通公民身份进入罗马，否则便无法成为候选人。因此他不得不放弃了凯旋式，以换取执政官候选人资格。

捍卫共和

公元前 61 年秋天，庞培从亚洲回到罗马。因为在亚洲立下了赫赫战功，他的归来被元老院视作对自身权威的极大威胁，因此元老院的贵人派几乎都和领袖小加图一起站到了庞培的反面，试图遏制他的权力，并否决了给庞培的退伍军人分地的提案；于是庞培转而跟其他的政治强人结盟。公元前 60 年，恺撒从西班牙归来后开始竞选第二年的执政官。由于恺撒是平民派的领袖，他也需要政治盟友来制衡元老院的贵人派的反对。恺撒派遣他的亲信巴布斯前往游说西塞罗，希望能把西塞罗争取到他的政治同盟中来。西塞罗在公元前 60 年 12 月给阿提库斯的信中描述了自己所面临的局面：要么给恺撒提供帮助，要么就只能退休回家。他明白，加入恺撒的政治同盟意味着"与庞培最紧密的联合（也是与恺撒的联合，如果我希望的话）、与敌人的和解、与人民的和平，以及晚年的安宁"。但西塞罗却没有为此动心。他明白，恺撒的寡头同盟对共和国的宪政是毁灭性的打击，而他不能眼看着自己所珍视的政治价值和贵族信念被自己所背叛。在给阿提库斯的信中，他引用了自己的诗句：

> 而那些道路，你从青年时代就开始追寻；
> 同样的路，你用执政官的德智加以求索。
> 守护它们，弘扬你的美誉、先贤的颂词。

　　西塞罗把守护共和国的价值视为自己的使命，因此他拒绝了恺撒的邀请，尽管这意味着他放弃了罗马的政治强人的庇护，甚至可看作是与他们作对。

　　公元前 60 年，恺撒被百人团会议选举为罗马共和国的执政官，恺撒因此成为最高长官。但是贵族们害怕如果再出现一个与恺撒合作的同僚，恺撒就可以无所顾忌、为所欲为，因而许多贵族会成为他的主要政治对手。元老院贵人派代表，小加图的好友马尔库斯·毕布路斯捐款贿选为执政官。对此小加图曾坦言，在此情形下，贿选有利于国家。不过恺撒找到了其政治对手事先未曾料想到的合作伙伴以组建其政治同盟。

　　此时，庞培正在元老院争取安置他的退伍老兵的土地，却遭遇失败。已经成为罗马最富有者的克拉苏，也正在为获得对抗帕提亚所需的军队控制权而犯愁，而执政官恺撒也正好需要庞培的声望和克拉苏的金钱。因此，恺撒成功地使两人言归于好（庞培和克拉苏在公元前 70 年那次共掌执政官之后结怨）。三人于公元前 60 年订立盟约，目的是使"这个国家的任何一项措施都不得违反他们三人之一的意愿"。历史学家将这个联盟称为"前三头同盟"。为了巩固这一政治联盟，50 岁的庞培还娶了恺撒年仅 14 岁的独女尤莉娅。

　　三人结盟后，势力大增。在毕布路斯宣布有不祥征兆而欲终止会议的时候，恺撒竟粗暴地动用武力，将这位同僚赶了出去，而在次日的元老院会议上，竟然无人敢对此提出批评或议论。毕布路斯非常失望，以至于其作为执政官的第一项政令，便是退出所有政治活动。从此这位恺撒的政敌，只能躲在家中通过信使向元老院或公民大会发出不祥征兆，直到任期结束。就这样，恺撒大权独揽，"毕布路斯和恺撒执政之年"成了"儒略（Julius）和恺撒执政之年"。

　　站到了三巨头的对立面后，西塞罗身边的政治环境很快便恶化了起来。公元前 58 年，克洛狄乌斯在恺撒的支持下当选为保民官。上任后，克洛狄乌斯在平民议会通过了一系列对平民有益的法案（比如免费为罗马市民提供粮食），从而为自己——也为恺撒——在罗马平民中赢得了更多的支持。克洛狄乌斯还通过了合法化私人帮派的法案，凭借这个新法案的许可，克洛狄乌斯本人就在罗马召集了一批市民作为自己私人帮派的打手。在没有系统化社会治安机制的古罗马，该帮派实质上变成了克洛狄乌斯的私人军队，帮助他恐吓官员和政敌。克洛狄乌斯也没有忘记"善良女神节"事件后西塞罗与他作对的往事，他很快在有利的政治环境下通过了一条法案，内容是惩罚曾经不经审判处死罗马公民的人，实际上针对的就是西塞罗本人。这条法案得到了恺撒的支持，而庞培因为受制于和恺撒的政治同盟也不得不默许恺撒为难自己的支持者。为了逃避做两面派的尴尬，庞培甚至潜到了乡下的别墅中，避免和西塞罗相见。

这时的西塞罗实际上已经不敢出门了，因为克洛狄乌斯的打手每日守在他的门口向他投掷石头和泥块。在这样的环境下，西塞罗的朋友建议他先离开罗马，等到政治环境好转再回来。西塞罗接受了他们的建议，在一个深夜离开了罗马，几经辗转来到了希腊的萨洛尼卡，在那里，当地的财务官把他收留在自己家中。同时在罗马，克洛狄乌斯通过法律禁止西塞罗靠近罗马城 400 英里以内的地区，没收了他的财产，并且摧毁了西塞罗在罗马城的家。

被迫离开罗马后，西塞罗陷入了巨大的心理冲击之中。突如其来的变化使得他难以接受，在给阿提库斯的信中，他提到自己经常控制不住号哭，甚至萌发了轻生的念头。在阿提库斯的劝说之下，西塞罗慢慢从极端情绪中恢复过来，却仍然忍不住抱怨自己的不幸遭遇。在这段时间给朋友和家人的书信中，西塞罗大篇幅地抱怨自己遭到了朋友的冷遇和背叛。但实际上，西塞罗的家人和朋友——特别是阿提库斯——正在罗马为西塞罗的回归四处奔走，希望能够为西塞罗在罗马赢得支持和同情。不久后，克洛狄乌斯和庞培陷入了对立，使得事情看起来有了转机。公元前 58 年 6 月，在克洛狄乌斯缺席的情况下，元老院投票决定召回西塞罗，但这个决定遭到了另一位反西塞罗的保民官的否决。这对西塞罗是一个打击，他在书信中表达了长久以来坏消息对自己的折磨。他表示自己在希腊无事可做，日益消沉，而罗马的消息又不能使他振奋起来。实际上，由于克洛狄乌斯仍然在任，并且恺撒的敌意没有消除，西塞罗要成功返回罗马则需要克服几乎不可能克服的阻力。

还好，年末的选举使得前景看起来光明了一些：两位可能上任的执政官中有一位是西塞罗的朋友，另一位老对手（即公元前 63 年反对西塞罗的尼波斯）也在阿提库斯的游说之下缓和了态度，使得西塞罗在第二年的回归成为可能。第二年，新上任的保民官、庞培的亲信渐渐占据了上风，庞培预计西塞罗在经历放逐之苦后能够停止攻击"前三头同盟"，并且认为西塞罗是一枚宝贵的反克洛狄乌斯的棋子，因此他开始在元老院安排召回西塞罗的议案。公元前 57 年 8 月 4 日，元老院几乎一致通过了召回西塞罗的决定，废除了克洛狄乌斯的法律，恢复了西塞罗的财产。同一天，西塞罗也从今阿尔巴尼亚的都拉斯启航返回罗马。

这混乱的政治局面折射出三巨头之间的同盟实际上已经在分崩离析的边缘。西塞罗在这样的局面中看到了自己的机会，很快站到自己的老盟友庞培一边反对恺撒。在为塞思提乌斯的辩护中，他攻击了恺撒的盟友瓦提尼乌斯，而正是后者帮助恺撒取得了高卢战争的指挥权。西塞罗在法庭上暗示，在元老院通过任命恺撒的决定时实际上违反了法律。不仅如此，他还开始攻击恺撒的土地改革法，并且试图以违宪的名义在元老院废除这一法案。西塞罗的这一举动十分冒险，因为废除法案的提议几乎意味着对恺撒的公开进攻。但西塞罗对此并不为意，他认为自己背后有庞培的支持，因此没必要担心恺撒的反击。但实际上，此时庞培秘密和恺撒达成了和解，恺撒表示支持庞培和克拉苏担任公元前55年的执政官，并且会说服元老院交给两人西班牙和叙利亚的统治权；作为交换，庞培支持把恺撒在高卢的统治权延长5年。此前克拉苏也和恺撒取得了相似的共识。在这样的情况下，西塞罗意识到自己已经无法再扮演一个独立的政治角色，因此当三巨头要求他支持他们的时候，西塞罗只能支持。

在任执政官期满之后，恺撒被授予作为总督管理山南高卢（今阿尔卑斯山南部、意大利北部）、外高卢（今阿尔卑斯山北部、法国南部）和伊利里亚（今巴尔干半岛亚得里亚海沿岸地区）5年（公元前58—公元前53年）的权力。但是野心勃勃的恺撒似乎并不满足于这些，几乎在刚到任的时候，他便发动了高卢战争，战争持续了9年（公元前58年—公元前50年）。

在统帅军队在各地作战的这9年时间，恺撒夺取了整个高卢地区（约相当于今天的法国），并把这个以比利牛斯山、阿尔卑斯山、塞文山、莱茵河和罗讷河为界，周长超过3000英里的地区（除了部分同盟者的城市），统统变成了一个行省（高卢行省），还规定这些地区每年向他上缴大量的钱财。恺撒以积极灵活的机动与统驭才能证明了他杰出的军事才能。此外，恺撒还是第一个跨过莱茵河，到对岸（日耳曼尼亚）去进攻日耳曼人，以及第一个挥军进攻不列颠的罗马人。

公元前54年，恺撒的爱女、庞培的宠妻尤莉娅因难产去世，这意味着庞培和恺撒之间的政治联姻的纽带断开了。第二年，克拉苏逝世，从而打破了三巨头之间的力量平衡，刚刚缓和下去的政治气氛又开始紧张。此时，恺撒在高卢的任期离结束（计划为公元前50年）已经不远了，但由于法律对前执政官的限制，他必须等到公元前48年才有可能再次当选执政官。这对恺撒是非常不利的局面，因为在公元前50—公元前48年这段时间里，没有元老院的任命意味着失去法律豁免权，而元老院里的贵人派正在等待这个机会扳倒他们的宿敌。在小加图的领导下，他们已经开始计划控诉恺撒在公元前59年执政官任内的违宪行为。预料到这一局面的恺撒在公元前51年向元老院提议延长他的资深执政官（即高卢总督）任期，但遭到了其政敌的强烈反对。

恺撒的敌人此时已经决心要除掉对自己最大的威胁，并且竭力把庞培拉到了自己一边。元老院中的激进贵人派明白，庞培在内心对恺撒的战绩十分不安，对他的野心也心存恐惧，他们利用了庞培的这一心理，和他结成了联盟。尽管庞培没有表示公开支持，但激进派将他的保留视作默许，此后两次在元老院提议召回恺撒。但对他们来说，庞培的力量至关重要，因为只有在武力支持下，他们才能完全扳倒恺撒，防止他避罪，或是东山再起。他们说服庞培不要理会法律细节，而要通过召集军队帮助他们拯救共和国，庞培同意了。至此，恺撒已经没有了中间道路可走，他必须做出选择：要么回到罗马接受审判，要么发动内战。

公元前 49 年 1 月，恺撒带领忠于他的第 13 军团① 到达国境线卢比孔河。卢比孔河是意大利本土与山内高卢分界线，罗马法律规定，没有元老院的命令，任何将领都不可私自带着军队渡过卢比孔河，否则视为叛国。这条法律确保了罗马共和国不会遭到来自内部的进攻，但恺撒还是带着第 13 军团渡过了卢比孔河。这无疑挑起了与罗马的当权者（主要是庞培和元老院中的贵族共和派）的内战，同时也将自己置于了叛国者的危险境地。至今西方有一条成语叫"越过卢比孔河"（Crossing the Rubicon），译成汉语就是"破釜沉舟"或"背水一战"。在恺撒渡河之后不久，奥古斯都就把山内高卢行省并入了意大利本土范围，从此卢比孔河失去了作为意大利界河的重要意义。随着时间的推移，"卢比孔"这个名字渐渐从当地地名中消失了。

在越过卢比孔河之前，恺撒陷入了焦虑的思考。经过一个小时的独自权衡，他留下了一句名言——"骰子已经掷下"（Alea iacta est），带兵越过了卢比孔河，入侵了意大利。在共和国时代，带兵的将领越过卢比孔河意味着最严重的叛国罪，因此恺撒的这一行为也宣告着对共和国的战争。

此时，恺撒仍然希望把西塞罗争取到自己一方来，但西塞罗不为所动。而庞培准备从布林迪西转移到希腊，他给西塞罗寄了一封信，希望他能够一同前往，西塞罗找一个借口拒绝了。西塞罗这时竭力希望保持中立，因为他明白，无论谁获胜，结果都是共和宪制的毁灭。但在 3 月 28 日，恺撒登门拜访西塞罗，希望他能够调解自己和庞培的冲突。西塞罗明白恺撒是在暗地里利用自己，试图通过自己获得其他中立派的支持。因此他提出前提条件，即恺撒不能出兵攻打庞培的势力范围，即西班牙和希腊。恺撒十分不满，在离开时，恺撒以威胁的口气告诫西塞罗再重新考虑一下自己的决定。恺撒声称，就算西塞罗不能为他效劳，也会有别人愿意这样做，而他则会不惜一切代价达到自己的目的。西塞罗对恺撒不加掩饰的威胁十分震惊，他开始重新考虑自己的立场，并且意识到自己已经再也无法保持中立，决定投奔已经前往希腊的庞培。6 月 7 日，不顾恺撒的代理人、执政官安东尼的警告，西塞罗登上安排好的船只，随后到达庞培的大本营都拉斯。

尽管西塞罗竭力想避免冲突的发生，但政局迫使他不得不在两人中做出自己的选择。西塞罗最终选择倾向于庞培，因为庞培毕竟和共和派站在一边，而恺撒所能带来的只有独裁。但西塞罗没有放松避免战争的努力，他劝说庞培放松对恺撒的压力。不过时局已经不在个人的掌控之中，战争只有一步之遥，已经不可逃避。在给阿提库斯的信中，西塞罗失望地预料战争的后果："你告诉我，起来反抗也好过受人奴役。但反抗又如何呢？败，便被流放；若是胜，不也一样做奴隶？"

---

① 罗马军团（legion）为罗马共和国及罗马帝国时期的正规军队，一般由 4500～7000 人组成，以其高效的适应性及机动性征服了地中海沿岸地区。

西塞罗的希望彻底被击溃。小加图提议让他接管庞培的指挥权，但西塞罗拒绝了，声称自己已经不想再参与到战争中去。西塞罗的投降派态度激怒了庞培的大儿子格奈乌斯和他的朋友，他们称西塞罗为叛徒，甚至拔出武器欲除之而后快。多亏小加图劝住了格奈乌斯，西塞罗才留下一命。无心恋战的西塞罗随后和弟弟昆图斯前往帕特雷港口，准备搭船回到意大利。而在离开希腊时，昆图斯和西塞罗发生了严重的争吵。昆图斯本和恺撒保持着十分不错的关系，但因为哥哥西塞罗，他也加入了庞培的阵营，结果输掉了一切。加上兄弟俩在财政上早有积怨，两人几至决裂。最终，昆图斯与其儿子投奔了恺撒，而西塞罗独自一人回到了意大利。

尽管昆图斯和西塞罗的关系后来得到了修复，但兄弟二人的感情却大不如前。此后两人来往的信件都是以平淡的语调写成的，而在西塞罗和密友的信中，昆图斯的名字也慢慢消失。有学者认为，如果昆图斯和西塞罗的关系没有破裂，此后西塞罗的一系列家庭变故——特别是女儿图莉亚的逝世——也不至于给西塞罗造成难以平复的打击。

恺撒击败了庞培的军队，随后平息了意大利的骚乱。在稳定了西部和意大利本土后，恺撒派遣军队前往布林迪西准备渡过亚得里亚海。此时，庞培有绝对优势的军队驻扎在希腊，包括 9 个军团的步兵和为数不少的骑兵，但军队素质并不高。恺撒的兵团在克基拉岛成功登陆，在一系列的交战后，两方的决战于 8 月在法萨卢斯爆发，即有名的法萨卢斯战役。此役中，庞培占有绝对的人数优势，但恺撒的部队素质精良。庞培的战术是利用自己的人数优势，用骑兵包抄恺撒的侧翼，但被恺撒提前识破，他布置下精锐切断了庞培骑兵的包抄线，并且利用局部人数优势将庞培的骑兵各个击破。最终恺撒以极小的代价以少胜多，获得了决定性的胜利，而庞培独自逃走。恺撒的敌人急忙逃离罗马，于是，恺撒兵不血刃地进入罗马城，要求剩余的元老院议员选举他为独裁官。

恺撒仍然在庞培身后紧追不舍，但在他到达亚历山大港之前，埃及国王托勒密十三世就杀掉了庞培，以表对恺撒的支持。对于庞培的死，西塞罗并不惊讶，但他仍然觉得惋惜和哀伤。此后的一年里，他待在布林迪西，无处可去，因为恺撒下令禁止庞培的支持者回到罗马。直到公元前 47 年 10 月，恺撒在完成了埃及的战争之后回到意大利，顺路经过了布林迪西，西塞罗才得以见到这位胜利者。

在和恺撒独自交谈了一段时间后，西塞罗才获得了人身自由，他这才出发回到罗马。回到罗马后，西塞罗和妻子特伦提亚离婚，据说这是因为西塞罗一直不满意特伦提亚的理财能力，而他困在布林迪西时，特伦提亚也没有来探望。随后特伦提亚嫁给了撒路斯提乌斯，而讽刺的是，撒路斯提乌斯最著名的作品《喀提林阴谋》正是一部关于西塞罗最辉煌的时刻的书。

恺撒回罗马之后，再次召集军队，攻打逃至北非与努米底亚王犹巴结成同盟的庞培余党，于塔尔索斯会战中获得完全胜利。之后，恺撒回到罗马，举行了长达十天的凯旋式。

在共和体制下，罗马虽然是南征北战，打遍了地中海，但是随着罗马领土的扩张，这个体制的弊病也越来越明显，主要的问题是土地兼并。罗马共和国，建立在公民的基础上，公民享有很大的权利，同时就得履行义务，包括参军打仗。而随着罗马的战争越来越频繁，战争持续时间越来越长，很多罗马公民从军之后，或是战死，或是长时间不能回家，土地被抛荒，这些地就被贵族兼并了，这就造成了两极分化不断加剧。

而原本贵族、平民基本能达成的平衡被打破，贵族集团的权力越来越大，跟着就是各种私相授受、腐败堕落。而同时，越来越多的财富，通过战争和贸易流入罗马，主要进了贵族的腰包，但整个社会的物价、生活成本，都水涨船高；奴隶大量进入罗马，也抢了底层公民的饭碗，这样穷人越来越穷，越来越过不下去。

简单来说，共和国是一种民主制度，最显著的特征是领导人是通过选举产生的，而不是继承，最高权力机关是元老院；而帝国是一种集权制度，领导人一般是通过血缘关系继承产生的，实行的是皇帝的独裁统治。还有一个巨大的区别在于，共和国实行公民兵制。在帝国的疆域不断扩大，公民的范围越来越广，而政权基础却日益萎缩的情况下，罗马不得不实行雇佣兵制。共和国与帝国不是进步与倒退的区别，只是时代变化的要求，恺撒也只是时代的奴隶。

西塞罗说："我希望恺撒得到他应得的荣誉；至于庞培，我愿为他献出生命。无论如何，对我而言，最重要的是共和国本身。"无论那个时代的人有多么为庞培惋惜、为共和国惋惜，时代的改变终究是无法阻挡的。因此，卢比孔河不仅仅是一条河流，更是时代转折点的象征。同样恺撒的遇刺也不是时代的终结，辉煌的帝国时代即将来临。

恺撒之死

公元前44年，为拯救卡雷会战中被俘虏的9000名罗马士兵，恺撒宣布将远征帕提亚。但是，当时的占卜师说"只有王者才能征服帕提亚"，此举更加深共和派议员的不安，认为恺撒终将自命为君主。2月，在一项典礼上，执政官安东尼将花环献给恺撒，并称呼恺撒为王。恺撒再三推辞了这一名号，但大部分人，特别是共和派，普遍怀疑这些要恺撒称王的人实际上都受到了恺撒的指使，为自己坐上王位造势，他的拒绝只是假意推辞罢了。而当两位护民官逮捕了几位支持恺撒称王的示威者后，恺撒反而把这两位护民官送上了法庭，号称他们暗地里妄图把自己歪曲为专制暴君。此时，恺撒的真实意图已是"司马昭之心，路人皆知"。因此，庞培曾经的支持者卡西乌斯召集了一批人，包括恺撒最信赖的德基摩斯·布鲁图斯在内，试图除掉恺撒，恢复共和。

参与刺杀恺撒的大约有60多人，为首的是盖乌斯·卡西乌斯、马可斯·布鲁图斯、德基摩斯·布鲁图斯。他们称自己为"解放者"，这些人在刺杀恺撒前曾和卡西乌斯会面，卡西乌斯告诉他们说如果东窗事发，他们就必须自杀。在恺撒被刺前，一直有一些迹象向恺撒暗示他将被杀，而且占卜师斯普林纳明确地提醒他，要他当心3月15日。在公元前44年3月15日，恺撒的妻子百般劝阻不让他出门，于是他决定派他的心腹安东尼去通知元老院休息。

这时恺撒最信任的并已被他列为第二继承人的德基摩斯·布鲁图斯却极力说服恺撒，并拉着恺撒的手，把恺撒引出门外，朝庞培议事堂走去。其实这个布鲁图斯也是谋杀恺撒的阴谋者之一。就在恺撒前往议事堂的路上，恺撒遇见了占卜师，前几天曾提醒恺撒要当心3月15日，他会遇到危险的。恺撒微笑地向他开玩笑地说道："3月15日已经到了。"这位预言家却静静地回答说："是的，3月15日已经到了，可是还没有过去。"

一群元老叫恺撒到元老院去听一份陈情书，陈情书是元老写来要求恺撒把权力交回议会，然而宣读陈情书是阴谋的一部分。安东尼从一个叫作卡斯卡的"解放者"那里听到消息后，他赶紧到元老院的阶梯上要阻挡恺撒，但是这些参与阴谋的元老在庞培剧院前先找到恺撒，带领他到元老院的东门廊。

恺撒读这份假的陈情书的时候，卡斯卡将恺撒的外套拉开，接着用刀刺向他脖子。恺撒发觉，转过身便抓住卡斯卡的手，以拉丁语说："恶人卡斯卡，汝何为？"被吓到的卡斯卡转向其他元老，以希腊语说："兄弟们，快帮我！"一下子连同布鲁图斯的所有人都开始向恺撒刺来。恺撒想要脱逃，因为血流得太多导致眼睛看不见而摔倒。就这样，恺撒被刺中23刀，倒在了庞培的塑像下气绝身亡。

一代枭雄，就这样在他辉煌的人生旅途中画上了句号，得年56岁。阴谋者本想把他的尸体投入台伯河，但慑于执政官安东尼和骑兵长官雷必达而没有这么做。

恺撒的遗嘱是按照其岳父的要求，在安东尼的家中启封宣读的。这份遗嘱是在前一年的9月13日立下的，并一直保存在维斯塔贞女祭司长手上。在这份遗嘱中，恺撒指定自己姐姐的三个孙子为自己的继承人：给屋大维四分之三的财产，其余四分之一由鲁基乌斯·皮那留斯和克文图斯·佩蒂尤斯分享；为自己可能出世的孩子指定监护人，其中几个竟是参与阴谋的凶手；还指定屋大维为自己的家庭成员，将自己的名字传给他，并规定德基摩斯·布鲁图斯为第二顺序继承人。

阴谋刺杀他的人们，几乎没有谁在他死后活过3年的。所有人都被判有罪，并以不同方式死去：一部分人死于海难，一部分人死于屋大维和其他恺撒部将随后发动的战争，有些用刺杀恺撒的同一把匕首自杀。

恺撒是罗马帝国的奠基者，故被一些历史学家视为罗马帝国的无冕之皇，有"恺撒大帝"之称。甚至有历史学家将其视为罗马帝国的第一位皇帝，以其就任终身独裁官的日子为罗马帝国的诞生日。影响所及，有罗马君主以其名字"恺撒"作为皇帝称号；其后之德意志帝国及俄罗斯帝国君主亦以"恺撒"为皇帝称号。

恺撒死时56岁，死后被按照法令列入众神行列，被尊为"神圣的儒略"。元老院也决定封闭他被刺杀的那个大厅，并将3月15日定为"弑父日"，元老院永不得在这天集会。

日落西山

恺撒遇刺后，西塞罗和安东尼成为此时罗马的领导人。安东尼的母亲朱里亚是恺撒家的姑娘，后来安东尼的父亲去世，朱里亚改嫁科尼利乌斯·伦图卢斯。后来伦图卢斯因参与喀提林阴谋而被西塞罗处死，为此安东尼和西塞罗结下了刻骨仇怨。

在一年前的 3 月 17 日，恺撒在西班牙彻底清除了庞培的儿子及其余党。当他返回罗马的时候，罗马的很多人都走了好几天的路程去迎接他。但最受恺撒宠信的要数安东尼，恺撒让他与自己同乘一车，一直同行到罗马，而屋大维却只能一直事奉在他们身后。

深受恺撒宠信的安东尼并不满足于自己所处的一人之下万人之上的位置。所以，在他与恺撒的那种表面上和善亲密关系的背后，也隐藏着私心。就在恺撒被刺之前，安东尼曾知道那些刺杀者的阴谋，但他这个恺撒最得力的助手和最亲密的"朋友"，并没有把这件事透露给恺撒。在一定程度上来说，他也希望阴谋者们能够成功，这样一来，他就可以坐收渔利了，成为罗马的第一号人物。

西塞罗成为元老院的发言人，正如恺撒所期望的那样，安东尼成为执政官和行政官。但这两个人从来都是矛盾重重，如今更是勾心斗角。当西塞罗指责安东尼不顾恺撒的真实愿望而随意曲解他的政治主张和愿望时，他们两人的关系进一步恶化。

4 月，恺撒的继承人屋大维抵达罗马，西塞罗便制定了一个方案让屋大维来制衡安东尼。9 月，屋大维通过一系列演讲来批评安东尼，西塞罗把屋大维捧上了天，把他誉为"天赐之子"，说他仅有的愿望就是获得光荣与荣耀因而他不会重蹈他舅舅的覆辙。同时，西塞罗攻击安东尼，嘲笑他是"绵羊"。

在这一时期内，西塞罗成了声誉卓著的民众领导，按照历史学家阿庇安[①]的说法，"他站在他名誉的峰巅"。作为一个广受欢迎的领导，西塞罗的言行瓦解了一批安东尼的支持者。但这样一来却激怒了安东尼及其门徒，他们计划向罗马推进并逮捕西塞罗，但西塞罗的逃亡使这个计划不了了之。

但是，罗马复杂的政治局势又让安东尼和屋大维暗自勾结。公元前 43 年 11 月，恺撒派的三个主要干将安东尼、屋大维和雷必达在波伦亚附近的一个小岛上会晤，他们三人达成协议，建立"三头政治"，共同执政，瓜分了整个帝国。这就是罗马历史上的"后三头"。

他们三分行省，安东尼统治高卢大部分地区；屋大维控制阿非利加（非洲的一部分）、西西里和撒丁尼亚诸岛；雷必达则掌握西班牙和那尔波高卢；意大利由他们三人共管。亚得里亚海以东地区尚在卡西乌斯、布鲁图斯二人手中，由安东尼和屋

---

① 　阿庇安（Appianus，约 95—165 年）古罗马历史学家，生于埃及亚历山大城的上层贵族家庭。早年在家乡官居要职，享有权势。曾在亚历山大里亚城任官，后在罗马获公民权，成为罗马帝国的拥护者和鼓吹者，皇帝哈德良时期任金库检察官一职。晚年担任埃及财政督察，代表作《罗马史》。

大维前去征讨，雷必达驻守罗马。

他们每个人都想消灭自己的敌人，保全自己的友人，彼此相持不下。最后，对敌人的仇恨终于战胜了对亲属的尊敬和对朋友的友爱。屋大维献出了西塞罗，安东尼献出了自己的舅父鲁夏斯·恺撒，雷必达则献出了自己的手足兄弟。他们以为恺撒报仇为借口，拟定"黑名单"，西塞罗赫然在名单之首。

当三巨头商讨此事时，西塞罗和弟弟昆图斯正在外地。获悉他们在不受法律保护者名单中后，他们准备乘船到马其顿。不过，因弟弟推迟了行期，很快被仆人出卖遭杀。西塞罗心烦意乱地来到海边的别墅，效忠于他的仆人用轿子抬着他向大海走去，企图让主人逃命。但是一个从弟弟昆图斯那里获得自由的年轻奴隶出卖了他，追赶的百人队队长在树林中赶上了轿子，西塞罗曾为这个队长出庭辩护过（罪名是杀害长辈罪），但队长按照安东尼的命令割下西塞罗的头颅和双手。因为西塞罗那些抨击安东尼的演说，都是借着这两样东西写出来的。

西塞罗之死

当百人队队长把西塞罗血淋淋的人头和手拿到安东尼面前时，他抑制不住内心的狂喜，竟把西塞罗的头带回家中，用餐时放在餐桌上，每看一眼，都忍不住发出一阵狂笑，直到他看厌了，才命人把这颗人头挂在死者生前演说的地方示众。

"没有什么比认识到我们生来是为了正义更能让我们变得崇高了，法律不是靠我们的意志而是依靠其本性来实施的。"西塞罗的这句名言始终耐人寻味。

罗马帝国

公元前 44 年，恺撒遇刺身亡，遗嘱指定屋大维为其继承人。时年 19 岁、身在希腊阿波罗尼亚军中的屋大维获悉后，立即行军回到罗马。此时的罗马正掌握在谋杀恺撒的共和派元老布鲁图斯与卡西乌斯手中。屋大维设法与恺撒的同僚安东尼、雷必达结盟。三人开始清理元老院的异端，百余名元老和上千名骑士被杀。安东尼与屋大维率军追击已经逃往东方的布鲁图斯与卡西乌斯。公元前 42 年，布鲁图斯与卡西乌斯在腓力比之战中兵败自杀。屋大维返回罗马，安东尼则前往埃及，与恺撒的情人、埃及托勒密王朝女王克利奥帕特拉七世（埃及艳后）结盟。至此，罗马西属屋大维，东属安东尼。

公元前 44 年，罗马共和国将领恺撒成为终身独裁官，象征着共和制的结束。安东尼专注东方帕提亚战事，并始终和埃及女王保持亲密关系。屋大维在罗马广结人心，巩固权力，同时中伤安东尼，称其勾结外国势力、反叛罗马。双方矛盾日益激烈。终于，公元前 32 年，屋大维向安东尼宣战。公元前 31 年 9 月，安东尼和埃及女王的联军，在希腊的亚克兴角与屋大维交战，史称亚克兴海战。结果，安东尼惨败，与女王逃回埃及。公元前 30 年，屋大维入侵埃及，安东尼和女王先后自杀，而女王与恺撒的私生子恺撒里昂被处死，托勒密王朝灭亡。至此，埃及成为罗马的一个行省。

公元前 27 年，屋大维巧妙运用政治手段，一面对外宣称卸除一切大权，要恢复共和制，一面又装作迫于元老院和公民的请求，接受与共和制度完全违背的绝对权力，成为首席元老（即元首，元首制由此而来）、最高执政官、终身执政官、终身保民官、大祭司长等，自称"第一公民"、最高统帅，并获得了元老院授予的"奥古斯都"（Augustus，意为"神圣的"）和"祖国之父"的称号。屋大维的这场精彩演出宣告了罗马帝国的正式建立。其首都罗马城在公元前 100—400 年这段时期是世界上最大的城市之一，公元 500 年其迁都至拜占庭（又称君士坦丁堡、新罗马），该城才随之取代罗马城成为世界最大城市，帝国人口亦增长到 5000 万～9000 万，大约是当时世界总人口的 20%。

奥古斯都在位期间，改革军事，裁减军备，并建立了帝国第一支常备军团和近卫军；设立内阁，以协助皇帝处理政务；创办"国税局"，以总揽财政权；重整行政区划，划分元老院行省与皇帝行省，以确立皇帝的最高军权。公元前 19 年，帝国征服西班牙全境。公元前 16 年起，奥古斯都出兵阿尔卑斯山东部和多瑙河上游，设雷蒂亚和诺里克两个行省，接着又出兵多瑙河中下游，设潘诺尼亚和默西亚两个行省。公元前 12—5 年，逐渐征服了莱茵河到易北河之间的土地，但新征服的土地不断发生暴动。9 年，将领瓦鲁斯在镇压日耳曼人起义的条顿堡森林战役 ① 中遭伏击而全军

---

① 条顿堡森林位于当今德国西北部，这个地名保留至今。条顿堡森林是一块高地，其中河谷纵横，地势起伏很大，不少地段道路在峡谷中穿行。奥古斯都时期罗马大举入侵日耳曼尼亚，一直征服到易北河附近。5 年罗马在莱茵河以东设置日耳曼行省，总督瓦鲁斯试图引进罗马的租税与法律制度，引起日耳曼人的强烈不满，遂于 9 年爆发起义。瓦鲁斯率领罗马三个军团镇压，日耳曼人在切鲁西族的阿尔米尼乌斯领导下，成功将瓦鲁斯及三个罗马军团引诱至莱茵河以东的条顿堡森林地带，罗马军团遭受埋伏，全军覆没，统帅瓦鲁斯自杀。条顿堡森林战役是古罗马最强盛的时代所遭到的最惨痛的失败，此战役使强大的罗马停止扩张，西方文明的版图大致形成。

覆没，奥古斯都不得不放弃莱茵河到易北河之间的土地。从此，罗马帝国向西日耳曼的扩张停止。奥古斯都设计了一个长远的、理想的帝国基础，就是持续实行了三个世纪的元首制（公元前27—284年）。元首制最初实施的200年，传统上认为是罗马和平时期。

14年，奥古斯都去世，传位养子提比略（Tiberius，公元前42—37年）。罗马人盛行养子继承制，每一任皇帝之间并不一定有直接的血缘关系，奥古斯都与其继承者提比略就无血缘关系，第四任皇帝克劳狄乌斯与其继承者尼禄虽有血缘关系，却非父子。而之所以会被认定为同一王朝，乃是因为其姻亲关系或收养养子作为继承人，形成同一家族，这与中国"一家一姓"的概念是大相径庭的。

提比略为加强皇权，取消了公民大会的立法权和选举权，将近卫军集中到罗马以保卫皇帝。提比略个性冷酷严苛，在位后期独断专行，多次禁止反对或非议皇帝的言行，要求元老院只能和他发表相同意见，和元老院与家族的关系紧张。他于26年隐退到卡普里岛（Capri，罗马东南200千米处），并在那里继续统治罗马近10年。37年，提比略病死于卡普里岛。

提比略死后，近卫军立卡利古拉（Caligula，12—41年）为帝，这是罗马史上第一次由军队拥立皇帝。卡利古拉在位前期，宽厚慷慨，得到了人民的普遍爱戴。后期，突患精神病，不理国政，沉迷于娱乐活动，并喜怒无常，残暴嗜杀，经常处死元老院议员、贵族并没收其财产。40年，他在罗马演讲鼓吹个人独裁，并神化皇帝。41年，卡利古拉被近卫军杀死。

卡利古拉死后，近卫军拥立他年迈的叔叔克劳狄乌斯即位。克劳狄乌斯在位期间，改革政府机关，建立了一套官僚体系：中央有三个部门，即秘书处（掌内政、军事、外交）、财务处（掌财务）及司法处（掌法律）。克劳狄乌斯提高骑士地位，又将罗马公民权授予行省居民。由此，行省贵族也可以充任高级官员或进入元老院。对外扩张方面，又新征服了不列颠南部和毛里塔尼亚。克劳狄乌斯还修建了台伯河口的奥斯提亚港以及大规模的输水管道。54年，克劳狄乌斯被皇后小阿格里皮娜毒死。

克劳狄乌斯死后，养子尼禄（Nero，37—68年）即位。尼禄在位初期，制定了多项惠及平民的政策。任用名将科尔布罗，成功化解帕提亚与亚美尼亚危机。但同时，他也是罗马史上著名的暴君，残酷暴虐，弑母杀妻。他热衷于艺术，以"伟大的艺人"自居。64年，罗马发生大火，全城几乎焚毁。尼禄在大火过后开始修建新宫，号为"金宫"。罗马于是传有流言：尼禄放火以便建造新宫。尼禄为消除流言，以基督徒为替罪羊，大肆捕杀。66年，巴勒斯坦地区爆发犹太战争。此时，尼禄又到希腊进行长时间的艺术巡回演出。由于尼禄失政，各地爆发了反对尼禄的起义。68年3月，高卢总督温代克斯与西班牙总督加尔巴起兵造反。5月，温代克斯兵败身亡。此时，元老院宣布尼禄为国家公敌，尼禄在逃亡途中自杀。

尼禄死后，元老院承认加尔巴（Galba，公元前3—公元69年）为帝。加尔巴年老体衰，无力控制局面，导致各地将领拥兵自重。69 年 1 月，下日耳曼总督维特里乌斯（Vitellius，15—69 年）称帝，同时加尔巴被部下奥托（Otho，32—69 年）所杀，奥托自立为帝。3 月，维特里乌斯（Vitellius，15—69 年）出兵与奥托争夺帝位，奥托战败自杀。7 月，正在平定犹太人叛乱的将领韦帕芗（Vespasian，69—79 年）被多地军队拥立为帝。10 月，韦帕芗击败维特里乌斯，结束了皇位争夺战。

161 年，安东尼·庇护（Antoninus Pius，86—169 年，138—161 年在位）去世，帝位由两个养子路奇乌斯·维鲁斯（Lucius Verus，130—169 年，161—169 年在位）和马可·奥勒留（Marcus Aurelius，121—180 年，161—180 年在位）共同继承，这是罗马史上第一次两帝共治。奥勒留是著名的"哲学家皇帝"，是斯多亚派哲学的主要阐述者，著有《沉思录》。罗马第 13 位皇帝图拉真（Trajan，53—117 年，98—117 年在位）是罗马五贤帝[①]之中的第二位，他在位时见证帝国的最大版图：约 500 多万平方千米。

康茂德（Commodus，161—192 年，180—192 年在位）时期，帝国开始出现衰退之兆。192 年康茂德被刺杀身亡，触发"五帝之年"，有五人同时称帝；235 年，皇帝亚历山大·塞维鲁（Alexander Severus，208—235 年，222—235 年在位）被刺杀身亡，导致"三世纪危机"，这段时期短短 50 年之内有 26 人被元老院立为皇帝。直至戴克里先（Diocletian，244—312 年，284—305 年在位）在位时创立"四帝共治"，帝国才全面恢复稳定，这段时期一共有四位皇帝共同统治罗马帝国。

内战很快来临，最终君士坦丁一世（Constantine Magnus，272—337 年，306—337 年在位）胜出，成为帝国的唯一统治者。君士坦丁一世即位时任命三个儿子君士坦丁二世（Constantine Ⅱ，316—340 年，337—340 年在位）、君士坦提乌斯二世（Constantius Ⅱ，317—361 年，337—361 年在位）、君士坦斯一世（Constans，323—350 年，337—350 年在位）为恺撒，各统治帝国的一部分：君士坦丁大帝统治巴尔干半岛和黑海地区，君士坦丁二世统治西班牙、高卢和不列颠，君士坦提乌斯二世统治东方和埃及，君士坦斯一世统治意大利和阿非利加。君士坦丁一世改革行政区划，将全国分为四个大行政区，下为行政区，再下为行省。

君士坦丁一世亦于 313 年将基督公教（中文译为"天主教会"）合法化。自 324 年起，君士坦丁一世大兴土木，在博斯普鲁斯海峡旁修建新都君士坦丁堡，号称新罗马，但君士坦丁堡这个名称更为人熟悉。君士坦丁堡于 330 年初步建成，其特殊的地理环境和战略地位，是东罗马帝国历经千年不亡的重要原因。337 年，君士坦丁一世去世，死前接受了洗礼。

君士坦丁一世去世后，罗马帝国马上就爆发了争夺帝位的混战，君士坦丁二世、君士坦斯一世、马格嫩提乌斯（Magnentius，350—353 年的篡位者）先后被杀。

---

① 五贤帝（5 Good Emperors）分别为：涅尔瓦、图拉真、哈德良、安东尼·庇护以及马可·奥勒留。

353 年，君士坦提乌斯二世成了帝国唯一的统治者。361 年，君士坦提乌斯二世的堂弟"背教者"尤利安（Julian the Apostate，331—363 年，361—363 年在位）造反，君士坦提乌斯二世在前往征讨尤利安的途中去世，尤利安取得政权。尤利安受新柏拉图主义[①]影响，即位后实行反基督教政策，大力扶助多神教。他大肆攻击基督教，教堂多被焚毁和抢劫，基督徒被赶出军队和学校，他本人还写书攻击基督教。经济方面，尤利安取得了成功，遏制了通货膨胀。军事方面，他击败了日耳曼人，并入侵波斯萨珊王朝。363 年，尤利安阵亡，即位的约维安（Jovian，332—364，363—364 年在位）取消了尤利安的反基督教政策。

经过了瓦伦蒂尼安王朝的 8 位皇帝后，393 年，狄奥多西一世（Theodosius I，364—395 年，379—395 年在位）宣布基督教为国教，基督教从而成为西方世界的主要宗教。狄奥多西一世反对一切异教和异端，关闭多神教的神庙，修建基督教教堂。他认为古代奥运会有违基督教教旨，是异教徒的活动，于是宣布废止古代奥运会。394 年，狄奥多西一世击败了西部的篡位者欧根尼乌斯后，成为帝国的唯一统治者，这也是罗马帝国经历多次东西分治后的最后一次统一。395 年，狄奥多西一世于米兰去世，他将帝国再次分为东西两部分：西罗马帝国和东罗马帝国，东部分给长子阿卡迪乌斯（Arcadius，377—408 年，395—408 年在位），西部分给幼子霍诺里乌斯（Honrius，384—423 年，395—423 年在位）。东罗马帝国（后称拜占庭帝国）则定都君士坦丁堡（今土耳其伊斯坦布尔）；西罗马帝国定都梅蒂奥拉努（Mediolanum，今意大利米兰）。自此之后罗马帝国永久分裂。

5 世纪后，欧洲民族大迁徙的浪潮达到一次高峰。西哥特人首领阿拉里克（Alaricus，370—410 年，395—410 年在位）在东北亚游牧民族匈人的强大压力下不断入侵罗马帝国。405 年冬，阿拉里克和匈人联军突破了帝国的莱茵河防线，罗马并无有效的抵抗，实际上等于放弃了高卢的大部分地区。407 年，阿拉里克南下，包围了罗马。410 年，阿拉里克攻陷罗马城，军队在城内杀掠三天，大获而归，而罗马城则遭到了严重的毁坏。

476 年，西罗马帝国被日耳曼人奥多亚塞（Odoacer，435—493 年）推翻，直到 493 年，奥多亚塞又被东哥特国王狄奥多里克（Theoderic I，455—526 年）推翻。不久，伦巴第人进入意大利，在意大利北部建立了一个王国，在意大利南部建立了三个公国。

476 年，蛮族将领奥多亚克反叛，废黜罗慕路斯·奥古斯都（Romulus II，475—476 年在位），宣称效忠东罗马帝国皇帝芝诺（Flavius Zeno Augustus，425—491 年，474—475 年在位），将西罗马帝国的权力转让给东罗马帝国。至此，西罗

---

① 新柏拉图主义认为，世界有两极，一端是被称为"上帝"的神圣之光，另一端则是完全的黑暗。但此处，亮光与黑暗对应基督教的善与恶。新柏拉图主义强调，世间一切事物都有这种神圣之光，但最接近上帝的光芒的，还是人类的灵魂，只有灵魂才能与神秘伟大合二为一。

马帝国灭亡。

西罗马帝国灭亡后，入侵的日耳曼人在西罗马帝国的领土上先后建立了 10 个王国。489 年，东哥特人首领狄奥多里克在东罗马帝国皇帝芝诺的支持下，越过阿尔卑斯山，入侵亚平宁半岛。493 年，狄奥多里克占领拉文纳，建立东哥特王国，成为东罗马帝国在意大利地区的总督。实际上，东罗马对狄奥多里克并没有约束的能力。狄奥多里克通过一系列的联姻，与其他一些日耳曼人建立的王国组成联盟。568 年，伦巴第人从北方翻越阿尔卑斯山，入侵亚平宁半岛，建立伦巴第王国。572 年，定都帕维亚。东罗马只保留了拉文纳及一些位于意大利中南部的支离破碎的领地。

751 年，伦巴第人占领拉文纳并废黜东罗马帝国的总督，彻底结束拜占庭在意大利半岛上的势力。面对伦巴第人的威胁，教皇请求法兰克国王援助。756 年，法兰克国王的宫相丕平三世（Pépin Ⅲ，714—768 年）攻入意大利，为受伦巴第人威胁的教皇夺回大权。774 年，法兰克王国国王查理大帝（Charlemagne，742—814 年，800—814 年在位）灭亡伦巴第王国。

800 年，教皇在圣伯多禄大殿为查理大帝加冕为神圣罗马帝国皇帝，承认查理曼帝国为罗马帝国的继承者。在查理大帝死后（814 年），新帝国在其软弱的继任者统治下瓦解。因此意大利面临权力的真空，而此时伊斯兰教正在阿拉伯半岛、北非和中东地区兴起。962 年至 11 世纪，意大利北部和中部成为"日耳曼民族神圣罗马帝国"的一部分，而南部则为拜占庭领土，直至 11 世纪诺曼人入侵意南部并建立两西西里王国。12—13 世纪在意大利的神圣罗马帝国统治瓦解，分裂成许多王国、公国、自治城市和小封建领地。

962 年，奥托王朝的东法兰克国王奥托一世（Otto Ⅰ，912—973 年，963—973 年在位）在罗马被教宗若望十二世加冕为罗马帝国皇帝，并视之为罗马公教的保护者。奥托大帝在加洛林帝国分裂出的东法兰克，即德意志地区，建立神圣罗马帝国（并未有罗马人血统，而是日耳曼人，他们自称"罗马帝国"）。罗马教廷承认了神圣罗马帝国是西罗马帝国的合法继承者，后来东罗马帝国也承认了它的这一地位。

1618—1648 年爆发了大规模国际战争，欧洲主要国家纷纷卷入德意志内战，史称三十年战争，又称"宗教战争"。这是由神圣罗马帝国的内战演变而成的一次大规模的欧洲国家混战，也是历史上第一次全欧洲大战。这场战争是欧洲各国争夺利益、树立霸权的矛盾以及宗教纠纷激化的产物。中世纪后期神圣罗马帝国日趋没落，内部城邦小国林立，纷争不断。宗教改革运动之后又发展出天主教和新教的尖锐对立，加之周边国家纷纷崛起，该战争基本上是以德意志新教诸国和瑞典、丹麦、法国（法国是信天主教的，但是为了称霸欧洲而和新教国家站在一起）为一方，并得到荷兰、英国、莫斯科大公国的支持；神圣罗马帝国皇帝、德意志天主教诸国和西班牙为另一方，并得到教宗和波兰的支持。战争以哈布斯堡王朝战败并签订《威斯特伐利亚和约》而告结束。这场战争推动了欧洲民族国家的形成，是欧洲近代史的开始。

三十年战争后，神圣罗马帝国衰败而名存实亡，但是直到 1806 年被法国皇帝拿破仑一世（Napoléon I，1769—1821 年。1799—1804 年：法兰西第一共和国第一执政。1804—1815 年：法兰西第一帝国皇帝）推翻。拿破仑一世勒令哈布斯堡王朝的弗朗茨二世（Franz II，1768—1835 年，1804—1835 年在位）于 8 月 6 日放弃神圣罗马皇帝尊号，仅保留奥地利皇帝称号，神圣罗马帝国瓦解为奥地利帝国、莱茵邦联等，宣告解体。

西罗马帝国灭亡后，东罗马帝国成了罗马帝国实际意义上的继承者。1453 年，东罗马帝国首都君士坦丁堡为奥斯曼帝国苏丹穆罕默德二世所攻陷。1460 年，东罗马帝国在摩里亚的领土被奥斯曼帝国占领。1461 年，奥斯曼帝国灭亡特拉布宗帝国[①]。至此，东罗马帝国永远退出历史舞台。

1472 年，莫斯科大公国大公伊凡三世（Ivan III，1440—1505 年，1462—1505 年在位）迎娶了东罗马帝国末代皇帝君士坦丁十一世（Constantine XI，1405—1453 年，1449—1453 年在位）的侄女索菲娅（Sophia，1449—1503 年，伊凡三世的第二任妻子），宣称其继承了东罗马正统，并将东罗马的国教引入本国。至今，俄罗斯仍是全世界东正教[②]的中心。1547 年，大公伊凡四世（Ivan IV，1530-1584 年，1547—1584 年在位）由东正教大主教马卡里为其加冕而称帝，成为俄罗斯帝国的第一位沙皇。"沙皇"一词就来源于拉丁语中的"恺撒"，暗示其血统纯正。同时，为了时刻提醒世人自己是东罗马帝国的合法继承者，俄罗斯帝国以"第三罗马"自居，并将东罗马使用的双头鹰标志加入国徽之中。

---

① 特拉布宗帝国创立于 1204 年 4 月，是拜占庭帝国溃败于第四次十字军东征后建立的三大割据政权之一，是格鲁吉亚人协助建立的傀儡国家。

② 东正教，国际通称东正教会（Eastern Orthodox Church），与天主教、新教并称为基督教三大流派。东正教源自希腊文明的救世主信仰根源，因罗马帝国东部一脉相承的拜占庭帝国、俄罗斯帝国的国家宗教而闻名。

7　罗马皇帝的老师：塞涅卡（约公元前4—公元65年）

跌宕起伏的一生

吕齐乌斯·安涅·塞涅卡（Lucius Annaeus Seneca），又译为塞内加，有时又被称为小塞涅卡或者哲学家塞涅卡，以区别于他的叔父、修辞学家塞涅卡。塞涅卡是古罗马政治家、斯多亚派哲学家、悲剧作家、雄辩家，提比略时期进入官场，曾任帝国会计官和元老院元老，后任司法事务的执政官及尼禄皇帝的家庭教师与顾问。他的一生，多次与死神擦肩而过。

塞涅卡一生著作颇丰，触及可以作为研究对象的一切实际领域。现存哲学著作有12篇关于道德的谈话和论文，124篇随笔散文收录于《道德书简》和《自然问题》中，另有9部悲剧等文学作品。

塞涅卡大约在公元前4年（公元前8—公元前1年之间）出生于古罗马属地西班牙行省南部的科尔多瓦的一个骑士家庭。在那里出生的人同在意大利本土出生的人一样，享有罗马市民权。塞涅卡的父亲是该行省的一位演说家和官员，生了三个儿子：老大盖里奥后来从政，官至罗马的阿开亚行省总督；老三梅拉性格内向，是罗马著名诗人卢卡的父亲；老二就是哲学家塞涅卡。

塞涅卡一生身体虚弱，患有很重的哮喘病，因此曾经想过自杀，只因怕父亲承受不了失去他的痛苦，才断了这个念头。

塞涅卡很早就来到罗马，他的外祖母辈有人嫁给了埃及王室，从而使他有机会前往埃及，从小便接触了禁欲主义。他返回罗马后，仍然像一般的富家子弟那样，接受了正规的罗马教育，而且从小便对当时流行的斯多葛派哲学关于自我完善的理论怀有浓厚的兴趣。

塞涅卡曾学过对于从政十分重要的修辞学，并很有成就。同时他也喜欢哲学，大约对哲学的热爱耽搁了他对政治的关心，他早年信奉毕达哥拉斯的神秘主义和东方的宗教崇拜，后来皈依斯多葛派，成了晚期斯多葛主义的第一号代表人物。

但是他后来还是决定从象牙塔走出来，走入给他带来人间喜剧、也给他带来人间悲剧的政治生活中。31年，塞涅卡回到罗马后，很快进入政界，开始了他的政治生涯。起初是担任会计官，后来任元老院的元老。他的命运和罗马帝国的第一个王朝——"朱里亚·克劳狄王朝"的5位皇帝（屋大维、提比略、卡利古拉、克劳狄乌斯、尼禄）联系起来了。塞涅卡在屋大维的继承人提比略皇帝的统治时期开始当官。37年，卡利古拉皇帝继位时，他已是元老院中一位主要的发言人。卡利古拉是一位臭名昭著的暴君，其极端残暴的施虐狂特性和病态的性格通过绝对的权力得到了放大，其种种行径骇人听闻。他因为妒忌塞涅卡在演讲能力上的名望，曾想杀了塞涅卡。塞涅卡之所以能够逃过这一劫，是因为重病（或装病）。

41 年，卡利古拉的继承人克劳狄乌斯皇帝即位后，塞涅卡是在劫难逃了。克劳狄乌斯给塞涅卡安的罪名是"与皇室贵妇（卡利古拉的妹妹）有染"，还有人笼统地说是"他触怒了皇后梅萨林娜"。按照罗马法律，这是应当杀头的。幸运的是，塞涅卡只是被没收部分家产，他本人被流放到当时仍然很荒凉的科西嘉岛，过了相当长一段时间的流放生活，生活非常艰苦。帮助他渡过这一段漫长、恐惧和无望的流放生活的是写作，他的大部分哲学著作都是在这一时期完成的。

摇摆不定的命运在他流放生活的第 8 年突然迎来转机。49 年，克劳狄乌斯的新皇后小阿格里皮娜说服克劳狄乌斯招回塞涅卡，并任命这位文化界名人担任自己 12 岁的儿子、后来的皇帝尼禄的家庭教师，由此塞涅卡也就直接陷入了宫廷内部的争斗，并且成为积极的参与者。但正如罗素[①]所说："塞涅卡要比亚里士多德更为不幸，因为他教的学生就是皇帝尼禄。"

此后塞涅卡受到作为皇后的小阿格里皮娜的保护，开始从政，并且成为受小阿格里皮娜支持的元老反对派的首领。后来，当尼禄于 54 年登基之后，塞涅卡作为太子太傅和元老，从权力、荣耀和财富上都赫然上升到顶点。他忙着给尼禄出主意、提建议、写讲演词，既小心翼翼，又不无成就感地看着这位性格捉摸不定的年轻皇帝可圈可点的各项政令。

可惜，这样的好时光没有持续很久。尼禄登基大约 5 年之后，本性暴露，他变得专横残暴、恣睢纵欲、无法无天起来，塞涅卡也就日益失宠。58 年，塞涅卡获得执政官头衔，并积累了巨额的财富。塞涅卡的影响力和财富引起了小阿格里皮娜的不满。在短暂而令人眩晕的仕途急速攀顶时，塞涅卡遭到尼禄的忌恨，塞涅卡因此赶紧主动请求交出巨额财富，退隐研修哲学，然而却被狡猾的尼禄断然拒绝。62 年，他终于退隐林泉，闭门谢客，潜心写作。

65 年，皮索谋刺尼禄事件败露之后，塞涅卡虽然清白，却仍然被控参与了企图谋害尼禄、拥戴新帝的阴谋而被判处死刑，尼禄姑念他旧日的效劳而恩赐他以自尽的方式死去。据说，当他接到死刑的判决时曾准备写一份长篇遗嘱，但人们告诉他已经没有时间了，他就转身向忧伤的家属们说："你们不必难过，我给你们留下的是比地上的财富更有价值的东西，我留下了一个有德的生活的典范。"塞涅卡的妻子要求与他一同死去，他答应了。他割断了两人臂上的血管，叫来秘书记录他最后的演说。即使此时此刻，他的辩才仍然有如泉涌，滔滔不绝。最后，塞涅卡安静下来，试图以斯多亚式结束生命，但因血流不畅，无济于事，后被人抬到蒸汽炉内闷死。

作为一个斯多亚主义者，塞涅卡主张清心寡欲，公开鄙夷财富，但他自己却积

---

① 伯特兰·阿瑟·威廉·罗素（Bertrand Arthur William Russell，1872—1970 年），英国哲学家、数学家、逻辑学家、历史学家、文学家，分析哲学的主要创始人，主要作品有《西方哲学史》《哲学问题》《心的分析》《物的分析》等。

累了大量财产，有人估计其财产总额达 3 亿多塞斯特斯（古罗马币），相当于现今的1200 多万美元。这种言行不一的情况自然会降低他所宣传的思想的吸引力和可信度，他对此是很清楚的，但他辩护说："有人向我说，我的生活不符合我的学说。在这一点上，当时人们也责备过柏拉图、伊壁鸠鲁、芝诺。这些哲学家所谈的并不是他自己怎样生活，而是应当怎样生活。我是讲美德，而不是讲我自己；我与恶行做斗争，其中也包括我自己的恶行；只要我能够，我就要像应当的那样生活。要知道，如果我的生活完全符合我的学说，谁还会比我更幸福呢？现在就没有理由责备我只说好话、存好心了。"既然我们接受的是作为真理的思想，何必去问它是出自谁人之口呢？

塞涅卡是古罗马三大斯多亚派哲学家中影响最大的一位，他是一位高产的悲剧作家。他在自然哲学、道德哲学和悲剧等方面都有不少著作，影响了后来的基督教思想家，故恩格斯在其著作《布鲁诺·鲍威尔和早期基督教》中称塞涅卡为"基督教的叔父"。他是文学家和哲学家，也是古罗马的政治家、雄辩家。塞涅卡继承了斯多亚派的基本思想，认为人的生活完全取决于人自身，强调客观物质对于人生并没有我们想象的重要，只有人的理性才是真正的"善"，人必须通过自省不断培养自己的"理性"，最终才能完全"控制"生活，并认为对磨难应持乐观态度。塞涅卡信奉自然法，强调自然是善与合理性的标志。

在罗马共和国的晚期，社会陷入危机之中，推行专制主义才是解决之道。虽然塞涅卡对社会和政治表现出悲观和沮丧的情绪，但他仍认为正直的人都有道义为国家服务，追求公共利益，而不能只虑及私利。他强调国家与社会的分享，在他的学说中，充满了宗教的倾向，因此也成为早期基督教的思想来源。

作为一位斯多亚派哲学家，塞涅卡面对这些命运的打击，当然主张坚强、不动心，甚至冷酷。这是"斯多亚"的教导给人的最重要的启示：做一个傲然独立的强者。只要你内心不垮，外界的一切打击都可以等闲视之。说到最后，人也可以通过自杀的方式表示自己不会屈服于任何难以承受的命运。塞涅卡的许多著作中都体现了这样的思想，他的道德榜样无疑是那位勇敢坚强的共和英雄——加图。

塞涅卡一生著作颇丰，触及可以作为研究对象的一切实际领域。他的思想对后世产生了不可磨灭的影响。他的伦理学对基督教思想的形成起到了极大的推动作用，他的言论被圣经作者大量吸收。尤其是他的《道德书简》，历来都是众所公认的首选必读书。以塞涅卡为代表的晚期斯多亚派不重视科学知识和理论上的论证，而把哲学化为顺从天命的道德说教，强调道德的内向性，认为外在的善恶无关紧要，美德与幸福只在于个人的心灵安静。塞涅卡强调原因（即理性）与质料的对立、理性与身体的对立，悲观主义地渲染情感、罪恶以及人的软弱，鼓吹理性摆脱身体的束缚。他对人们达到斯多亚派的智慧没有信心，但他肯定人有取得道德进步的能力和争取道德进步的积极意义，从而缓和了早期斯多亚派关于智慧的人和一般人之间的对立。

塞涅卡的哲学思想和他的生活实际是矛盾的，是一个言行不一的道德说教家。他一方面提倡简朴的生活和内心的宁静、鄙弃财富，一方面却利用与尼禄的关系聚敛了大量的财富，是当时的大富豪之一。

暴君尼禄（37—68 年）

尼禄·克劳狄乌斯·恺撒·奥古斯都·日耳曼尼库斯（Nero Claudius Caesar Augustus Germanicus），出生在罗马附近繁华的海滨城市安提乌姆（今意大利安齐奥和内图诺）。他的父亲是格涅乌斯·多米提乌斯·阿赫诺巴尔布斯。尼禄的父亲尽管出身贵族世家，却以残酷、放荡而臭名昭著，曾杀死过许多无辜的百姓。其母亲小阿格里皮娜亦是皇族成员，尼禄自然比普通人都工于心计。

尼禄的舅舅皇帝卡利古拉，更是对尼禄非常蔑视，在为尼禄起名时都不忘嘲讽一番。当尼禄 3 岁的时候，即公元 40 年，他的父亲因纵欲过度而死。卡利古拉不但没有承担起教养他的责任，还下令剥夺其遗产继承权，最后索性流放自己的姐姐。这导致年幼的尼禄一度身无分文。所幸尼禄被姑母蕾必达收养，才免于流落街头的下场，他也过上了普通贵族少年的体面生活。

公元 41 年，暴虐无度的卡利古拉被刺身亡，尼禄的境遇开始瞬间逆转。新继位的克劳狄乌斯皇帝是卡利古拉的叔父，下令退给尼禄遭剥夺的全部遗产。母亲小阿格里皮娜也在成功回到罗马后被恢复名誉。

尼禄的母亲小阿格里皮娜是个阴险多谋、贪权好势的女人。14 岁时，小阿格里皮娜被哥哥卡利古拉夺去了贞操，后来她与帕西埃努斯·克里斯普斯结婚，但不久这个男人就死了。于是她又嫁给了一个名为多米第乌斯·阿赫诺巴尔布斯的人，他出身名门贵族，这段婚姻的产物就是暴君尼禄。

这个孩子是"脚先出的娘胎"。婴儿出生以后，小阿格里皮娜找来当时最著名的占星师来占卜孩子的未来，得到的神谕是："这个孩子将会成为皇帝，并杀死他的亲生母亲。"小阿格里皮娜激动万分，高声喊道："只要他能成为皇帝，就算我被杀又有什么关系！"这个预言最终变成了现实。

尼禄 3 岁的时候，他的父亲多米第乌斯·阿赫诺巴尔布斯在西西里岛去世了，他死前留下了一句著名的遗言："我与阿格里皮娜所生的孩子，今生只能成为一个怪物。"据信，小阿格里皮娜毒死了她的第二任丈夫。

小阿格里皮娜毒死她的第二任丈夫之后，出于虚荣和野心，构陷皇后。在除掉皇后美撒里娜后，又百般玩弄手段，最终嫁给了她的叔父——皇帝克劳狄乌斯。当时罗马的法律是禁止这种血亲婚姻的，但小阿格里皮娜收买一些元老，让元老院修改法律，同意了这桩婚事。手段高明的小阿格里皮娜将她怠惰、愚笨的丈夫玩弄于股掌之间，让他把尼禄收为养子，元老院批准了皇帝的收养。

在古罗马时代，青少年进入成年须进行仪式，然后穿成年人的服饰"托加"（一种呈半圆形，长约 6 米，最宽处约有 1.8 米的羊毛制服装，兼具披肩、饰带、围裙的作用）。托加也是罗马人的身份象征，是一个人成年后才有的权利。这是一个公开的仪式，伴随着繁复的礼仪，并且只有在当事人达到法定成年年龄时才能举行仪式，获得托加。小阿格里皮娜游说元老院，通过一条特殊的法令，让尼禄在 14 岁时就得到了这一殊荣，这比通常规定的年龄要早许多。小阿格里皮娜借着授予托加长袍和举行成人仪式的机会，在一场盛大而公开的庆祝活动中将尼禄推到罗马民众面前。

皇帝克劳狄乌斯与前妻美撒里娜生有一女一子：长女克劳狄娅·屋大维娅、次子不列塔尼库斯。但尼禄过继到克劳狄乌斯家族时为 12 岁，较 8 岁的不列塔尼库斯年长，再加上尼禄的母亲、皇后小阿格里皮娜的暗中斡旋和巧施诡计，尼禄终于成为皇位的继承人。

尼禄在此时进入政界担任公职，数次在元老院以拉丁语和希腊语发表演讲，并以自己的名义举办了大型赛会与斗兽表演，以获取人民的关注，赢得他们的支持与拥护。

公元 54 年 10 月 13 日晚，皇帝克劳狄乌斯被皇后小阿格里皮娜毒死。小阿格里皮娜秘不发丧，直到第二天中午才通知元老院，并宣布由 17 岁的尼禄继承皇位。

小阿格里皮娜在克劳狄乌斯死后所做的第一件事就是为克劳狄乌斯举办一场规模盛大、令人难忘的葬礼，以此证明她对丈夫深深的爱，以及他的逝世给她带来了多么深切的悲痛。悼文由塞涅卡写成，这是一篇对逝者歌功颂德的华丽颂辞，文章妙笔生花，字字珠玑：从克劳狄乌斯显赫的出身、崇高的地位，写到他对文学艺术的品味以及在他当政期间的国泰民安。要为一个像克劳狄乌斯这样的人写一篇颂辞，是一件很不容易的事，但塞涅卡驾轻就熟地完成了。

年轻的尼禄一登上王位，就开始担心 13 岁的异母兄弟不列塔尼库斯会要求继承其父克劳狄乌斯皇帝的皇位。在毒药专家洛卡斯的帮助下，尼禄得到了一种烈性毒药。在一次宫廷宴会上，他把毒药放进了不列塔尼库斯的酒中。席间，当这个 13 岁的小孩因饮进毒酒而痛苦地痉挛时，尼禄一边津津有味地继续吃饭，一边若无其事地解释说，这只不过是癫痫发作，使在场上的人都目瞪口呆。这是他的第一次杀人记录。

然而，让儿子登上大位、获取至高无上的权力，这绝不是小阿格里皮娜的初衷。她用计谋把尼禄推上如此高位，更是为了实现个人的野心，而远非仅仅是母亲对儿子前途的着想。是她要统治帝国，而不是尼禄。她只是把尼禄作为名义上的君主推向前台，以便她能以尼禄的名义行使权力。她的计划是要保证自己的权势。因为罗马公众的情绪总是极力反对男人以任何形式屈从于女人的管理，简而言之，就是反对女人干预政治。因此，小阿格里皮娜并没有公开地在元老院主持会议，但她有时候会将元老院的会议安排在皇宫的一个房间里召开，这样她就能够参加。在会议期间，她坐在隔壁的一个小房间里，门口用帘子或屏风隔开，听他们讨论，即"垂帘听政"。然而即便如此，她也遭到了一些元老的强烈反对。他们认为小阿格里皮娜如此安排，列席他们的会议，目的是想吓唬他们，让他们支持她可能会提出的措施，或者对他们的提议指手画脚。她这么做严重地妨碍了他们议政的自由。

有一次，小阿格里皮娜做出了更大胆的尝试，她走进了皇帝接见外国使节的大厅，好像接见他们也是她的职责之一。当尼禄和他身边的政府官员看到她进来，一时间惊讶不已，不知所措。还是塞涅卡沉着冷静地对尼禄说："陛下，您的母后大人驾到，快去迎接。"于是，尼禄起身离开龙椅，在大臣们的陪伴下，恭敬顺从地前去迎接他的母亲。

尼禄执政之初，国家方针由其母亲小阿格里皮娜、尼禄的老师及顾问塞涅卡、先皇旧臣帕拉斯与近卫军长官布鲁斯共同决定，他们与元老院积极合作，维持前朝的稳定发展，在首都举办希腊式的赛会，并取消了包税人的苛捐与奴隶拍卖税。此时的罗马帝国十分繁荣，边境情势大致平绥。

执政初期的尼禄，完全以开明君主的模样示人。例如：热情参与公共事务，还不忘以极低的姿态面对人民和下属；常常亲自手持大盾与禁卫军士兵一起操练，并允许群众前来校场观看；当帝国决定开凿希腊半岛的柯林斯地峡时，尼禄还亲自用鹤嘴锄动工，并挑走挖出来的第一筐土；甚至面对其他阶层的对象时，他也丝毫没有摆谱的架势，反倒给人留下亲切的形象。

为显示自己的慷慨，尼禄一度下令免除那些拖欠国库和皇库的税款，也取消了4%税率的奴隶购买税，还不忘出资替老兵在殖民城建造巨大的港口，并给首都居民建造浴场和体育场。最后，尼禄出钱豁免了法院旁听座席的费用，以便群众更好地参与司法审判。

许多细节也反映出执政早期的尼禄至少存有一些仁慈之心。他曾下令把告密人的赏金压缩到25%，以便遏制无休止的揭发风气；在举办角斗比赛时要求不得死人，即便上场选手包括某些本该被勒令处死的罪犯；他还授予过许多希腊城市自治权，并且禁止追查那些写诗攻击讽刺他的人；对于当面攻击他的人，也不过是驱逐了事。

由于尼禄的母亲小阿格里皮娜拥有相当强烈的权力欲望，尼禄在逐渐成年之后，对母亲的干政愈发不满。一次在塞涅卡的建议之下，尼禄在亚美尼亚使臣谒见的场合中，以皇帝的身份阻止母亲进入会场。

后来，尼禄指控帕拉斯参与一项阴谋，流放了帕拉斯。帕拉斯是小阿格里皮娜的密友与朝中亲信，此举无异于表明皇帝意欲对抗母亲。布鲁斯因而借故退休以求自保，尼禄遂提拔提格利努斯为新的近卫军长官。59年，小阿格里皮娜派她的奴隶向尼禄报安，尼禄得知之后，指控该名奴隶是奉母之命来刺杀皇帝，便于3月23日派兵到小阿格里皮娜的别馆杀死了她。小阿格里皮娜和她母亲大阿格里皮娜[①]除了血脉相通之外，人品行事完全不同，小阿格里皮娜几乎是淫荡、恶毒、阴险的代名词。至此，尼禄完全巩固了他的皇权。

尼禄在大权独揽之后，对于元老贵族的崇敬逐渐淡灭。他曾强迫元老亲自参加

① 大阿格里皮娜（Julia Vipsania Agrippina，约公元前13—33年），她被认为是古代最贞洁、最崇高的女性之一。其父是罗马统帅马尔库斯·维普萨尼乌斯·阿格里帕，其母是罗马第一位皇帝奥古斯都（屋大维）之女尤利娅。大阿格里皮娜嫁给了罗马将领日耳曼尼库斯·恺撒，他们生了9个孩子，这些孩子中最著名的是盖乌斯·恺撒，即后来的暴君卡利古拉，以及小阿格里皮娜。

角斗比赛，仅仅是为满足自己的突发奇想。为了更好地体验生活，他还常常在深夜走出宫殿，混迹于茶楼酒肆。一旦醉酒，便会肆意攻击殴打路人和打砸抢劫商店，最后发展到在听戏时参与观众斗殴。当一位元老和他的妻子在路上散步时，乔装后的尼禄也上前当面公开猥亵。尼禄甚至连男人和神庙里的维斯塔贞女都不放过，遇到对方不从便采取强制手段，最后发展到不惜杀害他人丈夫的地步。尼禄挥霍浪费，用惊人的赌注打赌，外出野游时由1000辆华丽的马车列队护送。

为了尽可能地表现自己，尼禄还乐于到处演唱。先在埃及的亚历山大港表演，接着又在首都罗马如法炮制。最后在帝国的文化之都希腊，闹出了历史大笑话。起初尼禄虽贵为皇帝，但也不愿动用权力去破坏规则，坚持抽签决定表演顺序，并认真地演唱到连汗水都不擦，嗓子也变得沙哑。但他一旦遇到旗鼓相当甚至技高一筹的对手时，就马上采用背后诋毁和行贿的方式来赢得竞争。在获得歌唱比赛的奖项后，又小气到将其他优胜者的塑像都丢入厕所。后来发展到他发现人们厌烦了他的演唱后，就大发雷霆，命人关闭剧院的大门，要求观众不听完不准走人，闹到有人得靠装死才被抬离现场，更有孕妇被迫在剧院生下孩子。

尼禄还阉割了小男孩斯波鲁斯，尼禄实际上是想把他变成一个女性，并按照通常的仪式操办婚礼，极其殷勤地把他领进自己家中，待之如妻子一般。当时有这样一句讽刺的玩笑说道：如果尼禄的父亲多米提乌斯也有这样一个妻子，世界就有福气了。尼禄把斯波鲁斯打扮成女皇，乘肩舆去希腊参加巡回演出并参观商业中心，然后在罗马的西吉拉里亚大街游逛，一路上尼禄频繁同他亲吻。

尼禄的淫荡竟达到这种程度，以至于几乎身边所有的人均被他玷污过。最后，他竟发明了一种游戏：他身披兽皮，从兽笼中被放出后，攻击缚在木桩上的男人和女人的私部；当他的兽欲满足之后，又表演被他的获释奴多律弗路斯所征服。为此，他嫁给了多律弗路斯，就像他当初娶斯波鲁斯一样。他喊叫、痛苦，模仿一个被奸污的少女。尼禄深信，没有哪一个人是贞洁的，人们只是在掩饰自己的恶行，狡猾地给自己盖上遮羞布。因此，凡向他供认自己淫荡的人，他连同他们的一切其他恶行都将被饶恕。

64年7月17日，罗马城发生了一场大火，火由大竞技场开始烧起。大竞技场位于台伯河的东岸，在罗马城的西南部，堆满了帐篷等易燃物品，因此火势一发不可收拾。再加上起火的这几天刮西南风，更是助长火势。大火烧毁了帝国政府官衙以及其他高楼大厦，那些四通八达的街道、商店及民房，也都化为灰烬。这一次的大火一连烧了6天7夜，放眼罗马全城皆为一片焦土，罗马共14个行政区，3个全毁，7个半毁，仅仅4个行政区未被波及。

据当时的流言所称，纵火者是尼禄皇帝本人，原因是尼禄皇帝欲扩建宫殿，然而都城皇宫的周围住满了罗马平民，几乎难以开工建造，因此尼禄唆使手下乘着夜深人静的时刻去纵火，以遂其所愿。

尼禄听闻有人怀疑是他本人暗地纵火，为了不使传言扩大，他便宣称这场灾难是基督教徒的阴谋。于是他下令逮捕基督教徒，公开将他们折磨致死——钉十字架、披兽皮让恶兽咬死、将他们钉上柱子作为蜡烛。古罗马史学家塔西佗曾有过这样的惊人记载："在皇帝的私人竞技场上，一些基督徒被蒙上兽皮，让狼狗活活咬死，另一些人被紧紧地捆在十字架上，点燃后作为黑夜中的火炬。身穿驭手服装的皇帝和人群混在一起欣赏这一壮丽奇观。"尼禄是第一个大规模公开迫害基督教徒的罗马皇帝。

尼禄最荒唐的表演发生在奥运会上。这位皇帝亲临现场，准备以普通选手的身份出战，参加包括跑步和赛车在内的全部项目。结果无论自己是第几个抵达终点，又或是在中途就翻车摔倒，都不影响希腊裁判授予他至高桂冠。整场奥运会的奖金也都被他收入囊中，成为不受元老院监督使用的个人小金库。尼禄也就靠着以上手段，成了人类奥运史上的最强作弊者。半年的时间里，尼禄接连参加了古希腊四大竞技会——Corinth 运动会、Nemea 运动会、Argos 运动会和奥林匹亚（Olympia）运动会，尼禄从中一共赢得 1808 顶桂冠。

在他回罗马的路上，他去了希腊的古都特尔斐，向一位据说能够通神的女巫咨询自己未来的运势。女巫的回答是："小心 73 岁。"这个回答让尼禄感到很满意，也很高兴。他确信这句话的意思是，73 岁之前他会平平安安。而且，由于他还不到 30 岁，这句神谕似乎在暗示那个不幸的日子还很遥远，所以他认为他可以完全把它抛诸脑后。因此，为了这个讨人欢喜的预言，他用最贵重的礼物答谢了女巫，接着轻松愉快地继续踏上回罗马的旅程。

尼禄有过三次婚姻。第一次是年少时与克劳狄乌斯皇帝之女克劳狄娅·屋大维娅的婚姻，这是小阿格里皮娜为了让尼禄上位而运作的一次政治婚姻。但在尼禄成为皇帝之后，他喜欢上了小阿格里皮娜的侍女阿克代，打算与屋大维娅离婚，经过塞涅卡与母亲小阿格里皮娜的劝告才作罢，但夫妻关系已名存实亡。

小阿格里皮娜死后，尼禄喜欢上了宠臣奥托（后来即位罗马皇帝，69 年自杀）的妻子波比娅·萨宾娜，为了方便给予她皇后的头衔，62 年，屋大维娅即被流放至外岛生活。这一行为激起了罗马市民极大的抗议，人们用装饰着鲜花的屋大维娅雕像在街道上公开游行，要求尼禄将她接回来。不久尼禄处死了已经被流放的妻子屋大维娅，旋即让波比娅成为他的第二任妻子（皇后）。

波比娅曾为尼禄生下一个女儿，但早夭。后来，尼禄在一次脾气发作时猛踢了怀有身孕的波比娅，造成她的死亡。

尼禄的第三次婚姻的对象，则是斯塔提娅·美撒里娜。为了得到已为人妇的美撒里娜，尼禄逼迫她的丈夫维斯提努斯自杀。美撒里娜从未曾生下尼禄的孩子。

65 年，以盖乌斯·卡普尔尼乌斯·皮索为核心的部分元老院议员及贵族策划了一次刺杀尼禄的计划，称为"皮索的阴谋"，但他们的计划在事前泄露。尼禄随即将所有参与者全部处死，许多无辜者（包括尼禄的老师及顾问塞涅卡）也惨遭牵连。尼禄扩大打击面，整肃异己，让罗马的上层阶级随时感受到皇帝的恐怖统治。尼禄经历过数次刺杀他的阴谋，因此变得十分多疑，动辄兴起谋反大狱，让元老贵族阶级苦不堪言。

68 年初，高卢行省总督尤里乌斯·温代克斯以"拯救人类"的口号举兵起义，高卢地区有许多城市响应。尼禄命令上日耳曼行省总督卢福斯率领日耳曼军团开赴高卢平乱，卢福斯迅速地在 68 年 5 月击溃温代克斯的主力，温代克斯兵败自杀。

温代克斯率兵起义后，身为西班牙行省总督的加尔巴也随即出兵，在西班牙地区响应反尼禄的行动。不过加尔巴听闻温代克斯失败自杀之后，反抗的声势大受打击，西班牙的部队军心逐渐不稳，加尔巴也打算自杀。

但此时首都罗马谣言四起，人民听说从亚历山大城运来的不是谷物而是角斗士表演用的沙子，便群起暴动。尼禄不知温代克斯已经失败，以为高卢和西班牙都已经成功叛离，近卫军也抛弃了他。于是尼禄以为大势已去，便仓皇地离开罗马宫廷，打算逃往东方。

尼禄要求宫廷卫队帮他逃走，但遭到拒绝。他写了一封信，要求人民宽恕他，但他不敢走出宫廷交给人民。最后他在半夜穿了一件斗篷，带着四个仆人骑马落荒而逃，逃到罗马郊外一个叫法恩的获释家奴的房子里。他坐在地下室里，让仆人在房子后面为他挖掘一个坟墓。

元老院得知尼禄离开之后，立刻决议推举加尔巴为皇帝，并宣布尼禄为"国家公敌"，任何人都有权追捕或诛杀尼禄。尼禄逃离罗马后，获悉追捕的士兵已经断绝了他的逃亡道路，68 年 6 月 9 日，他要求一个随从自杀给他做示范，但谁也不服从他。天快亮时，远处突然传来人喊马叫声，他藏匿的地方被发现了。尼禄把一只匕首放在一个随从的手里，然后抓住这只手向自己的喉咙刺去。他大叫一声，倒在血泊里，结束了他 14 年的统治，终年仅 31 岁。

与此同时，加尔巴正率领大军向罗马挺进，他选择适当的时机进入了罗马城。罗马各地的使节纷纷前来拜见他，并拥戴他为新的皇帝。此时，他正好 73 岁。看来，神谕对尼禄的警告让他小心 73，指的是他的对手和敌人的年龄，而不是他自己的。

暴君尼禄被永远铭刻在人类文明史的耻辱柱上。他谋杀亲生母亲、流放处死结发妻子、处死老师，犯下十恶不赦的罪行。大逆不道、骄傲自负、刚愎自用、心肠毒辣、穷奢极欲、荒淫无耻、恶贯满盈，种种罪行罄竹难书，他几乎在所有领域都留下了荒诞、残酷、淫乐的足迹。一份拉丁文的编年史用非常简洁的语言这样总结道："尼禄继承了他的母亲，然后吃掉了她；他强奸了他的妹妹；烧掉了罗马的 10 个街区；处死了塞涅卡；在拉特兰呕吐出青蛙；把圣彼得钉死在十字架上；砍了圣保罗的头；统治了 13 年零 7 个月，最后被狼吃掉了。"

斯多亚主义

斯多亚主义，又称斯多亚派，是古希腊的四大哲学学派之一，也是古希腊流行时间最长的哲学学派之一（古希腊另外三个著名学派是柏拉图的学院派、亚里士多德的逍遥学派和伊壁鸠鲁①学派）。

从公元前3世纪塞浦路斯季蒂昂的芝诺（Zenon Kitieus，公元前334—公元前262年）创立该学派算起，斯多亚主义一直流行到2世纪的罗马时期，前后绵延500年之久。斯多亚主义的历史分为早期、中期和晚期三个阶段，早期的代表人物除了芝诺以外，还有克雷安德和克吕西波；中期的代表人物有潘尼提乌、波昔东尼、西塞罗等；晚期的代表人物是塞涅卡、爱比克泰德和奥勒留（帝王哲学家，罗马帝国皇帝，著有《沉思录》）。

斯多亚派的主要理论有：

（1）构成世界的基本物质是火，火只是一种被动的本源，上帝才是原始的火，是万物的最初源泉，有"世界大火"和"世界轮回"说；

（2）人的美德就是"顺应自然"或"顺应理性"，德行是唯一的善；

（3）在政治思想上，斯多亚派依据"宇宙精神"原则，形成一个最高权力之下的世界国家的观念。

在社会生活中，斯多亚派强调顺从天命，要安于自己在社会中所处的位置，要恬淡寡欲，只有这样才能得到幸福。他们自称是世界主义者，打破了希腊人和野蛮人之间的传统界限，宣扬人类是一个整体，只应有一个国家，一种公民，即宇宙公民，而这个国家也应由智慧的君主来统治。这种理论是为马其顿统治希腊服务的。在国家观方面，斯多亚派认为，国家不是人们的意志达成协议的结果，而是自然的创造物。

斯多亚派把宇宙看作美好的、有秩序的、完善的整体，由原始的神圣的火种演变而来，并趋向一个目的。人则是宇宙体系中的一部分，是一个小火花。因此，人应该协调自身，与宇宙的大方向相协调，最终实现这个大目的。

根据斯多亚主义的见解，哲学由逻辑学、物理学和伦理学三部分构成。

斯多亚主义发现，人都是生物学意义上的一个相同的类，在这种意义上，所有的人都是一样的，都具有与上帝共同的理性，受同一个自然法支配。因此，所有的人，无论其出身、种族、财富以及社会地位如何不同，都具有自然赋予的理性。作为一个人，他们都是平等的。

西塞罗曾指出，在给人下定义时，应该是适用于所有的人。更为可贵的是，在奴隶制普遍存在、奴隶不被当作人看待的时代，斯多亚主义毫不迟疑地将平等原则适用于奴隶。塞涅卡认为，从伦理的意义上讲，奴隶制是不道德的，他还要求人们以推己及人的方式，将奴隶作为精神平等的伙伴、朋友来对待。

---

① 伊壁鸠鲁（Epicurus，公元前341—公元前270年），古希腊哲学家、无神论者（被认为是西方第一个无神论哲学家），伊壁鸠鲁学派的创始人。其学说的主要宗旨就是要达到不受干扰的宁静状态，并要学会快乐。他认为快乐就是善，并且他以鲜明的一贯性坚持这种观点。他说："快乐就是幸福的生活的开端与归宿。"3世纪以后，伊壁鸠鲁的学说成了基督教的劲敌。在中世纪，伊壁鸠鲁成了不信上帝、不信天命、不信灵魂不死的同义语。

如果从纯粹哲学上看，斯多亚主义同伊壁鸠鲁主义、犬儒主义、怀疑主义一样，不过是古代哲学中众多的流派之一，比柏拉图和亚里士多德等哲学巨匠的思想要逊色不少，而从政治学上看，斯多亚主义就具有绝对的重要性，其地位和影响力绝不亚于柏拉图和亚里士多德等大师。

创始人芝诺最初住在塞浦路斯，在一次海难后来到雅典。芝诺的第一次教学工作，是在雅典的一座圆柱大厅（Stoa Poikile）里进行的，因而他和他的门徒也就立即为自己的学派取了名字：斯多亚（Stoic）派（圆柱大厅派）。而芝诺72岁时在大厅的楼梯上失足丧命。

斯多亚派人士极富时代精神，思想非常开放。他们比那些"木桶哲学家"（犬儒学派）更能接受当代文化。他们在罗马提倡希腊文化与希腊哲学，其中最出类拔萃的是集演讲家、哲学家与政治家等各种头衔于一身的西塞罗，所谓"人本主义"（一种主张以个人为人类生活重心的哲学）就是由他创立的。若干年后，同为斯多亚派的塞涅卡表示："对人类而言，人是神圣的。"这句话自此成为人本主义的口号。此外，斯多亚派强调，所有的自然现象，如生病与死亡，都只是遵守大自然不变的法则罢了，因此人必须学习接受自己的命运。

孟德斯鸠在《论法的精神》中写道："古代哲学的各种流派，可以看作一种宗教，其中没有一个流派的道义比斯多亚派的道义更有益于人类，更适宜于培养善人了。只有这个学派懂得如何培养公民，只有它培养了伟大的人物，只有它培养了伟大的帝王。"

斯多亚派虽然把财富，以及人间的显赫、痛苦、忧伤、快乐都看作一种空虚的东西，但他们却埋头苦干，履行对社会的义务。他们相信有一种精神居住在他们心中，他们似乎把这种精神看作一个仁慈的神明，看护着人类。他们为社会而生，他们全都相信，他们命里注定要为社会劳动；他们的酬报就在他们的心里，所以更不至于感到这种劳动是一种负担。他们单凭自己的哲学而感到快乐，好像只有别人的幸福才能够增加自己的幸福。

8 采菊花的诗人：陶渊明（约365—427年）

少年时代

陶渊明，字元亮，晚年更名潜，别号五柳先生，私谥靖节，世称靖节先生，浔阳柴桑（今江西省九江市）人。

陶渊明的父亲是个"寄迹风云，真兹愠喜"的人，具体事迹已不可考。陶渊明有一庶妹，小陶渊明3岁，后嫁给程姓人家，故陶诗文提及她时称程氏妹。

陶渊明的一生可分为三个时期：29岁以前是第一个时期，过着晴耕雨读的生活；29岁到41岁是第二个时期，他做了好几次小官吏，也时常出门，多半是出于公务；42岁到死，也就是到63岁，是第三个时期，即归隐山林，诗酒田园。

陶渊明8岁时父亲去世，在他12岁时，庶母去世。他在《祭程氏妹文》中说："慈妣早世，时尚孺婴，我年二六，尔才九龄。"父妾称慈母，这所谓慈妣一定就是庶母了。他这嫁给程氏的妹妹，也就是他的庶母生的。

"肃矣我祖，慎终如始，直方二台，惠和千里。"就"惠和千里"看来，他的祖父做过太守。从他的祖父做过太守、父亲还娶有一妾看来，他最初的家境还不算太坏。

然而后来是没落了，尤其在他20岁左右的时候。他在一诗里说"弱年逢家乏"，后来更说"弱冠逢世阻，始室丧其偏"。因为那时恰是淝水之战的前后，秦兵入寇，再加上连年大水大旱，饥荒频发，他的生活也便在忧患里度过。他刚结婚，就死了妻子，后来他又续了弦。前后夫人都生了孩子，一共是五个，所以他后来写的《与子俨等疏》中有"汝等虽不同生"以及"况同父之人"的话。他的长子俨，小名阿舒，字求思，就是原配所生。在生子不久，他写了《命子》诗，其中充满着传统道德气息，是十足的士大夫的家庭教育诗，从中也能看出陶渊明本身所受的教育。

他曾说："少年罕人事，游好在六经。"儒家教育对他很重要，使他虽然有些狂放，而终有一种约束。陶渊明所处的是一个老庄思想盛行的时代，他的性格也是近于老庄的，他的作品里也有不少的老庄思想。然而儒家的教育对他有着极大的约束力，这也是他始终崇拜孔子的原因。可是正因为是结合着老庄的时代思想，他又不能纯粹学孔子，再加上他自己的劳动生活的体会，于是他的理想人物乃是长沮、桀溺[①]，这是在他的诗文中屡屡见到的。

他从小就喜欢自然，"少无适俗韵，性本爱丘山。"（《归园田居·其一》）更爱琴书，"弱龄寄事外，委怀在琴书。被褐欣自得，屡空常晏如。"（《始作镇军参军经曲阿作》）他原是想过一种淳朴而单纯的生活的，"少学琴书，偶爱闲静，开卷有得，

---

① 长沮、桀溺，春秋时期两位隐士，真实姓名和身世均不详。出自《论语·微子》，见第3章孔子周游列国一节中的内容。

便欣然忘食。见树木交荫，时鸟变声，亦复欢然有喜。常言五六月中，北窗下卧，遇凉风暂至，自谓是羲皇上人。意浅识罕，谓斯言可保。"（《与子俨等疏》）

其实年少时，陶渊明也是胸怀"大济于苍生"之志。早年的陶渊明有诗云："忆我少壮时，无乐自欣豫。猛志逸四海，骞翮（［qiān hé］，展翅）思远翥（［zhù］，高飞）"。（《杂诗·其五》）"少时壮且厉，抚剑独行游。谁言行游近，张掖至幽州。饥食首阳薇，渴饮易水流。"（《拟古九首·其八》）

仕宦生涯

20 岁时，陶渊明开始了他的游宦生涯，以谋生路。《饮酒·其十》中："在昔曾远游，直至东海隅。道路迥且长，风波阻中涂。此行谁使然？似为饥所驱。倾身营一饱，少许便有馀。恐此非名计，息驾归闲居。"即是回忆他的游宦生涯。29 岁时，他出任江州祭酒，开启了他人生中的第一个入世梦。

然而事与愿违，陶渊明的顶头上司是江州（今江西省九江市）刺史王凝之。王凝之是书圣王羲之的次子，书法得到其父指授，工草隶，颇有可观之处。笔法以清劲为主，少有丰腴之态。开篇时稳健迟缓，中后篇用笔速度较快，笔画也变得活跃跳荡。

可是王凝之是一个喜欢炼丹画符、整天求神拜鬼的五斗米道①教徒。几年后孙恩叛乱，王凝之本应命令部下率兵防守，可他却说天兵天将会来保护江州城的，结果未派一兵一卒进行防御。结果孙恩很快就攻破城门，将王凝之父子乱刀砍死。

好在陶渊明早就看透了王凝之的秉性，他上任仅两个月就辞职回家了，从而躲过了一劫。

不久，州里又召他做主簿，他辞却了此事，依旧在家闲居。

六年之后，时任江州刺史桓玄起兵进行"清君侧"，在家种田的陶渊明觉得这是一次建功立业的好机会，于是投奔桓玄，做了一名幕僚。

可刚做不久，陶渊明就觉察到桓玄名义上打着清君侧的旗号，其实是自己想当皇帝。恰逢这时陶渊明母亲去世，于是他果断辞官，回家守孝。

三年丁忧期满，陶渊明怀着"四十无闻，斯不足畏"的观念再度出仕，出任镇军将军刘裕的参军。但他很快发现刘裕也是奔盯着皇位去的，失望至极，陶渊明辞职改投建威将军刘敬宣麾下。哪知刘敬宣为了"明哲保身"，竟然辞去了江州刺史职务，陶渊明只得黯然返回老家。"晨夕看山川，事事悉如昔""眷彼品物存，义风都未隔""园田日梦想，安得久离析""目倦川途异，心念山泽居"。动荡于"仕"与"耕"之间已有十余年，他已看透了，也厌倦了官宦生活。

四次出仕皆无功而返，此时的陶渊明已人届中年。此时他的心情是矛盾的，既

---

① 五斗米道又称正一道、天师道，是道教最早的一个派别。据史书记载，在东汉顺帝时期，由张道陵在蜀郡鹤鸣山（今四川省成都市大邑县北）创立，凡入教者须出五斗米，故得此名。

想为官一展宏图，可在出仕后却仍然眷念田园。

回归田园

这时的陶渊明眼看晋室衰微，桓玄的政权也倏起忽灭，刘裕已慢慢握起大权，代替了桓玄，最后逼死了晋朝的最后两个皇帝，而自己又建立了新的王朝。这期间有不少的残杀倾轧，陶渊明看不顺眼，因而隐退之心日隆。

田园生活并不完全充满了诗意，事实上，陶渊明的中年生活过得很是狼狈不堪。为了一家老小的生存，陶渊明在叔叔的引荐下来到离家乡不远的彭泽当县令。在那年冬天，郡的太守派出一名督邮，到彭泽县来督察。督邮品位很低，却有些权势，在太守面前说话好坏就凭他那张嘴。这次派来的督邮，是个粗俗而又傲慢的人，他一到彭泽的旅舍，就差县吏去叫县令来见他。陶渊明平时蔑视功名富贵，不肯趋炎附势，对这种假借上司名义发号施令的人很瞧不起，但也不得不去见一见，于是他马上动身。不料县吏拦住陶渊明说："大人，参见督邮要穿官服，并且束上大带，不然有失体统，督邮要乘机大做文章，会对大人不利的！"这一下，陶渊明再也忍受不下去了。他长叹一声，道："我不能为五斗米向小人折腰！"

此时，程氏妹卒于武昌。陶渊明作《归去来兮辞》，解印辞官，正式开始了他的归隐生活，直至生命结束。陶渊明从29岁起开始出仕，任官13年，一直厌恶官场，向往田园。他在405年40岁时，最后一次出仕，做了81天的彭泽县令即辞官回家。

回去吧，他在《归去来兮辞》中对自己说：田园都快要荒芜了，为什么还不回呢？既然自认为心志被形体所役使，又为什么惆怅而独自伤悲？认识到过去的错误已经不可挽回，知道未来的事还来得及补救。实在是误入迷途还不算太远，已经觉悟到今天"是"而昨天"非"。船在水面轻轻地漂荡着前进,微风徐徐地吹动着上衣。向行人打听前面的道路，遗憾的是天刚刚放亮。

刚刚看见了自家的房子，一边高兴，一边奔跑。童仆欢喜地前来迎接，幼儿迎候在家门口。庭院小路虽将荒芜，却喜园中松菊尚存。我拉着幼儿走进内室，屋里摆着盛满酒的酒樽。拿过酒壶酒杯来自斟自饮，看看院子里的树木，觉得很愉快。靠着南窗寄托着我的傲世情怀，深知住在小屋里反而容易安适。天天在园子里散步自成乐趣，尽管设有园门却常常关闭。拄着手杖或漫步或悠闲地随处休息，不时地抬起头来向远处看看。云烟自然而然地从山涧飘出，鸟儿飞倦了也知道回还。日光渐暗，太阳将快要下山，我抚摸着孤松而流连忘返。

回来呀！我要跟世俗之人断绝交往。世事与我所想的相违背，再出外远行又有什么追求？以亲人间的知心话为愉悦，以弹琴读书为乐来消除忧愁。农夫告诉我春天到了，西边田野里要开始耕种了。有时叫上一辆有帷帐的小车，有时划过一艘小船，有时经过幽深曲折的山谷，有时走过高低不平的山路。草木茂盛，水流细微。羡慕自然界的万物一到春天便生长茂盛，感叹自己的一生行将结束。

算了吧！活在世上还能有多久，为什么不放下心来任其自然地生死？为什么心神不定，想要到哪里去？富贵不是我所求，修成神仙是没有希望的。趁着春天美好的时光，独自外出。有时放下手杖，拿起农具除草培土；登上东边的高岗放声呼啸，傍着清清的溪流吟诵诗章。姑且顺其自然走完生命的路程，抱定乐安天命的主意，还有什么可犹疑的呢！[①]

此时的陶渊明，政治态度进入明确的时期，思想上也进入成熟的时期。不同于之前的躬耕生活，这时的他是有意识的了：他这样做，而且也明白为什么要这样做。归来后，又作《归园田居》诗一组。

其一

少无适俗韵，性本爱丘山。误落尘网中，一去三十年。
羁鸟恋旧林，池鱼思故渊。开荒南野际，守拙归园田。
方宅十余亩，草屋八九间。榆柳荫后檐，桃李罗堂前。
暧暧远人村，依依墟里烟。狗吠深巷中，鸡鸣桑树颠。
户庭无尘杂，虚室有余闲。久在樊笼里，复得返自然。

其二

野外罕人事，穷巷寡轮鞅。白日掩荆扉，虚室绝尘想。
时复墟曲中，披草共来往。相见无杂言，但道桑麻长。
桑麻日已长，我土日已广。常恐霜霰至，零落同草莽。

其三

种豆南山下，草盛豆苗稀。晨兴理荒秽，带月荷锄归。
道狭草木长，夕露沾我衣。衣沾不足惜，但使愿无违。

其四

久去山泽游，浪莽林野娱。试携子侄辈，披榛步荒墟。
徘徊丘垄间，依依昔人居。井灶有遗处，桑竹残朽株。
借问采薪者，此人皆焉如？薪者向我言，死没无复余。
一世异朝市，此语真不虚。人生似幻化，终当归空无。

其五

怅恨独策还，崎岖历榛曲。山涧清且浅，可以濯吾足。
漉我新熟酒，只鸡招近局。日入室中暗，荆薪代明烛。

---

① 郭维森，朱余国.陶渊明集全译.贵阳：贵阳人民出版社，1992：283-289.

欢来苦夕短，已复至天旭。
……

苏轼评价《归园田居》："外枯而中膏，似淡而实美"，"渊明诗初看若散缓，熟看有奇句"。

采菊东篱下，悠然见南山

归田后的第十二年，即 417 年，正值东晋灭亡前夕，陶渊明在庐山脚下种地赏花，饮酒赋诗。因为陶渊明的赏识，并一次次把它写入诗中，菊花就被赋予了恬淡隐逸的性格，也就有了"落花无言，人淡如菊""心素如简，人淡如菊"等佳句。菊花是不入俗流和隐逸的象征。一日饮酒后，感慨甚多，陶渊明借饮酒来抒情写志。

结庐在人境，而无车马喧。
问君何能尔？心远地自偏。
采菊东篱下，悠然见南山。
山气日夕佳，飞鸟相与还。
此中有真意，欲辨已忘言。
《饮酒·结庐在人境》

诗中一句"采菊东篱下，悠然见南山"传诵古今。梅、兰、竹、菊被称为"四君子"，其品质分别是傲、幽、坚、淡。梅，探波傲雪，剪雪裁冰，一身傲骨，是为高洁志士；兰，空谷幽放，孤芳自赏，香雅怡情，是为世上贤达；竹，筛风弄月，潇洒一生，清雅淡泊，是为谦谦君子；菊，凌霜飘逸，特立独行，不趋炎势，是为世外隐士。

如果说，梅斗霜冒雪，是一种烈士不屈不挠的人格，兰空谷自适，是一种高士遗世独立的情怀，那么，菊同时兼有烈士与高士的两种品格。菊色彩丰富，有红、黄、白、墨、紫、绿、橙、粉、棕、雪青等。陶渊明尤爱菊花，他在《归去来兮辞》里就写道："三径就荒，松菊犹存。"菊是四季花事中开得晚的一种，其时众芳摇落，万木凋零，"此花开尽更无花"。只有菊花在那萧瑟的秋风中傲然怒放、凌霜盛开，为冷寂荒芜的大自然带来无限生机，无疑会令人想到孤标傲世、高洁劲节的君子之德。这也正好与陶渊明的人格一致。陶渊明在《和郭主簿二首·其二》中明确道出了爱菊的原因："芳菊开林耀，青松冠岩列。怀此贞秀姿，卓为霜下杰。"诗人笔下的菊像松一样傲霜而立，又像春花一样美丽多姿，开得既芳香又光彩。正是菊的"贞秀"品质令陶渊明赞赏不已。

秋菊有佳色，裛露掇其英。泛此忘忧物，远我遗世情。一觞虽独尽，杯尽壶自倾。日入群动息，归鸟趋林鸣。啸傲东轩下，聊复得此生。（《饮酒·其七》）杜牧有诗《折菊》："篱东菊径深，折得自孤吟。"采摘菊花，孤吟陶诗，可以想见杜牧对陶渊明的向往。元好问《野菊·座主闲闲公命作》写道："柴桑人去已千年，细菊斑斑也自圆。"郑燮《菊花》写道："想因会得渊明性，烂漫黄花开一墩。"诗人郑思肖（1241—1318年，原名之因，宋亡后改名思肖，因"肖"是宋朝国姓"赵"的组成部分），在南宋灭亡后，隐居在苏州一和尚庙，终生不出来做官，平日坐着躺着都是面朝南方，表示不忘宋朝。他题写的《寒菊》更让人对菊花肃然起敬："花开不并百花丛，独立疏篱趣未穷。宁可枝头抱香死，何曾吹落北风中！"《红楼梦》里的林黛玉在《咏菊》诗中也咏道："一从陶令评章后，千古高风说到今。"

陶渊明也喜酒，如在《五柳先生传》（疑似自传）中说自己"性嗜酒，……造饮辄尽，期在必醉"。魏晋名士爱酒，常常酩酊大醉，因为这些人都有心事。竹林七贤都爱酒，唯独阮籍爱到痴的程度。《世说新语》中记载："步兵校尉缺，厨中有贮酒数百斛，阮籍乃求为步兵校尉。"为了能喝到酒，不惜辞去了司马氏的幕僚职务，去当个不知名的步兵校尉。而阮籍更能借酒避祸。司马昭欲篡权夺位，需大臣书写一封劝谏魏帝自行退位的谏书。大臣们深知这是件对魏不义的事，纷纷辞让，最后将其推给了阮籍。阮籍也知此文不好写，无奈之下便整日饮酒，不管他事。临到用时，司马昭差人去取文，却发现阮籍已是酩酊大醉，正趴在桌子上呼呼大睡。使者大急，叫醒阮籍索文。阮籍醉眼惺忪，取出纸笔，临场发挥，借着几分醉意将《为郑冲劝晋王笺》一气呵成，文辞清正，令使者叹为观止，阮籍醉酒成文的故事也由此传开。"醉酒"是他在当时复杂的政治斗争中自保的一种工具，他屡试不爽。《晋书·阮籍传》中云："文帝初欲为武帝求婚于籍，籍醉六十日，不得言而止。"司马昭想通过联姻笼络阮籍，因此以他儿子的名义向阮籍提亲。司马昭当时已是帝王，阮籍若直接拒绝其要求，免不了杀身甚至灭族之祸；若答应他，就必须与之同流合污。进退两难之际，阮籍选择将自己灌醉，而且大醉六十日，媒人每次来都无法和阮籍提亲，这件事也就"不得言而止"。

陶渊明在50多岁的时候大病一场，认为自己将死，所以写了一封遗书——《与子俨等疏》，给儿子交代些后事。"告俨、俟、份、佚、佟（五个儿子）：天地赋命，生必有死。自古贤圣，谁独能免？子夏有言曰：'死生有命，富贵在天。'发斯谈者，将非穷达不可妄求、寿夭永无外请故耶？"子夏（孔子的弟子）为什么会说死生有命、富贵在天呢？因为无论穷困还是发达，都不可妄求。长命还是短命，在你的命运之外去找辙也没用。陶渊明对死亡是什么态度？不悲伤、不沉痛，甚至不悔恨、不怨恨。这种达观的态度，在中国的文人中、在中国文人的诗文中也非常少见。

遗书中以病重难久的心情来交代后事。尽管没有足够的财产留给后代，陶渊明还是真诚地希望儿子们能像鲍叔、管仲那样对待家产，像归生、伍举那样念及情谊，像韩元长那样兄弟同居，像氾稚春那样七世同财，这又是在"寿夭永无外请"思想支配下的殷殷嘱托。

427年农历九月，63岁的陶渊明自感来日无多，不想劳烦别人，又提笔写了一篇《自祭文》：现在是丁卯年九月，天气寒冷，秋夜漫长，景象萧条冷落，大雁南飞，草木枯黄凋零。陶子将要辞别这暂时寄居的人世，永远回到自己本来的住处。亲友们怀着凄伤悲哀的心情，今晚一道来祭奠我的亡灵，为我送行。他们为我供上了新鲜的果蔬，斟上了清酒。看看我的容颜，已是模糊不清；听听我的声音，更是寂静无声。悲痛啊，悲痛！（岁惟丁卯，律中无射。天寒夜长，风气萧索。鸿雁于征，草木黄落。陶子将辞逆旅之馆，永归于本宅。故人凄其相悲，同祖行于今夕。羞以嘉蔬，荐以清酌。候颜已冥，聆音愈漠。呜呼哀哉！）

视人生为"逆旅"，就是把人生在世视作一趟旅行，是中国文化中的一个非常达观的说法。我、我们在人间，就是个过客。在接下来的文字里，陶渊明回顾了自己的一生，对自己的生活情状、性格志趣和人生理想做了总结性的抒写。在陶渊明看来，人要长有欢乐，必须乐天委分，也即顺应自然。只有顺应自然，才能做到赏不为喜、罚不为忧，享清明之心境而无物欲之牵累。在弥留之间，追索飘逝而去的一生，当诗人抚视那"逢运之贫"的清素出身，"箪瓢屡罄，绤绤（[chī xì]，指夏天所穿的葛衣）冬陈"的窘困生涯时，也曾为之黯然。不过令诗人宽慰的是，清素养育了淳真之心，窘困也未移易他对人生的热爱。虽然不免要宵晨"谷汲"，荷锄"负薪"，朝夕出入的也只是"翳翳柴门"。然而他有欢乐，有歌声，有"载耘载籽"的怡然和"欣以素牍，和以七弦"的自得。

然而，陶渊明对自己的一生，也并非真的一无憾意。在陶渊明的内心深处，仍蕴蓄着几分悲怆和苦涩。写到结尾，陶渊明的辞世之梦也已编织到了最幽暗的一幕：当陶渊明看见自己在昏昧中告别"逆旅之馆"、踽踽飘临"萧萧墓门"之际，虽然表现了"不封不树，日月遂过"的淡泊，"匪贵前誉，孰重后歌"的超旷，但还是发出了"廓兮已灭，慨焉已遐"的苍凉慨叹。此刻，陶渊明似乎对过去的一生，又投去了最后的一瞥，陶渊明忽然见到了另一个自己：从"猛志逸四海，骞翮思远翥"的少年意气，到"大济于苍生"壮年怀抱，从对"荆轲"抗暴精神的讴歌，到对"桃花源"无压迫社会的向往。在陶渊明的一生中，除了"性本爱丘山"的率真外，原也有造福天下的雄怀。然而，陶渊明所置身的时代，却是一个"网密裁而鱼骇，宏罗制而鸟惊"的专制时代。理想幻灭，壮志摧折，纵然"怀琼握兰"，又能有何作为？最终只能如一只铩羽之鸟、一朵离岫之云，在归隐林下的孤寂中了其一生。这深藏在内心的悲怆，在离世的最后一瞥中，终于如潮而涌，化作了结语的嗟叹："人生实难，死如之何？"

427年，江州刺史檀道济久闻陶渊明之名，又听闻陶渊明患疾，家中短粮，特去看望他，赠以粱肉①，并劝他出仕。陶渊明却拒绝了，所赠粱肉也没有收下。同年，陶渊明卒于浔阳。他去世以后，友人私谥为"靖节"，后世称"陶靖节"。

陶渊明是在贫病交加中离开人世的。他原本可以活得舒适些，至少衣食不愁，但那要以付出人格和气节为代价。陶渊明因"不为五斗米折腰"而获得了心灵的自由，获得了人格的尊严，造就了一代文风和流传百世的诗文。在为后人留下宝贵文学财富的同时，也留下了弥足珍贵的精神财富。他因"不为五斗米折腰"的高风亮节，成为中国后代有志之士的楷模。

三千年读史，不外乎功名利禄；九万里悟道，终归是诗酒田园。宠辱不惊，看庭前花开花落；去留无意，望天上云卷云舒。宁静致远，淡泊明志，陶渊明最终做到了。如今，多少人向往这种淡隐的生活，但却被生计衣食所羁，被名利欲望所绊，身体与心灵难得自由。

归去来兮辞

余家贫，耕植不足以自给。幼稚盈室，瓶无储粟，生生所资，未见其术。亲故多劝余为长吏，脱然有怀，求之靡途。会有四方之事，诸侯以惠爱为德，家叔以余贫苦，遂见用于小邑。于时风波未静，心惮远役，彭泽去家百里，公田之利，足以为酒。故便求之。及少日，眷然有归欤之情。何则？质性自然，非矫厉所得。饥冻虽切，违己交病。尝从人事，皆口腹自役。于是怅然慷慨，深愧平生之志。犹望一稔，当敛裳宵逝。寻程氏妹丧于武昌，情在骏奔，自免去职。仲秋至冬，在官八十余日。因事顺心，命篇曰《归去来兮》。乙巳岁十一月也。

归去来兮，田园将芜胡不归？既自以心为形役，奚惆怅而独悲？悟已往之不谏，知来者之可追。实迷途其未远，觉今是而昨非。舟遥遥以轻飏，风飘飘而吹衣。问征夫以前路，恨晨光之熹微。

乃瞻衡宇，载欣载奔。僮仆欢迎，稚子候门。三径就荒，松菊犹存。携幼入室，有酒盈樽。引壶觞以自酌，眄庭柯以怡颜。倚南窗以寄傲，审容膝之易安。园日涉以成趣，门虽设而常关。策扶老以流憩，时矫首而遐观。云无心以出岫，鸟倦飞而知还。景翳翳以将入，抚孤松而盘桓。

归去来兮，请息交以绝游。世与我而相违，复驾言兮焉求？悦亲戚之情话，乐琴书以消忧。农人告余以春及，将有事于西畴。或命巾车，或棹孤舟。既窈窕以寻壑，亦崎岖而经丘。木欣欣以向荣，泉涓涓而始流。善万物之得时，感吾生之行休。

---

① 粱肉即精米肥肉，指富贵人家优渥的享用。《列子·力命》写道："衣则文锦，食则粱肉，居则连欐［lì］，出则结驷。"

已矣乎！寓形宇内复几时？曷不委心任去留？胡为乎遑遑欲何之？富贵非吾愿，帝乡不可期。怀良辰以孤往，或植杖而耘耔。登东皋以舒啸，临清流而赋诗。聊乘化以归尽，乐夫天命复奚疑！

《归去来兮辞》在序里首先交代写这篇文章的前因后果：我家境贫困，靠耕田不足以自给。年幼的孩子很多，米瓮里没有积蓄的粮食，养活全家老幼还找不到什么办法。亲戚朋友都劝我出去做官，我豁然而有所思虑，但求取一官半职也没有途径。恰巧遇到四方勤王的大事，诸侯大臣都以广施惠爱为美德。我的叔父见我家境贫困，就举荐我任职小县县令。这时讨伐桓玄的战争还没有结束，心里也害怕出远差。彭泽县离家只有百余里路程，公田里种植的粮食足够酿酒，故而就向叔父谋求这个官职。到任后不久，很怀念家乡，便有归去的心愿。为什么呢？我本性真率，无法改变。饥饿寒冷虽也令人感觉痛切，但违背自己的意愿则更使我心身俱疲。先前曾在官场里应酬周旋，那都是为了嘴巴肚子而役使自己。于是惆怅感慨，为平生的抱负未能实现而深感惭愧。本指望干完一年就整理好衣服乘夜离去。不久，嫁到程家的妹妹在武昌去世，一心想赶快奔赴吊丧，于是自己请求免去了职务。自仲秋到入冬，任职一共八十多天。因这件事顺遂了心愿，而写了一篇文章，题目叫《归去来兮》。时在乙巳年十一月。

《归去来兮辞》感情真挚，语言朴素，音韵谐美，有如天籁，呈现出一种天然真色之美。直抒胸臆，不假涂饰，而自然纯真可亲。写于将归之际，人未归而心先归，其想象归程及归后种种情状，正显得归意之坚和归心之切。

陶渊明是古代的大思想家。他的文学思想是魏晋南北朝文学思想的重要组成部分。他对"真"的理解，既注重历史与生活的真实，更注重思想情感和襟怀抱负的真实，是较完美的艺术真实。同时，他对自然的理解也表现出其文学思想的独特性。他不言教化、不事雕琢，注重情感的自由抒发，注重诗文的自然天成，这是一种非常高的境界。然而，无论是提倡艺术真实，还是推崇文学的自然，都是为了酣畅淋漓地表现人生。这是陶渊明文学思想的灵魂。

桃花源记

晋太元中，武陵人捕鱼为业。缘溪行，忘路之远近。忽逢桃花林，夹岸数百步，中无杂树，芳草鲜美，落英缤纷。渔人甚异之。复前行，欲穷其林。

林尽水源，便得一山，山有小口，仿佛若有光。便舍船，从口入。初极狭，才通人。复行数十步，豁然开朗。土地平旷，屋舍俨然，有良田美池桑竹之属。阡陌交通，鸡犬相闻。其中往来种作，男女衣着，悉如外人。黄发垂髫，并怡然自乐。

见渔人，乃大惊，问所从来，具答之。便要还家，设酒杀鸡作食。村中闻有此人，咸来问讯。自云先世避秦时乱，率妻子邑人来此绝境，不复出焉，遂与外人间隔。问今是何世，乃不知有汉，无论魏晋。此人一一为具言所闻，皆叹惋。余人各复延至其家，皆出酒食。停数日，辞去。此中人语云："不足为外人道也。"

既出，得其船，便扶向路，处处志之。及郡下，诣太守，说如此。太守即遣人随其往，寻向所志，遂迷，不复得路。

南阳刘子骥，高尚士也，闻之，欣然规往。未果，寻病终，后遂无问津者。

《桃花源记》通过对桃花源的安宁和乐、自由平等生活的描绘，表现了作者追求美好生活的理想和对现实生活的不满。

陶渊明作诗，擅长白描，文体省净，语出自然。《桃花源记》也具有这种艺术风格。桃花源虽是虚构的世外仙境，但由于采用写实手法，虚景实写，给人以真实感，仿佛实有其人，真有其事。全文以武陵渔人行踪为线索，像小说一样描述了溪行捕鱼、桃源仙境、重寻迷路三段故事。

《桃花源记》的故事和其他仙境故事有相似之处，描写了一个美好的世外仙界。不过应当强调的是，陶渊明所提供的理想模式有其特殊之处：在那里生活着的其实是普普通通的人，一群避难的人，而不是神仙，只是比世人多保留了天性的真淳而已；他们的和平、宁静、幸福，都是通过自己的劳动取得的。古代的许多神话，描绘的是长生和财宝，桃花源里既没有长生也没有财宝，只有一片农耕的景象。陶渊明归隐之初想到的还只是个人的进退清浊，写《桃花源记》时已经不限于个人，而是想到了整个社会的出路和百姓的幸福。虽然桃花源只是空想，只是作者理想当中的社会，但是这个空想是难能可贵的。

自《桃花源记》出世，桃花源至今仍是多少人心中的仙境和精神家园。

五柳先生传

先生不知何许人也，亦不详其姓字。宅边有五柳树，因以为号焉。闲静少言，不慕荣利。好读书，不求甚解；每有会意，便欣然忘食。性嗜酒，家贫不能常得。亲旧知其如此，或置酒而招之。造饮辄尽，期在必醉；既醉而退，曾不吝情去留。环堵萧然，不蔽风日，短褐穿结，箪瓢屡空，晏如也。常著文章自娱，颇示己志。忘怀得失，以此自终。

赞曰：黔娄之妻有言："不戚戚于贫贱，不汲汲于富贵。"其言兹若人之俦乎？衔觞赋诗，以乐其志，无怀氏之民欤？葛天氏之民欤？

《五柳先生传》是陶渊明创作的自传文（有争议）。不足两百字的短文立意新奇，剪裁得当。作者在文中表明其三大志趣——一是读书，二是饮酒，三是写文章，塑造了一个真实的自我，表现了卓然不群的品格，透露出强烈的人格个性美。文章采用白描手法，塑造了生动的艺术形象；行文简洁，绝无虚词矜誉。

文章对五柳先生虽然着墨不多，但是不仅把他的志趣、情操充分地表现了出来，而且对他的居室、衣着等外在形象也进行了必要的勾勒，塑造了一个居陋室、着破衣的隐士形象。正因为如此，五柳先生的艺术形象才引起后世许多诗人的神往，唐代大诗人李白在诗中曾说："梦见五柳枝，已堪挂马鞭。何日到彭泽，长歌陶令前。"

一篇寄托诗人平生理想与志趣的传记，在一般人写来，免不了要洋洋洒洒地作长篇大论，但陶渊明抓住足以表现人物本质的主要事件，仅仅用了 173 个字，就概括无遗。其用笔之经济，实在堪称精练。

9 命运多舛的诗豪：刘禹锡（772—842年）

唐代宗大历七年（772年），刘禹锡出生于今河南省荥阳市，字梦得。他祖籍河南洛阳，一生历经代宗、德宗、顺宗、宪宗、穆宗、敬宗、文宗、武宗八朝。自称"家本荥上，籍占洛阳"，又自言系出中山，其先为中山靖王刘胜。唐朝文学家、哲学家，有"诗豪"之称。

及第

青史留名，在历朝历代都是很困难的事。唐朝是一个天才和诗人辈出的时代，要想在唐朝脱颖而出，留下诗名，更是难上加难的事。

提起唐朝，首先想到的是诗。从诗歌的角度，唐朝可分为初唐（618—712年，代表人物为初唐四杰即王勃、杨炯、卢照邻和骆宾王）、盛唐（713—766年，代表人物为李白、杜甫等）、中唐（767—835年，代表人物为白居易、元稹等）和晚唐（836—907年，代表人物为李商隐、杜牧等）。

刘禹锡的生平，全在中唐时代。刘禹锡出生时，距唐朝建立（618年）已有154年，去世时距朱温篡唐（907年）仅65年。

德宗贞元九年（793年），21岁的刘禹锡与后来的文坛巨擘柳宗元同榜登进士。他的才华被高官淮南节度使杜佑看中，被邀请为他的掌书记（机要秘书），从此步入仕途，后升监察御史。此时刘禹锡春风得意、锐意仕途，怀有远大的政治抱负，与柳宗元等加入主张革新的王叔文政治集团。安史之乱后，国家动荡不安，内有宦官专权，外有藩镇割据。贞元二十一年（805年），顺宗即位，原太子侍读王叔文、王伾素有改革弊政之志，因而受到唐顺宗信任进入中枢。刘禹锡与王叔文相善，其才华志向尤受叔文器重，遂被任为屯田员外郎、判度支盐铁案，参与管理国家财政。这段时间里，刘禹锡政治热情极为高涨，和柳宗元一道成为革新集团的核心人物。

但是不久，唐顺宗中风，经过治疗后哑了，失去执政能力。而王叔文因为母亲死了，按例要告假回家守丧，王伾也突然患了中风，革新派失去了中坚力量。宦官俱文珍、刘光琦等和剑南西川（今四川省成都市）节度使韦皋、荆南（今湖北省荆州市）节度使裴钧、河东（今山西省太原市南）节度使严绶串通起来反对王叔文集团，策动神策军将官拒绝范希朝接权，又暗中策划宫廷政变，胁迫顺宗禅位。先于三月迫使顺宗立李淳（后改名李纯）为太子，后于八月迫顺宗禅位，并改元"永贞"。第二年的正月，顺宗便因病去世了，在位仅8个月。

以柳易播

"二王刘柳"集团在短暂的执政期间采取了不少具有进步意义的措施，但革新仅仅进行了146天，便以失败告终。革新在唐顺宗被迫让位于太子李纯，王叔文被赐死，王伾被贬后病亡，刘禹锡与柳宗元等八人被贬其中刘禹锡被贬为朗州司马。司马是刺史的助手，在中唐时期多用以专门安置"犯罪"官员，属于变相发配。这就是历史上著名的"八司马事件"（同时贬为司马的共八人，韦执谊为崖州司马，韩泰为虔州司马，陈谏为台州司马，柳宗元为永州司马，刘禹锡为朗州司马，韩晔为饶州司马，凌准为连州司马，程异为郴州司马，史称"八司马"）。此后，刘禹锡在朗州（今湖南省常德市）近10年。其间，刘禹锡创作了大量寓言诗，表达了对当朝权贵的极大不满，又写了许多辞赋来表达自己不甘沉沦的雄心。由于接触当地民间歌谣，从中吸取了营养，他的诗歌创作表现出一些新的特点。同时，他还写了多篇哲学论文，最重要的便是与柳宗元《天说》相呼应的《天论》三篇。

唐宪宗元和九年（814年），刘禹锡与柳宗元等人一起奉召回京。次年三月，刘禹锡因作诗，又得罪执政权贵，被贬谪到更远的播州（今贵州省遵义市）去当刺史，幸有裴度、柳宗元诸人帮助，改为连州（今广东省连州市）刺史。刘禹锡在连州近5年。

唐宪宗元和十四年（819年），刘禹锡因母丧才得以离开连州。唐穆宗长庆元年（821年）冬，刘禹锡被任为夔州（今重庆市奉节区）刺史。长庆四年（824年）夏，调任和州（今安徽省和县）刺史。

唐敬宗宝历二年（826年），刘禹锡奉调回洛阳。宝历三年（827年），任职于东都尚书省。从初次被贬到此时，前后共历23年。

在被贬期间，刘禹锡接触到民间风俗，作《竹枝词》十余篇，并深感不得志，创作《问大钧》《谪九年》等诗赋数篇。刘禹锡历任朗州司马、连州刺史、夔州刺史、和州刺史、主客郎中、礼部郎中、苏州刺史等职。唐武宗会昌元年（841年），加检校礼部尚书。次年，刘禹锡卒于洛阳，赠户部尚书。

刘禹锡诗文俱佳，涉猎题材广泛，与柳宗元并称"刘柳"，与韦应物、白居易合称"三杰"，并与白居易合称"刘白"。有《陋室铭》《竹枝词》《杨柳枝词》《乌衣巷》等名篇。哲学著作《天论》三篇，论述天的物质性，分析"天命论"产生的根源，具有唯物主义思想。有《刘梦得文集》，存世有《刘宾客集》。

刘禹锡人生最大知己是柳宗元，他们一起中进士，一起参与革新，一起被贬，一起写诗。

人生衰落至谷底的柳宗元，妻子早逝，后母亲又病逝，在柳宗元失妻失母最无助、孤独、寂寞时，刘禹锡专门为他而作了一首诗：

自古逢秋悲寂寥，我言秋日胜春朝。

晴空一鹤排云上，便引诗情到碧霄。

（《秋词二首·其一》）

在朗州贬居十年，好不容易等到被召回京城候新职。闲来无事，刘禹锡和柳宗元一起相约去看桃花。诗人看花哪会不写诗呢？刘禹锡在桃花面前自然诗兴大发。

> 紫陌红尘拂面来，无人不道看花回。

> 玄都观里桃千树，尽是刘郎去后栽。

（《元和十年自朗州至京戏赠看花诸君子/玄都观桃花》）

刘禹锡写下这首《玄都观桃花》，哪料当朝宰相武元衡认为此诗"语涉讥讽"，向皇帝说刘禹锡"挟邪乱政，不宜在朝"。于是又把刘禹锡给贬到了播州，这还不解气，他们觉得柳宗元和刘禹锡是一伙儿的，也就一起把柳宗元贬到了柳州。

柳宗元知道这个消息之后非常难过，不过他并不是因为自己被牵连而难过，而是因为刘禹锡。那个时候，播州非常偏远，当时只有五百户，极度荒凉，是大唐疆域内下州之中的下州。柳宗元知道刘禹锡的母亲已八十高龄，若刘禹锡果赴播州，则为死别。

于是这个时候柳宗元拿起笔写了一份申请书，请求让自己去播州，而让刘禹锡去柳州，而且说这是自己的意愿，绝对不反悔。这就是非常出名的"以柳易播"的故事。

这件事情传开之后，大家都非常震惊，觉得这才叫作友谊，就有很多的文豪为这件事情专门写文章。后来连皇帝都知道了这件事情，于是特别批准刘禹锡不用去播州了，可以改去条件稍微好一点儿的岭南连州。

815 年春，刘禹锡携八旬老母和两个儿子，与被贬柳州的柳宗元结伴而行，到了衡阳只好挥泪分别。分别前，刘禹锡诗赠柳宗元《再授连州至衡阳酬柳柳州赠别》：

> 去国十年同赴召，渡湘千里又分岐。

> 重临事异黄丞相，三黜名惭柳士师。

> 归目并随回雁尽，愁肠正遇断猿时。

> 桂江东过连山下，相望长吟有所思。

在连州

刘禹锡由郴州取道入连州，路经连州顺头岭秦汉古道时，他看到这里地偏人穷，感慨京师那些富人一掷千金的奢华，不禁三叹而歌："桂阳岭，下下复高高。人稀鸟兽骇，地远草木豪。寄言迁金子：知余歌者劳。"（《度桂岭歌》）

刘禹锡对医学颇有研究，曾集平素所得并经实践之方药，编著为《传信方》两卷。刘禹锡到达连州时，连州曾出现过"罕罹呕泄之患"的疫情。刘禹锡心急如焚，向远在湖南道州（今湖南省道县）的薛景和广西柳州的柳宗元请教药方。薛、柳二人把一些民间的药方寄来连州。这些药方果然十分有效，帮助连州人民躲过了瘟疫。后来《传信方》不仅在国内流传，而且还传到了日本和朝鲜等地，如日本的《医心方》、朝鲜的《东医宝鉴》等都收录了《传信方》中许多行之有效的方剂。只可惜原书在国内已经失传了。

唐时的连州虽然荒凉，但风景如画、气候宜人。刘禹锡在《连州刺史厅壁记》中生动地描绘了当时的连州风物："山秀而高，灵液渗漉，故石钟乳为天下甲……"这篇文章对山川、地形、物产、职贡、气候、疾病等都有涉及，语言优美，状物鲜明，生动形象的画面给人以身临其境的感觉。而一句"剡溪若问连州事，惟有青山画不如"，则是他对外宣传、赞美连州的最大笔墨。

刘禹锡对连州的最大功绩和贡献，首当重教兴学、栽培州人，开创了连州重文兴教的传统。唐宋时期，广东科举场上盛誉"连州科第甲通省"。刘禹锡在连州登台讲学，教泽州人，栽培人才，带动连州文化进入兴盛时期，开创了连州重文兴教的传统。由于刘禹锡的名气和连州文风大振，当时荆、楚、吴、越一带的儒生也纷至沓来，赴连州求学。当时湘南的儒生周鲁儒、吴越儒生曹璩都是刘禹锡的得意门生。刘禹锡在连州任上留下不凡的政绩，清人杨楚枝评曰："连州风物媲美中州，则禹锡振起之力居多。"

刘禹锡给我们的印象就是洒脱、坚强，但在连州，他写了一首《秋风引》，则又是别具一格。诗人在这首诗中，表达了自己内心的忧愁之感，以及悲痛之情。短短的四句，一共二十个字，却是描写得极为凄美，读来更是令人肝肠寸断。这应当说也是刘禹锡诗作中少有的伤秋之作。他此前写秋天可以是："自古逢秋悲寂寥，我言秋日胜春朝。"一个如此铁骨铮铮的汉子，他是不可能像普通的文人那样去伤秋的。

可是来到了岭南之后，他在那里也有了这种伤秋之感，这可能是诗人对故乡太过思念了。试想，他在岭南生活了数年，面对这样的贬谪生活，他并不会感到悲苦，可是想起故乡时，他的内心还是会伤感的。

何处秋风至？萧萧送雁群。

朝来入庭树，孤客最先闻。

（《秋风引》）

元和十四年（819年），刘禹锡因母亲去世而北上，柳宗元那时候还写信吊唁。可就在刘禹锡丁忧[①]路上走到衡阳的时候，突然收到了柳宗元去世的噩耗，顿时刘禹锡感到天塌了，悲痛万分！写下了这首《重至衡阳伤柳仪曹》：

忆昨与故人，湘江岸头别。

我马映林嘶，君帆转山灭。

马嘶循古道，帆灭如流电。

千里江蓠春，故人今不见。

刘禹锡在洛阳老宅丁母忧期间，一般很少与外界交往，除了整理柳宗元的遗稿，

---

① 丁忧：根据儒家传统的孝道，朝廷官员在职期间，如若父母去世，则无论此人担任何官何职，从得知丧事的那一天起，必须辞官回到祖籍，为父母守制27个月。

便是考虑着服丧期满后回连州的事情与生活。

竹枝词

长庆元年（821年）正月，由于改元，按惯例应大赦天下，故同年三月朝廷下诏，原漳州刺史韩泰为郴州刺史，原汀州刺史韩晔为永州刺史，原循州刺史陈谏为道州刺史。

朋友们被调任的消息传到刘禹锡的耳朵里，给他带来一些欣慰。因为当年参加"永贞革新"的"二王八司马"，大部分已去世。只剩下他们四个人了。由于刘禹锡居家丁母忧，朝廷暂时未对他的官职进行调动，但韩泰、韩晔、陈谏三人的调动，尽管在职位上见不出升迁的痕迹，至少也说明朝廷对"永贞革新"人员的态度已有所变化。

长庆二年（822年）年初，朝廷忽然有诏书下：调任刘禹锡为夔州刺史。这个调动是刘禹锡没有想到的。夔州原是下州，但到中唐时，地位有所上升，已接近于上州的地位了。因为该地处于长江三峡的上游，形势险要，在军事上尤显重要。现把刘禹锡从连州刺史改任为夔州刺史，带有升迁的性质。不过，这时的刘禹锡已年届五十，到了知天命之年，对于希望被朝廷重用的热情已减去许多，至少与元和十年从朗州赴京待诏的那份热心是不可同日而语的。

接了诏书以后，刘禹锡便打点行李，离开洛阳，赴夔州上任。

自从到朗州开始，刘禹锡每到一地，便养成了考察民情、注意民歌的习惯，并会从中汲取营养，从而丰富自己的诗歌。到了夔州以后，在写完了《夔州刺史厅壁记》以后，刘禹锡又四处考察，了解风土民情。几个月下来，他发现每逢民间节日的黄昏或夜间，当地的一些孩子，便会拥上街头，一起唱起《竹枝》歌曲，他们一边唱，一边还脖颈后仰、脸面朝天地挥袖舞蹈，脚下打着节拍，边舞边唱。这时，另有一些人则吹着短笛，用手击鼓，在旁伴奏。

刘禹锡本来就爱好音乐，喜欢民歌，每遇到这种场面，便会驻足观看，流连忘返，有时甚至会循声而去，如上了瘾一般。当地人唱《竹枝》曲，多为对唱或联唱，有时一男一女对唱，有时一群男孩和一群女孩对唱，有时前半截由男孩唱，后半截由女孩唱，形式多样。刘禹锡听那歌词，虽伧佇不可分，听起来不十分悦耳清楚，但又含思宛转，音调十分艳丽美妙，如同《诗经》中的《淇奥〔yù〕》，有时却又如黄钟之羽，如马在野中鸣叫，高亢激越。每到末尾，则声如激讦，很像六朝时长江下游地区一些民间歌曲的声调。总的来说，当地的《竹枝》歌有含思宛转、艳丽美妙的一面，也有高亢激越、哀婉动听的一面。

此后，刘禹锡经常外出采风，回到家里以后，便字斟句酌，尽量用一种通俗流畅、明白轻快的语调，写下了《竹枝词九首》：

其一

白帝城头春草生，白盐山下蜀江清。

南人上来歌一曲，北人陌上动乡情。

其二
山桃红花满上头，蜀江春水拍山流。
花红易衰似郎意，水流无限似侬愁。

（刘禹锡感到，这一首如让姑娘和小伙子彼此对唱，互相表达思念爱慕之情，那是最好不过的了。）
其三
江上朱楼新雨晴，瀼西春水縠文生。
桥东桥西好杨柳，人来人去唱歌行。
……
以及《竹枝词二首》：
其一
杨柳青青江水平，闻郎江上唱歌声。
东边日出西边雨，道是无晴却有晴。

其二
楚水巴山江雨多，巴人能唱本乡歌。
今朝北客思归去，回入纡那披绿罗。

令刘禹锡没有想到的是，他的《竹枝词》一经传出，立刻在夔州的大街小巷、近郊农村和山区传唱开来。流传于夔州民间的《竹枝词》，经过他在韵律、语言等方面的润饰加工，显得更加生动活泼、丰满多姿。如果说王翰、王之涣是以《凉州词》的慷慨悲凉、音节响亮，贺知章是以《柳枝词》的语浅情深、委婉柔美，李白是以《清平调词》的风流旖旎、清词丽句，王建是以《宫词》的设色绚烂、光彩流动而称胜于唐，那么，以刘禹锡《竹枝词》的清新刚健、缤纷多彩，恐怕也能够步其后尘，相与媲美。

长庆四年（824 年）正月，穆宗皇帝驾崩，年方 16 的太子李湛即位，是为唐敬宗。经李程与窦易直两位重臣的推荐，刘禹锡得以调任和州刺史。这使得刘禹锡距离政治中心又近了一些。

刘禹锡由夔州沿江东下赴任的途中，经西塞山时，触景生情，抚今追昔，写下了《西塞山怀古》，感叹历史兴亡。

王濬楼船下益州，金陵王气黯然收。
千寻铁锁沉江底，一片降幡出石头。
人世几回伤往事，山形依旧枕寒流。

今逢四海为家日，故垒萧萧芦荻秋。

西塞山，在今湖北省黄石市东面的长江边上。岚横秋塞，山锁洪流，形势险峻，是六朝有名的军事要塞。西晋太康元年（280 年），晋武帝司马炎命王濬率领由高大的战船"楼船"组成的西晋水军，顺江而下，讨伐东吴。诗人便以这件史事为题，开头写"楼船下益州（今四川省成都市）"，"金陵王气"便黯然消失。益州和金陵（江苏省南京市），相距遥遥，一"下"即"收"，表明速度之快。两字对举就渲染出一方是势如破竹，一方则是闻风丧胆，强弱悬殊，高下立判。第二联便顺势而下，直写战事及其结果。东吴的亡国之君孙皓，凭借长江天险，并在江中暗置铁锥，再加以千寻铁链横锁江面，自以为是万全之计。谁知王濬用大筏数十，冲走铁锥，以火炬烧毁铁链，结果顺流鼓棹，径造三山，直取金陵。前四句，写西晋灭吴的历史故事，表现国家统一是历史之必然，阐发了事物兴废决定于人的思想；后四句写西塞山，点出它之所以闻名，是因为曾经是军事要塞，而今山形依旧，可是人事全非，拓开了诗的主题。

在反复被贬的来往路上，刘禹锡多次路过洞庭，也曾写下《望洞庭》：

湖光秋月两相和，潭面无风镜未磨。

遥望洞庭山水翠，白银盘里一青螺。

司空见惯

刘禹锡任和州刺史两年后，奉调回京。屈指一算，此时距离他元和十年的被贬已经过去了 13 年。这 13 年中，他的母亲去世了，他的朋友柳宗元去世了，他的很多政敌也去世了。他的足迹到过连州，到过夔州，也到过和州，他的每一步都留下了踏实的足迹，至今还能在当地找到与他有关的历史印迹。刘禹锡从 43 岁走到了56 岁，而长安城中已是物是人非。

在这 13 年中，长安城中居然换了三任皇帝：820 年，唐宪宗李纯驾崩，他的儿子唐穆宗李恒继位。824 年，唐穆宗李恒驾崩，他的长子唐敬宗李湛继位。826 年，唐敬宗李湛被宦官谋杀，唐穆宗的次子唐文宗李昂继位。

其时，有一个曾在朝中担任过司空 ① 的李绅（772—846 年），因仰慕刘禹锡的诗名，邀请他饮酒，并拉来几个歌姬歌舞助兴作陪。李绅之所以有名，是因为他的两首《悯农》诗。《悯农》中的第二首最为有名，大家都能出口成诵：

锄禾日当午，汗滴禾下土。

谁知盘中餐，粒粒皆辛苦。

---

① 司空是中国古代官名，主管水利。隋唐时期司空与太尉、司徒合称三公，名义上参议国之大事，实为甲加官或赠官。元以后废。

李绅，字公垂，唐朝宰相、诗人，亳州谯县古城（今安徽省亳州市谯城区古城镇）人。元和元年（806年）中进士，历任刺史、淮南节度使、中书侍郎、右仆射、门下侍郎、司空公等职，册封赵国公。会昌六年（846年）病逝于扬州。追赠太尉，谥号"文肃"。

李绅历经宦海沉浮，中唐时期的牛李党争①几乎伴随他一生的政治生活。虽最后得居宰相之尊，但李绅的主要成就在于文学创作。李绅与元稹、白居易交游甚密，为新乐府运动的倡导者和参与者。

但此时的李绅，已远非昔日可比，生活极其铺张、奢华，家中歌伎成行。在饮酒间，刘禹锡一时诗兴大发，即兴创作了一首诗七言诗——《赠李司空妓》：

高髻云鬟宫样妆，春风一曲杜韦娘。

司空见惯浑闲事，断尽苏州刺史肠。

成语"司空见惯"即由此而来。李绅最大的污点，是他晚年经手的"吴湘案"。会昌五年（845年），李绅出任淮南节度使。其时，扬州江都县尉吴湘被人举报贪污公款、强娶民女。李绅接报后立即将吴湘逮捕下狱，判以死刑。但此案上报到朝廷后，谏官怀疑其中有冤情，朝廷便派遣御史崔元藻前往扬州复查。崔元藻调查后发现，吴湘贪赃属实，但款项不多，强娶民女之事则不实，所以罪不至死。但李绅却一意孤行，强行将吴湘送上了断头台。

按照奏章中的说法，李绅执意处死吴湘的起因是扬州都虞侯刘群欲娶流落广陵的美女阿颜，不料阿颜的养母却悄悄把阿颜嫁给了江都县尉吴湘，刘群闻讯后非常气愤，就唆使他人举报吴湘贪污公款、强娶民女。

李绅执意处死吴湘，是为讨好李党老大李德裕而实施的一次报复行动。原来，吴湘的叔父吴武陵当年得罪过李德裕的父亲李吉甫，两家是世仇。李德裕当上宰相后，也借故整过吴武陵，并将他贬为潘州司户参军，后吴武陵郁郁而终。李绅自然很清楚吴李两家的历史恩怨。为了取悦李德裕，李绅将吴武陵的侄子吴湘也列为报复对象，因而罗织罪名，处其死刑。事实上，李德裕同此案也脱不了干系。御史崔元藻回京后说吴湘罪不至死，时任宰相李德裕立即将他贬为崖州司户参军，企图掩盖真相。

唐宣宗大中元年（847年），唐宣宗即位后罢免了李德裕的宰相职务，李党一干人等全部被贬去崖州。这时，吴湘的哥哥吴汝纳为弟鸣冤，请求朝廷复查吴湘案，三司复查后吴湘终于得到平反。这时李绅虽已去世，但按照唐朝的规定，酷吏即使

① 唐代统治后期以牛僧孺、李宗闵等为首的牛党与李德裕、郑覃等为首的李党之间的争斗。斗争从唐宪宗时期开始，到唐宣宗时期才结束，持续时间将近40年。唐武宗时，李党达到鼎盛，牛党纷纷被罢免；唐宣宗的前期，李党纷纷被贬谪到地方为官。斗争最终以牛党苟延残喘、李党离开中央而结束。以致唐文宗有"去河北贼易，去朝中朋党难"之叹。

死掉也要剥夺爵位，子孙不得做官。因此，死去的李绅受到了"削绅三官，子孙不得仕"的处罚。

乌衣巷

在谈到刘禹锡时，几乎没人不知道他的《乌衣巷》：

朱雀桥边野草花，乌衣巷口夕阳斜。

旧时王谢堂前燕，飞入寻常百姓家。

乌衣巷位于今南京市秦淮区秦淮河上文德桥南，是中国历史最悠久最著名的古巷，是当时中国世家大族居住之地，三国时曾是吴国戍守石头城部队营房所在地。在晋代，乌衣巷是王谢两家豪门大族的宅第，两族子弟都喜欢穿乌衣以显身份尊贵，因此得名。乌衣巷门庭若市，冠盖云集，走出了王羲之、王献之，以及山水诗派鼻祖谢灵运等文化巨匠。乌衣巷见证了王谢两家的艺术成就与两大家族的历史，乃至与整个中国文化史紧密相连。

唐朝时期，乌衣巷已沦为废墟。刘禹锡的感慨源自这条古巷曾居住的王、谢两个显赫的宰相家族：王氏以王导[①]为代表。王导协调接纳衣冠南渡[②]，辅佐创立了有百年历史的东晋王朝；谢氏以谢安为代表。谢安指挥淝水之战，以少胜多，打败苻秦百万大军。

谢安（320—385年），字安石。自少以清谈知名，屡辞辟命，隐居会稽郡山阴县之东山，与王羲之、许询等游山玩水。晋穆帝永和九年（353年）三月三日，时任会稽内史的王羲之与友人谢安、孙绰等41人会聚兰亭，赋诗饮酒。王羲之将诸人名爵及所赋诗作编成一集，并作序一篇，记述流觞曲水一事，并抒写由此而引发的内心感慨。这篇序文就是著名书法作品《兰亭序》。后谢氏家族于朝中之人尽数逝去，谢安才东山再起。历任征西大将军司马、吴兴太守、侍中、吏部尚书、中护军等职，曾与王坦之挫败桓温篡位意图。

东晋孝武旁太元八年（383年），苻坚率领着号称百万的大军南下，志在吞灭东晋，统一天下。当时军情危急，建康（今南京市）一片震恐，可是谢安依旧镇定自若，以征讨大都督的身份负责军事，并派谢石、谢玄、谢琰和桓伊等率兵

---

① 王导（276—339年），字茂弘，出身琅琊王氏，琅琊郡临沂县（今山东省临沂市）人。东晋开国元勋，政治家、书法家。琅琊王司马睿与之交好，随其移镇建邺，联络南方士族，安抚南渡士族。东晋建立后，拜骠骑大将军，形成"王与马，共天下"的格局。王敦之乱时，王导反对废除晋元帝，拥立晋明帝。晋明帝驾崩后，联合外戚庾亮等共同辅政，反对征召苏峻入京。苏峻之乱平定后，全力稳定局势，联合太尉郗鉴继续执政。咸康五年（339年），因病去世，享年64岁，谥号"文献"。王导善于书法，以行草最佳。学习钟繇、卫瓘之法，自成一格，颇有声望，有草书作品《省示帖》《改朔帖》传世。

② 西晋末年，晋元帝避乱渡江，在建康（今南京）建立东晋的事件。当时大批缙绅、士大夫及庶民百姓随之南下，史称"衣冠南渡"。

八万前去抵御。但是前秦的兵力是东晋的十倍多,谢玄心里到底有点紧张。出发之前,谢玄特地到谢安家去告别,请示一下这个仗怎么打。但谢安神情泰然,毫无惧色,回答道:"朝廷已另有安排。"过后默默不语,谢玄不敢再问,便派好友张玄再去请示。谢安驾车前往山中别墅,与亲朋好友聚会,然后才与张玄坐下来下围棋,并以别墅为赌注。谢安平常棋艺不及张玄,这一天张玄心慌,反而败给了谢安。谢安回头对外甥羊昙说:"别墅给你啦。"说罢便登山游玩,到晚上才返回,把谢石、谢玄等将领都召集起来,当面交代机宜事务。

当时,桓冲在荆州听说形势危急,打算专门拨出三千精兵保卫建康。谢安对派来的将士说:"我这儿已经安排好了,你们还是回去加强西面的防守吧!"将士回到荆州告诉桓冲,桓冲很担心。他对将士说:"谢公的气度确实叫人钦佩,但不懂得打仗。眼看敌人就要到了,他还那样悠闲自在,兵力那么少,又派一些没经验的年轻人去指挥。我看我们都要失败被俘了。"

十一月,谢玄遣部将刘牢之以五千精兵奇袭,取得洛涧大捷。十二月,双方决战淝水,谢玄、谢琰和桓伊率领晋军七万战胜了苻坚和苻融所统率的前秦十五万大军,并阵斩苻融。淝水之战以晋军的全面胜利告终。当晋军在淝水之战中大败前秦的捷报送到时,谢安正在与客人下棋。他看完捷报,便放在座位旁,不动声色地继续下棋。客人憋不住问他,谢安只是淡定地说:"没什么,孩子们已经打败敌人了。"直到下完了棋,客人告辞以后,谢安才抑制不住心头的喜悦,舞跃入室,把木屐底上的屐齿都碰断了。(**谢安得驿书,知秦兵已败,时方与客围棋,摄书置床上,了无喜色,围棋如故。客问之,徐答曰:"小儿辈遂已破贼。"既罢,还内,过户限,不觉屐齿之折**。《资治通鉴·晋纪》)淝水之战的胜利,使谢安的声望达到了顶点,使晋室得以存续。太元十年(385年),谢安病逝,享年66岁。获赠太傅、庐陵郡公,谥号"文靖"。

作为一代名相,王、谢足以令后人追怀,更令人惊奇的是,王、谢家族人才辈出,他们居住的这条古巷,还有"王家书法谢家诗"的美名。王羲之与另外两位大书法家王献之、王洵,书法成就登峰造极。乌衣巷名贯古今,不仅因为王导、谢安居住在这里,书圣王羲之、山水诗鼻祖谢灵运、谢朓也住在这里,还因为王谢两大家族在这里居住了三百年,出现了一批对晋朝的历史产生了深远影响的人物。

原来这条小巷,曾经住过几位叱咤风云的人物。而如今,白云苍狗,人去巷空,"吴宫花草埋幽径,晋代衣冠成古丘"。

乌衣巷已经沧桑寂寞,但王导和谢安曾令它不凡,王羲之、王献之、谢灵运令它不俗,而今刘禹锡的《乌衣巷》则令它不朽。

柳宗元去世后,刘禹锡结交了好友白居易,他们经常以诗会友。二人并称"刘白",著有《刘白文集》。

唐敬宗宝历二年(826年),刘禹锡罢和州刺史调往东都洛阳的尚书省,同时白居易也从苏州返洛阳。他乡遇故知，两人悲喜交集，携手走进一家饭馆，把酒忆旧。白居易问："梦得，你被贬了多少年？"刘禹锡屈指一算，前前后后 23 个年头，心中不免有些悲伤。面对满头飞白的同龄老友，已经喝多了的白居易眼噙泪花，率先情绪失控，忍不住吟诗感叹：

为我引杯添酒饮，与君把箸击盘歌。

诗称国手徒为尔，命压人头不奈何。

举眼风光长寂寞，满朝官职独蹉跎。

亦知合被才名折，二十三年折太多。

（《醉赠刘二十八使君》）

刘禹锡放下酒杯，凝视着窗外挽歌般的落日，感慨万千地回应道：

巴山楚水凄凉地，二十三年弃置身。

怀旧空吟闻笛赋，到乡翻似烂柯人。

沉舟侧畔千帆过，病树前头万木春。

今日听君歌一曲，暂凭杯酒长精神。

（《酬乐天扬州初逢席上赠》）

"怀旧空吟闻笛赋，到乡翻似烂柯人。"这句诗含着两个重要的典故。一是"闻笛赋"，讲的是晋朝的向秀和嵇康是好朋友，曾经一起打铁。后来嵇康被杀害，向秀写了《思旧赋》讲述邻人之笛，以此来怀念嵇康。二是"烂柯人"，讲的是晋朝时的王质入山伐木，见到有人在下棋，就看了一会儿。可等到他回家的时候，发现斧柄已烂，已经过去了上百年了，于是后人用此典故来表现人世沧桑。"是啊，我谪居巴山楚水那荒凉的地方，算起来都已经 23 年了"。刘禹锡表达的是，23 年过去了，如今回来恍若隔世，不仅许多老朋友都已去世，人事也已全非，不再是旧日的光景了。

伤感归伤感，面对老朋友白居易对自己遭际的不平，刘禹锡却异常豁达地宽慰他："其实这也没有什么大不了的。你看，沉船的边上，不还有千帆竞发；病死的树前，不还有万树勃发着春绿吗？听了你刚才的歌吟，我也很有感慨啊。都不说了，就让我们再干一杯，借杯中的美酒来提振精神，向前看吧！"

白居易（772—846 年）

白居易号香山居士，又号醉吟先生。就在刘禹锡出生的那一年，白居易在河南新郑呱呱坠地。白居易与元稹共同倡导新乐府运动，世称"元白"，与刘禹锡并称"刘白"。白居易的诗歌题材广泛，形式多样，语言平易通俗，有"诗魔"和"诗王"之称。

白居易出生之后不久，家乡便发生了战争。藩镇李正己割据河南十余州，战火纷纷，民不聊生。白居易两岁时，任巩县令的祖父卒于长安，紧接着他的祖母也病故了。白居易的父亲白季庚先由宋州司户参军授徐州彭城县县令（780年），一年后因白季庚与徐州刺史李洧坚守徐州有功，升任徐州别驾。为躲避徐州战乱，他把家居送往宿州符离安居。白居易得以在宿州符离度过了童年时光。白居易自幼聪颖过人，读书十分刻苦，读得嘴都生出了疮，手都磨出了茧，年纪轻轻的，头发全都白了，显出一副老相。

十五六岁时，白居易孤身闯荡京城，立志打拼出一番属于自己的天地。在京城长安，白居易为了求取科举功名，也按照当时流行的规则，四处向名流显贵投送"行卷"，以求得到他们的提携推荐。白居易曾向名士顾况投送过"行卷"。顾况是个很有幽默感的人，见到白居易之后，一看他还是个半大孩子，就幽默地说："长安米贵，居大不易（米价方贵，居亦弗易）。"读了白居易写的《赋得古原草送别》（离离原上草，一岁一枯荣。野火烧不尽，春风吹又生。远芳侵古道，晴翠接荒城。又送王孙去，萋萋满别情。）后，顾老先生不由大为称奇，惊叹于白居易的才华，立马改口道："有句如此，居之大易（道得个语，居即易矣）。"在顾况的大力推荐宣传下，白居易名声大震，为科考成功奠定了坚实的基础。进士及第之时，白居易才18岁。

806年，白居易罢校书郎。同年四月试才识兼茂明于体用科，及第，授盩厔［zhōu zhì］县（今陕西省周至县）尉。807年，任进士考官、集贤校理，授翰林学士①。808年任左拾遗，810年改任京兆府户部参军，811年母亲陈氏去世，离职丁忧，归下邽。814年回长安，授太子左赞善大夫。

任左拾遗时，白居易认为自己受到喜好文学的皇帝赏识提拔，故希望以尽言官之职责报答知遇之恩，因此频繁上书言事，并写大量的反映社会现实的诗歌，希望以此补察时政，乃至于当面指出皇帝的错误。白居易上书言事多获接纳，然而他言事直接，曾令唐宪宗感到不快而向李绛抱怨："白居易小子，是朕拔擢致名位，而无礼于朕，朕实难奈。"李绛认为这是白居易的一片忠心，而劝谏宪宗广开言路。

815年，宰相武元衡遇刺身亡，白居易上表主张严缉凶手，被认为是越职言事。其后白居易又被诽谤：母亲看花而坠井去世，白居易却著有"赏花"及"新井"诗，有害名教。遂以此为理由贬为江州（今江西省九江市）司马。

贬谪江州是白居易一生的转折点：在此之前他以"兼济"为志，至此之后他的行事渐渐转向"独善其身"，从此他早期的锐气逐渐消磨，消极情绪日渐增多。这反映在他脍炙人口的名篇《琵琶行》中：

> 浔阳江头夜送客，枫叶荻花秋瑟瑟。主人下马客在船，举酒欲饮无管弦。
> 醉不成欢惨将别，别时茫茫江浸月。忽闻水上琵琶声，主人忘归客不发。
> 寻声暗问弹者谁？琵琶声停欲语迟。移船相近邀相见，添酒回灯重开宴。

---

① 翰林学士是一般行政系统以外的差遣，不计官阶品秩，也无官署。唐玄宗时，翰林学士成为皇帝心腹，常常能升为宰相。

中篇 群星璀璨

千呼万唤始出来，犹抱琵琶半遮面。转轴拨弦三两声，未成曲调先有情。
弦弦掩抑声声思，似诉平生不得志。低眉信手续续弹，说尽心中无限事。
轻拢慢捻抹复挑，初为霓裳后六幺。大弦嘈嘈如急雨，小弦切切如私语。
嘈嘈切切错杂弹，大珠小珠落玉盘。间关莺语花底滑，幽咽泉流冰下难。
冰泉冷涩弦凝绝，凝绝不通声暂歇。别有幽愁暗恨生，此时无声胜有声。
银瓶乍破水浆迸，铁骑突出刀枪鸣。曲终收拨当心画，四弦一声如裂帛。
东船西舫悄无言，唯见江心秋月白。沉吟放拨插弦中，整顿衣裳起敛容。
自言本是京城女，家在虾蟆陵下住。十三学得琵琶成，名属教坊第一部。
曲罢曾教善才服，妆成每被秋娘妒。五陵年少争缠头，一曲红绡不知数。
钿头银篦击节碎，血色罗裙翻酒污。今年欢笑复明年，秋月春风等闲度。
弟走从军阿姨死，暮去朝来颜色故。门前冷落鞍马稀，老大嫁作商人妇。
商人重利轻别离，前月浮梁买茶去。去来江口守空船，绕船月明江水寒。
夜深忽梦少年事，梦啼妆泪红阑干。我闻琵琶已叹息，又闻此语重唧唧。
同是天涯沦落人，相逢何必曾相识！我从去年辞帝京，谪居卧病浔阳城。
浔阳地僻无音乐，终岁不闻丝竹声。住近湓江地低湿，黄芦苦竹绕宅生。
其间旦暮闻何物？杜鹃啼血猿哀鸣。春江花朝秋月夜，往往取酒还独倾。
岂无山歌与村笛？呕哑嘲哳难为听。今夜闻君琵琶语，如听仙乐耳暂明。
莫辞更坐弹一曲，为君翻作琵琶行。感我此言良久立，却坐促弦弦转急。
凄凄不似向前声，满座重闻皆掩泣。座中泣下谁最多？江州司马青衫湿。

818年，弟弟白行简至江州与白居易相聚。当白居易被任命为忠州（今重庆市忠县）刺史时，白行简也一同与兄长溯江而上。途中与元稹相遇于黄牛峡，三人相游之处被称为三游洞。在忠州任职期间，白居易在忠州城东的山坡上种花，并命名此地为"东坡"。同年冬，白居易被任命为忠州刺史，819年到任。820年夏，被召回长安，任尚书司门员外郎。

821年，加朝散大夫，始正式著五品绯色朝服（绯色即朱色，为五品以上官员所用的服色），又转中书舍人（掌起草诏令、侍从、宣旨、劳问、接纳上奏文表，兼管中书省事务）。822年，白居易上书论当时河北的军事，不被采用，于是请求到外地任职，七月被任命为杭州刺史，十月到任。任内有修筑西湖堤防、疏浚六井等政绩。825年，被任命为苏州刺史。

827年，白居易至长安任秘书监，配紫金鱼袋，换穿紫色朝服（三品以上官员所用的服色）。831年七月元稹去世后，为元稹撰写墓志铭，元家给白居易润笔的六七十万钱，白居易全数布施于洛阳香山寺。839年十月白居易得风疾。

晚年白居易的生活，大多在洛阳的履道里度过，与刘禹锡唱和，时常游历于龙门一带。唐武宗会昌六年（846年）八月十四（9月8日），白居易于洛阳去世，享年75岁，赠尚书右仆射，谥号"文"，葬于洛阳香山。

唐穆宗长庆年间，刘禹锡、元稹与韦楚客等人在白居易的寓所谈诗，元稹提议大家各写诗一首。一杯酒还没喝完，刘禹锡就已搁笔，诗曰：

山围故国周遭在，潮打空城寂寞回。

淮水东边旧时月，夜深还过女墙来。

（《金陵五题·石头城》）

这首诗不愧是名篇，不但让元稹、韦楚客、白居易这些大文豪当场折服，而且为后世文学评论家所激赏，认为是含蕴无穷的唐诗杰作。白居易读完此诗，长叹道："四人探骊龙，子先获珠，所余鳞爪何用耶？"意思再明白不过，刘禹锡已经把精华写尽了，大家再写，也是白费力气。于是，他们各自取刘诗吟咏终日，尽欢而散。

元稹（779—831年）

元稹，字微之。在刘禹锡和白居易已经7岁开始启蒙读诗时，元稹于唐代宗大历十四年（779年）二月在东都洛阳城南降生。父元宽，母郑氏，为北魏宗室鲜卑族拓跋部后裔，家族久居洛阳。元稹8岁时父亲元宽去世，出生书香门第的母亲郑氏担起了元稹上学的担子。唐德宗贞元九年（793年），14岁的元稹参加朝廷举办的"礼记、尚书"考试，以明经擢第。唐代科举名目甚多，而报考最多的科目则为进士和明经两科。不过两科相比也有难易之分，进士科难，"大抵千人得第者百一二"，明经科"倍之，得第者使一二"，故有"三十老明经，五十少进士"之说，而唐代文人也更为看重进士科。元稹为尽快获取功名，选择投考相对容易的明经科，一战告捷。

贞元十九年（803年），24岁的元稹中书判拔萃科第四等，并入秘书省任校书郎。大他八岁的白居易也同登书判拔萃科，从此二人成为生死不渝的好友。

元稹出身中小地主家庭，门第不高，只有入仕以后，才有结婚高门的资本。此时做了校书郎，正值风华正茂，才华横溢，就把终身大事提上了日程。韩愈《监察御史元君妻京兆韦氏墓志铭》云："选婿得今御史河南元稹。祺时始以选校书秘书省中。"元稹授校书郎后，不久便娶韦夏卿之女韦丛为妻。十月，韦夏卿授东都洛阳留守，赴东都洛阳上任。由于韦丛是"谢公最小偏怜女"，割舍不下，于是元稹、韦丛夫妇一同侍从韦夏卿赴洛阳，元稹夫妇就住在东都洛阳韦宅。

唐宪宗元和元年（806年）四月，元稹和白居易同登"才识兼茂明于体用"科，元白同及第，登第者十八人，元稹为第一名，授左拾遗，职位为从八品。

元稹奉职勤恳，本应受到鼓励，可是因为锋芒太露，触犯权贵，反而引起了宰臣的不满，九月贬为河南县尉。白居易罢校书郎，亦出为县尉。此时，由于母亲去世，元稹悲痛不已，在家守孝三年。此后，31岁的元稹被提拔为监察御史。

元和四年春（809年），元稹奉命出使剑南东川。初登官场，意气风发，一心为民，报效国家，遂大胆劾奏不法官吏，平反许多冤案，得到民众的广泛欢迎和崇高赞誉。白居易更是作诗赠他"其心如肺石，动必达穷民，东川八十家，冤愤一言申"。这一举动触犯了朝中旧官僚阶层及藩镇集团，很快他们就找机会将元稹外遣——分务东台。东台就是东都洛阳的御史台，用意在于将他排挤闲置。即便遭受到这样的打压，元稹仍然坚持为官之初的原则，秉公执法。同年，正值仕途受挫时，其贤淑聪慧的妻子韦丛盛年而逝。韦丛之死，对元稹打击很大，使他常常夜不能寐。由于难遣伤痛，元稹写下了有名的悼亡诗——《遣悲怀三首》：

其一

谢公最小偏怜女，嫁与黔娄百事乖。

顾我无衣搜画箧，泥他沽酒拔金钗。

野蔬充膳甘长藿，落叶添薪仰古槐。

今日俸钱过十万，与君营奠复营斋。

……

后又作《离思五首》：

其四

曾经沧海难为水，除却巫山不是云。

取次花丛懒回顾，半缘修道半缘君。

……

其实，元稹正式娶韦丛之前已与远亲家少女崔双文相爱于花园并私订终身。崔双文才貌双全，而且家中富有，但毕竟没有权势，这与元稹理想中的婚姻存在很大距离。双文曾赠玉环给元稹并痴情嘱咐说"玉取其坚润不渝，环取其始终不绝"，既表明自己忠贞不贰，也期待元稹莫要辜负。但求官心切的元稹考虑到崔双文虽然才貌双全，但对他的仕途进取没有多大帮助，所以权衡得失，最后还是弃崔双文而娶了韦丛。

也许是受良心的谴责，也许是对初恋情人崔双文难以忘怀，所以很多年以后，元稹以自己的初恋为原型，创作了传奇小说《莺莺传》，即后来《西厢记》的前身。《莺莺传》其实就是当年元稹自己与崔双文的故事，莺莺就是崔双文，张生为元稹自寓。

元稹和唐代才女薛涛的爱情故事是中唐文艺界最出名的爱情故事之一。薛涛是唐代女诗人，她制作的"薛涛笺"一直流传到今。她才貌过人，琴棋书画，样样精通。

薛涛（768—832年），字洪度，唐代乐伎、清客，蜀中女校书。薛涛与卓文君、花蕊夫人、黄娥并称蜀中四大才女，与鱼玄机、李冶、刘采春并称唐代四大女诗人。薛涛8岁那年，父亲薛郧在庭院里的梧桐树下歇凉，他忽有所悟，吟诵道："庭除一古桐，耸干入云中。"薛涛头都没抬，随口续上了父亲薛勋的诗："枝迎南北鸟，叶送往来风。"她天分很高，让父亲又喜又忧。薛郧为人正直，敢于说话，结果得罪了当朝权贵而被贬谪到四川，一家人跋山涉水，从繁华的京城长安搬到了遥远的成都。没过几年，他又因为出使南诏沾染了瘴疠而命丧黄泉。那时薛涛年仅 14 岁。母女俩的生活立刻陷入困境。薛涛不得已，凭借"容姿既丽"和"通音律，善辩慧，工诗赋"，16 岁加入乐籍。

在娱乐场中，她与当时许多著名诗人都有来往，其中不乏像白居易、张籍、王建、刘禹锡、杜牧、张祜等诗坛领袖。贞元元年（785 年），中书令韦皋出任剑南西川节度使。在一次酒宴中，韦皋让薛涛即席赋诗，薛涛神态从容地拿过纸笔，提笔而就《谒巫山庙》，诗中写道："朝朝夜夜阳台下，为雨为云楚国亡。惆怅庙前多少柳，春来空斗画眉长。"韦皋看罢，拍案叫绝。

韦皋突发奇想，要向朝廷打报告，拟奏请唐德宗授薛涛以秘书省校书郎官衔，为薛涛申请做"校书郎"（一说为武元衡所奏）。"校书郎"的主要工作是公文撰写和典校藏书，虽然官阶仅为从九品，但这项工作的门槛却很高。按规定，只有进士出身的人才有资格担当此职，大诗人白居易、王昌龄、李商隐、杜牧等都是从这个职位上做起的，历史上还从来没有哪一个女子担任过"校书郎"。虽因格于旧例未能实现，但人们却称之为"女校书"。

唐元和四年（809 年），当时正如日中天的诗人元稹，以监察御史的身份奉命出使地方。他久闻蜀中诗人薛涛的芳名，所以到蜀地后，特地约她在梓州（今四川省三台县）相见。与元稹一见面，薛涛就被这位年仅 31 岁的年轻诗人的俊朗外貌和出色才情所吸引。这位温文尔雅、谈吐不凡的朝中大官，竟是一个风度翩翩、一表人才的青年，她从内心感情上一下子和元稹融合在一起，主动献上一首自己的《春望词》：

（一）

花开不同赏，花落不同悲。

欲问相思处，花开花落时。

（二）

揽草结同心，将以遗知音。

春愁正断绝，春鸟复哀吟。

（三）

风花时将老，佳期犹渺渺。

不结同心人，空结同心草。

（四）

那堪花满枝，翻作两相思。

玉箸垂朝镜，春风知不知。

元稹原本只是钦慕薛涛的诗才，对薛涛的容貌虽听到一些传言，但并不十分相信。今日一见，果然是天姿国色，令人倾倒。于是他稍加思索，急赋一首《菊花》

回赠：

> 秋丛绕舍似陶家，遍绕篱边日渐斜。
>
> 不是花中偏爱菊，此花开尽更无花。

诗中"陶"字与"涛"同音同韵，在当时多可相互借用。用在这里，其意更深了。

薛涛的爱情之火一经点燃，就极为炽烈。尽管她已经步入中年，但那种前所未有的震撼与激情告诉她，这个男人就是她梦寐以求的人，于是她便不顾一切，如同飞蛾扑火般将自己投身于爱的烈焰中。第二天，她满怀真情地写下了《池上双鸟》，完全一副柔情万种的小女子神态。

后元稹参劾为富不仁的东川节度使严砺，由此得罪权贵，调离四川任职洛阳。从此两人劳燕分飞，关山永隔。分别已不可避免，薛涛十分无奈。令她欣慰的是，很快她就收到了元稹寄来的书信，同样寄托着一份深情。此时能够寄托她相思之情的，唯有一首首诗了。薛涛迷上了写诗的信笺。她喜欢写四言绝句，律诗也常常只写八句，因此经常嫌平时写诗的纸幅太大。于是她对当地造纸的工艺加以改造，将纸染成桃红色，裁成精巧窄笺，特别适合书写情书，人称"薛涛笺"。

两人年龄差距过大，31岁的元稹正是风华岁月，而薛涛即便风韵绰约，但也大了元稹11岁。另外，薛涛乐籍出身，相当于一个风尘女子，对元稹的仕途只有负作用。薛涛也想得明白坦然，于是薛涛从此褪下红裙，换上了一袭灰色的鹤衣道冠，她的人生从炽烈走向了淡然。锦江河中船来往，浣花溪旁车马喧，但她的内心却已沉寂。

人生垂暮，薛涛逐渐厌倦了世间的繁华与喧嚣。她离开了浣花溪，移居到碧鸡坊（今四川省成都市金丝街附近），筑起了一座吟诗楼，独自度过了最后的时光。太和六年（832年）夏，薛涛安静地走了。第二年，曾任宰相的段文昌为她亲手题写了墓志铭，墓碑上写着"西川女校书薛涛洪度之墓"。

元和五年（810年），元稹因弹奏河南尹房式（开国重臣房玄龄之后）不法事，被召回罚俸。途经华州敷水驿便宿于驿馆上厅，恰逢宦官仇士良、刘士元等人在此，也要争住在上厅，元稹据理力争，却遭到仇士良的谩骂，刘士元更是上前用马鞭抽打元稹，打得他鲜血直流，最终被赶出了上厅。后来唐宪宗便以"元稹轻树威，失宪臣体"为由，贬元稹为江陵府士曹参军。从此开始了他困顿州郡十余年的贬谪生活。

元和十年（815年），37岁的元稹一度奉诏回朝，以为起用有望。途经蓝桥驿曾题诗留赠命运相似的友人刘禹锡、柳宗元。抵京后，与白居易诗酒唱和，意气风发。元稹收集诗友作品，拟编为《元白还往诗集》，但书稿未成，却突然与刘禹锡、柳宗元一同被放逐远州。三月，元稹出任通州（今四川省达州市）司马，"一身骑马向通州"。流落"哭鸟昼飞人少见，怅魂夜啸虎行多"（《酬乐天得微之诗知通州事因成四首》）的通州，他"垂死老病"，患上疟疾，几乎死去。潦倒困苦中，他只能以诗述怀，以友情相互慰藉，在通州完成了他最具影响力的乐府诗歌《连昌宫词》和与白居易酬唱之作 180 余首。

太和五年（831 年）七月二十二日元稹暴病，一日后便去世，时年五十三岁，白居易为其撰写了墓志，并在元稹去世 9 年后，写下了那首永垂不朽的悼亡诗《梦微之》，其中一句是："君埋泉下泥销骨，我寄人间雪满头。"

和刘禹锡、元稹、白居易同时代的诗人很多，尽管白居易在中唐诗坛、政坛，都有很好的名声和人缘，但白居易、元稹与张祜、杜牧还是有一段恩怨是非。

张祜（约 785—849 年），字承吉，唐代清河（今河北省清河县）人，家世显赫，被人称作"张公子"。

提起张祜，知道的人不多，但提起"何满子"，很多人都读过。

故国三千里，深宫二十年。

一声何满子，双泪落君前。

一首诗仅 20 字，而能令人断肠的，舍张祜其谁？

他还有《题金陵渡》：

金陵津渡小山楼，一宿行人自可愁。

潮落夜江斜月里，两三星火是瓜洲。

有《赠处士》：

小径上山山甚小，每怜僧院笑僧禅。

人间莫道无难事，二十年来已是玄。

有《京城寓怀》：

三十年持一钓竿，偶随书荐入长安。

由来不是求名者，唯待春风看牡丹。

《全唐诗》中收录了张祜诗 349 首。诗人杜牧在《酬张祜处士见寄长句四韵》中这样评价张祜：

七子论诗谁似公，

曹刘须在指挥中。

荐衡昔日知文举，

乞火无人作蒯通。

北极楼台长挂梦，

西江波浪远吞空，

可怜故国三千里，

虚唱歌词满六宫。

的确，张祜的一生，狂士、浪子、游客、幕僚、隐者，他曾以多种角色出现在人生舞台上，平凡而又独特，畅意而又痛苦，受盛誉而又曾遭诋毁，声名大噪而又终生埋没，可谓是坎坷不平的一生。张祜是一个才子诗人，他青年时豪侠游历，中年时宦海沉浮，晚年时凄凉隐居。杜牧还曾于《登池州九峰楼寄张祜》诗中说：

百感中来不自由，角声孤起夕阳楼。
碧山终日思无尽，芳草何年恨即休。
睫在眼前长不见，道非身外更何求。
谁人得似张公子，千首诗轻万户侯。

杜牧这首诗，格调苍凉，感情沉痛，语言凝练，富有哲理，兴寄深远，情韵悠长，表达了对张祜怀才不遇的同情以及对白居易的不满。

在元和至长庆年间（806—821年），张祜深受令狐楚器重。令狐楚任天平军节度使时，亲自起草奏章荐举张祜，把张祜的三百首诗献给朝廷。张祜到京城，正值元稹在朝中得势，穆宗把元稹召来，问他张祜的诗如何。元稹说："张祜雕虫小巧，壮夫耻而不为者，或奖激之，恐变陛下风教。"皇上听了点点头。就这样，张祜寂寞归乡。白居易任杭州刺史时，张祜与另外一名诗人徐凝，均拜访白居易，希望以头名举人获选进京参加进士考试。结果在进行诗文考评时，白居易评徐凝为第一，张祜屈居第二。白居易评徐凝诗"今古长如白练飞，一条界破青山色"胜过张祜，这个评价甚为后人所诟病。苏轼去庐山见某寺中有李白和徐凝的诗，曾赋诗曰："帝遣银河一派垂，古来惟有谪仙辞。飞流溅沫知多少，不与徐凝洗恶诗。"苏轼认为徐凝的诗乃是恶诗，晚唐著名诗人皮日休（约838—约883年）也曾就此事为张祜鸣不平。

张祜性情狷介，诗才很高，可他却不习科举文章。张祜生性喜爱山水，所到之处常题诗作赋。张祜曾谒见淮南节度使李绅，李绅见张祜自称为"钓鳌客"，就问："你钓鳌用什么做鱼竿？"张祜说："用彩虹。""用什么做鱼钩？"回答说："用弯曲的新月。"又问："用什么做鱼饵？"回答说："用短李相公做鱼饵。"李绅个子矮，人称"短李相公"。李绅大笑。在白居易那里遇阻之后，张祜遂放弃求仕之路，终生以处士自居。

陋室铭

刘禹锡从第一次被贬谪，到826年返回洛阳，整整23年，辗转各地，其中的辛酸苦楚可想而知。在贬谪中，寄人篱下，常常被地方官吏故意刁难。一次，地方官吏仅给他安排一间狭促陋室居住，刘禹锡见状，有感而发，提笔疾书，写出名垂千古的《陋室铭》：

山不在高，有仙则名。水不在深，有龙则灵。斯是陋室，惟吾德馨。苔痕上阶绿，草色入帘青。谈笑有鸿儒，往来无白丁。可以调素琴，阅金经。无丝竹之乱耳，无案牍之劳形。南阳诸葛庐，西蜀子云亭。孔子云：何陋之有？

文成之后，刘禹锡请大书法家柳公权（778—865 年）书碑勒石，立于门前，以示"纪念"，一时轰动朝野。这篇传诵千年的佳文，如此为中国人喜爱，是因为其蕴含的超凡脱俗的哲学意趣。

唐武宗会昌二年（842 年）七月，刘禹锡卒，享年 71 岁，追赠为户部尚书，葬在河南荥阳（今河南省荥阳市）。白居易最早得知噩耗，为失去挚友而深感痛切。白居易当即写下《哭刘尚书梦得二首》：

四海齐名白与刘，百年交分两绸缪。

同贫同病退闲日，一死一生临老头。

杯酒英雄君与操，文章微婉我知丘。

贤豪虽殁精灵在，应共微之地下游。

……

10 文武双全的改革家：范仲淹（989—1052年）

苦读

范仲淹，字希文，谥文正。因其好弹琴，然平日只弹《履霜》一曲，时人称之为范履霜。他工于诗词散文，所作的文章富含政治内容，文辞秀美，气度豁达。他的《岳阳楼记》一文中的"先天下之忧而忧，后天下之乐而乐"两句，为千古名言，也是他一生的写照。他是北宋著名政治家、文学家、思想家。生于徐州，祖籍邠州（今属陕西省）。宋真宗大中祥符①四年（1011年），在应天府书院读书，"昼夜不息。冬日惫甚，以水沃面，食不给，至以糜粥继之。人不能堪，仲淹不苦也"。后至淄州邹平县长白山醴泉寺寄住，昼夜苦学，五年未尝解衣就寝。每日只煮一锅粥，并将腌制后的齑菜（酱菜）分为四份，早晚吃两份，史称"断齑画糜"或"断虀齑画粥"。真是"一箪食，一瓢饮……也不改其乐"。

大中祥符七年（1014年），真宗巡亳州太清宫，途经南京（今河南省商丘市）。时范仲淹在应天府苦读，同窗欲拉范仲淹去迎见皇帝车辇。范仲淹淡定不闻，闭门不出，坐诵如旧。同窗问怎肯错过观瞻皇上的良机，他却回答："日后再见，也未必晚。"

大中祥符八年（1015年），范仲淹登进士第，任广德军（今属安徽省）的司理参军，掌管讼狱。从此开启了他既伟大又清苦的四十载官僚生涯。

范仲淹考中进士做官后，一直在低职位上徘徊，没有国家重大问题的参决权，意志得不到发挥，才能得不到展示。宋真宗乾兴元年（1022年），也就是范仲淹三十四岁时，他向当时的尚书右丞、枢密副使张知白毛遂自荐，以图大展宏图，实现自己的强国富民之梦。

张知白（956—1028年）

张知白，字用晦，沧州清池（今河北省沧州市东南）人。名取《道德经》第二十八章："知其白，守其黑，为天下式。"他在担任宰相时，生活依然简朴，自己觉得很满足。有人劝他从众，以免被讥为虚伪。张知白答道："听人说'浓处味短，淡中趣长'。凭我的俸禄，即使想达到全家锦衣玉食的标准，有何难？但从俭到奢易，从奢到俭难。我今天的俸禄会长久吗？如果家人都习惯了奢侈的生活，一旦失去了我的俸禄，他们就不能适应俭朴的生活。假如我在位与不在位、我在不在这个世上

---

① 大中祥符为宋真宗赵恒（968—1022年）的年号之一。宋真宗在位21年，有5个年号：咸平（998—1003年）、景德（1004—1007年）、大中祥符（1008—1016年）、天禧（1017—1021年）、乾兴（1022年）。宋朝皇帝使用的年号较多，在位41年的宋仁宗赵祯（1010—1063年）的年号达9个之多。明代朱元璋规定"一帝一年号"，并在洪武元年（1368年）颁布了"不封禅，不受尊号，不受祥瑞"三条规定。

生活都是一样的，那么即使我过世了，家人也能像现在这样生活。”

张知白是有名的直臣，因为说话耿直，很多人对张知白不满。但宋仁宗知道张知白乃是能臣，一直偏袒张知白。一日，宋仁宗和张知白在拱垂殿内议事，天气寒冷，仁宗对张知白说：“爱卿年龄大了，族中子弟稀少，你若是有什么需求，你尽管说，我定会帮你。”不承想，张知白却是个耿直人，他直接说道：“陛下说我孤寒，我看陛下才是真正的孤寒吧。”宋仁宗本来是关心老臣，忽然听张知白如此说，有些不明白，问张知白：“何也？”张知白不慌不忙，义正词严地对仁宗说：“臣家中有妻子儿女，外面有姻亲朋友，并不孤寒。而陛下您呢？除了后宫有嫔妃，你连个儿子都没有，难道不孤寒？”张知白的话深深地刺痛了宋仁宗，张知白不但辜负仁宗的好意，还反呛仁宗一口。仁宗也不愧谥号“仁”，听完张知白的话，脸色非常难看，但什么也没说，丢下张知白，直接回到后宫。曹皇后看到仁宗脸色难看至极，委婉地问他：“陛下脸色这么难看，发生了什么事？”仁宗把张知白嘲笑自己无子嗣的话告诉曹皇后，曹皇后听完，也非常伤心，顿时泪流满面，于是二人抱头痛哭。①

张知白为官清正，虽然身居高位，但却清贫如寒士。宋仁宗天圣六年（1028年），张知白病重，仁宗亲自到府邸探望，当时张知白已经说不出话，拉着仁宗的手噙泪。张知白去世后，仁宗打算给他谥号“文节”，但有大臣认为，张知白大公无私，刚正不阿，可以谥号“文正”。仁宗问宰相王曾的意见，王曾认为“文节”也是美谥，不必更改。若仁宗知道“文正”对后世的意义，或许，就给这位老宰相一个“文正”了。

范仲淹对张知白这样的宰相极其敬重，一篇洋洋千言的《上张右丞书》，开篇设定标准：“某闻先知觉后知，先觉觉后觉，伊尹之心也。”伊尹助商汤灭掉夏桀，平定海内。商汤卒后，又辅佐太子太丁，太子之弟外丙，外丙之弟中壬。中壬卒后，又辅佐太丁之子太甲即位。但太甲暴虐乱德，伊尹把他放逐到桐宫去。太甲居桐宫三年，悔过自新，伊尹便又将太甲迎回来，授政于他。若有商汤名相伊尹之心，那就会“贤贤相与”，贤人相互尊重，相互举荐提携，共同为国效力，为民谋福。反之，就会“贤贤相废”，贤人相互攻讦诋毁，就会使大家废置不用，乱国害民。当今求阿衡（伊尹之字）之才之道，非右丞莫属。张知白为官清廉，任贤荐能，确实令时人所称颂。信中说右丞“文以鼓天下之动，学以达天下之道”，“能轻人之至重，易人之至难”，“道清朝廷，名高泰山”。天下之士，仰望右丞。范仲淹自荐说，自己“慨然有益天下之心，垂千古之志”，可当世的大君子，认为我的才能只是“雕虫小技”，“而怜之者有矣，未有谓某之诚可言天下之道者”。

已过而立之年的范仲淹，"今复吏于海隅菹菱之中，与国家补锱铢之利，缓则罹咎，猛且贼民，穷荒绝岛，人不堪其忧，尚何道之可进！"怀才不遇的现实处境以及不被人理解认可的一腔怨气，从字里行间倾吐出来：仲淹愿拜于右丞门下，做点儿事情，我范某还是懂得"稼穑之难、狱讼之情、政教之繁简、货殖之利病"的；假设让我有施展才干的机遇，定然是会"有益于当时，有垂于将来"的。书信最后说，当年郭隗以小才而受大遇，则燕昭王求贤任贤之美名，至今世人称道。当年黄石公让张良到桥下给他拾鞋，又让张良跪着给他穿鞋（所谓"跪履"），而终于授孺子张良帝师之道。希望右丞就是当年的黄石公，范仲淹愿以张良为榜样，建树"运筹策帷幄中，决胜千里外"的子房之功。

志存高远的范仲淹，报国心切，满怀希望地写了自荐信《上张右丞书》，然而却石沉大海，毫无回应。范仲淹并不灰心，挥毫写下《西溪见牡丹》：

阳和不择地，海角亦逢春。

忆得上林色，相看如故人。

与范仲淹同时代的晏殊仕途却比范仲淹顺畅得多。

晏殊（991—1055 年）

晏殊字同叔，抚州临川（今属江西省）人，北宋政治家、文学家。晏殊自幼聪慧，十四岁以神童入试，赐同进士出身，被任命为秘书正字。宋真宗天禧二年（1018 年）被选为升王府僚，后迁太子舍人。历任知制诰、翰林学士，因为人缜密而受到宋真宗赏识。宋仁宗即位后，晏殊建议刘太后垂帘听政，并在崇政殿为仁宗讲授《易经》，一度升至枢密副使，后因得罪刘太后而出知应天府。他在地方大兴学校，培育人才。仁宗亲政后，他再受宠遇，最终官拜集贤殿大学士、同平章事兼枢密使，成为宰相。晚年出知陈州、许州、永兴军等地，获封临淄公。

晏殊以词著于文坛，尤擅小令，其词风格含蓄婉丽，与其第七子晏几道被称为"大晏"和"小晏"，又与欧阳修并称"晏欧"。

晏殊生于宋太宗淳化二年（991 年）。他从小聪明好学，7 岁就能写文章，有"神童"之称。当时的江南按抚张知白听说晏殊的名声后，于宋真宗景德元年（1004 年）将他以神童的身份推荐给朝廷。景德二年（1005 年），晏殊与进士 1000 余人一同参加殿试，他神色不惧，很快完成答卷，受到宋真宗嘉赏，赐同进士出身。

晏殊入朝时，正逢承平之际，天下无事，朝廷容许百官各择胜景之处宴饮。士大夫们各自饮宴欢会，以至于市楼酒馆，都大设帷帐提供宴饮游乐之便。晏殊当时很穷，没钱出门游玩宴饮，就在家与兄弟们讲习诗书。一天，皇宫中给太子选讲官，宋真宗忽然御点晏殊上任。执政大臣不知为何，转天上朝复命，真宗说："最近听说馆阁大臣们都嬉游宴饮，一天到晚沉醉其中，只有晏殊与兄弟闭门读书，这么谨慎忠厚的人，正可教习太子读书。"晏殊上任后，有了面圣的机会。真宗当面告知任命他的原因，晏殊语言质朴不拘，说："为臣我并非不喜欢宴游玩乐，只是家里贫穷没有钱出去玩。臣如果有钱，也会去宴饮，只是因为没钱出不了门。"真宗因此更欣赏他的诚实，眷宠日深。

乾兴元年（1022年），真宗驾崩，赵祯即位，即宋仁宗。仁宗少年嗣位，由嫡母刘太后听政。宰相丁谓[①]、枢密使曹利用想独揽大权，朝臣议论纷纷，晏殊提出"垂帘听政"的建议，这才使此事了结。后因反对授幸臣张耆为枢密使，晏殊违反了刘太后的旨意，加之在玉清宫曾怒以朝笏撞折侍从的门牙，被御史弹劾，于宋仁宗天圣五年（1027年）以刑部侍郎贬知宣州，数月后改知应天府。晏殊任地方官时，极重视书院的发展。他大力扶持应天府书院，力邀范仲淹到书院讲学，培养了大批人才。该书院（又称"睢阳书院"）与白鹿洞书院、嵩阳书院、岳麓书院合称宋初四大书院。

1009年，宋真宗正式赐额为"应天府书院"，是为州县兴学之始。1043年，诏赐应天府书院升格为南京国子监[②]。应天府书院成为古代书院中唯一一个升级为国子监的书院。应天府书院以其历史悠久、规模宏大、影响深远、人才辈出而居北宋"四大书院"之首。《宋史》记载："天下庠序，视此而兴""宋兴，天下州府有学始此"。岳麓书院位于今湖南省长沙市南岳七十二峰最末一峰的岳麓山脚。1167年，朱熹来访，与张栻论学，开书院会讲之先河。嵩阳书院，位于今河南省郑州市登封市区北2.5千米的嵩山南麓，背靠峻极峰，面对双溪河，因坐落在嵩山之阳而得名嵩阳书院。此书院创建于北魏孝文帝太和八年（484年）时，先后在嵩阳书院讲学的有范仲淹、司马光、程颢、程颐、杨时、范纯仁等名儒。白鹿洞书院，位于庐山五老峰南麓，享有"海内第一书院"之誉，被评为"中国四大书院之首"。又与江西吉安的白鹭洲书院、江西铅山的鹅湖书院、江西南昌的豫章书院，并称为"江西四大书院"。

这是自五代以来，学校屡遭禁废后，由晏殊开创的大办教育之先河。到后来，已是宰相的晏殊大胆推行官学制度，官学教育从此免费，太学还增加经济补助，是为中国古代史具有划时代意义的教育政策。北宋文教昌盛，大师辈出，其实正是晏殊这时打下的基础。此后，晏殊再度获召入朝，拜官御史中丞，改授资政殿学士兼翰林侍读学士，又以兵部侍郎官兼秘书监、资政殿学士、翰林侍读学士，奉命主持天圣八年（1030年）礼部的贡举。天圣九年（1031年），晏殊升任三司使。后第二次担任枢密副使一职，尚未正式就职，又在宋仁宗明道元年（1032年）改拜参知政事（副相），加尚书左丞。

---

① 丁谓（966—1037年），字公言，小字谓之，苏州府长洲县（今江苏省苏州市）人，祖籍河北。北宋初年宰相，为人为政毁多誉少，成语"溜须拍马"的溜须即是出自丁谓。他自幼聪颖，读书过目不忘，淳化三年考中进士，机敏智谋，多才多艺，天象占卜、书画棋琴、诗词音律，无不通晓。文追韩柳，诗似杜甫，曾被人誉为"今日之巨儒"。

② 国子监，中国古代最高学府和教育管理机构。晋武帝司马炎始设国子学，至隋炀帝时，改为国子监。唐、宋时期，国子监作为国家教育管理机构，统辖其下设的国子学、太学、四门学等，各学皆立博士，设祭酒一人负责管理。

晏殊乐于奖掖后进，当世名士范仲淹、孔道辅、王安石等均出自其门下，韩琦①、欧阳修等皆经他栽培、荐引，都得到重用，又能识富弼于寒素之中，并将自己的女儿嫁给他。晏殊执政时，范仲淹、韩琦、富弼皆受重用，时称"至于台阁，多一时之贤"。

晏殊一生写了一万多首词，大部分已散失。但如下几句几乎人人能背诵：

无可奈何花落去，似曾相识燕归来。

（《浣溪沙·一曲新词酒一杯》）

昨夜西风凋碧树。独上高楼，望尽天涯路。

（《蝶恋花·槛菊愁烟兰泣露》）

宋仁宗至和元年（1054年），晏殊因病请求回开封府医治，待痊愈后再出京供职。仁宗特意留下晏殊，让他为自己讲经释义，每隔五日觐见仁宗一次，仍以宰相的规格相待。过了一年，晏殊的病情加重了，仁宗想前去看他。晏殊知道后就立刻派人捎信给仁宗，信中说："我老了又重病在身，不能做事了，不值得被陛下您担心了。"不久即于至和二年（1055年）去世，享年65岁。仁宗虽然亲自前去哀悼，但仍因没能在他卧病时来看望他感到遗憾，特别为他辍朝两日。晏殊被赠官为司空兼侍中，赐谥号"元献"，在碑文的首款篆写了"旧学之碑"四字。

今日回望晏殊，无论做人、为政、作词，都是深藏功与名啊。

灵乌赋

宋仁宗庆历三年（1043年）七月，范仲淹被调回京师，取代王举正任参知政事（副宰相）。同年九月与富弼、韩琦等人参与改革，提出"明黜陟、抑侥幸、精贡举、择官长、均公田、厚农桑、修武备、减徭役、推恩信、重命令"等十项改革建议，即史上著名的《答手诏条陈十事》，成为"庆历之治"的推动者之一。

庆历四年（1044年），由于夏竦等人的反对，仁宗对改革逐渐失去兴趣。范仲淹、富弼等人被迫请求外出巡察地方。次年，仁宗下诏废弃庆历新政。范仲淹和富弼被撤去军政要职。范仲淹被罢参知政事，授资政殿学士、知邠州事、兼陕西四路缘边安抚使。十一月，罢陕西四路缘边安抚使，以给事中改知邓州事。

宋仁宗景祐三年（1036年），范仲淹刚刚被贬谪，从帝都开封贬到了鄱阳湖畔

---

① 韩琦（1008—1075年），仁宗天圣五年（1027年）进士，历任将作监丞、开封府推官、右司谏等职。宋与西夏战争爆发后，他与范仲淹率军防御西夏，在军中颇有声望，人称"韩范"。之后又与范仲淹、富弼等主持"庆历新政"，至仁宗末年拜相。英宗时，参与调和帝后矛盾，确立储嗣之位。神宗即位后，反对"熙宁变法"，坚辞相位。宋神宗熙宁八年（1075年），韩琦去世，年六十八。神宗为他御撰"两朝顾命定策元勋"之碑，追赠尚书令，谥号"忠献"。韩琦为相十载，辅佐三朝，欧阳修赞其"临大事，决大议，垂绅正笏，不动声色，措天下于泰山之安，可谓社稷之臣"。

的饶州。此时他境遇十分凄苦，据说一路经过十几个州，都没人出来接待他。诗人梅尧臣写过一首《啄木》诗，一篇《灵乌赋》，写的是两种鸟类——啄木鸟和乌鸦。写完了，他把这两首（篇）诗文寄给范仲淹。在《啄木》诗中，梅尧臣劝范仲淹不要像啄木鸟一样，啄了林中虫，却招来杀身之祸，面对贪官污吏不要过于耿直。在《灵乌赋》中，寓意范仲淹在朝中屡次直言，都被当作乌鸦不祥的叫声，劝他应学报喜之鸟，不要像乌鸦那样报凶讯而"招唾骂于邑闾"，希望他从此拴紧舌头，锁住嘴唇，除了随意吃喝外，不要多事。

读到梅尧臣的文字，范仲淹内心暖暖的，但对他的劝告却不以为然。范仲淹很快回了一篇同题的《灵乌赋》给梅尧臣，在赋中，他斩钉截铁地说，不管人们如何厌恶乌鸦的哑哑之声，我将始终坚持一生的信条："宁鸣而死，不默而生。"

梅尧臣（1002—1060年），字圣俞，世称宛陵先生，宣州宣城人，北宋官员、现实主义诗人。为诗主张写实，反对西昆体，所作力求平淡、含蓄，被誉为宋诗的"开山祖师"。

宋仁宗嘉祐元年（1056年），翰林学士赵概、欧阳修等人上疏举荐梅尧臣。次年，梅尧臣被任命为屯田员外郎，充任《唐书》编修官及国子监直讲。同年，欧阳修等权知贡举，梅尧臣充任点检试卷官。

梅尧臣在京任职，足迹"不登权门"，即使对于当时官拜京兆尹的好友欧阳修，他也不愿前往其家。此时欧阳修、江休复、吴中复等常来访晤。嘉祐二年（1057年），因郊祀加恩，梅尧臣晋升为尚书都官员外郎，故有"梅都官"之称。

梅尧臣虽然在仕途上极不得意，但在诗坛上却享有盛名。他怀着无限的悲愤、苦闷、渴望和痛苦的心情，写出了大量激动人心的诗篇。在当时，他和苏舜钦齐名，在诗坛上声望很高，被并称为"苏梅"。又与欧阳修交好，两人都是北宋诗歌革新运动的推动者，对宋诗起了巨大的影响，与其并称"欧梅"。他积极支持欧阳修的古文运动，他的诗作分为古淡与刻画两种，为当时人所推崇。欧阳修曾自以为诗不及尧臣。陆游在《梅圣俞别集序》中，曾举欧阳修、蔡襄书、梅尧臣诗"三者鼎立，各自名家"。

梅尧臣的创作活动自宋仁宗天圣九年（1031年）始，直至其逝世时，前后共30年。他30岁时，与欧阳修、尹洙发动了一次声势浩大的诗文革新运动。虽然后来欧阳修得到更大的声望，但是在发动之初，梅尧臣无疑占有领导的地位。北宋诗人如欧阳修以及稍后的王安石、刘敞，甚至更后的苏轼都受到他的熏陶，对他高度崇敬，欧阳修更是始终称梅尧臣为"诗老"，表示内心的钦慕。

梅尧臣为主张庆历新政而失败被贬饶州的范仲淹写了一篇赋和一首诗，寄给他以示劝诫。

中囼啄尽蠹，未肯出林飞。

不识黄金弹，双翎坠落晖。

（《啄木》）

嘉祐五年（1060年），汴京爆发疫病。梅尧臣不幸染病，病逝于汴京，享年59岁。此时《新唐书》已修成，但梅尧臣还未来得及奏呈仁宗便已去世。仁宗为了酬答他的功绩，特将他的一个儿子起用为官。

欧阳修评价梅尧臣："梅圣俞以诗知名，三十年终不得一馆职。晚年与修《唐书》，书成未奏而卒，士大夫莫不叹惜。不戚其穷，不困其鸣。不踬（[zhì]，绊倒）于艰，不履于倾。养其和平，以发阙声。震越浑锽，众听以惊。以扬其清，以播其英。以成其名，以告诸冥。"

岳阳楼

在中国人的精神世界里，为文为人，绝对少不了范仲淹。今天，一提到洞庭湖，人们就会自然想起范仲淹，就会想起《岳阳楼记》。

岳阳楼

庆历四年春，滕子京谪守巴陵郡。越明年，政通人和，百废具（俱）兴。乃重修岳阳楼，增其旧制，刻唐贤今人诗赋于其上。属予作文以记之。

予观夫巴陵胜状，在洞庭一湖。衔远山，吞长江，浩浩汤汤，横无际涯；朝晖夕阴，气象万千。此则岳阳楼之大观也，前人之述备矣。然则北通巫峡，南极潇湘，迁客骚人，多会于此，览物之情，得无异乎？

若夫淫雨霏霏，连月不开，阴风怒号，浊浪排空；日星隐耀，山岳潜形；商旅不行，樯倾楫摧；薄暮冥冥，虎啸猿啼。登斯楼也，则有去国怀乡，忧谗畏讥，满目萧然，感极而悲者矣。

至若春和景明，波澜不惊，上下天光，一碧万顷；沙鸥翔集，锦鳞游泳；岸芷汀兰，郁郁青青。而或长烟一空，皓月千里，浮光跃金，静影沉璧，渔歌互答，此乐何极！登斯楼也，则有心旷神怡，宠辱偕忘，把酒临风，其喜洋洋者矣。

嗟夫！予尝求古仁人之心，或异二者之为，何哉？不以物喜，不以己悲；居庙堂之高则忧其民；处江湖之远则忧其君。是进亦忧，退亦忧。然则何时而乐耶？其必曰"先天下之忧而忧，后天下之乐而乐"乎。噫！微斯人，吾谁与归？

时六年九月十五日。

这是一篇命题作文，滕子京先在岳阳迁建文庙，维修南湖紫荆堤，并筑偃虹堤，以防止洪水冲击岳阳楼。欧阳修曾写《偃虹堤记》赞之。新修的岳阳楼扩大了原来的规模，楼上镌刻了历代名人诗词歌赋，并于楼北建燕公楼，专祀张说[①]。滕子京犹觉不足，以为"山水非有楼观登览者不为显，楼观非有文字称记者不为久，文字非出于雄才巨卿者不为著"。于是请名家作画《洞庭晚秋图》，裱于楼上。画作有了，还应该有人写一篇文章来记述重修岳阳楼这件事。他猛然想起了一同被贬邓州，并且才华横溢、妙笔生花的好友范仲淹，不如让范兄写一篇文章赞美新改建的岳阳楼。于是滕子京将《洞庭晚秋图》连同亲拟《求记书》一并寄给好友范仲淹。

此时的范仲淹谪居邓州。庆历新政失败后，多年的官场争斗，连年的边关战事，范仲淹的身体和心情都处于一个十分糟糕的境况，每天处理完公事后就在家读书静养，与诗书琴画为伴。庆历六年（1046年）六月的一天，他忽然接到了昔日好友滕子京从湖南岳阳的来信，要他为重新修竣的岳阳楼作记，并附上《洞庭晚秋图》。洞庭天下水，岳阳天下楼。八百里洞庭湖，南接湘、资、沅、澧四水，北分松滋、太平等长江支流，烟波浩渺，湖山辉映，自古以来就是令人神往的江山胜地。看到《洞庭晚秋图》，想象着洞庭湖的美景，浮现出滕子京在岳阳的励精图治及岳阳城经济繁荣的景象，胸中不由翻江倒海，往事历历在目，感触万千：西溪大坝的激流勇进，朝野之间的尔虞我诈，杭州城内灾民叫苦连天，金戈铁马，阁中书卷，仁宗皇帝忽而挥袖将他贬，忽而笑逐颜开手诏亲见，还有妻子牵衣滴泪的阻劝，那边关的羌笛声声，父子边关上阵一马当先……此情此景范仲淹心中万分激动，顿来灵感，在花洲书院欣然命笔，一气呵成，遂有《岳阳楼记》千古名篇。

范仲淹的《岳阳楼记》用简练优美的文字描述了洞庭湖波澜壮阔的景色，但文章超越了单纯写山水楼观的狭隘，将自然界的晦明变化、风雨阴晴和迁客骚人的览物之情结合起来写，而全文的重心却在寓景抒情，寓景言志。范仲淹正是借作记之机，含蓄委婉地规劝好友滕子京要"不以物喜，不以己悲"，以自己"先天下之忧而忧，后天下之乐而乐"的济世情怀和乐观精神感染老友。"居庙堂之高则忧其民，处江湖之远则忧其君"，有什么样的胸怀和气节，才能写出什么样的文章！

岳阳楼是中国四大名楼之一，另外三座为黄鹤楼、鹳雀楼和滕王阁。中国古代

---

① 张说［yuè］（667—730年），字道济，一字说之，范阳方城（今河北省固安县）人，唐朝宰相、政治家、军事家、文学家。早年参加制科考试，策论为天下第一。因不肯诬陷魏元忠，流放钦州。神龙政变后，返回朝中。拜相后，不肯党附太平公主，贬为尚书左丞，拜中书令，册封燕国公。开元十八年（730年）十二月，病逝，终年64岁，获赠太师，谥号文贞。前后三次为相，执掌文坛30年，成为开元前期一代文宗，号称"燕许大手笔"。

文人，对楼情有独钟。凡有楼，必有诗、必有赋。

黄鹤楼

　　黄鹤楼位于今湖北省武汉市长江南岸的蛇山之巅，濒临长江，登楼所见情景浩浩荡荡，气势恢宏至极，自古享有"天下江山第一楼"和"天下绝景"之称。不远处就是晴川阁和古琴台。唐代诗人崔颢（704—754年）于唐玄宗开元十一年（723年）登进士第后，春风得意，游历至此，写下千古绝唱《黄鹤楼》：

　　昔人已乘黄鹤去，此地空余黄鹤楼。

　　黄鹤一去不复返，白云千载空悠悠。

　　晴川历历汉阳树，芳草萋萋鹦鹉洲。

　　日暮乡关何处是？烟波江上使人愁。

黄鹤楼

　　多年后，才华横溢、潇洒不羁的大诗人李白（701—762年）朝辞白帝城后顺江而下，来到黄鹤楼，登楼只见长江奔腾，风光壮丽。一时间李白诗兴大发，胸中好像已经积蓄了千军万马，正欲奔涌而出，兴致勃勃挥笔题诗，猛抬头看见崔颢的《黄鹤楼》，诗性尽消，灵感尽失，几次欲言又止、欲写又罢，最后扔笔高喊"眼前有景道不得，崔颢题诗在上头"，翩然而去。即便如此，《黄鹤楼》在李白的头脑里无论如何也挥之不去。唐玄宗天宝六年（747年），李白南游金陵，仿《黄鹤楼》写下为数不多的七言律诗之一《登金陵凤凰台》：

　　凤凰台上凤凰游，凤去台空江自流。

　　吴宫花草埋幽径，晋代衣冠成古丘。

　　三山半落青天外，二水中分白鹭洲。

　　总为浮云能蔽日，长安不见使人愁。

此后李白心中，总算放下了《黄鹤楼》。

鹳雀楼

好像是每一座名楼都必有名人去作一首诗或写一篇赋，鹳雀楼因时有鹳雀栖其上而得名，位于今山西省永济市蒲州古城西面的黄河东岸。边塞诗人王之涣（688—742年）不仅用28字"黄河远上白云间，一片孤城万仞山。羌笛何须怨杨柳，春风不度玉门关"吟出了凉州的雄浑和苍凉，更用一首20字的小诗《登鹳雀楼》，把一座木楼唱得千古不朽：

白日依山尽，黄河入海流。

欲穷千里目，更上一层楼。

鹳雀楼

诗前两句写的是自然景色，但开笔就有缩万里于咫尺、使咫尺有万里之势；后两句写意，写得出人意料，把哲理与景物、情势融合得天衣无缝。诗人受大自然震撼的心灵，悟出的是朴素而深刻的哲理，能够催人抛弃故步自封的浅见陋识，登高放眼，不断拓出愈益美好的崭新境界。诗虽然只有20字，却以千钧巨椽，绘下大好河山的磅礴气势和壮丽景象，意境深远，千百年来一直激励着中华民族昂扬向上。特别是后二句，常常被引用，借以表达积极探索和无限进取的人生态度。

滕王阁

四大名楼前三座是楼，另外一座是阁①，即滕王阁。唐太宗贞观十三年（639

---

① 平地而建的叫作楼，筑台而建的叫作阁。阁在古代是一种皇家规格的建筑形式，地方官府或者普通百姓只能建楼，不能建阁。

年），唐太宗李世民之弟李元婴被封于今山东省滕州市，为滕王。唐高宗显庆四年（659年），滕王李元婴调任江南洪州（今江西省南昌市）都督，便因其思念故地滕州，便修筑了著名的"滕王阁"。

滕王阁

现在的滕王阁是1989年重建的，主体建筑净高57.5米，建筑面积13000平方米。其下部为象征古城墙的12米高台座，分为两级。台座以上的主阁取"明三暗七"格式，正脊鸱吻为仿宋特制，高达3.5米。勾头、滴水均特制瓦当，勾头为"滕阁秋风"四字，而滴水为"孤鹜"图案。台座之下，有南北相通的两个瓢形人工湖，北湖之上建有九曲风雨桥。这是第29次重建，为什么后人会反复重建滕王阁，是因为有《滕王阁序》：

豫章故郡，洪都新府。星分翼轸，地接衡庐。襟三江而带五湖，控蛮荆而引瓯越。物华天宝，龙光射牛斗之墟；人杰地灵，徐孺下陈蕃之榻。雄州雾列，俊采星驰。台隍枕夷夏之交，宾主尽东南之美。都督阎公之雅望，棨戟遥临；宇文新州之懿范，襜帷暂驻。十旬休假，胜友如云；千里逢迎，高朋满座。腾蛟起凤，孟学士之词宗；紫电青霜，王将军之武库。家君作宰，路出名区；童子何知，躬逢胜饯。

时维九月，序属三秋。潦水尽而寒潭清，烟光凝而暮山紫。俨骖𬴂于上路，访风景于崇阿。临帝子之长洲，得天人之旧馆。层峦耸翠，上出重霄；飞阁流丹，下临无地。鹤汀凫渚，穷岛屿之萦回；桂殿兰宫，即冈峦之体势。

披绣闼，俯雕甍，山原旷其盈视，川泽纡其骇瞩。闾阎扑地，钟鸣鼎食之家；舸舰弥津，青雀黄龙之舳。云销雨霁，彩彻区明。落霞与孤鹜齐飞，秋水共长天一色。渔舟唱晚，响穷彭蠡之滨；雁阵惊寒，声断衡阳之浦。

遥襟甫畅，逸兴遄飞。爽籁发而清风生，纤歌凝而白云遏。睢园绿竹，气凌彭泽之樽；邺水朱华，光照临川之笔。四美具，二难并。穷睇眄于中天，极娱游于暇日。天高地迥，觉宇宙之无穷；兴尽悲来，识盈虚之有数。望长安于日下，目吴会于云间。地势极而南溟深，天柱高而北辰远。关山难越，谁悲失路之人；萍水相逢，尽是他乡之客。怀帝阍而不见，奉宣室以何年？

嗟乎！时运不齐，命途多舛。冯唐易老，李广难封。屈贾谊于长沙，非无圣主；窜梁鸿于海曲，岂乏明时？所赖君子见机，达人知命。老当益壮，宁移白首之心？穷且益坚，不坠青云之志。酌贪泉而觉爽，处涸辙以犹欢。北海虽赊，扶摇可接；东隅已逝，桑榆非晚。孟尝高洁，空余报国之情；阮籍猖狂，岂效穷途之哭！

勃，三尺微命，一介书生。无路请缨，等终军之弱冠；有怀投笔，慕宗悫之长风。舍簪笏于百龄，奉晨昏于万里。非谢家之宝树，接孟氏之芳邻。他日趋庭，叨陪鲤对；今兹捧袂，喜托龙门。杨意不逢，抚凌云而自惜；钟期既遇，奏流水以何惭？

呜乎！胜地不常，盛筵难再；兰亭已矣，梓泽丘墟。临别赠言，幸承恩于伟饯；登高作赋，是所望于群公。敢竭鄙怀，恭疏短引；一言均赋，四韵俱成。请洒潘江，各倾陆海云尔：

　　滕王高阁临江渚，佩玉鸣鸾罢歌舞。

　　画栋朝飞南浦云，珠帘暮卷西山雨。

　　闲云潭影日悠悠，物换星移几度秋。

　　阁中帝子今何在？槛外长江空自流。

初唐四杰①的王勃（650—676年）的一篇《滕王阁序》，让木质结构的滕王阁永垂不朽。《滕王阁序》用笔流畅、特色鲜明，全文以四六句为主，杂以六四句、七字句、六字句、四字句、三字句、二字句，乃至一字句。这些句式，根据表意的需要而交错运用，使节奏分明，内容起承转合。一般来说，二字句用于抒情（文中有两处："嗟乎""呜呼"），三字句、四字句用于一个话题的开始或转折，六字句或七字句连用，为平实的叙述。四六句或六四句连用，为叙述或抒情的展开部分。仅有一个一字句"勃"，是自指兼表提顿。这样，全篇的行文，既起伏跌宕，又自然流转。全篇采用对偶句，不但字面相对，而且音韵大体相对。如"天高地迥，觉宇宙之无穷；兴尽悲来，识盈虚之有数""屈贾谊于长沙，非无圣主；窜梁鸿于海曲，岂乏明时""落霞与孤鹜齐飞，秋水共长天一色"等。如此讲求音律，又不影响意义表达，写出来的句子抑扬顿挫，富于乐感，富于诗意。这篇序文，如"物华天宝""俊采星驰""紫电青霜""钟鸣鼎食""青雀黄龙""睢园绿竹""邺水朱华"等，都是讲求辞采的典型例子。这样，文章辞采华美，赏心悦目。序文用了大量典故来叙事抒情，有的是历史故事，有的是前人文句，而运用的手法又有所不同，有的是明用，如"冯唐易老，李广难封"；有的是暗用，如"酌贪泉而觉爽，处涸辙以犹欢"；有的是正用，如"孟尝高洁，空余报国之情"；有的是反用，如"阮籍猖狂，岂效穷途之哭"。典故的运用，加强了文章的表达效果。

　　①　指的是唐代初年，文学家王勃、杨炯、卢照邻、骆宾王的合称，简称为"王杨卢骆"。杜甫有诗赞曰："王杨卢骆当时体，轻薄为文哂未休。尔曹身与名俱灭，不废江河万古流。"

《滕王阁序》的作者王勃，聪敏好学，6 岁能文，下笔流畅，被赞为"神童"。9 岁时，读秘书监颜师古《汉书注》，作《指瑕》十卷，以纠正其错。16 岁时，进士及第。因写作《斗鸡檄》，坐罪免官。游览巴蜀山川景物，创作大量诗文。返回长安后，授虢州参军，因私杀官奴，二次被贬。唐高宗上元三年（676 年）八月，王勃自交趾①探望父亲返回时，渡海溺水，惊悸而死，年仅 26 岁！

如果说《滕王阁序》用典精湛、艺术高妙，让人在文学中陶醉，那么《岳阳楼记》则是意境深远、心胸广阔，让人在沉思中赞叹。

盖棺定论

宋仁宗皇祐三年（1051 年）冬，范仲淹用黄素小楷手书唐韩愈文章《伯夷②颂》，寄赠京西转运使苏舜元，一时传播甚广，成为北宋文化史上的特殊事件。当时及后世观赏、题跋者甚多，其热烈程度令人叹为观止。元人董章跋曰："伯夷之行，昌黎颂之，文正书之，真三绝也。"

伯夷和叔齐义不食周粟之行为，得到后世更多的肯定和崇尚。韩愈《伯夷颂》从"士之特立独行，适于义而已"的角度出发立论，高度赞扬说："伯夷者，穷天地，亘万世，而不顾者也。昭乎日月不足为明，崔乎泰山不足为高，巍乎天地不足为容也。"就事论事，韩愈推崇过高，不是平心之论，不足服人。所以，韩愈写作此文后，在范仲淹手书之前，几乎不见人们引用或评论，传播范围有限，影响甚微。

范仲淹手书此文，完全改变了《伯夷颂》的传播命运。当时便有朝廷重臣，同时也是范仲淹政坛上的挚友文彦博和富弼为之题诗。文彦博有《跋文正公手书伯夷颂墨迹》诗题于卷后，云："书从北海寄西豪，开卷裁窥辣发毛。范墨韩文传不朽，首阳风节转孤高。"文彦博题记称："戊申后三十有七日，许昌郡斋中题。"

范仲淹一生为人性情刚直，凛然正气，乍看非常严肃认真，外表给人强势之感，但实质却是一名内心热情、极具人情味的人。他一生遵行"修身、齐家、治国、平天下"理念，虽然政坛风云变幻，但其谦和向善、勤廉乐施的为人原则伴随了他的一生。在范仲淹的母亲还在世的时候，由于他收入不高，生活相当节俭。后来虽然身居高位，俸禄丰厚，但他依然保持一贯的俭朴生活。有人形容他一生当中从没有体验过像他那样高官应得到的享受和待遇，足见其清廉。

---

① 交趾，又名"交阯"，中国古代地名，先秦时期为百越支下骆越的分部，初期范围为今越南北部红河流域一带。秦朝以后，设"交趾郡"，为今越南北部。汉朝之后其地域范围历经演变，东汉时将交趾更名为"交州"（南交），交州最大范围及其文化遗迹位于包括今广东省至越南北部。

② 伯夷（生卒年不详），子姓，墨胎氏，名允，商纣王末期孤竹国第八任君主亚微的长子，弟亚凭、叔齐，是殷商时期契的后代。初，孤竹君欲以三子叔齐为继承人，至父死，叔齐让位于伯夷。伯夷以父命为尊，遂逃之，而叔齐亦不肯立，亦逃之。伯夷、叔齐同往西岐，恰遇周武王讨伐纣王，伯夷和叔齐不畏强暴，叩马谏曰："父死不葬，爰及干戈，可谓孝乎？以臣弑君，可谓仁乎？"左右欲兵之，姜子牙曰："此二人义人也，扶而去之。"后天下宗周，伯夷、叔齐耻食周粟，饿死于首阳山。

范仲淹的次子范纯仁准备结婚，他觉得结婚是人生大事，父亲又官居要职，于是就想要把婚事办得体面一些。正好他的大哥范纯祐要进京办事，他便列了一张长长的购物清单，让长兄在京城帮助采购。纯祐将弟弟托他购物之事告诉了父亲，本来他以为父亲看到这张单子，会认为弟弟已经能够自己谋划自己的生活，父亲会很开心，没想到范仲淹看了购物清单后大为不悦，叹道："我家历来清廉俭朴，岂能纵容后代如此奢侈！"于是提笔在购物清单上写道："一人站着一人卧，两个小人地上坐；家中还有两口人，退回娇儿细琢磨。"范仲淹的四句话是个字谜，谜底是个"俭"字（繁体字"儉"）。范纯祐只好将单子退给弟弟。

范纯仁自此廉俭，后官至宰相，也始终如一，所得俸给都用以扩展范氏义庄。《宋史本传》说，他常训勉亲人子弟"惟俭可以助廉，可成德。"

皇祐元年（1049年），60岁的范仲淹出任杭州知府。此时的他深知，无论仕途还是生命，自己都已进入最后阶段，该考虑下身后事了。皇祐二年（1050年）十月，61岁的杭州知府范仲淹决定，在苏州府吴县、长洲县购买良田一千亩，再买一座大宅院。

他此举的目的是创办一个史上前所未有的非政府慈善机构——义庄。范仲淹绝不会想到，他首创的这个机构，史称的"范氏义庄"，将从北宋一直运行到民国，历经近千年风雨而屹立不倒，成为一个不朽的传奇。

范氏义庄，就是范仲淹用自己的多年官俸积蓄，购买良田以收租米，然后用来赡养范氏族人，购买大宅用来供范氏族人集中居住。这是通过慈善救济，为范氏族人提供最低生活保障的一种方式。

在范仲淹的身后，范氏义庄的生存发展虽然历经曲折，但仍延续千年。壮哉，范仲淹！

皇祐三年（1051年），这年范仲淹已63岁，老病一身。他向朝廷请求到颍州（今安徽省阜阳市）任职，借以休养，朝廷批准了他的请求（因颍州历来是北宋大臣退闲之地）。皇祐四年（1052年）正月，范仲淹扶病就道，移知颍州。行至徐州，已沉疴不起，仁宗遣使赐药存问，于五月二十卒于徐州，终年64岁。死前上《遗表》，一言未及家事。卒，赠吏部尚书，谥文正。十二月壬申，葬于西京洛阳伊川万安山下，仁宗亲撰其碑额"褒贤之碑"。富弼撰墓志，欧阳修撰神道碑，名公显宦以祭文等方式表示对范仲淹的哀悼和崇敬之情。宋徽宗宣和五年（1123年），应宇文虚中之请，赐庆州文正祠庙额为"忠烈"，过化之邦立祠庙祭祀者共十八处。宋钦宗靖康元年（1126年）二月，追封范仲淹为魏国公。

64年前，在徐州出生，64年后又同一地方与世长辞，范仲淹用自己坦荡的一生，将生命的起点和终点连在了一起，画成了一个蕴含丰富的句号。

"公薨之后，独无余资。君国以忠，亲友以义，进退安危，不易其志。立身大节，明白如是。"终宋一朝，论知行合一、鞠躬尽瘁、问心无愧，"文武兼备""智谋过人""知兵善战"，舍范文正公其谁？

范公文正在历史上评价极高，被尊为"北宋第一人"，以其高尚道德和伟大人格而光耀千古。历史上有"文正"谥号的文官不下数十人，其中最被人称道、被认为名副其实的只有两个，如梁启超曾说："五千年来历史中立德立功立言者只有两个人——范仲淹和曾国藩。"范仲淹是被历代读书人所敬仰的楷模典范、士大夫的精神领袖、范仲淹几乎被推崇为古今完人，他有许多政敌，但没有一个私敌。

范仲淹注定是孤独的，但一个能诞生出范仲淹的民族，必定是伟大的。任何时候，珍惜范仲淹，就是珍惜这个民族的过往与未来。

鲁迅说："我们从古以来，就有埋头苦干的人，有拼命硬干的人，有为民请命的人，有舍身求法的人……虽是等于为帝王将相作家谱的所谓'正史'，也往往掩不住他们的光耀，这就是中国的脊梁。"

范仲淹一生治国有略，教子有方，他的两个儿子先后都成了宋朝的宰相，继续为实现范仲淹富民强国的理想奋斗。

不可无一、难能有二的文豪：苏轼（1037—1101年）

苏轼，字子瞻，号东坡居士，眉州眉山（今四川省眉山市）人，北宋文学家、书画家、美食家，世称"苏仙"。一生仕途坎坷，学识渊博，天资极高，诗文书画皆精。其文汪洋恣肆，明白畅达，与欧阳修并称"欧苏"；诗清新豪健，善用夸张、比喻，艺术表现独具风格，与黄庭坚并称"苏黄"；词开豪放一派，对后世有巨大影响，与辛弃疾并称"苏辛"；书法擅长行书、楷书，能自创新意，用笔丰腴跌宕，有天真烂漫之趣，与黄庭坚、米芾、蔡襄并称"宋四家"；画学文同，论画主张神似，提倡"士人画"。

苏轼家族为初唐"文章四友"之一苏味道的后人，有深厚的文学传统。其祖父苏序好读书，善作诗。其父苏洵为北宋著名文学家，尤擅散文。苏洵与其子苏轼、苏辙并称"三苏"，均被列为"唐宋八大家"。

少年

少时，苏母程氏教苏轼读《后汉书》，至《范滂传》，苏轼不禁慨然感叹。

范滂（137—169年），汝南郡征羌县（今河南省漯河市召陵区）人。年轻时正直清高、有气节，受到州中乡亲的钦佩，被举荐为孝廉、光禄四行（敦厚、质朴、逊让、节俭）。出任冀州请诏使期间，范滂每次举报上奏，没有一次不压住驳倒众人的议论，后调任光禄勋主事。后来皇帝下诏三府官员举报民情传言，范滂因此检举刺史、二千石等权贵豪门人物共20多人。

汉桓帝延熹九年（166年），因被诬陷结党，范滂获罪被关进黄门北寺狱。审判结束后，范滂等人被释放，向南回乡。

汉灵帝建宁二年（169年），汉灵帝刘宏又大批诛杀党人，诏令紧急逮捕范滂等人。督邮吴导来到县中，抱着诏书，关闭驿馆，趴在床上哭泣。范滂听了说："一定是为了我啊！"立即去监狱投案。县令郭揖大惊，出来解下官印绶带要一同逃跑，说："天下大得很啊！先生为什么来到这里？"范滂说："我死了祸患就终结了，哪儿敢用自己的罪来连累您，又让老母流离失所呢？"

范母前来与范滂诀别。范滂对母亲说："仲博（滂弟）孝敬老人，能够供养母亲，范滂跟随龙舒君命归黄泉，我们生死存亡各得其所。希望母亲大人忘掉不能忍受分离的深情，不再增加哀伤。"他母亲说："你现在能够与李膺、杜密齐名，死了又有什么遗憾！已经有了好名声，又还想要长寿，两者能够兼得吗？"范滂跪下接受母亲教诲，叩头两次和母亲告别。范滂回过头对他儿子说："我想让你作恶，但恶事不应该做；想要让你行善，但我就是不作恶的下场。"道路上的行人听到了，没有人不流泪。范滂死时年仅32岁。

范滂的事迹，对幼时的苏轼产生了极大的冲击。苏轼陡然问母亲："儿若要做范滂，你许我吗？"苏母凛然反问："我许你做范滂，你不能许我做范母吗？"

宋仁宗至和元年（1054年），苏轼19岁，娶眉山邻邑青神县乡贡进士王方平之女，时年16岁的王弗为妻。

知遇

宋仁宗至和二年（1055）朝廷派礼部侍郎张方平（1007—1091年）以户部侍郎身份出知益州（今四川省成都市）。

次年苏洵来到成都，以尺书求见张方平。读了苏洵的《权书》《衡论》等文，张方平认为苏洵有司马迁一样的笔力，并叹苏洵是"困于棘茨的鸿鹄"。张方平也是少年天才，少时读书，只看一遍，终生不再读。一部十七史，过目不忘，借来一月便还归主人。但看到随去的苏轼，张方平惊为天人，遂成忘年之交，奠定终生友情。后来苏轼陷乌台诗案，张方平也牵涉其中。为成全苏氏父子，张方平厚着脸皮向政见不同、常有龃龉（[jǔ yǔ]）并已结怨的欧阳修推荐了苏氏父子。次年，苏洵携二子启程进京赶考。

宋仁宗嘉祐二年（1057年），苏轼参加科举考试。那年的主考官是欧阳修，小试官是诗坛宿将梅尧臣，二人正锐意于诗文革新。苏轼清新洒脱的文风，一下子把他们震动了。考官梅尧臣在阅卷的时候发现了一篇名为《刑赏忠厚之至论》的文章，题材新颖、文笔酣畅、观点深刻，以为有"孟轲之风"，于是便将此文推荐给了主考官欧阳修。果不其然，欧阳修在看完这篇文章后也是赞叹不已。

宋朝科举制度非常严格，考生答完卷后，不仅试卷要"糊名"，还要由学吏再次抄写，卷面上只留编号，这样考官阅卷时完全不能由字迹辨别出考生。欧阳修翻阅试卷，认为只有自己的弟子曾巩才能答写得如此酣畅淋漓，为了避嫌，判《刑赏忠厚之至论》为第二。直至发榜，才知道为苏轼所答。苏轼在文中写道："尧当政时，皋陶是掌管刑法的官。要处死一个人，皋陶三次说当杀，帝尧却一连三次说应当宽恕。所以天下人都害怕皋陶执法坚决，而赞美帝尧用刑宽大……"（皋陶为士，将杀人。皋陶曰杀之三，尧曰宥之三。故天下畏皋陶执法之坚，而乐尧用刑之宽……）皋陶是上古时期华夏部落首领，长期担任掌管刑法的"士师"（后改为李氏，古代以业为氏，最早文献载战国时齐称狱官为"李"），后世尊为"中国司法始祖"（"牢"就是皋陶的发明之一，传说他还发明了"耒耜"[lěi sì]用于农业生产中翻整土地、播种庄稼，后发展成"犁"），也是"上古四圣"（尧、舜、禹、皋陶）之一。皋陶帮助禹当上了中原华夏的大领袖。禹继帝位后，为了尊重禅让制度，推举皋陶当继承人。但皋陶在帝禹二年就逝世了，享年106岁，葬于六安（今安徽省六安市）。唐玄宗时期溯皋陶为李姓始祖。

《刑赏忠厚之至论》以忠厚立论，援引古仁者施行刑赏以忠厚为本的范例，阐发了儒家的仁政思想。文章说理透彻，结构严谨，文辞简练而平易晓畅。主考官欧阳修认为，此文脱尽五代宋初以来的浮靡艰涩之风，十分赏识。欧、梅二公既叹赏其文，却不知这几句话的出处。及苏轼谒谢，即以此问轼，苏轼答道："想当然耳！"欧阳修听后，不禁对苏轼的豪迈、敢于创新极为欣赏，而且预见了苏轼的将来："此人可谓善读书、善用书，他日文章必独步天下。"并说："取读轼书，不觉汗出，快哉快哉！老夫当避路，放出一头地也。"

欧阳修与儿子欧阳奕等家中论文，说到苏轼，叹道："你们记住，更三十年，无人道着我也！"欧阳修提携后进，不遗余力，当即介绍苏轼去拜访宰相文彦博、富弼及枢密使韩琦。众人对苏轼都赏识有加，韩琦叹道："唯恨你不能一识范文正公。"此时范仲淹已逝去五年矣，可见众先辈对苏轼的喜爱与厚望。欧阳修不但介绍苏轼与京城名人结识，还要门客晁端彦（1035—1095 年，苏轼同年进士）去拜访苏轼，说此人将来一定盛名于世，嘱与定交。

二子及第，但苏洵落榜。喜庆中，苏洵以诗自嘲："莫道登科易，老夫如登天。莫道登科难，小儿如拾芥。"不过苏洵还是对欧阳修竭尽感戴。

欧阳修（1007—1072 年），吉州永丰（今江西省吉安市）人，自称"六一居士"。他在 63 岁那年写的《六一居士传》中讲得很明白："吾家藏书一万卷，集录三代以来金石遗文一千卷，有琴一张，有棋一局，而常置酒一壶……以吾一翁，老于此五物之间，是岂不为六一乎？"北宋文学家、史学家、政治家。政治方面，欧阳修曾历仕仁宗、英宗、神宗三朝，官至翰林学士、枢密副使、参知政事，积极参与范仲淹所领导的庆历新政政治改革。文学方面，欧阳修成就斐然，是唐代韩愈、柳宗元所倡导之古文运动的继承者及推动者，为唐宋古文发展做出了巨大贡献。史学方面，其所著两部史书《新唐书》及《新五代史》被列入二十四部正史之中，所定家谱格式为后世历代沿用。此外，欧阳修在经学上开创宋人直接解经、不依注疏的新风气，易学上打破易传的权威地位，在中国金石学、诗话及家谱撰作三方面，都是开山始祖，取得了划时代的成就。

欧阳修父亲欧阳观，担任判官、推官等小官，母亲郑氏。欧阳修景德四年（1007 年）生于绵州（今四川省绵阳市）。4 岁丧父，随母亲前往随州（今湖北省随州市），投靠叔父欧阳晔，自此在随州成长。因无钱买纸笔，母亲曾用芦苇秆在灰土上教他认字，因而有"画荻教子"之典故。

宋仁宗天圣四年（1026 年），欧阳修在随州通过解试，翌年由随州荐往礼部参加省试，落第。欧阳修将作品送呈学者胥偃，大受赏识，进入胥偃门下。天圣七年（1029 年），胥偃让欧阳修以国子监推荐举人的身份，参加国子监解试，中第一名；天圣八年（1030 年），中省试第一，同年参加殿试，名列甲科第 14 名。同年五月，欧阳修被任命为西京洛阳留守推官，开始政治生涯，并在钱惟演幕下，与尹洙、石曼卿、梅尧臣等名士交游，与范仲淹则长期保持书信联系。宋仁宗景祐元年（1034 年），欧阳修获召试学士院，授官馆阁校勘，移居汴京；景祐三年（1036 年），因声援与宰相吕夷简冲突的范仲淹，被指为朋党，贬到夷陵（今湖北省宜昌市）。当时一同被贬的共有范仲淹、余靖、尹洙、欧阳修4人。宋仁宗康定元年（1040年），范仲淹与吕夷简和解，获重新起用。欧阳修也被任命为馆阁校勘，修订朝廷藏书目录《崇文总目》，事成后升任著作郎，主修国史之职。

宋仁宗庆历三年（1043年），宰相吕夷简因病告退，但仍干预国事。欧阳修当时出任谏官，对其加以激烈批评，并与蔡襄分别上疏，请起用韩琦、范仲淹。两篇奏章非常有力，范仲淹因而被任命为参知政事（副相），富弼则任枢密副使。范仲淹出任副相后，即上奏"十事疏"，推行政治改革，史称"庆历新政"。庆历新政内容包括改革科举和扩充学校等。欧阳修与富弼、余靖、蔡襄等人皆为庆历新政的积极参与者。欧阳修批评当时科举考试执着于平仄声调，考生只知背诵，文章华而不实，主张应先考"策论"（政论），考核考生阐述见解的能力，然后才考诗赋。政敌批评范仲淹等人交结朋党，欧阳修则作《朋党论》加以反击。然而宋仁宗不信其辩解，夏竦又乘机陷害富弼，于是范、富都出调，改革派被瓦解。庆历四年（1044年）年底，欧阳修奉使河东路，又任河北都转运按察使，革除地方积弊，罢免不称职官员。次年，庆历新政宣告完全失败，各项政策包括科举改革都恢复原貌，唯独扩充学校的政策推行下去。

庆历五年（1045年），杨日严、夏竦以"张甥案"告发欧阳修。欧阳修有一张姓外甥女，与其没有血缘关系，自幼投靠欧阳修，出嫁后被揭发通奸，拷问时供出未嫁时与欧阳修乱伦。此事一出，舆论大哗，欧阳修始终不承认，官员两度审理此案，都判定并无其事，了结此案。欧阳修死罪得以赦免，另以挪用外甥女嫁妆罪名，贬官滁州。庆历八年（1048年），欧阳修改任扬州知州。皇祐元年（1049年），改颍州知州，翌年，北移商丘应天府。至和元年（1054年），欧阳修被召入京，一度被政敌诬陷，幸得其他官员申辩，得以留京，奉命编修《新唐书》。嘉祐二年（1057年），升为翰林学士，上奏批评宰相陈执中杀婢，宋仁宗不接纳，改派欧阳修出使辽国。同年，欧阳修知贡举，以古文取士，推动古文运动。次年，韩琦、富弼上台，欧阳修则继包拯出任开封知府。

嘉祐五年（1060年），欧阳修上呈《新唐书》，升为枢密副使，自此直至宋英宗治平三年（1066年），与韩琦、富弼一同主政。这是欧阳修生平首次肩负执政重任，也是北宋中期政治最平静的时期。次年，欧阳修出任参知政事。掌政期间，整顿行政效率，整理当年吕夷简制定的行政则例。后富弼与韩琦、欧阳修二人因作风不同而产生龃龉。嘉祐八年（1063年），宋仁宗驾崩，遗命欧阳修与韩琦辅佐其过继的侄子宋英宗。欧阳修因支持英宗追尊生父濮王赵允让，称其为"皇考"，而引发"濮议"之争。多数大臣如司马光、吕公著等，认为英宗已过继给仁宗，应称生父为"皇伯"，批评欧阳修是罪魁祸首。欧阳修亦竭力辩护，主张应考虑亲情。欧阳修自知在朝中已孤立，请求外任，但不获准。当时从舅薛宗孺与欧阳修有私怨，于治平四年（1067年），扬言欧阳修与其妻吴氏有暧昧。因指控严重，欧阳修立即杜门不出，上奏章辨明真相，一时朝中竟无大臣为他辩解，欧阳修昔日提拔的言官也倒戈相向。宋神宗不信指控，断定本无其事。但欧阳修毕竟已声名受损，政治上已无领导力，朝廷终于让他外放，任亳州知州。

宋神宗熙宁二年（1069年），王安石推行熙宁变法，欧阳修不予赞同，自恃德高望重，对变法的内容不加实施，神宗及王安石亦对其不予置理。次年，神宗有意再起用欧阳修，但遭到王安石反对，欧阳修自己亦坚决推辞，最终改任蔡州知州。熙宁四年（1071年）六月以太子少师致仕，隐居颍州。

欧阳修，又号醉翁，是因为他写出流传千古的名篇《醉翁亭记》。四十不到便自称醉翁，可见欧阳修内心的苦闷与沮丧。被贬放滁州后，他内心抑郁，但还能发挥"宽简而不扰"的作风，取得了一些政绩。在此期间，欧阳修游赏宴饮，写下《醉翁亭记》，描写滁州一带朝暮四季自然景物不同的幽深秀美、滁州和平宁静的生活，特别是作者在山林中与民众一齐游赏宴饮的乐趣。全文贯穿一个"乐"字，其中则包含着比较复杂曲折的内容。

环滁皆山也。其西南诸峰，林壑尤美，望之蔚然而深秀者，琅琊也。山行六七里，渐闻水声潺潺而泻出于两峰之间者，酿泉也。峰回路转，有亭翼然临于泉上者，醉翁亭也。作亭者谁？山之僧智仙也。名之者谁？太守自谓也。太守与客来饮于此，饮少辄醉，而年又最高，故自号曰醉翁也。醉翁之意不在酒，在乎山水之间也。山水之乐，得之心而寓之酒也。

若夫日出而林霏开，云归而岩穴暝，晦明变化者，山间之朝暮也。野芳发而幽香，佳木秀而繁阴，风霜高洁，水落而石出者，山间之四时也。朝而往，暮而归，四时之景不同，而乐亦无穷也。

至于负者歌于途，行者休于树，前者呼，后者应，伛偻提携，往来而不绝者，滁人游也。临溪而渔，溪深而鱼肥。酿泉为酒，泉香而酒洌。山肴野蔌，杂然而前陈者，太守宴也。宴酣之乐，非丝非竹，射者中，弈者胜，觥筹交错，起坐而喧哗者，众宾欢也。苍颜白发，颓然乎其间者，太守醉也。

已而夕阳在山，人影散乱，太守归而宾客从也。树林阴翳，鸣声上下，游人去而禽鸟乐也。然而禽鸟知山林之乐，而不知人之乐；人知从太守游而乐，而不知太守之乐其乐也。醉能同其乐，醒能述以文者，太守也。太守谓谁？庐陵欧阳修也。

《醉翁亭记》格调清丽，遣词凝练，音节铿锵，臻于炉火纯青之境，既有图画美，又有音乐美。受骈文影响，但非食而不化，仍有所创造，融化到笔底，又自然天成。不做作，不矫饰。

随着对苏轼了解的深入，身为文坛盟主的欧阳修对苏轼语重心长地说："我将老矣，付子斯文。"在欧阳修的一再称赞下，苏轼一时声名大噪。他每有新作，立刻就会传遍京师。苏轼没有辜负欧阳修的厚望，其为人做官，行之有道，而不敢见利忘义。苏轼和欧阳修不仅是科举上的师徒关系，在思想上苏轼更是受到了欧阳修的影响，欧阳修的年龄可谓苏轼之父，可后人看来更像是忘年之交。

熙宁五年（1072年）农历闰七月二十三，欧阳修病逝于颍州家中。逝前留言请名臣韩琦撰写其墓志铭。丧讯报至京城，神宗停朝一日，以示哀悼，追封欧阳修为"太子太师"，谥"文忠"，宋神宗元丰三年（1080年）特赠太尉。

后来，宋哲宗元祐六年（1091年），苏轼用书法两次写下欧阳修的作品《醉翁亭记》。其一为大字楷书，即后世立于琅玡山间的"滁州碑"母本；其二是用楷、行、草兼用体写成的长卷。苏轼仿佛是用最好的方式来让大家见证这一段忘年之交，报答欧阳修的知遇之恩。

苏轼在欧阳修的赏识和提携下，在文坛冉冉升起，之后如日中天。

凤翔

宋仁宗嘉祐六年（1061年），苏轼应中制科考试，即通常所谓"三年京察"，入第三等。在当时的制科等级中，一二等只是虚设，最高等级就是第三等，往后才是第三次等、第四等、第四次等。在苏轼之前，北宋开国建制以来，只有吴育一人得到过第三次等，其他所有人仅拿过四等及以下。苏辙入第四等。仁宗亲自考察，回后宫兴奋对皇后道："今日为子孙得到了相才！"然后伸出两手指说："而且是二。"意指苏轼兄弟。

自此，苏轼被授大理评事、签书凤翔府（今陕西省宝鸡市凤翔区）判官，而苏辙被任商州（今陕西省商洛市）推官。京城一别，苏轼心中甚是不舍，但只能题诗嘱弟："亦知人生要有别，但恐岁月去飘忽。寒灯相对记畴昔，夜雨何时听萧瑟？"

苏轼在凤翔府任职时，董传曾与苏轼交游。当时董传生活贫困，衣衫朴素，但饱读诗书，满腹经纶，平凡的衣着掩盖不住他乐观向上的风骨和精神。苏轼在离开凤翔时曾与董传和诗一首，其中第一句至今广为流传。

粗缯大布裹生涯，腹有诗书气自华。

厌伴老儒烹瓠叶，强随举子踏槐花。

囊空不办寻春马，眼乱行看择婿车。

得意犹堪夸世俗，诏黄新湿字如鸦。

（《和董传留别》）

首联写董传粗丝绑发，粗布披身。缯［zēng］是古代对丝织物的总称。"裹生涯"词语搭配新颖巧妙，一下就有了画面感，而且表示这种生活已是常态。这两句诗赞扬董传虽然贫穷，但勤于读书，因此精神气质非同常人。后人赞（首联二句）"飘然而来，有昂头天外之慨"。

颔联说董传的志向，不甘心过贫苦的日子，希望通过科举出人头地。"老儒"是指年老的学人，此时董传已不年轻。"烹瓠叶"是用典。《诗经·小雅·瓠叶》首章二句为"幡幡瓠叶，采之亨之"。瓠叶味苦，诗中以瓠叶言其宴席上菜肴的粗陋和简约，但主人并没有以其微薄而废礼，而是情真意挚地"采之亨之"（"亨"

同"烹")。

颈联中的"寻春马"是暗用孟郊《登科后》的典故。这里苏轼是说董传即便登科也没钱置办马匹，像孟郊那样"一日看尽长安花"。"择婿车"是用王定保《唐摭言·慈恩寺题名游赏赋咏杂记》所载唐进士放榜日公卿家倾城选取佳婿，"钿车珠鞍，栉比而至"的典故。苏轼的意思是说，董传虽不能像孟郊那样骑马看花，但却有机会被那"选婿车"包围，让自己眼花缭乱。这两句诗是苏轼鼓励董传的话，意思是有钱没钱不是问题，考中才是硬道理，那时什么都会有。

尾联两句诗是承接上两句，继续对董传给予鼓励，希冀董传有朝一日可以金榜题名，扬眉吐气，以夸世俗。全诗称许了董传的志向，同时预祝他黄榜得中。

嘉祐六年（1061年），苏轼在凤翔府的工作是签判，那时的太守是陈希亮。陈希亮是眉州青神县人，陈苏两家数代交往，论辈分，他比苏洵还高。陈希亮身材矮小、清瘦，而其为人刚劲，面目严冷，两眼澄澈如水，说话斩钉截铁，常常当面指责别人的过错，不留情面。士大夫宴游间，但闻陈希亮到来，立刻阖座肃然，语笑寡味，饮酒不乐。他对待僚属，自然更加严厉，竟然有很多人吓得对他不敢仰视。苏轼性豪阔，不会官僚滑头，而做事却勇于负责，意见不同时，便要据理力争。这位二十七八岁的签判，年少气盛，就不免形诸辞色，一点儿不肯屈就退让。

陈希亮也有意要裁抑这个锋芒太露的后辈，对他也一样地端起架子，毫不客气，这使苏轼更难忍受。两人相处得并不愉快，苏轼经常对陈太守安排的工作拒不执行，有次甚至闹到了朝廷里，苏轼被罚铜八斤。

后来太守公馆建了一个"凌虚台"，陈太守就让苏轼写记。这次苏轼没有拒绝，大笔一挥，洋洋洒洒一大篇。他在文中说，他跟陈太守登上凌虚台，往东看，是当年秦穆公的祈年宫和橐［tuó］泉宫；往南看，是汉武帝的长杨宫和五柞宫；往北看，是隋炀帝的仁寿宫，后来成了唐太宗的九成宫。所以，不管再好的楼台，都会倒塌，变为荒草野田。他还"教育"陈太守："欲以夸世而自足，则过矣。"那时苏轼踏上仕途不足两年，满脑子想的都是固国安民，在他看来，一个父母官，建个高台有啥可夸耀满足的？以此也算报复。

陈太守心胸宽广，一个字都没改，让人原封不动地刻碑纪念，就是流传到现在的《凌虚台记》，并慨然道："吾视苏明允，犹子也；轼，犹孙子也。平日故不以辞色假之者，以其年少暴得大名，惧夫满而不胜也，乃不吾乐耶！"

后来，嘉祐八年（1063年）苏轼在《稼说》一文中说到已经体谅陈希亮为要矫治他少年早达的弊害所下的苦心，"以而悔之"。

杭州

苏轼曾两次在杭州任职，第一次是宋神宗熙宁四年（1071年），因为反对王安石变法，36岁的苏轼带着失意的悲凉和远离政治斗争漩涡的轻松远赴杭州担任通判。

杭州是一大都市，故除去太守外，另设二官辅佐之。官员公馆位于凤凰山顶，南

239

见钱塘江，苏轼的官邸位于公馆的北面，可俯瞰西湖。凤凰山下，夹于西湖和钱塘江湾中间，自北而南的，正是杭州城。苏轼与太守陈襄一见如故，二人配合默契，通过挖沟、换井壁、修补漏洞等措施，为杭州修复了六口水井，解决了杭州城吃水的问题。

苦闷压抑而又无可奈何的心情让苏轼尽量逃向大自然，而自然美景，杭州城处处皆是。乘舟游览西湖，于是就有了《六月二十七日望湖楼醉书》：

黑云翻墨未遮山，白雨跳珠乱入船。

卷地风来忽吹散，望湖楼下水如天。

他醉心于西湖美景，流连忘返，还为西湖写诗：

水光潋滟晴方好，山色空蒙雨亦奇。

欲把西湖比西子，淡妆浓抹总相宜。

（《饮湖上初晴后雨二首·其二》）

240

在杭州，苏轼认识了19岁的王朝云，并纳为妾。在往后苏轼颠沛流离的人生旅途中，王朝云一直陪伴左右，不离不弃，让苏轼颇感欣慰。

熙宁七年（1074年），39岁的苏轼带着实现致君尧舜的理想与现实矛盾的纠结，结束了杭州通判的任期。

苏轼第二次来杭州是在元祐四年（1089年）。朝廷内新党和旧党斗争非常激烈，苏轼不想引火烧身，于是自请出京到地方为官。朝廷终于在三月批准，任命苏轼以龙图阁学士的身份领浙西兼任杭州太守，管辖浙西路的六州郡，包括今天江苏省的部分地区在内。七月，苏轼到达杭州。

当苏轼再次来到他日思夜想的西湖时，他看到由于疏于治理，西湖已经荒草丛生，水光潋滟早已不在，山雨空蒙已非往昔。黄州的赤壁，让苏东坡看到了功名的虚无。而面对西湖的一片破败，此时的苏轼更加务实，没有了闲情雅致，于是他向朝廷上了《乞开杭州西湖状》的奏章："熙宁中，臣通判本州，湖之葑合者，盖十二三耳；而今者十六七之间，遂塞其半。父老皆言，十年以来，水浅葑横，如云翳空，倏忽便满。更二十年，无西湖矣。"

筹集经费，征调民工，巧妙布局，筑建长堤（苏堤）和"三潭"。苏轼在西湖最深的地方，立了三座石塔作为纪念，就是今天的三潭印月。

元祐六年（1091年）春，苏轼送别自越州（今浙江省绍兴市）徙知瀛洲（今河北省河间市）途经杭州的老友钱勰（字穆父）。钱勰在元祐三年（1088年）九月因坐奏开封府狱空不实，出知越州。元祐五年（1090年）又徙知瀛洲，于次年春赴任启行，途中经过杭州。苏轼特意为钱勰题词赠行。

一别都门三改火，天涯踏尽红尘。依然一笑作春温。无波真古井，有节是秋筠。

惆怅孤帆连夜发，送行淡月微云。樽前不用翠眉颦。人生如逆旅，我亦是行人。

（《临江仙·送钱穆父》）

意思是：自从京城分别一晃已三年，远涉天涯，奔走辗转，相逢一笑时依然像春天般温暖。心如古井水不起波澜，高风亮节像秋天的竹竿，心惆怅因你要连夜扬孤帆远行，送行时云色微茫月儿淡淡，陪酒的歌妓不用因离愁别恨而哀怨。人生好像逆旅，我也是旅行之一。

在杭州时，苏轼结识了北宋高僧道潜，二人交往甚笃，唱和往还，成为忘形之交。后来苏轼遭贬谪居黄州（今湖北省黄冈市）后，道潜不远千里相从，居留一年多时间。到苏轼贬居儋州（今海南省儋州市），道潜打算渡海相随，苏轼写诗劝阻。

道潜从小就剃度出家，潜心研究佛法。道潜的诗歌造诣很高，自然纯朴，寂静恬淡。

赤叶枫林落酒旗，白沙洲渚阳已微。

数声柔橹苍茫外，何处江村人夜归？

（《秋江》）

雨暗苍江晚未晴，井梧翻叶动秋声。

楼头夜半风吹断，月在浮云浅处明。

（《江上秋夜》）

一次在酒席上，苏轼想跟道潜开开玩笑，就叫一个美女去向他讨诗。道潜当时口占一诗：

多谢尊前窈窕娘，好将幽梦恼襄王。

禅心已作沾泥絮，不逐春风上下狂。

"沾泥絮"指的是沾泥的柳絮，既然粘在了泥上，就不会再随着春风上下狂舞。道潜用"沾泥絮"比作禅心，表明了自己一心向佛，不为外界尘俗所动。

后来，道潜所作的一首诗得罪了宋哲宗。宋哲宗一气之下决定惩罚道潜。只不过，道潜并没有因为这件事而丢了性命，而且连牢都没有坐。宋哲宗所下达的谕令是让道潜还俗。

对于道潜来说，被迫还俗是比死刑更加严酷的处罚。没办法，他只好被迫还俗、远离了佛门净土。只不过，道潜在还俗期间，依旧没有忘记僧人本分，虽说已经还俗，但依旧一心向佛，每日念诵佛经、不近荤腥。最后，哲宗自知无理，才又令他皈依佛门。

宋哲宗元祐六年（1091 年）苏轼重新受到朝廷重用，他被调离杭州。临行前，他写下《八声甘州·寄参寥子》，这既是对友人参寥子（道潜的字）辞别，又是对杭州的辞别：

有情风万里卷潮来，无情送潮归。问钱塘江上，西兴浦口，几度斜晖？不用思量今古，俯仰昔人非。谁似东坡老，白首忘机。 记取西湖西畔，正暮山好处，空翠烟霏。

算诗人相得，如我与君稀。约他年、东还海道，愿谢公、雅志莫相违。西州路，不应回首，为我沾衣。

意思是：有情风从万里之外卷潮扑来，无情时又送潮返回。请问在钱塘江上或西兴渡口，我俩共赏过几次夕阳斜晖？用不着仔细思量古今的变迁，一俯一仰的工夫，早已物是人非。谁像我东坡苏老，白首之年，淡忘了仕进的机会。

记住西湖的西岸，春日最美的山隈，就是那空明的翠微，如烟的云霏。算起来诗人中相处得宜，如我与您这样的友情，确实稀微，弥足珍贵。约定日后，像东晋宰相谢安那样，沿着直通大海的长江航道，向东引退、回归。别让这一高雅志向与未来事实彼此违背。不应在西州路上回首恸哭，为了我而沾湿衣襟，洒落泪水。

密州

宋神宗熙宁七年（1074 年）秋天，苏轼由杭州通判调任密州（今山东省诸城市）知州，从"人人尽说江南好，游人只合江南老"的杭州，贬到民生凋敝、偏僻闭塞的密州，苏轼的心情有些惆怅。

苏轼非常怀念杭州，对密州是比较抗拒的。他在初到密州时，曾写信给弟弟苏辙，其中有这么几句："孤馆灯青，野店鸡号，旅枕梦残。渐月华收练。晨霜耿耿，云山摛锦，朝露漙漙。世路无穷，劳生有限，似此区区长鲜欢。"

苏轼在密州时，曾梦见自己的亡妻王弗，感慨万千，夜不能寐，写了一首悼亡词。这首悼亡词就是非常有名的《江城子·乙卯正月二十日夜记梦》：

十年生死两茫茫。不思量，自难忘。千里孤坟，无处话凄凉。纵使相逢应不识，尘满面，鬓如霜。

夜来幽梦忽还乡。小轩窗，正梳妆。相顾无言，惟有泪千行。料得年年肠断处，明月夜，短松冈。

那时王弗已经逝世 10 年了，葬在四川眉山，而苏轼当时人在山东密州。阴阳两隔，无从说起。他回想起昔日和王弗的恩爱时光，不禁悲从中来，泪流满面。

不过在密州，苏轼也写下了豪迈的《江城子·密州出猎》：

老夫聊发少年狂，左牵黄，右擎苍，锦帽貂裘，千骑卷平冈。为报倾城随太守，亲射虎，看孙郎。

酒酣胸胆尚开张，鬓微霜，又何妨！持节云中，何日遣冯唐？会挽雕弓如满月，西北望，射天狼。

熙宁九年（1076 年）冬天，苏轼离开密州，接任他密州知府职位的是孔宗翰。苏轼到徐州赴任时，写了五首绝句给孔宗翰。其中一首为《东栏梨花》：

梨花淡白柳深青，柳絮飞时花满城。

惆怅东栏一株雪，人生看得几清明。

前两句一青二白，这是梨花的特点，它不妖艳，也不轻狂。东栏旁，梨树上满是白色的梨花，同时柳絮在飘，落在作者身上。自己好像也变成了"一株雪"，凄清惆怅。人生能有几次清明？苏轼的诗一向以豪放著称，像这样悲凉的很是少见。

那一年的八月十五，风轻云淡，明月皎洁，遍地银辉，苏轼想起已分别七年的弟弟苏辙。面对一轮明月，心潮起伏，乘酒兴正酣，挥笔写下了《水调歌头·明月几时有》：

丙辰中秋，欢饮达旦，大醉，作此篇，兼怀子由。

明月几时有？把酒问青天。不知天上宫阙，今夕是何年？我欲乘风归去，又恐琼楼玉宇，高处不胜寒。起舞弄清影，何似在人间？

转朱阁，低绮户，照无眠。不应有恨，何事长向别时圆？人有悲欢离合，月有阴晴圆缺，此事古难全。但愿人长久，千里共婵娟。

乌台

苏轼性情放荡不羁，行为大大咧咧，口舌常无遮拦，总是想说就说，一吐为快。虽然文采照人，但也有当时文人惯有的毛病，喜欢奚落别人，也常得理不饶人。常嬉笑怒骂得罪人，而自己却浑然不知。特别是王安石"熙宁变法"时，苏轼更是两边不讨好：变法派排斥他，保守派嫌弃他。洛蜀党争也是因和程颐逗一时口舌之快而起。

苏轼曾写下一首诗，名为《朱寿昌郎中少不知母所在刺血写经求之五十年》，写的是朱寿昌弃官寻母的事。朱寿昌的父亲是宋真宗时的工部侍郎，朱寿昌的母亲刘氏是父亲的妾，所以朱寿昌可以说是庶出。在朱寿昌年幼之时，刘氏被朱寿昌父亲抛弃。朱寿昌长大后继承了父亲的功名，虽然仕途顺利，但是却非常思念母亲。朱寿昌多方打听刘氏下落，但当时通信极不发达，找人如同大海捞针一样，根本找不到。但朱寿昌非常虔诚，他灼背烧顶、刺血书写《金刚经》，只为寻母。也许他的虔诚感动了老天，朱寿昌在与母亲分别五十载后，终于听到了母亲的消息，于是朱寿昌毅然辞官，往陕西一带寻找生母。在《宋史》中，朱寿昌被列入《孝义传》。

以苏轼在文坛的影响力，朱寿昌弃官寻母的事迹迅速传遍朝廷上下。此事却让另一位达官李定如芒在背，从此与苏轼结怨。

李定，字资深，扬州人。少受学于王安石。登进士第，为定远尉、秀州判官。熙宁二年（1069年），孙觉荐之，召至京师，拜太子中允、监察御史里行。

保守派对变法派的李定，自然不会放过。李定还真有问题，而且是大问题，让对方给抓住并揪了出来。亲生母亲仇氏死时，李定身为朝廷官员，竟然不服孝。在古代社会中，双亲死亡，在朝为官的儿子不回家尽孝，就是大逆不道，这是违背人伦之事，会遭到唾骂的。

苏轼在杭州时，和佛印禅师（俗家姓林）交好，常常痛饮对诗，无话不谈。佛印的母亲叫仇氏，嫁到林家后不久生下佛印。仇氏长得貌美，在乡野有一些绯闻，后来净身出户，从江西跑到扬州，嫁给李问做小妾，后生定（**仇氏初在民间，生子为浮屠，曰了元，所谓佛印禅师也。已而为广陵人国子博士李问妾，生定。陆游《老学庵笔记》**）。李定还在襁褓中时，仇氏再因不检点被赶出家门。再嫁郜姓男，生一女，叫郜六（这个艺名蔡奴的女子是当时"娱乐圈"的大明星，作为汴京开封教坊司的当红头牌，蔡奴艳名高炽，门庭若市，倾倒众生，连官家也心生艳羡）。

李定刚入仕途时，不过是一个县的主簿。家乡传来消息，说是仇氏去世。按规定，李定要辞职服丧，却不见李定行动，事情就这样过去了。但李定晋升时，翻旧账的来了，"定顷为泾县主簿，闻庶母仇氏死，匿不为服"。这里本来也没苏轼什么事。但是，苏轼天性就是一个喜欢找事的人，他从佛印禅师这里得知情况，写了一篇关于孝道的文章，其中把李定的事情拿出来当反面典型。李定其实也冤枉，仇氏的事，他是不知情的。苏轼也没仔细想想，以不孝之印贴在李定的脸上，不仅让李定颜面尽失，可能还会断送李定的政治生涯。

但神宗皇帝并没有偏听偏信，搞清楚李定并不知情后并未治罪。但苏轼与李定的梁子却结下了。

熙宁年间，苏轼自请外任，先后任杭州通判和密州、徐州、知州，达八年之久。

宋神宗元丰二年（1079年）三月，心直口快、秉性难改的苏轼再次因言获罪，被调任湖州知州。在他的谢恩奏章中，多有描述百姓困苦和新政弊端的文字，变法派虽然因此气得七窍生烟。但他们看到了这样一句话："伏念臣性资顽鄙……知其愚不适时，难以追陪新进；察其老不生事，或能牧养小民。"（《湖州谢上表》）

"新进"一词，在王安石的语境中，只有一种解释："突然升迁的无能后辈。"

苏轼不能"追陪的新进"有舒亶〔dǎn〕、章惇、李定……这已不是据实陈奏的答对，而是充满了揶揄讽刺的嘲弄。以苏轼的性格，在他使用"新进"二字时，你若说他没有半点儿嘲弄变法派的意思，那显然小觑了苏轼的胆量——他当然知道他的谢恩奏章一定会被王安石看到；他更知道"新进"一词的含义，正是王安石亲自注解的。句中"其"为自称，他以自己同"新进"相对，说自己不"生事"，就是暗示"新进"人物"生事"。古代文人因为客观环境，总是习惯于在遣词造句上表现得十分微妙，而读者也养成一种习惯，本能地寻求字里行间的含义，比如御史台里的御史们。六月，监察御史里行何正臣摘引"新进""生事"等语上奏，说苏轼"愚弄朝廷，妄自尊大"。这里还有一点背景，王安石变法期间，保守派和变法派斗争激烈，两派领袖分别是两位丞相司马光和王安石，因前者给后者的长信中有"生事"二字，于是"生事"成了攻击变法的习惯用语；"新进"则是苏轼对王安石引荐的新人的贬称，他曾在《上神宗皇帝》书里说王安石"招来新进勇锐之人，以图一切速成之效"，结果是"近来朴拙之人愈少，而巧进之士益多"。后来正是曾拥护过王安石的"巧进之士"吕惠卿把王安石出卖了，使其罢相。北宋神宗年间苏轼因为反对新法，便在自己的诗文中表露了对新政的不满，又由于他当时是文坛的领袖，任由苏轼的诗词在社会上传播对新政的推行是很不利的。

关于这一点，不论后来喜爱苏轼的人如何为他辩解，说这是变法派的"歪曲解读"，都改变不了苏轼对"新进"这个词语在当时语境中所具有的双关含义是一清二楚的这个事实。苏轼觉得"以彼之道还诸彼身"会让对手有种"哑巴吃黄连"的喜剧效果。但隐忍了八年的李定，却在这两个字中嗅到了置苏轼于死地的机会。因为这一次，苏轼得罪的已不是他一个人，而是一群人。

但单凭《湖州谢上表》里的一两句话是不行的。偏偏凑巧，当时出版的《元丰续添苏子瞻学士钱塘集》，给御史台的新人提供了收集材料的机会。监察御史里经舒亶经过四个月潜心钻研，找了几首苏轼的诗，就上奏弹劾说："至于包藏祸心，怨望其上，讪渎谩骂，而无复人臣之节者，未有如轼也。盖陛下发钱（指青苗钱）以本业贫民，则曰'赢得儿童语音好，一年强半在城中'；陛下明法以课试郡吏，则曰'读书万卷不读律，致君尧舜知无术'；陛下兴水利，则曰'东海若知明主意，应教斥卤（盐碱地）变桑田'；陛下谨盐禁，则曰'岂是闻韶解忘味，尔来三月食无盐'；其他触物即事，应口所言，无一不以讥谤为主。"

马上，国子博士李宜之、御史中丞李定相即杀到，他们历数苏轼的罪行，声称必须因其无礼于朝廷而将其斩首。李定举了四项理由说明为什么应当处苏轼极刑，他说："苏轼初无学术，滥得时名，偶中异科，遂叨儒馆。"接着说苏轼急于获得高位，在心中不满之下，乃讥讪权要。再次，皇帝对他宽容已久，冀其改过自新，但是苏轼拒不从命。最后，虽然苏轼所写诗之荒谬浅薄，但对全国影响甚大，"臣叨预执法，职在纠察，罪有不容，岂敢苟止？伏望陛下断自天衷，特行典宪，非特沮乖慝之气，抑亦奋忠良之心，好恶既明，风俗自革"。

此时，苏轼的一个好友驸马王诜［shēn］听到这个消息，赶紧派人去给在南京做官的苏辙送信，苏辙立刻派人去告诉苏轼，朝廷派出的钦差皇甫遵也同时出发，但苏辙的人先到，苏轼知道消息，立即请假，由通判祖无颇权摄州事。

钦差皇甫遵到时，太守官衙的人慌作一团，不知会有什么事发生。苏轼不敢出来，与通判商量，通判说："事已至此，无可奈何，需出见之。"苏轼一听，就准备出去。祖无颇连忙提示："衣服，衣服。"苏轼说："既有罪，不可穿朝服。"祖无颇提醒道："未知罪名，仍当以朝服相见。"于是苏轼穿上官衣官靴，面见皇甫遵。

苏轼首先说话："苏轼自来疏于口舌笔墨，着恼朝廷甚多，今日必是赐死。死固不敢辞，乞归与家人诀别。"

皇甫遵淡然道："不至于此。"命士兵打开公文一看，是份普通公文，不过是因苏轼以诗文讪谤朝廷，传唤进京而已，要苏轼立即启程。

太守官衙的人全都吓得手足无措，个个躲躲藏藏。苏轼被押途经扬州江面和太湖时，想跳水自杀。因不知道要判什么罪，并且怕他的案子会牵连好多朋友。又转念一想，真跳了水，会给弟弟招致麻烦，遂才放弃。幸好如此，若苏轼真跳江，中国文化史上的一段辉煌恐怕就被这一截江水淹没。家里烧了他大部分与友人的书信和手稿，家人到了安徽宿县，御史台又派人搜查他们的行李，找苏轼的诗、书信和别的文件。后来苏轼发现自己的手稿残存者不过三分之一。

苏轼七月二十八日被逮捕，八月十八日送进御史台的监狱。二十日被正式提讯。

当时御史中丞李定向皇帝报告案情进展，说苏轼面对弹劾全都承认了。神宗大怒，怀疑苏轼要么是受刑不过，要么是有更大的秘密要隐藏。于是问李定可曾用刑。李定答道，苏轼名高当时，辞能惑众，为避人言，不敢用刑。神宗大怒，命御史台严加审查，一定要查出所有人。

苏轼坦白承认了对其在诗中批评新政的大部分指控。

十月十五日，御史台申报苏轼诗案的审理情况，其中辑集苏轼数万字的交代材料，查清收藏苏轼讥讽文字的人物名单，计有司马光、范镇、张方平、王诜、苏辙、黄庭坚等二十九位大臣名士。李定、舒亶、王珪等欲置苏轼于死地而后快，但神宗一时举棋不定，太祖早有誓约，除叛逆谋反罪外，一概不杀大臣。

同时，正直人士也仗义相救。宰相吴充直言："陛下以尧舜为法，薄魏武固宜，然魏武猜忌如此，犹能容祢衡，陛下不能容一苏轼何也？"已罢相退居金陵的王安石上书说："安有圣世而杀才士乎？"连身患重病的曹太后也出面干预："昔仁宗策贤良归，喜甚，曰：'吾今又为吾子孙得太平宰相两人'，盖轼、辙也，而杀之可乎？"可叹的是，同属于苏轼口中的"新进"章惇，也积极地营救了苏轼。

苏轼诗《王复秀才所居双桧二首·其二》如下：

凛然相对敢相欺，直干凌空未要奇。

根到九泉无曲处，世间惟有蛰龙知。

这是一首借物抒怀的咏物诗，作者是想以此说明自己有桧树一样挺拔不屈的品格。何、舒等人则借此大做文章，指控这首诗有不臣之意。王珪嫉妒苏轼的才华，想趁机要了苏轼的命："陛下飞龙在天，苏轼岂能不知，他寻找地下之蛰龙，肯定有不臣之心。"章惇这时站出来驳斥王珪："龙又不是皇帝的专属，人臣也能称龙。人家诸葛亮还叫卧龙呢，也没见刘备责难！"神宗表示赞同："诗人的词作而已，不要这么深究。"退朝后，章惇诘问王珪道："相公乃欲覆人家族？"

最终，元丰三年（1080年）二月，神宗下令对苏轼从轻发落，免去死罪，贬谪黄州团练副使，职位相当于今之县武装部副部长。"本州安置"，受当地官员监视。受到牵连的人中，三个人的处罚较重。驸马王诜因泄露机密给苏轼，而且时常与他交往，调查时不及时交出苏轼的诗文，且更因对待公主不礼貌，压妻宠妾，被消除一切官爵。其次是王巩，被御史附带处置，发配岭南。第三个是苏辙，他曾奏请朝廷赦免兄长，自己愿意纳还一切官位为兄长赎罪，他并没有被搜到什么严重的毁谤诗，但由于家庭连带关系，仍遭到降职处分，调到高安，任筠州酒监。

苏轼下狱103日，险遭杀身之祸，牵连数十人。张方平与其他大官都是罚红铜三十斤，司马光、范镇及苏轼的18个别的朋友，都各罚红铜二十斤。在北宋，冶炼技术还不是十分发达，红铜价格昂贵，二十斤红铜已是重罚了。

"乌台诗案"是宋代第一起震动朝野、影响深远的"文字狱"，也是北宋后期党争的一次恶性发作。"乌台诗案"尽管有政治案的成分，但至少在形式上，还是按照一个普通法律案来处理的。从"乌台诗案"的进展，还可以看到宋朝政治与司法制度的一抹文明底色，正是这抹底色使得"乌台诗案"不同于明清时期的"文字狱"。

"乌台诗案"既是苏轼人生的转折点，更是北宋政坛的转折点。于苏轼来说，经过这次打击，他有些心灰意冷，远离朝政，写的诗文也不再谈论时政、抨击官员，转而畅谈人生哲理。经过"乌台诗案"，苏轼化蛹为蝶，从此朝廷少了一位贤才，但文坛却升起了一颗巨星。但于北宋政坛来说，苏轼差点儿身死的经历激化了"新党"和"旧党"之间的矛盾，不论是哪一方掌权都不论缘由地排斥异己，恨不得将对方斩尽杀绝。新旧党争不断，使得朝纲不振、北宋国力每况愈下，终至亡国。

子容（1020—1101 年）

苏颂，字子容，出身闽南望族。苏颂是欧阳修的学生、沈括的朋友、苏轼的宗叔。

苏颂比苏轼长 16 岁，苏轼比苏颂中进士晚了 15 年。但凑巧的是他俩碰上了同一个考官，同一个恩师，都是欧阳修任主考官，都是欧阳修批阅的试卷。宋仁宗庆历二年（1042 年），苏颂 23 岁（虚岁，下同）进士及第，别试第一（别试是为避嫌而另行安排的考试），与王安石同榜。苏颂的试题是《论〈周礼〉之名数》，欧阳修看了试卷十分赏识，说："非尽记《周礼》之疏，不能如此生之善对也。"推苏颂为第一，批语是："才可适时，识能虑远。珪璋粹美，是为邦国之珍；文学纯深，当备朝廷之用。"

15 年后，春试张榜公布，苏颂正好拜谒欧阳修，问考生答题情况，欧阳修激动地说："老夫知贡举已非一次，得才之众，莫过于今年。出身于蜀郡眉山的苏氏兄弟，其诗文异军突起，震动文坛。雄劲如惊涛拍岸，清畅如流水行云。其试文《刑赏忠厚论》一反磔（［zhé］）裂诡异之弊，如贾谊[①]之淳厚古朴，如庄周之恣肆汪洋。本欲置诸生之冠，疑其为曾巩所作，而置第二。待阅文论《春秋之义》后，方知学识之渊博，见解之深邃，终列群贤之首。"（对苏轼试卷批语是："学问通博，资识明敏，文采烂然，论议蜂出。其行业修饬，名声甚远，臣今保举，堪应才识兼茂明于体用科。"）苏颂见欧阳修如此推崇，心中顿起敬意。

苏颂和苏轼源流相同，分别是芦山支和眉山支子孙，前者在福建省同安县的祖祠称芦山堂，后者的始祖苏味道被贬为眉州刺史。两支均是苏武的父亲、汉武帝时被封平陵侯苏建的后裔。宋仁宗嘉祐五年（1060 年）二月，苏轼、苏辙为母亲守孝

---

① 贾谊（公元前 200 年—公元前 168 年），洛阳人，西汉初年政论家、文学家，世称贾生。著作主要有散文和辞赋两类。其政论文评论时政，风格朴实峻拔，议论醋畅，鲁迅称之为"西汉鸿文"，代表作有《过秦论》《论积贮疏》《陈政事疏》等。

期满，又与父亲一起进京，等待皇帝的任命，他们在西冈租房居住。而这时苏颂改集贤校理、同知太常礼院，正在整理各类古籍，也刚刚在西冈买了房子。同在西冈，他们就见面认同宗，叙家谱，开始了联宗之谊，拉开了苏颂、苏轼叔侄情深意切、历尽风雨的交往。在京师西冈比邻而居约 8 个月后的深秋，苏颂被任命为颍州知州，离京赴任。同年十一月，苏轼被任为凤翔签判，也离开京师。苏轼对宗叔推崇备至，终生敬仰；苏颂称宗侄诗文高妙绝伦，世无匹敌。不管在顺境逆境都是声气相求，一直互相赞赏，相互激励。

六年后（1066 年），苏洵病逝于京师。苏颂亲自赴丧，作挽辞。宋神宗元丰七年（1084 年），苏颂母陈夫人病故，他在维扬服丧，苏轼闻讯赶去吊丧，撰挽词。宋哲宗元祐元年（1086 年），神宗病逝，哲宗继位，高太后掌政。苏颂、苏轼都进入了政治生涯的上升时期。苏颂一直升到宰相，苏轼回京任翰林学士承旨、知制诰兼侍读等职。

宋神宗元丰二年（1079 年）九月，苏颂被捕入狱。该事件就是"熙宁三舍人事件"，起因涉及选才任官，当时震动朝野，风闻天下，并被写入《宋史》。

宋神宗熙宁二年（1069 年），宋神宗支持王安石变法，第二年颁布青苗法，实施中遭到非议。王安石的学生李定，经推荐从南方奉召到京，称青苗法"民便之，无不喜者"。时任宰相的王安石将其推荐给神宗，神宗听信其说法，要给他越级擢升。

当时的苏颂等三位中书舍人反对这项违背法制的任命，苏颂更因对李定匿丧有自己的看法，坚持任官要经由吏部考核。

苏颂三次拒绝草拟任命李定为太子中允、权监察御史里行的诏书，神宗震怒，将苏颂撤职。但苏颂几次拒绝草诏，都有自己的理由：第一是破格提拔李定违背以前的法令，而官吏的任命必须依法而行；第二是李定不够破格提拔的标准，他"素无声称"，不能因偶有奏对称心，就破格提拔；第三是先做一般提拔，放在皇帝身边考察，果有奇谋硕画，再破格提拔也不迟。苏颂的这些意见是十分诚恳的。最后，李定没能任职御史台，而苏颂也被撤了职。

苏轼也反对新法，提出"结人心、厚风俗、存伦纲"，并在苏颂被撤职后写下诗文，称赞他在"三舍人事件"中的高风亮节，表达了对其忠直守职的敬佩之情。

宋神宗熙宁九年（1076 年），李定终于出任御史中丞。之后（1079 年）从苏轼的《湖州谢上表》设置构陷，囚苏轼于御史台知杂南庑，酿成"乌台诗案"。同年九月，苏颂也在开封被诬，囚于御史台三院东阁。二人仅一墙之隔，但二人的境况完全不同，苏颂一直未被用重刑，而李定对苏轼就不客气了。

在御史台，苏颂写下感悟诗：

早年相值浙江边，多见新诗到处传。

楼上金蛇惊妙句，卷中腰鼓伏长篇。

仳离岁月流如水，抑郁情怀积似烟。

今日柏台相望处，隔垣音响莫由宣。

苏颂说，苏轼任杭州通判时，他已很仰慕苏轼的诗了。苏轼在望湖楼上的观雨诗，有"电光进掣紫金蛇"之句，"卷中"是说苏轼不久前送苏颂的轴诗中，有"有如琵琶弦，常遭腰鼓闹"的佳句。别离的岁月像流水一样逝去，而被压抑的情怀却像阴郁的积烟。柏台是御史台的别称，现在两人在御史台受审，虽一墙之隔，彼此却不能说话。

写毕尚觉意犹未尽，又题一首：

源流同是子卿孙，公自才多我寡闻。
谬见推称丈人行，应缘旧熟秘书君。
文章高绝诚难敌，声气相求久益勤。
其为诗歌能数眯，圣朝终要颂华勋。

同是子卿（苏武）的后代，苏颂谦虚地说苏轼博学多才，而自己孤陋寡闻。又说苏轼谬奖，称自己为长辈，而两人旧有的情谊是在秘书监共事。五六句赞苏轼高绝，天下无敌；两人声气相求，愈久愈勤。最后说不要被诗歌的梦魔所迷惑，朝廷总是喜欢歌功颂德的。

苏颂想方设法将诗传递给苏轼，对苏轼是莫大的慰藉。后苏颂、苏轼先后被释放出狱。

熙丰变法期间，苏颂在中央任职，仔细研究新法内容，并积极提出建议，希望可以有针对性地施行。在地方任职时，苏颂如践行庆历新政一般，虽然未表明态度，在行动上却是支持的。在因反对超擢李定事被贬后，苏颂政治态度变得谨小慎微，为政越发老成，秉持中立。

由于苏颂的资历、能力、政绩，在政治态度又逐渐起到"调停"变法派与反变法派的作用，最终在元祐时期成为宰相，走到了政治生涯巅峰。他为相时，严格执行典章制度，要求百官守法，忠于职守；量才用人，杜绝不正之路；防止边将邀功生事，其"弭兵息民"的主张影响了当时的政局。他尤精于典故，朝廷每有新的典礼制作，必请苏颂审查。

宋徽宗建中靖国元年（1101年）五月二十日，82岁高龄的苏颂病逝于润州（今江苏省镇江市）。他的好友、66岁的苏轼正在从海南岛出发北返的途中。然而由于一路颠簸，苏轼大病不起，于是亲自撰写祭文，并急派幼子苏过前去吊丧。当苏颂的子孙回谢苏轼时，其病情已十分严重。一个月后，苏轼病殁，宋代的两颗巨星，在两个月内相继陨落。

苏颂去世后，获赠司空，后追封魏国公，宋理宗时追谥"正简"。

但让苏颂留名青史的不是他政治上的作为，也不是文学上的成功，而是天文和药学上的成就。

苏颂于经史九流、百家之说，以及算法、地志、山经、本草、训诂、律吕等学无所不通。他领导制造了世界上最古老的天文钟"水运仪象台"，开启了近代钟表擒纵器的先河。他对科学技术，特别是医药学和天文学方面有突出贡献，被称为"中国古代和中世纪最伟大的博物学家和科学家之一"，有《本草图经》《新仪象法要》《苏魏公文集》等作品传世。

水运仪象台是苏颂、韩公廉等人发明制造的以漏刻水力驱动的，集天文观测、天文演示和报时系统为一体的大型自动化天文仪器，是中国古代天文仪器制造史上的高峰，被誉为世界上的最早的天文钟。

水运仪象台元祐元年（1086年）开始设计，到元祐七年（1092年）全部完成，其中的擒纵器是钟表的关键部件。它是中国古代科技的卓越创造。因此，英国科学家李约瑟等人认为水运仪象台"可能是欧洲中世纪天文钟的直接祖先"。

整座仪器高约12米，宽约7米，是一座上狭下广、呈正方台形的木结构仪器。其中浑仪等为铜制。全台共分三隔，下隔包括报时装置和全台的动力机构等，中隔是间密室，放置浑象，上隔是个板屋，中放浑仪。

现代人对水运仪象台的设计给予了高度的评价，认为浑象一昼夜自转一圈，不仅形象地演示了天象的变化，也是现代天文台的跟踪器械——转仪钟的祖先；水运仪象台中首创的擒纵器是后世钟表的关键部件，因此它又是钟表的祖先。水运仪象台为了观测上的方便，设计了活动的屋顶，是今天天文台活动圆顶的祖先。从水运仪象台可以看出中国古代力学知识的应用已经达到了相当高的水平。

水运仪象台的构思广泛吸收了以前各家仪器的优点，尤其是汲取了北宋初年天文学家张思训①所改进的自动报时装置的长处。在机械结构方面，采用了民间使用的水车、筒车、桔槔、凸轮和天平秤杆等机械原理，把观测、演示和报时设备集中起来，组成了一个整体，成为一部自动化的天文台。

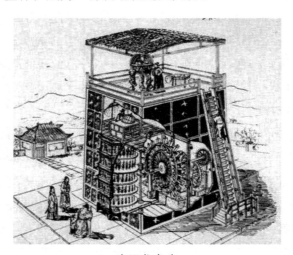

水运仪象台

---

① 张思训，北宋天文学家。曾是司天监学生，宋太宗太平兴国四年（979年），张思训造出以水银（避免温度变化影响）为动力流体的水运"浑象"。后来宋太宗命人于皇宫内打造，一年有成，放置文明殿东鼓楼下，命名为"太平浑仪"。到了苏颂时（1088年）已经毁损，无人知其制法。

大约在 1094 年，苏颂编撰了《新仪象法要》一书，详细介绍了水运仪象台的设计和建造情况，并把水运仪象台的总体和各部件绘图加以说明。

《新仪象法要》中绘制了有关天文仪器和机械传动的全图、分图、零件图 50 多幅，绘制机械零件 150 多种，其中多为透视图和示意图，这是我国也是世界上保存至今的最早最完整的机械图纸。正是根据这些图纸，王振铎[①]、李约瑟等人才能较准确地复原出水运仪象台的全貌。例如，从这些图纸和说明文字中可以知道，水运仪象台枢轮的运转规律是齿轮系从 6 个齿到 600 个齿的传动，每 25 秒落水一斗，每刻钟转一周，一昼夜转 96 周，而昼夜机轮、浑象、浑仪也转一周，这与地球运动大致相应。

苏颂在《新仪象法要》中还绘有多种星图，苏颂星图是历史上流传下来的全天星图中保存在国内的最早星图。保存至今的唐代敦煌星图，在时间上比苏颂星图要早，但被斯坦因盗走，现存伦敦大英博物馆。但是，苏颂星图比敦煌星图更细致、更准确，如敦煌星图绘星 1350 颗，苏颂星图绘星 1464 颗。

苏颂对科技的另一大贡献就是编著了中药学著作《本草图经》。《本草图经》在生物学史上也有特殊贡献。李约瑟评价说："作为大诗人苏东坡诗友的苏颂，还是一位才华横溢的药物学家。他在 1060 年写了《本草图经》，这是附有木刻标本说明图的药物史上的杰作之一。在欧洲，在野外可能采集到的动植物加以如此精确的木刻并印刷出来，这是直到 15 世纪才出现的大事。"

这部书引用宋以前文献 200 多种，集历代药物学著作之大成，记载了 300 多种药用植物和 70 多种药用动物或其副产品，以及大量重要的化学物质，记述了食盐、钢铁、水银、白银、汞化合物、铝化合物等多种物质的制备。对历史地理、自然地理、经济地理等方面也有记述。该书对动物化石、潮汐理论的阐述，植物标本的绘制堪称典范。

《本草图经》是一部承前启后的药物学巨著，是宋朝最完善最科学的医药书。书中继承了中国几千年来的古代医药学遗产，补充了自己的研究心得和发现，绘制了大量的药物图形，加以文字说明，准确地记载了各种药物的产地、形态、性质、用途、采集季节、炼制方法、鉴别方法与配方、禁忌等，图文并茂，使用方便，对明代集大成的医药学家李时珍的《本草纲目》有重要的影响。可惜后人对科技发明不予重视，令此巨著在苏颂身后亡佚不传，其内容只能散见于后代诸家本草，其中李时珍的《本草纲目》做了较多的保留和借鉴（引用《本草图经》的内容多达 74 处），但也未能窥其全貌。

"苏颂把时钟机械和观察用浑仪结合起来，在原理上已经完全成功。因此可以说

---

① 王振铎（1911—1992 年），字天木，河北省保定市人。先后当选为第三届全国人民代表大会代表和第五、六、七届全国政协委员。他研究复原了指南车、记里鼓车、候风地动仪、水运仪象台等百余种古代科技仪器。发表论文 20 余篇，其中主要有《指南车记里鼓车之考证及模型》《司南指南针与罗经盘——中国古代有关静磁学知识之发现及发明》《揭开了我国"天文钟"的秘密——宋代水运仪象台复原工作简介》《张衡候风地动仪的复原研究》等。

子由（1039—1112 年）

苏辙，字子由，苏轼之弟，"唐宋八大家"之一。宋仁宗嘉祐二年（1057 年），苏辙登进士第，初授试秘书省校书郎、商州军事推官。宋神宗时，苏辙因反对王安石变法，出为河南留守推官。此后随张方平、文彦博等人历职地方。宋哲宗即位后，苏辙入朝历官右司谏、御史中丞、尚书右丞、门下侍郎等职，位列执政。哲宗亲政后，苏辙因上书谏事而被贬知汝州，连谪数处。宰相蔡京掌权时，再降朝请大夫，遂以太中大夫致仕，筑室于许州。政和二年（1112 年），苏辙去世，享年 74 岁，追复端明殿学士、宣奉大夫。宋高宗时累赠太师、魏国公，宋孝宗时追谥"文定"。

苏辙与父亲苏洵、兄长苏轼齐名，合称"三苏"。其生平学问深受其父兄影响，以散文著称，擅长政论和史论，苏轼称其散文"汪洋淡泊，有一唱三叹之声，而其秀杰之气终不可没"。其诗力图追步苏轼，风格淳朴无华，文采稍逊。苏辙亦善书，其书法潇洒自如，工整有序。

苏辙在《历代论引》中说："予少而力学，先君，予师也；亡兄子瞻，予师友也。父兄之学，皆以古今成败得失为议论之要。"他虽自称"其学出于孟子"，而实则"遍观乎百家"。苏辙对于前辈学人，亦尊韩、欧；政治思想，亦近于欧。但韩、欧辟佛道，而苏辙不然。苏辙的文章，与父兄并称当代大家。与父兄相比，虽有所不及，但亦自有特点。

张方平评两兄弟："二子皆天才，长者明敏尤可爱，然少者谨重，成就或过之。"

苏辙与苏轼感情甚笃，苏轼曾写道："我年二十无朋俦〔chóu〕，当时四海一子由。""我少知子由，天资和而清。好学老益坚，表里渐融明。岂独为吾弟，要是贤友生。"而苏辙说："我初从公，赖以有知。抚我则兄，诲我则师。"

父亲苏洵，后专撰文《名二子说》说给他们取名字的原因。

轮、辐、盖、轸，皆有职乎车，而轼独若无所为者。虽然，去轼则吾未见其为完车也。轼乎，吾惧汝之不外饰也。天下之车，莫不由辙，而言车之功者，辙不与焉。虽然，车仆马毙，而患亦不及辙，是辙者，善处乎祸福之间也。辙乎，吾知免矣。

在苏洵看来，构成一辆车子的轮子、辐条、上盖、车厢底部的横木，每个部件都有自己的作用，唯独拦在坐车人胸前用作扶手的那一条横木——轼，好像是没有用处的。然而如果去掉了轼，就不是一辆完整的车了。天下所有的车从路上压过去时都会留下车辙，但是讲到车的功绩，是不会考虑车辙的。不过这样也有好处，如果车毁人亡了，罪名不会怪到车辙上。因此车辙是可以躲避灾祸的。

苏洵担心苏轼过分显露自己的才华而不注意掩饰一下，容易招来别人的嫉妒。

苏轼的性格又是狂放不羁、锋芒外露、倔强任性，在错综复杂的朝堂之上不知收敛，容易得罪权贵，在争斗中不知道自保，容易一生坎坷。而苏辙淡泊中和，恬静含蓄，稳健深沉，没有哥哥苏轼那样的名气，因此在"敌人"眼中不会过分重视，他的为官之路虽然有波折，但是不会像苏轼那样坎坷。而后来的事实果真如此，苏辙的官位要高过他的哥哥。没想到，苏洵起名字的两个字，竟然预料到了苏轼和苏辙二人不同的命运结局，真是知子莫若父。

宋仁宗嘉祐元年（1056 年），苏轼与苏辙赴京应举途中曾寄宿奉闲僧舍。其间，与僧人交流甚欢，而且在僧人带领下，游览了渑池风光，也在寺庙题诗留念。多年后，苏辙又路过此地，便想起了大哥，遂写《怀渑池寄子瞻兄》，寄给苏轼。

相携话别郑原上，共道长途怕雪泥。

归骑还寻大梁陌，行人已度古崤西。

曾为县吏民知否？旧宿僧房壁共题。

遥想独游佳味少，无方骓马但鸣嘶。

因为苏辙 19 岁时曾被任命为渑池县的主簿（由于考中进士，未到任），又经过这里，有访僧留题之事。所以诗里写道："曾为县吏民知否？旧宿僧房壁共题。"这些经历是偶然还是必然？他充满了疑惑，也是表达心中的感慨。同时在首联中抒发了他与兄长依依惜别的难舍之情。"相携话别郑原上，共道长途怕雪泥。"这个"怕"字含有双关含义，一是人生道路艰难，二是一种无可奈何。苏辙此时的心情是怀旧，又是回忆，又是惜别。最后一句的意思是前路迷茫只能听到骓马嘶鸣，人生处处是身不由己。思念之情和无奈之境，只能对兄长感叹。

苏轼在收到弟弟的信后，内心也是充满了疼惜，便回了一首《和子由渑池怀旧》：

人生到处知何似，应似飞鸿踏雪泥。

泥上偶然留指爪，鸿飞那复计东西。

老僧已死成新塔，坏壁无由见旧题。

往日崎岖还记否，路长人困蹇驴嘶。

人这一生到处奔走，到底像什么呢？应该像随处飞的鸿鹄吧，偶然在某处的雪地上留下痕迹。全诗既有对往事的眷恋，又有对弟弟的劝勉，将人生感悟和对弟弟的关爱融合在一起，语言质朴，情感真挚。

宋哲宗元祐元年（1086 年），苏辙至京师，任右司谏。当时太皇太后高氏垂帘听政，起用司马光、吕公著为相，想废除新法，而支持新法的宰相蔡确、韩缜及枢密使章惇都被苏辙弹劾去职。大臣吕惠卿以攀附王安石而受重用，后又竭力排挤、陷害王安石，受世人憎恨。到新党被清算时，他自知难逃责罚，请求外授宫观官以逃避贬官流放之罪。苏辙连上三疏揭露他的奸恶，最终使吕惠卿以散官安置建州。

宋哲宗元祐八年（1093 年），哲宗亲政，新党重新得势。

宋哲宗绍圣元年（1094 年），门下侍郎李清臣主持科考，出题批驳元祐政事。苏辙上书反对哲宗恢复熙宁新法，被贬知汝州。数月后，再贬左朝议大夫、知袁州。尚未到任，又于七月降为左朝议大夫、试少府监，分司南京，筠州居住处分。苏辙治汝州有优异政绩，等到他被罢免离开，州里父老送别他的人都呜咽流涕，延绵数十里不断。

绍圣四年（1097 年）二月，苏辙又被贬为化州别驾，安置雷州处分。此时，苏轼也被贬为琼州别驾、昌化军安置。五月，兄弟二人再次相遇于藤州，苏辙送苏轼赴海南。六月，诀别于海滨。宋哲宗元符元年（1098 年），移至循州安置。

宋徽宗崇宁三年（1104 年），苏辙在颍川定居，因感于元祐时人所剩无几，于是筑室曰"遗老斋"，自号"颍滨遗老"，终日读书著述、默坐参禅，谢绝宾客，绝口不谈时事，将所感皆寄托于诗中。

宋徽宗政和二年（1112 年）春，游颍昌西湖，泛瑕〔xiá〕水，并有诗作。九月，以太中大夫职致仕。十月三日（公历 10 月 25 日），苏辙逝世，享年 74 岁。十二月，朝廷追复苏辙为端明殿学士，特赠宣奉大夫。原拟葬苏辙于眉州祖茔，但后来仍葬于今河南省郏县小峨眉山苏轼墓旁。

宋高宗绍兴年间（1131—1162 年），因其子苏迟显贵，苏辙获赠太师，封魏国公；夫人史氏赠楚国太夫人。宋孝宗淳熙元年（1174 年），经礼部尚书赵雄奏请，宋孝宗特敕追谥为"文定"。

黄州

"乌台诗案"后，苏轼备尝艰难。初到黄州的日子里，写给朋友的信件，一封都没有得到回复。他在写给李端叔的一封信里说："得罪以来，深自闭塞。……平生亲友，无一字见及，有书与之亦不答，自幸庶几免矣。"不可避免地，他陷入了一个极度孤独的境地，正如他的名作《卜算子·黄州定慧院寓居作》里所写的：

缺月挂疏桐，漏断人初静。

谁见幽人独往来，缥缈孤鸿影。

惊起却回头，有恨无人省。

拣尽寒枝不肯栖，寂寞沙洲冷。

大意是：弯弯的月亮挂在梧桐树梢，漏尽夜深人声已静。有时见到幽居人独自往来，仿佛那缥缈的孤雁身影。突然惊起又回过头来，心有怨恨却无人知情。挑遍了寒枝也不肯栖息，甘愿在沙洲忍受寂寞凄冷。上阕写鸿见人，下阕写人见鸿，借月夜孤鸿这一形象托物寓怀，显示苏轼孤高自许、蔑视流俗的心境。黄庭坚评说，此词"语意高妙，似非吃烟火食人语，非胸中有万卷书，笔下无一点尘俗气，孰能至此"！

　　被贬黄州期间，苏轼不再仅仅报以儒家积极入世的想法，他开始融合佛老思想，以豁达、超然、随缘的心态从容面对人生。老子、庄子的一些思想对苏轼后期的思想形成有直接影响，如苏轼由琼州（今海南省海口市）到儋州途中，写有《行琼儋间肩舆坐睡梦中得句云千山动鳞甲万谷》诗："四州环一岛，百洞蟠其中。我行西北隅，如度月半弓。登高望中原，但见积水空。此生当安归，四顾真途穷。眇观大瀛海，坐咏谈天翁。茫茫太仓中，一米谁雌雄。幽怀忽破散，永啸来天风。千山动鳞甲，万谷酣笙钟。安知非群仙，钧天宴未终。喜我归有期，举酒属青童。急雨岂无意，催诗走群龙。梦云忽变色，笑电亦改容。应怪东坡老，颜衰语徒工。久矣此妙声，不闻蓬莱宫。"在诗中苏轼化用《庄子》中的典故，以庄子思想来映射自身处境，则贬谪蛮荒之地之"幽怀"当然不必在意。苏轼也受到了若干佛教思想的影响，尤其是"无常""无所住""性空"等理念，对其影响尤其明显。如苏轼《答参寥三首（之三）》云："自揣省事以来，亦粗为知道者。但道心屡起，数为世务所移夺，恐是诸佛知其难化，故以万里之行相调伏耳。"佛教的因果思想成为苏轼见天地、见众生、见自我的重要原因。

　　　　自笑平生为口忙，老来事业转荒唐。

　　　　长江绕郭知鱼美，好竹连山觉笋香。

　　　　逐客不妨员外置，诗人例作水曹郎。

　　　　只惭无补丝毫事，尚费官家压酒囊。

　　（《初到黄州》）

　　苏轼到黄州后就开始自嘲，意思是：自己都感到好笑，一生为嘴到处奔忙，老来所干的事，反而要得荒唐。长江环抱城郭，深知江鱼味美；茂竹漫山遍野，只觉阵阵笋香。贬逐的人，当然不妨员外安置，诗人惯例，都要做做水曹郎。惭愧的是我劝政事已毫无补益，还要耗费官府俸禄，领取压酒囊。这里，"为口忙"语意双关：既指因言事和写诗而获罪，又指为谋生糊口。"老来"，苏轼当时方 45 岁，这个年龄在古人中已算不小了，苏轼作于密州的《江城子》词中便有"老夫聊发少年狂"之句。"事业转荒唐"指"乌台诗案"事，屈沉下僚尚可忍耐，无端的牢狱之灾更使他检点自己的人生态度，"荒唐"二字是对过去的自嘲与否定，却含有几分牢骚。面对逆境，苏轼以平静、旷达的态度对待。

　　苏轼在《行香子·述怀》中，抒写了把酒对月之时的襟怀意绪，流露了人生苦短、知音难觅的感慨，表达出渴望摆脱世俗困扰的退隐、出世之意，为东坡词中风格旷达之作：

　　　　清夜无尘，月色如银。

　　　　酒斟时、须满十分。

浮名浮利，虚苦劳神。

叹隙中驹，石中火，梦中身。

虽抱文章，开口谁亲。

且陶陶、乐尽天真。

几时归去，作个闲人。

对一张琴，一壶酒，一溪云。

第三年四月，苏轼撰诗并书《寒食帖》："自我来黄州，已过三寒食。年年欲惜春，春去不容惜。今年又苦雨，两月秋萧瑟。卧闻海棠花，泥污燕支雪。暗中偷负去，夜半真有力，何殊病少年，病起须已白。春江欲入户，雨势来不已。小屋如渔舟，蒙蒙水云里。空庖煮寒菜，破灶烧湿苇。那知是寒食，但见乌衔纸。君门深九重，坟墓在万里。也拟哭途穷，死灰吹不起。"发人生之叹，写苍凉之情，表惆怅孤独之怀，通篇书法起伏跌宕，流光溢彩，体势奔放，无荒率笔，被称"天下第三行书"，墨迹素笺本，现藏台北故宫博物院。

贬谪黄州四年期间，苏轼躬耕自给，自号"东坡居士"，并写下《赤壁赋》《后赤壁赋》《记承天寺夜游》《念奴娇·赤壁怀古》等诗文。

被贬黄州后，日子虽然清苦，但却是苏轼文学创造的巅峰。苏轼在黄州化蛹为蝶，成了苏东坡。他在黄州留下的了大量的传世之作。《满庭芳·蜗角虚名》便是其中之一，这首词表现出苏轼对人生的得失成败看得通通透透：

蜗角虚名，蝇头微利，算来着甚干忙。

事皆前定，谁弱又谁强。且趁闲身未老，尽放我、些子疏狂。

百年里，浑身是醉，三万六千场。

思量，能几许，忧愁风雨，一半相仿，又何须，抵死说短论长。

幸对清风皓月，苔茵展、云幕高张。

江南好，千钟美酒，一曲满庭芳。

大意是：小小的名利，有什么值得人一直忙碌的呢？名利得失自有原因，谁比谁弱，谁又比谁强呢？趁着有闲散的时间，年龄还没老，就要抛开束缚，逍遥自在。就算是有一百年的时间，也愿意大醉三万六千场。仔细看来，一生中有一半的日子都在被忧愁所困扰着，也没什么必要从早到晚去拼命，不如对着夜色、白云等景象，好好欣赏。江南的生活如此好，喝一千杯美酒，听我唱一首《满庭芳》。

黄州是苏轼的重生之所，散文名作前后《赤壁赋》、书法神品《寒食帖》等重要创作，都是黄州这片土地所赐。苏轼的文学高峰也在黄州，以致最后总结人生时，首先点的就是黄州。苏轼在黄州可以说有些自由自在，原来刻薄的讽刺、尖锐的笔锋缓缓逝去，激情与愤怒渐渐消失，而温暖、亲切、宽容的光辉开始绽放。在黄州，苏轼起身豹变，成为千年一人苏东坡。

在黄州，一个春天的下午，苏轼与朋友出游。风雨忽至，大家深感狼狈，但苏轼却毫不在乎，泰然处之，吟咏自若，缓步而行。

莫听穿林打叶声，何妨吟啸且徐行。

竹杖芒鞋轻胜马，谁怕？一蓑烟雨任平生。

料峭春风吹酒醒，微冷，山头斜照却相迎。

回首向来萧瑟处，归去，也无风雨也无晴。

（《定风波·莫听穿林打叶声》）

看似在咏风雨，实际在说自身。

在黄州，苏东坡想起 900 年前周公瑾意气风发，率领军队以少胜多，大破曹军，胸中似有万马奔腾，挥笔写下千古绝唱《念奴娇·赤壁怀古》：

大江东去，浪淘尽，千古风流人物。

故垒西边，人道是，三国周郎赤壁。

乱石穿空，惊涛拍岸，卷起千堆雪。

江山如画，一时多少豪杰。

遥想公瑾当年，小乔初嫁了，雄姿英发。

羽扇纶巾，谈笑间，樯橹灰飞烟灭。

故国神游，多情应笑我，早生华发。

人生如梦，一尊还酹江月。

全篇气象磅礴，格调雄浑，高唱入云，其境界之宏大，是前所未有的，第一次以空前的气魄和艺术力量塑造了一个英气勃发的人物形象，抒发了有志报国、壮怀难酬的感慨。全词借古抒怀，雄浑苍凉，大气磅礴，笔力遒劲，境界宏阔，将写景、咏史、抒情融为一体，给人以撼魂荡魄的艺术力量，被誉为"古今绝唱"。

在黄州，苏东坡也想起了 200 年前的杜牧。杜牧是唐代杰出的诗人和散文家，与李商隐合称"小李杜"。唐武宗会昌二年（842 年），杜牧被外放为黄州刺史。那时的黄州，是"齐安荒僻地，平昔放逐臣"的地方。杜牧在黄州任上，无异于贬谪，但他充满信心，任上三年，把黄州治理得井井有条。《黄州府志》赞其"有才名，多奇节，吏民怀服之"。

杜牧在黄州，经过赤壁时，也以公瑾为题，咏下《赤壁》：

折戟沉沙铁未销，自将磨洗认前朝。

东风不与周郎便，铜雀春深锁二乔。

当然，苏轼更对杜牧在 23 岁时作出的《阿房宫赋》反复研读。《阿房宫赋》并不长，不加标点仅 514 字。苏轼天资聪颖，过目成诵，"东坡读书不用两遍，然其在翰林读《阿房宫赋》至四鼓，老吏史苦之，坡洒然不倦。岂以一过即记，遂了其事乎！惟虞世南、张睢阳、张方平，平生书不再读，迄无佳文"。（清·郑燮《潍县署中寄舍弟墨第一书》）。

我们来看看让苏轼彻夜苦读的《阿房宫赋》：

六王毕，四海一，蜀山兀，阿房出。覆压三百余里，隔离天日。骊山北构而西折，直走咸阳。二川溶溶，流入宫墙。五步一楼，十步一阁。廊腰缦回，檐牙高啄。各抱地势，钩心斗角。盘盘焉，囷囷焉，蜂房水涡，矗不知其几千万落。长桥卧波，未云何龙？复道行空，不霁何虹？高低冥迷，不知西东。歌台暖响，春光融融。舞殿冷袖，风雨凄凄。一日之内，一宫之间，而气候不齐。

妃嫔媵嫱，王子皇孙，辞楼下殿，辇来于秦，朝歌夜弦，为秦宫人。明星荧荧，开妆镜也。绿云扰扰，梳晓鬟也。渭流涨腻，弃脂水也。烟斜雾横，焚椒兰也。雷霆乍惊，宫车过也。辘辘远听，杳不知其所之也。一肌一容，尽态极妍，缦立远视，而望幸焉。有不见者，三十六年。

燕赵之收藏，韩魏之经营，齐楚之精英，几世几年，剽掠其人，倚叠如山。一旦不能有，输来其间。鼎铛玉石，金块珠砾，弃掷逦迤，秦人视之，亦不甚惜。

嗟乎！一人之心，千万人之心也。秦爱纷奢，人亦念其家。奈何取之尽锱铢，用之如泥沙？使负栋之柱，多于南亩之农夫。架梁之椽，多于机上之工女。钉头磷磷，多于在庾之粟粒。瓦缝参差，多于周身之帛缕。直栏横槛，多于九土之城郭。管弦呕哑，多于市人之言语。使天下之人，不敢言而敢怒。独夫之心，日益骄固。戍卒叫，函谷举，楚人一炬，可怜焦土！

呜呼！灭六国者，六国也，非秦也。族秦者，秦也，非天下也。嗟乎！使六国各爱其人，则足以拒秦。使秦复爱六国之人，则递三世可至万世而为君，谁得而族灭也？秦人不暇自哀，而后人哀之。后人哀之而不鉴之，亦使后人而复哀后人也。

赋文通过对阿房宫兴建及毁灭的描写，生动形象地总结了秦朝统治者骄奢亡国的历史教训，向唐朝统治者发出了警告。这是一个正直文人忧国忧民、匡世济俗的情怀。文中运用了想象、比喻与夸张等手法，以及描写、铺排与议论等方式，骈散结合，错落有致。语言精练，工整而不堆砌，富丽而不浮华，气势雄健，风格豪放。苏轼作为一个心系天下的又有着满腹才华的官员，读到如此文章，自然产生情感上的共鸣，深陷其中。

想起杜牧的《阿房宫赋》和《赤壁》，想起自己也身陷黄州，一日，苏轼在与友人月夜泛舟游赤壁后，怀古伤今的悲咽齐聚心中，写下千古名篇《赤壁赋》：

壬戌之秋，七月既望，苏子与客泛舟游于赤壁之下。清风徐来，水波不兴。举酒属客，诵明月之诗，歌窈窕之章。少焉，月出于东山之上，徘徊于斗牛之间。白露横江，水光接天。纵一苇之所如，凌万顷之茫然。浩浩乎如冯虚御风，而不知其所止；飘飘乎如遗世独立，羽化而登仙。

于是饮酒乐甚，扣舷而歌之。歌曰："桂棹兮兰桨，击空明兮溯流光。渺渺兮予怀，望美人兮天一方。"客有吹洞箫者，倚歌而和之。其声呜呜然，如怨如慕，如泣如诉；余音袅袅，不绝如缕。舞幽壑之潜蛟，泣孤舟之嫠妇。

苏子愀然，正襟危坐，而问客曰："何为其然也？"客曰："'月明星稀，乌鹊南飞。'此非曹孟德之诗乎？西望夏口，东望武昌，山川相缪，郁乎苍苍，此非孟德之困于周郎者乎？方其破荆州，下江陵，顺流而东也，舳舻千里，旌旗蔽空，酾酒临江，横槊赋诗，固一世之雄也，而今安在哉？况吾与子渔樵于江渚之上，侣鱼虾而友麋鹿，驾一叶之扁舟，举匏尊（樽）以相属。寄蜉蝣于天地，渺沧海之一粟。哀吾生之须臾，羡长江之无穷。挟飞仙以遨游，抱明月而长终。知不可乎骤得，托遗响于悲风。"

苏子曰："客亦知夫水与月乎？逝者如斯，而未尝往也；盈虚者如彼，而卒莫消长也。盖将自其变者而观之，则天地曾不能以一瞬；自其不变者而观之，则物与我皆无尽也，而又何羡乎！且夫天地之间，物各有主，苟非吾之所有，虽一毫而莫取。惟江上之清风，与山间之明月，耳得之而为声，目遇之而成色，取之无禁，用之不竭。是造物者之无尽藏也，而吾与子之所共适。"

客喜而笑，洗盏更酌。肴核既尽，杯盘狼藉。相与枕藉乎舟中，不知东方之既白。

苏轼的赋文不论抒情还是议论始终不离江上风光和赤壁故事，形成了情、景、理的融合。通篇以景来贯穿，风和月是主景，山和水辅之。苏轼抓住风和月展开描写与议论。文章分三层表现苏轼复杂矛盾的内心世界：首先写月夜泛舟大江，饮酒赋诗，使人沉浸在美好景色之中而忘怀世俗的快乐心情；再从凭吊历史人物的兴亡，感到人生短促，变动不居，因而跌入现实的苦闷；最后阐发变与不变的哲理，申述人类和万物同样是永久存在的，表现了旷达乐观的人生态度。写景、抒情、说理达到了水乳交融的程度。

苏轼在黄州不仅写出《念奴娇·赤壁怀古》，还留下千古名篇《赤壁赋》。不过，苏轼更让后人欣喜的是留下了许多美食。

苏轼一生为口忙，他惦念着荔枝、石榴、葡萄，不忘龙眼、木瓜、樱桃，想着猪肉、鲈鱼、羊蝎子，馋着生蚝、河豚与兔子。他在题《惠崇春江晚景二首·其一》中写道：

竹外桃花三两枝，春江水暖鸭先知。

蒌蒿满地芦芽短，正是河豚欲上时。

《春江晚景》是惠崇所作画名，共两幅，一幅是鸭戏图，一幅是飞雁图。

苏轼来到黄州后，自朝廷新秀一下沦落为小城官吏，薪俸骤减，一度在贫困线挣扎，粮食靠自己种，肉食更是难得吃上一回。宋朝的肉食，主要是牛羊肉，而猪肉则为下品，所以价格便宜。苏轼却吃不起羊肉，但猪肉是"富者不肯吃，贫者不解煮"。苏轼对吃发自内心地热爱，为猪肉注入了灵魂。"净洗铛，少着水，柴头罨烟焰不起。待他自熟莫催他，火候足时他自美。黄州好猪肉，价贱如泥土。贵者不肯吃，贫者不解煮，早晨起来打两碗，饱得自家君莫管。"（《猪肉颂》）正如人生，慢慢享受，只管开心过活，火候到了就顺利起来。苦闷日子因那碗红烧肘子（东坡肘子），变得惬意起来。

苏轼的好友王巩受"乌台诗案"牵连，在20多位"乌台诗案"案犯中，王巩是被贬得最远、责罚最重的，从秘书省正字贬到那时极偏僻的宾州（今广西壮族自治区宾阳市）去监督盐酒税。这使苏轼很内疚，说："兹行我累君，乃反得安宅。"宋神宗元丰四年（1081年），苏轼有《次韵和王巩六首》，其一云：

> 欲结千年实，先摧二月花。
>
> 故教穷到骨，要使寿无涯。
>
> 久已逃天网，何而服日华。
>
> 宾州在何处，为子上栖霞。

王巩（1048—1117年），字定国，北宋初期名相王旦之孙、谏官王素第四子。有画才，长于诗。苏轼守徐州，巩往访之，与客游泗水，登魋山，吹笛饮酒，乘月而归。苏轼待之于黄楼上，对他道："李太白死，世无此乐三百年矣！"

王巩在北宋中后期的历史上，是一个很活跃的人物。这倒不是因为他在政坛上春风得意，官高爵重，而是因为他正直的品格和傲世的豪气，以及与苏轼兄弟的真挚友情，都为同时代人所钦重。王巩喜上书议论朝政，在当时也很有名，虽曾为此屡次吃大亏，但赋性不改。

王巩在宾州期间，苏轼还给他写过很多书信，一再表示王巩因自己而无辜受牵连，遭受了那么多苦难，他感到很是内疚难过。苏轼还在《王定国诗集叙》中说："今定国以余故得罪，贬海上五年，一子死贬所，一子死于家，定国亦几病死。余意其怨我甚，不敢以书相闻。"苏轼劝王巩不要灰心，并建议他用"摩脚心法"对付瘴气，"每日饮少酒，调节饮食，常令胃气壮健"。远在岭南宾州的王巩为了安慰苏轼，则在给苏轼的回信中大谈道家长生之术，说自己正在宾州修行。苏轼很喜欢广西的丹砂等特产，便从黄州致信对王巩说："桂砂如不难得，致十余两尤佳。"亲密之情溢于言表。

王巩家中原养有好几个歌女，其中一位复姓宇文，名柔奴，最是眉清目秀、蕙质兰心。王巩定案后，家奴歌女纷纷散去，唯有柔奴一人愿意陪伴王巩共赴宾州。宾州的僻远、路途的艰辛，柔奴并非不知，但忠诚的她毅然与王巩一同踏上了前往宾州的道路。

从元丰二年（1079年）十二月到元丰六年（1083年）十月，柔奴与王巩一起在宾州生活了三年多。王巩在宾州泼墨吟诗，访古问道，柔奴则歌声相伴，温柔慰藉，催其奋发。后来，王巩奉旨北归，过黄州得以与苏轼重逢。苏轼发现虽遭此一贬，王巩不但没有通常谪官那种仓皇落拓的容貌，反而神色焕发更胜当年，性情更为豁达，不由疑惑："定国坐坡累谪宾州，瘴烟窟里五年，面如红玉。"在逆境中，王巩精神不倒，技艺大进，著述不绝，"尤为坡所折服"。究竟是什么原因使他免于沉沦？

王巩笑了笑，唤出柔奴为苏轼献歌。只见窈窕的柔奴轻抱琵琶，慢启朱唇，轻送歌声。苏轼以前也见识过柔奴的才艺，如今觉得她的歌声更为甜美，容颜也更红润，看来宾州的水土真是养人啊！王巩告诉苏轼，这几年来多亏柔奴陪伴他在南疆僻岭的宾州度过了寂寞艰苦的岁月。苏轼试探地问柔奴："岭南应是不好？"柔奴则顺口回答："此心安处，便是吾乡。"没想到如此一个柔弱女子竟能脱口说出如此豁达之语，苏轼大受感动，对柔奴大为赞赏，立刻填词《定风波·南海归赠王定国侍人寓娘》一阕：

常羡人间琢玉郎，天应乞与点酥娘。

尽道清歌传皓齿，风起，雪飞炎海变清凉。

万里归来颜愈少，微笑，笑时犹带岭梅香。

试问岭南应不好，却道：此心安处是吾乡。

元丰七年（1084年），苏轼由黄州贬所改迁汝州（治所在今河南省汝州市）团练副使。

怀着复杂的心情，苏轼一家辞别黄州。临行前，望着依依不舍的黄州父老，苏轼写下《满庭芳·归去来兮》：

归去来兮，吾归何处？万里家在岷峨。

百年强半，来日苦无多。

坐见黄州再闰，儿童尽楚语吴歌。

山中友，鸡豚社酒，相劝老东坡。

云何，当此去，人生底事，来往如梭。

待闲看秋风，洛水清波。

好在堂前细柳，应念我，莫剪柔柯。

仍传语，江南父老，时与晒渔蓑。

大意是：回去啊，我回到哪里？故乡在万里岷峨。人生百年过了一大半，苦于来日不算多。眼见黄州五年两闰，孩子会唱楚语吴歌。山中友备上酒席，盛情款待相劝老东坡。要走了，我说什么？人生就像那织布梭。等到闲暇时候，再去琉赏秋天洛水清波。好在堂前细柳应念我，我从不剪你柔柯。请传话左右邻里，时不时为我晒晒渔获。

苏轼赴汝州时经过九江，与友人参寥同游庐山。庐山风景秀丽，以雄、奇、险、秀闻名于世，素有"匡庐奇秀甲天下"之美誉。有名的山峰便有171座，群峰间散布冈岭26座、壑谷20条、岩洞16个、怪石22处。水流在河谷发育裂点，形成许多急流与瀑布，计有瀑布22处、溪涧18条、湖潭14处。从司马迁"南登庐山，观禹所疏九江"，到陶渊明、李白、白居易、苏轼、王安石、黄庭坚、陆游、朱熹等文坛巨子登临庐山，无数名人留下数千首诗词歌赋。从陶渊明的"采菊东篱下，悠然见南山"到李白的"日照香炉生紫烟，遥看瀑布挂前川。飞流直下三千尺，疑是银河落九天"，名篇汇聚。然而，苏轼另辟蹊径，写下了若干首庐山记游诗，其中《题西林壁》充满哲理，最是脍炙人口：

> 横看成岭侧成峰，远近高低各不同。
>
> 不识庐山真面目，只缘身在此山中。

庐山

位于庐山西北的九江，有过九江、柴桑、江洲、浔阳、汝南、浔域、德化共七个名称，但主要以九江、柴桑、江洲、浔阳著称于世。九江称谓的来历有两种：一是"九"为古代中国人认为的最大数字，"九江"的意思是"众水汇集的地方"，"九"是虚指；二是"以为湖汉九水（即赣江水、鄱水、余水、修水、淦水、盱水、蜀水、南水、彭水）入彭蠡泽（鄱阳湖的古称）也"，即九条江河汇集的地方，"九"是实指。长江流经九江境内，与鄱阳湖和赣、鄂、皖三省毗连的河流汇集，水势浩淼，江面壮阔。

半山（1021—1086 年）

过湖口后，苏轼到金陵专访王安石。

王安石，字介甫，号半山。抚州临川（今江西省抚州市）人，北宋时期政治家、文学家、思想家、改革家。宋仁宗庆历二年（1042 年），王安石进士及第。历任扬州签判、鄞县知县、舒州通判等职，政绩显著。宋神宗熙宁二年（1069

年），被神宗升为参知政事，次年拜相，主持变法。因守旧派反对，宋神宗熙宁七年（1074年）遭罢相。一年后，被神宗再次起用，旋即又遭罢相，退居江宁。宋哲宗元祐元年（1086年），保守派得势，新法皆废，王安石郁然病逝于钟山，终年66岁。累赠为太傅、舒王，谥号"文"，故世称王文公。

宋仁宗皇祐二年（1050年）夏天，王安石在浙江鄞县知县任满回江西临川故里，途经杭州时，登飞来峰，写下一首名篇：

飞来峰上千寻塔，闻说鸡鸣见日升。

不畏浮云遮望眼，只缘身在最高层。

（《登飞来峰》）

此时王安石只有30岁，正值壮年，心怀壮志，借登飞来峰一抒胸臆，表达情怀。但王安石也有几个严重的缺点。

第一，无视权威。从他的《〈孔子世家〉议》即可看出：太史公叙帝王则曰"本纪"，公侯传国则曰"世家"，公卿特起则曰"列传"，此其例也。其列孔子为世家，奚其进退无所据耶？孔子，旅人也，栖栖衰季之世，无尺土之柄，此列之以传宜矣，曷为世家哉？岂以仲尼躬将圣之资，其教化之盛，焄奕万世，故为之世家以抗之？又非极挚之论也。夫仲尼之才，帝王可也，何特公侯哉？仲尼之道，世天下可也，何特世其家哉？处之世家，仲尼之道，不从而大；置之列传，仲尼之道，不从而小。而迁也自乱其例，所谓多所抵牾者也。

自司马迁作《史记》以来，历史上一片叫好，称为"史家绝唱"。但王安石却提出异议，认为不该把孔子列入"世家"，应该列入"列传"。把孔子列为世家，仲尼的思想不能被光大；列为列传，他的思想也不会显得渺小。而司马迁倒是自己把《史记》的体例搞乱了，所谓自相矛盾。

第二，不修边幅。即便按当时的条件，王安石也极不拘小节，一年都可以不洗澡不换衣服，生活极其邋遢。《石林燕语》记载："王荆公性不善缘饰，经岁不洗沐。衣服虽敝，亦不换濯。"要知道，不修边幅可不是自己的事情。王安石是朝廷官员，整天出入于公共场合，身上有异味不仅有损自己的形象，也有损官府的形象，更会对他人造成不好影响。北宋时期，每十天放一次假，俗称"旬休"，雅称"休沐"。但是他还是经常不洗澡，使得同僚实在受不了他身上的异味。同僚们便约定和他每月洗一次澡，并且免费为其提供新内衣。

苏洵与王安石素不相协，嘉祐年间苏洵以文章名动京师，王安石却未有一言褒奖。欧阳修劝苏洵与这位杰出之士交往，同样执拗的苏洵（已数次被授低职而不任）却不屑，并说："凡是不近人情者，很少有不为天下之患的。"王安石的母亲去世，朝中大臣纷纷前去吊唁，苏洵独不前往。张方平曾写道："安石之母死，士大夫皆吊，先生独不往，作《辨奸》一篇。"对王安石的生活行为的片面观察，苏洵创作了一篇散文《辨奸论》。文章采用对比映照的手法，以古论今，抓住斯人"衣臣虏之衣，食犬彘之食，囚首丧面，而谈诗书"等"不近人情"的行为，断定斯人是大奸，必然乱国祸民，表达了对其人其事的厌恶、否定之情；在写作目的上，苏洵确有所指，但又未点明王安石。全文内容笔锋犀利，多论断而少事实依据，虽说是"见微知著"，但难免有牵强附会和强词夺理，就连苏轼也认为有些过了。

第三，刚愎自用。王安石及第之初去拜会晏殊，晏殊设宴款待。饭后，晏殊又留王安石喝茶、聊天。两人东拉西扯，聊到抚州大成巷，聊到晏殊的家乡沙河村，又聊到了王安石的家乡盐埠岭。突然，晏殊话锋一转："介甫啊，若干年后，你的名望、职位将会超过我。"王安石连忙说："晏大人，王某何德何能？"晏殊操略带临川腔的官话说："老夫的眼光没问题。不过，我也有两句话劝你，不知道该不该说？"王安石说："请指教。"晏殊稍稍犹豫，说："能容于物，物亦容矣。"年轻气盛的王安石颇不以为然，认为："晏公为大臣，而教人为此，何其卑也！"此时晏殊已踏入仕途达38年，历经风雨，阅人无数，举荐、拔擢了范仲淹、欧阳修等众多官员，也深知置身朝堂，妥协其实是一种能力、一门艺术。从王安石的诗赋论答卷中，他足以看到对方出类拔萃的才华；从王安石的形象、气质中，他能感受到对方清高孤傲的品性；从王安石在宴会上的表现，他能发现对方执拗、胸襟不够开阔、不能容人的弱点。后来，王安石第二次被罢相后，才深悔未听晏殊良言。

宋仁宗至和三年（1056年）秋，欧阳修虚龄50岁，知天命；王安石近36岁，过而立。王安石受邀登门造访，"两代人"相会于京城开封。第二年春夏之交，欧阳修出使契丹归来，王安石知常州，欧阳修为之饯行，赠诗云：

> 翰林风月三千首，吏部文章二百年。
>
> 老去自怜心尚在，后来谁与子争先。
>
> 朱门歌舞争新态，绿绮尘埃拂旧弦。
>
> 常恨闻名不相识，相逢罇酒盍留连？

意思是：你（王安石）的诗像李白的那样富有才气，文章像韩愈的那样流传后世。我虽然老了，但是雄心尚在，以后的人谁还能与您一争高低呢？如今官员腐化，终日贪图享乐，很少关心国家命运和百姓生活，只有我们依然忧国忧民。很早就听说您的大名但是缘悭一面，今日我们相聚，何不把酒详谈呢？而王安石并未受宠若惊，只是冷静回赠：

> 欲传道义心犹在，强学文章力已穷。
>
> 他日若能窥孟子，终身何敢望韩公。
>
> 抠衣最出诸生后，倒屣尝倾广座中，
>
> 只恐虚名因此得，嘉篇为侃岂宜蒙。

意思是：我想要宣传孔孟之道的决心还在，但学习文章却力不从心。以后要是能窥探到孟子道义的奥秘也就心满意足了，怎么还敢奢望在文章方面能超过韩愈呢？

我同您的弟子提衣来拜访您，却得到您的重视和嘉奖，实在是惶恐。我只怕自己是浪得虚名，您赠给我的美好诗篇我实在是不敢承当啊！而诗中也暗含以欧阳修为韩愈，而自期为孟子之意。

当欧阳修读到王安石回赠的诗后，笑了一下："王介甫误解我用的典故了，'吏部文章二百年'，我指的是谢朓（南朝诗人，曾任尚书吏部郎，故称"谢吏部"），沈约曾与之书，称赞他的诗二百年来无此作也。如果是韩愈，在时间上来说，迄今何止二百年？"王安石听说了这件事情之后，大笑道："欧阳公读书不多啊！"原来，第一，欧阳修只知沈约赞谢朓之诗"二百年来无此作"，却不知晚唐孙樵也曾赞美韩愈的文章"二百年来无此文"，而韩愈名气比谢朓大得多。第二，李白以诗闻名，韩愈是古文大家，一诗一文，再加上李、韩同为唐朝人，对仗更为工整。第三，即使是从时间上来讲，韩愈生于 768 年，逝于 824 年，距 1056 年是 232 年，诗作之中取其整数二百年，是相当正常的事；谢朓生于 464 年，逝于 499 年，沈约生于 441 年，逝于 513 年，距 1056 年是五百多年了。王安石对于欧阳修虽然尊重，但不入法眼。在实行变法后，对于那些顺从他变法的人都委以重任，不顺从他的都赶出了京城，包括欧阳修。

还是王安石在扬州做官时，有人问韩琦一个怪僻字，韩琦随口说了句"王安石颇识怪字"。本来是一句玩笑话，谁料，王安石当政以后，立即将时任首相的韩琦送出京城。

第四，狷介执拗。王安石素有"拗相公"之称。当初包拯上任，司马光与王安石同是包拯的手下。包拯邀一众喝酒赏花，并亲自敬酒。司马光素来不饮，碍于主人情面，也勉强干杯。轮到王安石时他以不会喝酒断然拒绝，一点儿都不留情面，搞得包拯十分尴尬。不过，司马光这样坚决反变法派的政敌在王安石逝世后也认为："介甫无他，但执拗耳"，"光以是知其不屈"。

王安石被罢相之后，回到金陵，住在州东的刘相故宅，在厅上题字曰："当时诸葛成何事？只合终身作卧龙。"诸葛亮是蜀汉贤相，受到世人的赞赏，但王安石在这里却对其极尽嘲讽，大有自己之才过于诸葛亮的感慨。

宋仁宗嘉祐三年（1058 年），王安石进京述职，作《上仁宗皇帝言事书》，系统地提出了变法主张。他主张对宋初以来的法度进行全盘改革，革除宋朝存在的积弊，扭转积贫积弱的局势，建议朝廷改革取士、重视人才，请求立即实现对法度的变革。但没被仁宗采纳。

宋英宗治平四年（1067 年），久慕王安石之名的宋神宗即位。宋神宗希望改变积贫积弱的局面，消除弊病，克服统治危机，遂起用王安石为江宁知府，旋即诏为翰林学士兼侍讲，非常信任和器重王安石。王安石随后上《本朝百年无事札子》，阐释宋初百余年间太平无事的情况与原因，指出当时危机四伏的社会问题，期望神宗在政治上有所建树，认为"大有为之时，正在今日"。神宗采纳王安石的相关主张，并要求其尽心辅佐。

宋神宗熙宁元年（1068年）四月，王安石再次提出全面改革的想法，指出"治国之道，首先要效法先代，革新现有法度"，并勉励神宗效法尧、舜，简明法制。神宗召王安石"越次入对"，王安石即上书主张变法。此年冬，王安石创作七言绝句诗《元日》：

> 爆竹声中一岁除，春风送暖入屠苏。
>
> 千门万户曈曈日，总把新桃换旧符。

在王安石心中，新法必在来年掀起滚滚春雷。

熙宁二年（1069年），神宗任命王安石为参知政事，跻身于执政之列。王安石提出当务之急在于改变风俗、确立法度，提议变法，神宗赞同。为指导变法的实施，设立制置三司条例司，由王安石和陈升之共同掌管。王安石委任吕惠卿承担条例司的日常事务，派遣提举官四十多人，颁行新法。

熙宁三年（1070年），王安石任同中书门下平章事，位同宰相。他在全国范围内推行新法，开始大规模的改革运动。所行新法在财政方面有均输法、青苗法、市易法、免役法、方田均税法、农田水利法；在军事方面有置将法、保甲法、保马法等。是年，司马光三次写信给王安石（《与王介甫书》），列举实施新法的弊端，要求王安石废弃新法，恢复旧制。王安石回信（《答司马谏议书》），对司马光的指责逐一反驳，并批评司马光等因循守旧，表明坚持变法的决心。随后神宗欲起用司马光任枢密副使，司马光趁机复议废止新法，神宗没答应，司马光遂辞职离京。御史刘述、刘琦、程颢，谏官范纯仁等近二十名官员都因为与王安石意见不合，相继离开朝廷。王安石很快提升秀州推官李定任御史。知制诰宋敏求、李大临，御史林旦、薛昌朝、范育弹劾李定违背孝道，皆被罢出朝廷。其后，吕惠卿因父亲去世离开朝廷，王安石便对曾布委以重任，并对他非常信任。

熙宁四年（1071年），王安石颁布改革科举制度法令，废除诗赋词章取士的旧制，恢复以《春秋》三传明经取士。同年秋，实行太学三舍法制度。变法伊始，王安石对神宗提出奸佞之论，建议神宗要辨别小人并加以惩处。新法颁布后，王安石擢拔吕惠卿、章惇、蔡确等多人，参与变法的实施。

熙宁七年（1074年）春，天下大旱，饥民流离失所。群臣诉说免行钱之害，神宗满面愁容，欲罢除不好的法令。王安石认为天灾即使尧舜时代也无法避免，派人治理即可。监安上门郑侠反对变法，绘制"流民旱灾困苦图"献给神宗，并上疏论新法过失，力谏罢免王安石。曹太皇太后、高太后亦向神宗哭诉"王安石乱天下"。神宗对变法也产生了怀疑，罢免了王安石的宰相职务，改任观文殿大学士、知江宁府，从礼部侍郎超九转而径授吏部尚书之衔。

王安石被罢相后，奏请神宗让吕惠卿任参知政事，又要求召韩绛代替自己，二人坚持王安石制定的成法。吕惠卿掌握大权后，担心王安石回朝，借办理郑侠案件的机会陷害王安石的弟弟王安国，又兴起李士宁案件来扳倒王安石。韩绛觉察到吕惠卿的用意，秘密奏请召回王安石。

熙宁八年（1075年），王安石再次拜相。去京城的路上，王安石乘船路过瓜洲（今扬州市南部长江边，京杭运河分支入江处）。因怀念金陵故居，在船停泊瓜洲小憩时，王安石立在船头远眺，看到京口（古城名，故址在今江苏省镇江市）和瓜洲就隔着一条长江，钟山也只是相隔着几座大山，春风已经吹到了江南，大地又是一片春光。想到这里，不禁又想起自己推行的变法运动。他深信自己一定会使变法成功，怎奈朝廷内部斗争尖锐，自觉前途迷惘，不由得又触动了对家乡的情思。面对此情此景，王安石不由吟出了一首七言绝句：

京口瓜洲一水间，钟山只隔数重山。

春风又绿江南岸，明月何时照我还。

（《泊船瓜洲》）

这是一首著名的抒情小诗，抒发了诗人眺望江南、思念家乡的深切感情。从字面上看，诗中流露着对故乡的怀念之情，大有急欲飞舟渡江回家和亲人团聚的愿望。其实，在字里行间也寓着王安石重返政治舞台、推行新政的强烈欲望。

听闻王安石复相，在密州任太守的苏轼赋《花影》，表达心中复杂的情绪：

重重叠叠上瑶台，几度呼童扫不开。

刚被太阳收拾去，却教明月送将来。

回到京城，王安石写成《三经义》，加封为尚书左仆射兼门下侍郎，吕惠卿外调知陈州。但王安石复相后却得不到更多支持，加上变法派内部分歧严重，新法很难继续推行下去。

熙宁九年（1076年），王安石多次托病请求离职。同年，长子王雱病故，王安石极度悲痛。十月，王安石辞去宰相之职，外调镇南军节度使、同平章事、判江宁府。次年（1077年），改任集禧观使，封舒国公。宋神宗元丰二年（1079年），王安石再次被任命为左仆射、观文殿大学士，改封荆国公。从此隐居江宁，新法法令亦陆续被废止。元丰八年（1085年），宋神宗去世。宋哲宗即位初，太皇太后高氏垂帘听政，起用司马光为宰相，新法几乎全被废掉，史称"元祐更化"。

元祐元年（1086年），王安石郁然病逝于钟山，享年66岁，获赠太傅，葬于江宁半山园。宋哲宗绍圣元年（1094年），宋哲宗亲政，支持新政的章惇执政，王安石得以配享神宗庙庭，谥号"文"。

王安石和苏轼历来不投机。王安石重经学，是实用主义者；苏轼重策论，是理想主义者。当初苏轼中制科试后，王安石曾对吕公著、韩维说："如果我是考官，就不取他。"

王安石曾在熙宁二年（1069年）写诗评《商鞅》：

自古驱民在信诚，一言为重百金轻。

今人未可非商鞅，商鞅能令政必行。

而苏轼却持相反态度，他反对一切用刑赏货利的权术来治理百姓。在熙宁变法的过程中，苏轼一开始就持反对态度。苏轼曾多次进言、上书反对王安石的新政，最终以苏轼的自请外放了结。比如在熙宁二年（1069 年）时，王安石要求改革取士方法，"专以经义、论、策试进士"。而苏轼却在皇帝召见时直陈："陛下……求治太急，听言太广，进人太锐。"引起王安石的不满。

熙宁三年（1070 年），苏轼担任廷试的编排官时，又因叶祖洽的考试名次与王安石发生冲突。在皇帝面前，王安石直接评价苏轼："轼才亦高，但所学不正，又以不得逞之故，其言遂跌荡至此。"并多次请求罢黜苏轼。

王安石在得意时曾打压过苏轼，但并非为一己私念，全是为了变法，他必须扫清变法路上的一切障碍。但当"乌台诗案"发生时，王安石的兄弟王安国（1028—1076 年，与王安礼、王雱并称为"临川三王"）多次在神宗面前美言苏轼，已经辞官的王安石还挺身而出上书皇帝，营救政敌苏轼，直言"安有圣世而杀才士乎"。因王安石、章惇等人出手相救，苏轼才得以从轻处罚，谪居黄州。

王安石有诏赐的一座府邸，在金陵白下门外七里，距钟山宝公塔亦七里，故名"半山"。此时王安石已重疾缠身，闲赋在金陵七八年了。当年的现实政治，曾使王、苏二人隔阂甚深，误会重重。但至罢政闲居以后，苏轼已在黄州，王安石对这位后辈的才气、学问和品格，却又欣赏起来。凡遇有从黄州来的人，他必定要问："子瞻近日有何妙语？"有一次，有人告诉他说："子瞻宿于临皋亭，夜半醉梦而起，作《胜相院经藏记》一篇，得千余字，一气呵成，现有抄本在船上。"王安石即请人取来细读。其时，月出东南，林影在地，这花甲老人，便站在屋廊檐下，就着薄暮微光，展卷细读，喜见眉宇，老人读毕，慨然言道："子瞻，人中龙也。不过这篇文章中，却有一字未稳。文中'日胜日贫'那一句，不如说'如人善博，日胜日负'。"这话后来传到苏轼耳中，他也禁不住抚掌大笑，认为荆公确是知音。

元丰七年（1084 年），经历了诸多磨难的苏轼从黄州去汝州就职的路上过金陵，怀着复杂的心情拜访王安石。此时的王安石已到了风烛残年，赋闲在家。"荆公野服乘驴"早早在江边"谒于舟次"。"东坡不冠而迎"，对荆公一揖，道："轼今日敢以野服拜见大丞相。"欲行朝礼，王安石却朗声一笑："礼仪岂是为吾辈所设！"

此时的两人，一个是前途茫茫的流放官员，一个是赋闲在家、身心交瘁的前宰相，又都是文坛上首屈一指的文豪，不由诗酒唱和，相处甚欢。苏轼文集留有两信，表明他们之间曾有比较深入的交流："某游门下久矣，然未尝得如此行，朝夕闻所未闻，慰幸之极。已别经宿，怅仰不可言。"

当时赋闲金陵后的王安石曾写过一首诗表达闲适心情："北山输绿涨横陂，直堑回塘滟滟时。细数落花因坐久，缓寻芳草得归迟。"（《北山》）苏轼和韵之作更为出名，他借诗充分释放了与这位昔日政敌兼诗友彻底和解的诚意："骑驴渺渺入荒陂，想见先生未病时。劝我试求三亩宅，从公已觉十年迟。"（《次荆公韵四绝》）

苏轼在金陵停留数日，两人多次吟诗唱和。游蒋山（钟山）时，苏轼吟出"峰多巧障日，江远欲浮天"。王安石大为赞叹，当即和之，并说："老夫平生作诗，无此二句！"王安石甚至劝苏轼卜宅钟山，与之结邻而居。所以苏轼赠诗说"劝我试求三亩宅，从公已觉十年迟！"

闲聊时，苏轼拿出他在密州创作的《雪后书北台壁二首》，请王安石点评。

其一

黄昏犹作雨纤纤，夜静无风势转严。
但觉衾裯如泼水，不知庭院已堆盐。
五更晓色来书幌，半夜寒声落画檐。
试扫北台看马耳，未随埋没有双尖。

其二

城头初日始翻鸦，陌上晴泥已没车。
冻合玉楼寒起粟，光摇银海眩生花。
遗蝗入地应千尺，宿麦连云有几家。
老病自嗟诗力退，空吟冰柱忆刘叉。

王安石赞不绝口，并对里面的两句"冻合玉楼寒起粟，光摇银海眩生花"尤其赞赏："这两句诗里的用典非常精妙！"当时，侍奉一旁的王安石女婿蔡卞（蔡京胞弟）大感不解，说"将雪中楼台比作玉楼，将漫天大雪比作银海，哪有典故？"王安石笑着解释："在道教里，玉楼为双肩，银海为双眼。这两句诗的意思是：天气寒冷，冻得人耸起双肩，直打寒战；漫天大雪，看得人目不暇接，眼花缭乱。"苏轼顿觉遇上知音，诗写出已数十年，一直未有人看出此典，王安石是第一人啊！

苏轼在金陵盘桓逾月，方起身上路。送走苏轼后，王安石对蔡卞说："不知更几百年，方有如此人物。"

度尽劫波，恩怨尽泯，两位巨人的胸怀有如光风霁月。

惠州

宋神宗元丰八年（1085年），哲宗即位，神宗母亲高氏垂帘听政，废除新法。苏轼奉调入京，同年十二月在为起居舍人，后又任中书舍人、翰林学士，掌内制。

宋哲宗元祐六年（1086年），司马光当政，反对变法的旧臣相继被召还朝，但这是一支除反对变法外政治主张并不一致的队伍。内部纷争不断，此即"洛蜀朔三党之争"。"三党争斗"中，以"洛蜀"两党之争最为显著。而苏轼与理学家程颐的交恶起因是件小事。元祐元年（1086年），司马光去世。同时有庆礼，事毕众官欲往吊。白事和红事相交，惟恭惟敬、迂执琐屑的程颐认为不可，曰："子于是日哭则不歌。"围绕"敬与不敬"的问题，古板守旧、泥古拘方的程颐遭苏轼当众戏谑。苏轼一句"此乃枉死市叔孙通所制礼也"令程颐面目难堪、无地自容。此事件是程颐奇耻大辱。以程颐为首的洛党对苏轼恨之入骨，必拔除之而后快。"洛蜀党争"于是开始。

元祐四年至绍圣元年（1089—1094 年）间，苏轼历任杭州等多地知州。其间于元祐七年（1093 年）九月被召回京，任端明殿学士、翰林侍读学士、礼部尚书。因不断受到御史的弹劾，他又要求外任，元祐八年（1085 年）六月任定州（今河北省定州市）知州。当年九月，高太皇太后去世，哲宗重又起用新党人士，苏轼与旧党诸人再度被新党严酷打压。

绍圣元年（1094 年）十月，新党东山再起，章惇等人对"元祐党人"疯狂报复迫害，苏轼首当其冲。苏轼在被贬途中，被五改谪命，一直被贬到惠州。

章惇，苏轼曾经的亲密友人，如今，在政治狂潮中与之反目成仇。御史赵挺之、来之邵等人弹劾苏轼所作之诰词"谤讪先帝"。苏轼因此在定州任上落职贬知英州（今广东省英德市）。赴英州途中，章惇等人不断在哲宗面前攻击苏轼罪大恶极，贬谪英州不足以惩罚，欲将其置于死地。哲宗于是又两次对苏轼加重处分，把他贬为宁远军节度副使，惠州安置不得签署公事。自被贬惠州，苏轼开始进入他政治生涯的风烛残年。

绍圣元年（1094 年）十月二日，苏轼到达惠州。苏轼贬惠州，是"乌台诗案"之后他遭到的第二次大风浪。过去十年里，苏轼自登州（今山东省蓬莱市）被召回，八个月内擢升三次，官至翰林学士知制诰，离宰相仅一步之遥。这是苏轼一生仕途的最高峰。自那以后情势急转直下，苏轼开始一再被贬谪，渐行渐远，再也没能回到他期待为之倾尽心血的朝廷。

在古代，岭南广东是比较落后的，人们称之为蛮瘴之地，加上气候炎热，疾病较多，人们又称之为瘴疠之地。所以，历代的封建统治者都是把不同政见的"罪大恶极"者贬谪到岭南。而从定州到惠州，有 4000 余里。当时没有汽车，没有轮船，最先进的交通工具就是马车和帆船了。而这时，苏轼已 59 岁了，加上身体又不好，患有严重的痔疾。所以，在这种情况下，只能对家人做了重新安排：令苏迫一家及苏过的妻儿去宜兴，和大儿子苏迈住在一起；自己则与少子苏过、侍妾朝云并两老婢，主仆五人奔赴贬所。

值得安慰的是，苏轼此次南迁，沿途多遇故旧，并得到他们的帮助。尤其是在扬州，以龙图阁知润州事的张耒，怕苏轼在路上遇到不测，特地挑选了两名士兵随他南行，沿途照顾他，一直护送到惠州。

苏轼对此次贬谪是不服的。但当他翻越大庾岭即将踏入广东时，心绪突然高涨，竟然写诗表白自己："一念失垢污，身心洞清静。浩然天地间，唯我独也正。今日岭上行，身世永相忘。仙人拊我顶，结发受长生。"（《过大庾岭》）

十月二日，苏轼一家乘船来到了惠州。虽然已进入初冬，但岭南依然阳光明媚，气候宜人。苏轼走出船舱，发现码头上挤满了人，原来当地的百姓听说名满天下的大诗人苏轼来了，争着来一睹他的风采。看到大家热切的目光，听到断断续续的问好声，苏轼颇为感动，一首《十月二日初到惠州》脱口而出：

仿佛曾游岂梦中，欣然鸡犬识新丰。

吏民惊怪坐何事，父老相携迎此翁。

苏武岂知还漠北，管宁自欲老辽东。

岭南万户皆春色，会有幽人客寓公。

惠州太守詹范久闻苏轼大名，他非常佩服苏轼的才华和人格。苏轼到来后，他马上把他们安排到合江楼居住。合江楼修建在江边的一个小山岗上，滔滔的江水从楼下流过，景色雄壮优美。苏轼赞叹不已，马上写了一首《寓居合江楼》：

海山葱昽气佳哉，二江合处朱楼开。

蓬莱方丈应不远，肯为苏子浮江来。

江风初凉睡正美，楼上啼鸦呼我起。

我今身世两相违，西流白日东流水。

楼中老人日清新，天上岂有痴仙人。

三山咫尺不归去，一杯付与罗浮春。

合江楼是官邸，像苏轼这样的"囚徒"能住入，太守已经相当能担待了。但好景不长，苏轼在合江楼才住了 16 天，在十月十八日就不得不搬到归善县（今广东省惠州市惠阳区）郊外的荒野，四周是密密麻麻的桄榔林的僧舍——嘉祐寺。

苏轼贬寓惠州之后，章惇恨不得把他置于死地。他除了派出心腹了解苏轼在惠州的情况之外，还想尽一切办法，借助外部力量想把苏轼治死。机会终于来了。章惇了解到，苏轼有一个表兄程正辅，因苏轼的姐姐嫁给程正辅后不久，便不明不白死了，故苏家认为程家把他们的女儿虐待死了。这样，两家成仇，苏洵还作文痛骂程家。到绍圣元年时，已达 42 年之久。于是，章惇在苏轼贬谪到惠州的第二年，便委派程正辅为广南东路提刑，提点冤狱，示意他找苏轼的过失，然后整治他。

程之才，字正辅，是苏轼母亲程成国的侄子，也是苏轼舅舅程睿的第七子。第二子之元，字德孺；第六子之邵，字懿叔；第七子之才，字正辅。程氏在四川眉山算是名门望族，而程氏兄弟也有一官半职。从血缘关系来说，苏轼与程正辅是亲上加亲，程正辅既是苏轼的表兄，又是姐夫。但从社会关系来说，自从他的姐姐死后，已有 42 年的怨隙，已成为仇人了。章惇派程正辅来惠州，其险恶用心是明摆着的。所以，当苏轼得知程正辅将巡按惠州时，心情非常矛盾，每天都在盘算着如何对付程正辅的问题。

不日，广南东路提刑程正辅到惠州了，住进了合江楼。第二天，想不到程正辅就坐船到嘉祐寺去看望苏轼。程正辅一上岸，苏轼便迎了上来，邀请他到寺里面去坐。程正辅边走边看，发现僧舍非常破败。这里到处是桄榔林，蚊虫很多。加上这里又远离闹市，故不论是白天还是黑夜，行人都非常稀少。饮了一会儿茶，叙了一些旧事之后，程正辅便告别离去。

苏轼当时的处境，程正辅见了，心里也很难过。作为朝廷重臣、当代大文豪，落到这个田地，已是够可怜的了。程正辅并未如章惇所愿，加害于苏轼，反而嘱咐太守詹范关照苏轼。

林语堂在《苏东坡传》里说："到了惠州，苏轼最大的发现，是此地无酒类的官方专卖，每家各有佳酿。"东坡不擅饮，但到此也开始酿酒，并写下酒赋《浊醪有妙理赋》（副题"神圣功用无捷于酒"）。

苏轼也自己酿酒，酿过橘子酒、松酒、桂酒、蜜酒，并自己发明了真一酒，巨细靡遗地把真一酒的做法写在给朋友的信里面。

酒的历史应该有数千年，商代便有"酒池肉林"之说。《汉书》记载，时人"能饮酒一石"，可推测，汉代酒的酒精度应该在 6 度左右。宋朝人喝酒以"升"计算，这时酒的度数约 18 度。从唐代开始，四川出现了烧酒。李肇的《国史补》中"酒则有剑南之烧春"；晚唐雍陶诗云："自到成都烧酒热，不思身更入长安。"白居易在诗《荔枝楼对酒》有云："荔枝新熟鸡冠色，烧酒初开琥珀香。"不过古时交通不便、信息不畅，中国普遍酿出的还是醪糟类的低度酒或黄酒，俗称浊酒，因此《水浒传》说武松能饮十八碗。不过李时珍可能不知晓四川的烧酒，他在《本草纲目》中记述："烧酒非古法也，自元时始创。其法用浓酒和糟入甑，蒸令汽上，用器承取滴露，凡酸坏之酒，皆可蒸烧。近时惟以糯米或黍或秫或大麦蒸熟，和曲酿瓮中十日，以甑蒸好，其清如水，味极浓烈，盖酒露也。"经过这么一蒸馏，酒精度直线上升，前期出来的酒可达 80 多度（称酒头）。掐头去尾，取中间部分，传统方法蒸馏出来的酒大都在 60 度左右。真正的好酒，是传统工艺、纯粮酿制的，也就是经过粮食蒸煮、糊化、摊晾、加曲、入窖发酵、出窖蒸酒才辛苦得来的。苏轼最多时一天能饮 5 升浊酒。

第二年初夏，惠州荔枝丹，恰逢朝云生日，苏轼以荔枝为其庆生。兴致所至，提笔写下《惠州一绝食荔枝》：

罗浮山下四时春，卢橘杨梅次第新。

日啖荔枝三百颗，不辞长作岭南人。

苏轼在惠州，也有一段伤心事，就是他的爱妾王朝云。朝云是浙江钱塘（今浙江省杭州市）人，字子霞，为人聪敏，有见地，是苏轼在杭州做官时的歌姬，并不识字，后已粗通文墨，学书，"粗有楷法"。朝云虽是歌姬，然而绝非玩物，她是苏轼真正的知音。一日，苏轼在朝中与司马光争执，回到家问几个侍妾丫头，他腹中有什么？一人答"文章"，一人答"学识"，而朝云独说："大学士腹中净是不合时宜。"苏轼笑曰："知我者朝云也。"苏轼被贬时，姬妾相继离去，只有她随苏轼 23 年，至死不渝。

朝云是江南人，雪肌花肠，耐不住岭南的酷热，一到惠州便染上了瘟疫，终日与药为伍，久病不治，次年便去世了。苏轼有《朝云诗》："经卷药炉新活计，舞衫歌扇旧因缘。"据墓志铭记载，朝云合眼前，握着苏轼的手，念着《金刚经》上的偈语："一切有为法，如梦幻泡影，如露亦如电，应作如是观。"她死后，苏轼与楼霞寺僧葬她于寺旁的松林间。传说朝云死后，苏轼每晚仍梦见朝云回家给他的幼子哺乳，她每次回家，下衣总是湿漉漉的，问她何故，朝云说要涉水过湖所致。苏轼梦醒后，于是在平湖与丰湖之间构筑起一道新堤，让朝云晚上不用涉水回家，这成了惠州苏堤的来历。

朝云死后，苏轼将她葬于孤山栖禅寺的松林中。苏轼的朋友，也是寺中的僧人，在墓前盖六如亭。苏轼曾手书楹联："不合时宜，唯有朝云能识我；独弹古调，每逢暮雨倍思卿。"

古时候的官员习惯了纳妾，家中也要豢养歌姬。在他们失意的时候，一般都会遣散女子，一是为了节省自身的开销，二也是为了让她们去寻找更好的出路。苏轼此番来惠州之前，也是遣散了所有姬妾，唯有王朝云义无反顾地跟随苏轼。王朝云的去世对苏轼的打击实在是太大了，此前苏轼的两任妻子也早已去世，苏轼自己内心的孤独和悲苦可想而知。王朝云一共陪伴苏轼23年，苏轼为她创作了许多文学作品，认为她是自己不合时宜的一辈子里最好的知己。但是就在苏轼年近花甲的时候，人生中最好的一个知己也去世了。

后来，他听说朝廷对元祐党人永不复用，"已绝北归之望"，索性断了北归的想望。遂倾其所有，"买田筑室，作惠州人矣"。他在白鹤峰下买了几亩地，栽种果木，凿井取水，新建了一座住宅，名为白鹤新居。白鹤新居西可远眺惠州西湖，东可遥见黄墙青瓦的寺院僧楼。"且朝丁丁，谁款我庐。子孙远至，笑语纷如。"让他的儿子苏迈带着子孙们到惠州来居住，以便实现"长作岭南人"的愿望。

乔迁之喜，加上与子孙团聚的天伦之乐，让春天里的苏轼喜不自胜。他为此写了一首题为《纵笔》的七言绝句：

白头萧散满霜风，小阁藤床寄病容。

报道先生春睡美，道人轻打五更钟。

儋州

《纵笔》辗转传到京城，宰相章惇笑道："苏子瞻尚尔快活耶？"于是朝廷下诏将苏轼再贬琼州别驾（知州的佐官），昌化军（今海南省儋州市中和镇）安置。章惇和苏轼曾是好友。据史料记载，章惇为人豪爽，但心胸狭窄。因苏辙弹劾过他，便怀恨在心，记恨苏轼。

宋哲宗绍圣四年（1097年）六月，苏轼被宰相章惇贬到儋州。章惇选择儋州这个地方，是因为苏轼字子瞻，而瞻与儋形似。而苏辙被贬谪到雷州，是因为苏辙字子由，由与雷，下面都有田字。如此荒诞的理由，后世之人没有不为之愤懑的。

儋州古称儋耳。在北宋时期，是极为荒蛮凶险之地，古称"南荒""非人所居"。62岁的苏轼意识到这可能是一场生离死别，于是把身后之事，向长子苏迈做了托付，只带着小儿子苏过一人，前往儋州。走到梧州的时候，苏轼突然得知弟弟苏辙被贬雷州，而且也在报到的路上，尚未走出藤州（今广西壮族自治区藤县），距离百里左右。

苏轼决定加快脚步，一路疾行，追赶苏辙。兄弟二人在万里之外的异乡能够相聚，可谓悲喜交加。兄弟俩相伴而行，一走就是数日。有一天他们来到藤州的一家小酒店歇息，店里只有做工粗劣的汤饼，也就是热汤面片。养尊处优惯了的苏辙，看着脏兮兮的碗筷和"粗恶不可食"的汤面，便放下筷子唉声叹气。而苏轼却毫不在意，风卷残云，片刻吃个精光。还跟苏辙调侃说："你不想仔细品尝这美味吗？"身陷绝境，却能坦然面对，谈笑自如，苏轼这种乐观旷达、处变不惊的心态和境界，也难怪千百年来，让人深为叹服。

苏轼在雷州和弟弟相聚了四天，又忍痛而别，挥泪南下。临别少不了叮嘱苏辙要放宽心态，保重身体。"萧然两别驾，各携一稚子。"纵使千百年后的今日，想象一下他们两人生离死别，各奔苦难前程的凄然情景，依然如在眼前，令人痛心。

孤帆一片，载着苏轼父子，驶向茫茫无际的大海。苏轼却在诗中这样表达自己对命运的理解："莫嫌琼雷隔云海，圣恩尚许遥相望。"

初到海南，苏轼借宿寺庙，遇恶僧图财害命，获住持救援。儋州也是苏轼仕宦途中的最后一站。在当时，整个海南都是蛮荒烟瘴之地，条件非常艰苦，比黄州还要惨很多。但是对于苏轼来说，他最喜欢的就是儋州，并称儋州是自己的第二故乡。

风烛残年，万里投荒，苏轼是有一定心理准备的。他觉得这一去是再也无法踏上归途了。在赴海南途中，他给弟弟苏辙寄了一首诗，其中有这样两句："他年谁作舆地志，海南万里真吾乡。"可见苏轼已将海南当成了自己人生的终点、最后的归宿。他在给朋友的信中也说："今到海南，首当作棺，次当作墓。乃留手疏与诸子，死则葬海外。"

当时，朝廷对贬谪后的苏轼还有如下三条禁令：一不得食官粮，二不得住官舍，三不得签书公事。昌化军（儋州）的军使张中，对苏轼很是照顾，把他奉为上宾，盛情款待。可惜好景不长。这样的日子大约持续半年多，苏轼的政敌湖南提举董必察访广西，听说这个情况以后，派人来到儋州，将苏轼父子逐出官舍，后来又罢了张中的官。

自己的好日子结束了不说，还连累好人丢了官，苏轼一时十分沮丧。据说好友佛印一度要来海南看他，他写信回绝，称自己过着"食无肉、病无药、居无室、出无友、冬无炭、夏无寒泉"的生活。不得已之下，他只好用手里仅存的一点点积蓄，在城南面的桄榔林下，买了一块薄地，并在当地百姓的帮助下建了几间茅屋，起名"桄榔庵"。

儋州土著居民，不耕种土地，而以卖香为生。这里的农业还处于刀耕火种的水平，荒地极多，收获甚少。遇到疾病不请医生而相信巫师。人们思想封闭，文化落后，疾病流行。而且祖祖辈辈都直接饮用沟塘里的积水。苏轼克服了起初语言不通的困难，极力劝说当地黎族百姓，以农业为生存的根本，指导大家耕作的方法，并写了《和陶劝农六首》，真诚地告诉大家："听我苦言，其福永久。"他耐心地教化大家讲究卫生，指导当地人勘察水脉，掘土打井，人称"东坡井"。从此人们不再饮用沟渠浊水。

尤其值得称道的是，在海南三年，苏轼共创作诗歌 170 余首，写各类文章 160 余篇，同时续写完成了从黄州开始动笔的《易传》《书传》《论语说》三部经学著作。他的物质需求是那么容易满足，生活是那么自得其乐。寒冷潮湿的冬日，屋里升起炉火，他便感觉"先生默坐春风里"。正午的阳光透过轩窗，让人昏昏欲睡，正是"欲觉犹闻醉鼾声"。这是何等的怡然自得啊！"莫作天涯万里意，溪边自有舞雩风"，如此超然洒脱的诗句，给人的感觉，好像是现代人的一次意兴盎然的免费旅游，根本看不出一个被贬谪者的愁闷心情。

宋哲宗元符三年（1100 年）6 月 20 日，65 岁被贬在海南儋州的苏轼在儋州生活了三年零九天之后，遇朝廷大赦，北返中原。

真的要走了，此时苏轼的心情却异常复杂。既有将与子孙团聚的喜悦，又有对儋州父老的不舍。他在诗中表达了自己的深情：

我本海南民，寄生西蜀州。

忽然跨海去，譬如事远游。

平生生死梦，三者无劣优。

知君不再见，欲去且少留。

（《别海南黎民表》）

苏轼以诗明志，把海南当作故乡，而把出生之地蜀州看成寄生之地。开办学堂，给学生讲课，他被视为儋州文化的开拓者。人们常说随遇而安，但极少人能够做到，苏轼却真正达到了这种境界。一天，苏轼闲来无事，在家中自斟自饮，随后写下一首四句短诗。

寂寂东坡一病翁，白须萧散满霜风。

小儿误喜朱颜在，一笑那知是酒红。

（《纵笔三首·其一》）

"寂寂"并非内心的孤独，而是亲朋好友都不在身边，唯有小儿子苏过一人陪伴。"病翁"说明苏轼年纪大了，经常生病，白白的胡须和头发像是吹不散的风霜。儿子苏过从外面回来，看到苏轼精神饱满，脸色比以前红润些许，以为父亲大病痊愈，心里顿时乐开了花。苏轼哈哈大笑，然后对儿子说："我今天心情挺好，刚才喝了几杯酒，所以脸色看起来红润。"这首诗记录了苏轼在儋州的状态，年迈且体衰，但他依旧很乐观，彰显了苏轼的幽默与豁达。

其一
倦客愁闻归路遥，眼明飞阁俯长桥。
贪看白鹭横秋浦，不觉青林没晚潮。

其二
余生欲老海南村，帝遣巫阳招我魂。
杳杳天低鹘没处，青山一发是中原。

这是苏轼在海南最后的作品，题目是《澄迈驿通潮阁二首》。

黄庭坚（1045—1105 年）

在苏轼已经开始读书写字的时候，另外一位诗人、书法家在洪州分宁（今江西省九江市修水县）出生了，他就是黄庭坚。

黄庭坚，字鲁直，号山谷道人、涪翁等，苏门四学士之一。黄庭坚在诗、词、散文、书、画等方面均取得很高成就。黄庭坚与张耒、晁补之、秦观都游学于苏轼门下，合称为"苏门四学士"。黄庭坚的诗被苏轼称为"山谷体"；黄庭坚的书法独树一帜，自成一家，他和北宋书法家苏轼、米芾和蔡襄齐名，世称"宋四家"；在文学界，黄庭坚生前与苏轼齐名，时称"苏黄"。

"苏门四学士"这一称号只是表明这四位作家得到过苏轼的垂青和指导，受过他的文学影响，而并不意味着他们或他们与苏轼可以统称为一个文学流派。实际上四学士造诣各异，受苏轼影响的程度有差别，文学风格也大不相同。

宋英宗治平四年（1067 年），黄庭坚进士及第，历任叶县县尉、北京国子监教授、泰和县知县、德平镇监、秘书省校书郎、《神宗实录》编修官、集贤校理、国史局编修官、起居舍人、宣州知州、鄂州知州、涪州别驾、宣议郎监鄂州、奉议郎兼宁国军判官、朝奉郎兼舒州知州、吏部员外郎、太平州知州等职。1105 年，黄庭坚病逝于宜州（今广西壮族自治区河池市宜州区）南楼，享年 61 岁。1109 年，宋高宗追赠黄庭坚为"龙图阁大学士"。1275 年，宋恭宗追赠黄庭坚谥号"文节"。黄庭坚一生为官清正，治学严谨，以文坛宗师、孝廉楷模垂范千古。

作为少年天才，宋仁宗皇祐三年（1051 年），黄庭坚 7 岁时，作《牧童诗》：
骑牛远远过前村，短笛横吹隔陇闻。
长安多少名利客，机关用尽不如君。

8 岁时，作《送人赴举》：

青衫乌帽芦花鞭，送君归去明主前。

若问旧时黄庭坚，谪在人间今八年。

1072—1079年，黄庭坚在大名府掌管"国子监"教育。黄庭坚在熙宁初参加四京学官的考试，由于应试的文章最优秀，担任了国子监教授。留守文彦博认为他有才能，留他继续任教。8年的学官生涯，黄庭坚勤耕文坛，潜心专研。苏轼有一次看到他的诗文，以为他的诗文超凡绝尘，卓然独立于千万诗文之中，世上已好久没有这样的佳作。由此，他的名声开始震动四方。

宋神宗元丰元年（1078年），34岁的黄庭坚写了两首古风投寄给苏轼，以表仰慕之意。苏轼随即复书和诗，对黄庭坚极表推奖。从那时开始，苏、黄之间有了唱和活动。他们的唱和注重在押险韵等方面争奇斗巧。

宋神宗元丰二年（1079年），苏轼因"乌台诗案"下狱。被用来攻击苏轼的诗文里，便有苏轼与黄庭坚的唱和之作。当时情况尚未明朗，挺苏的有，倒苏的也不少。官微言轻的黄庭坚还未曾与苏轼见过面，完全可以撇清关系。面对审问，黄庭坚却对苏轼赞赏有加。最后审判结果是，对黄庭坚罚铜二十斤。

宋哲宗元祐元年（1086年）春，苏轼和黄庭坚这对相知相慕、心神两契的诗星挚友，终于盼到了展晤之期。黄庭坚和苏轼在京师首次见面，苏黄步入了终生最为快意的一段翰墨友谊时光。苏黄在京供职相处三年有余，政暇雅集，讲道论艺，酬唱赠答，切磋诗文，鉴书赏画，大畅平生师友之情。据今传苏、黄诗注不完全统计，其间唱和几达百篇之多，几乎全是围绕友谊和林泉志趣。但黄庭坚依然保持对苏轼最初的仰慕之情，坚持以弟子之礼相待。在苏轼被贬期间乃至逝世后，始终保持不离不弃，保持弟子礼仪。演绎了千古师生情谊，苏黄情义，万代流芳。

哲宗即位后，在司马光的推荐下，黄庭坚校定《资治通鉴》。不久，被诏任《神宗实录》检讨官。

章惇、蔡卞与其党羽认为《神宗实录》多诬陷不实之词，使前修史官都分别居于京城附近各处以备盘问，摘录了千余条内容宣示他们，说这些没有验证。不久，经院受考察审阅，却都有事实根据，所剩下的只有32件事。黄庭坚在《神宗实录》中写有"用铁龙爪治河，有同儿戏"的话，于是首先盘问他。黄庭坚回答道："庭坚当时在北都做官，曾亲眼看到这件事，当时的确如同儿戏。"凡是有所查问，他都照实回答，毫无顾忌，听到的人都称赞他胆气豪壮。

宋哲宗绍圣元年（1094年），黄庭坚出任宣州知州，后改知鄂州。七月初，与苏轼相遇于彭蠡湖（鄱阳湖），洒泪作别，竟成永诀。

宋哲宗绍圣二年至元符三年（1095—1100年），黄庭坚被贬为涪州别驾、安置黔州（今重庆市彭水县），始用涪翁之名。1097年，他前往涪州（今重庆市涪陵区）多次拜访被贬到涪州的程颐，在涪州北岩和程颐探讨学问，并为其讲学堂题名"钩深堂"。不过贬谪黄庭坚的人还认为他去的涪州是个好地方，于是将黄庭坚移至戎州（今四川省宜宾市）安置。黄庭坚从 1098 年春至 1100 年夏均在宜宾，毫不以贬谪为意。在戎州期间，黄庭坚收集杜甫在巴蜀创作的诗文，把所收集的 300 余首诗全部书写成文。宜宾位于岷江与金沙江交汇处，岷江平静流淌，而金沙江则澎湃奔腾，汇合后称为长江，自古就是战略要地。诸葛亮南征孟获时，曾在这里点将。黄庭坚想起，当年苏轼回乡葬母守制后，于宋仁宗嘉祐四年（1059 年）十月三苏父子经岷江回京，经过戎州，曾写下《戎州》一五言诗：

乱山围古郡，市易带群蛮。

庾岭春耕少，孤城夜漏闲。

往时边有警，征马去无还。

自顷方从化，年来亦款关。

颇能贪汉布，但未脱金钚。

何足争强弱，吾民尽玉颜。

苏辙也同以五言《戎州》相和：

江水通三峡，州城控百蛮。

沙昏行旅倦，边静禁军闲。

汉虏更成市，罗纨靳不还。

投毡捡精密，换马瘦孱颜。

兀兀头垂髻，团团耳带环。

夷声不可会，争利苦间关。

黄庭坚盼苏轼再次从家乡眉山顺岷江而下来戎州，特在江畔筑楼，手书"思坡"。此楼即"思坡楼"（已毁），此地即为今四川省宜宾市思坡镇。但黄庭坚苦等三年，也未等到身在儋州的苏轼。至今宜宾仍有一处景点，叫"会诗沟"，托称苏黄会诗处，那是宜宾人民的美好愿望。同时，宜宾人民十分缅怀黄庭坚，在岷江北岸思坡乡下游凿山岩筑流杯池，书"曲水流觞"，并在不远处建"吊黄楼"以纪念。

宋徽宗崇宁二年（1103 年），黄庭坚又被贬宜州（今广西壮族自治区河池市宜州区），写下《虞美人·宜州见梅作》

苏轼回味自己的人生时曾说：黄州、惠州、儋州。那么黄庭坚的人生，或许可以用涪州、戎州、宜州来概括，但不管贬到哪里，黄庭坚都无所谓。他不是不在意名利的人，但离开了名利场，反而是一种适得其所。在与大自然零距离接触的亲切中，黄庭坚看到了儿时那种在牛背上吹笛的自在和欢快，管他在哪里做官呢？对于贬谪的无所谓，黄庭坚在他的词《念奴娇·断虹霁雨》中有清楚的描写：

八月十七日，同诸生步自永安（即白帝城）城楼，过张宽夫园待月。偶有名酒，因以金荷酌众客。客有孙彦立，善吹笛。援笔作乐府长短句，文不加点。

断虹霁雨，净秋空，山染修眉新绿。桂影扶疏，谁便道，今夕清辉不足。万里青天，姮娥何处，驾此一轮玉。寒光零乱，为谁偏照醽醁。

年少从我追游，晚凉幽径，绕张园森木。共倒金荷，家万里，欢得尊前相属。老子平生，江南江北，最爱临风笛。孙郎微笑，坐来声喷霜竹。

宜宾的曲水流觞（左）与吊黄楼（右）

宋徽宗崇宁四年（1105 年），黄庭坚被贬到永州，他未及听宣布命令就客死宜州贬所，终年 61 岁。

黄庭坚，一个北宋文坛、乐坛、书坛的巨子，他的人生虽然平淡而宁静，却在远离"机关算尽"的超脱中真正达到了超凡脱俗，他纯洁可爱，是一个真正淡泊名利、活得真切自然的人。

北归

宋哲宗元符三年（1100 年）正月，年仅 23 岁的哲宗赵煦驾崩。哲宗无子嗣，太后与大臣商议立其弟端王赵佶为帝。章惇极力反对，他以母以子贵为由，推荐哲宗同母弟简王。向太后立即反对，以自己无子，神宗诸子皆为自己儿子的理由来反驳。哲宗皇帝是庶出，不是向太后亲生，而是朱太妃所生，现在如果再立朱太妃所生的简王，那朱太妃就有两个儿子先后为帝。太后虽然是正宫，但是朱太妃的两个儿子都当皇帝了，那太后和朱太妃的关系就很微妙了。

于是章惇又提了一个人，他说："按照长幼之序，当立九子申王。"皇子前十位里就剩老九申王。但是申王有目疾，是个半盲人，连奏章都看不了，章惇一提议，不用太后反对，满朝文武就通不过。再往下数，就该十一子端王。太后提议端王，章惇情急之下，不顾君臣礼仪，脱口便是："端王轻佻，不可君天下！"并以宋神宗语驳斥反对派："先帝尝言：简王有福寿，且仁孝，当立。"其实，章惇的看法不能说是错的，不管出于什么目的，他敢于直言，也是需要勇气的。如果（历史中没有如果）没有选择端王，可能就没有靖康之败，北宋可能还会延续。

端王赵佶生于宋神宗元丰五年（1082 年）农历五月五日（公历 6 月 7 日，后因五月生人不祥改为农历十月十日），是宋神宗第十一子。自幼养尊处优，逐渐养成了轻佻浪荡的性格。据说在他降生之前，其父神宗曾到秘书省观看收藏的南唐后主李煜的画像，"见其人物俨雅，再三叹讶"，随后就生下了赵佶，"生时梦李主来谒，所以文采风流，过李主百倍"。这种"李煜托生"的传说固然不足为信，但在赵佶身上，的确有李煜的影子。赵佶自幼爱好笔墨、丹青、骑马、射箭、蹴鞠，对奇花异石、飞禽走兽有着浓厚的兴趣，尤其在书法绘画方面，更是表现出非凡的天赋。宋神宗元丰八年（1085 年），哲宗即位后，赵佶被封为遂宁郡王。宋哲宗绍圣三年（1096 年），赵佶以平江、镇江军节度使的身份被晋封为端王，开始出阁接受教育。

章惇的话立即在朝堂之上炸开了锅，枢密使曾布立即指责章惇，说他"所发议论，令人惊骇，不知居心何在"。太后当然更生气，最终在曾布、蔡卞、许将等宰执的支持下，立端王赵佶为帝，史称宋徽宗。

在这样的背景下，宋哲宗元符三年（1100 年）六月二十日，65 岁被贬在海南儋州的苏轼在儋州生活了三年零九天之后，被朝廷诏令，北返中原。

这里需要提一下苏轼曾经的好友章惇（1035—1106 年）。

宋仁宗景祐二年（1035 年），章惇出生于浦城（今福建省南平市浦城县）的官宦世家，比苏轼大两岁。父亲章俞官至银青光禄大夫。章惇小的时候，其族父章得象惊异于章惇的性情品格，认为章惇将来一定地位优越。

章惇性格豪爽、真率，相貌俊美，举止文雅洒脱，才智出众，学问广博精深，善于写文章，才识超人。年轻时，喜欢修养，服气辟谷，飘然有仙风道骨。宋仁宗嘉祐二年（1057 年），章惇进京，参加科举考试，进士及第，其族侄章衡考中状元，章惇耻于章衡之下，拒不受敕。可见，章惇是个很有主见，也很自负的人。宋仁宗嘉祐四年（1059 年），章惇再次参加科举考试，进士及第，名列第一甲第五名，开封府试第一名。

宋仁宗嘉祐二年（1057 年）的科举值得一说，这场科举的状元叫作章衡，榜眼为窦卞，探花为罗恺。但是这一年，苏轼、苏辙、张载、程颢、程颐、曾巩、曾布、吕惠卿、章惇、王韶全部上榜，这 10 个人都或深或远地对中华文明产生了难以估量的影响。这 10 个人的名字，有如雷贯耳的，如苏轼；也有让人完全感到陌生的，如吕惠卿。但说到对中国政治、历史的影响，吕惠卿却远远超过了苏轼。他们二人，命运纠缠难休。宋仁宗嘉祐二年（1057 年），他们成为同年，插花骑马游街赋诗共享琼花盛宴；10 年后，他们相互厮杀折磨，至死方休。

这 10 个人，有三人名列唐宋八大家，分别是苏轼、苏辙、曾巩。特别是苏轼，更是雄霸词坛榜首千年不易，堪称中华文化的巨擘人物。与他相比，曾巩的知名度就低了一些。程颢、程颐是兄弟俩，张载是他们的表叔，这三人都是最具代表性的儒学思想家，甚至可以被后世读书人尊为准圣贤的人物。从他们以后，儒学被画了一道深深的红线，走向了另外一个方向。张载，北宋思想家、教育家，号横渠先生。他最为大家所悉知的四句话为："为天地立心，为生民立命，为往圣继绝学，为万世开太平。"

吕惠卿、曾布、章惇，他们都曾是王安石熙宁变法时的得力干将。

章惇和苏轼曾是好友，早年章惇对苏轼极为推重。有一次，两人一起出游，走到一根独木桥前，桥下面是万丈深渊。章惇提议一起走过去，然后在壁上题字。苏轼感到恐惧，不敢过去。章惇笑着快步走过，在石壁上写下"苏轼、章惇来游"，然后从容走回来。苏轼说：老兄以后可以杀人。章惇问何出此言，苏轼笑说：你连自己的命都不顾，更何况是别人的。

章惇步入仕途后，因才华和见地被时任宰相的王安石和皇帝宋神宗看中，历任编修三司条例官、知制诰、三司使，官至参知政事，成了副宰相，积极参加"熙宁变法"，成了坚定的改革派。之后，因为家人在家乡横行霸道，章惇受牵连，一度被罢官。直到元丰五年（1082 年），才又被宋神宗召回，出任门下侍郎。

当时新党中的李定、王珪、舒亶等人，利用苏轼的诗句"根到九泉无曲处，世间惟有蛰龙知"，认为苏轼自比"蛰龙"，诬陷他有不臣之心。苏轼因此下狱，其间非常绝望，写下了"百年未满先偿债，十口无归更累人。是处青山可埋骨，他年夜雨独伤神"的悲愤诗句。就在苏轼性命攸关之时，新党阵营里的章惇站了出来，他在神宗面前与同僚据理力争，说诸葛亮号"卧龙"，但谁能说诸葛亮有不臣之心？以此力证苏轼的清白。退朝后，章惇当面痛斥宰相王珪：你是想让苏轼全家都被灭口吗？

苏轼九死一生被贬黄州，众人唯恐牵连，只有章惇还主动给他写信，苦口婆心劝他以后不要乱讲话。在当时的政治势力中，苏轼属于旧党，章惇则属于新党。苏、章的关系，后来随着政见的不同，慢慢变得疏远了。后新党失势，章惇被贬，苏轼却屡次上书言新党之错，虽然苏轼曾就此去信安慰章惇，但在爱憎分明的章惇眼中，或许从此与苏轼彻底决裂了。

绍圣元年（1094 年），亲政后的宋哲宗因为章惇是坚定的改革派，便启用其为宰相，重启改革。而章惇呢，因为自己曾经遭到反对派的排挤和打击，他上台后，便利用推行新法任免官员的机会，大肆对曾经反对过他的官员进行报复。他把已去世的宰相司马光的牌坊拆了，甚至动员皇帝对司马光开棺鞭尸。同时，因为苏轼以前反对过变法，章惇便毫不手软地将苏轼贬至惠州，后又将苏轼贬至海南。

不过，章惇对赵佶的认识却是很清醒的。宋徽宗对绘画的爱好十分真挚，他利用皇权推动绘画，使宋代的绘画艺术得到了空前发展；他还自创一种书法字体被后人称为"瘦金体"，他热爱画花鸟画自成"院体"，是古代少有的艺术型皇帝。但是宋徽宗即位之后重用的蔡京等打着"绍述新法"的旗号，无恶不作，政治形势一落千丈。宋徽宗过分追求奢侈生活，在南方采办"花石纲"，在汴京修建"艮岳"。他还尊信道教，大建宫观，自称"教主道君皇帝"，并经常请道士看相算卦。宋徽宗重和元年（1118 年），置道官二十六等、道职八等。宋徽宗宣和三年（1121 年），令三京置女道录、副道录各一员，始立道学制度。在宋徽宗集团的腐朽统治下，宋朝内部农民起义风起云涌，梁山起义和方腊起义先后爆发，北宋统治危机四伏。靖康元年（1126 年），金军兵临城下。受李纲（两宋之际抗金名臣，民族英雄）之言，宋徽宗让位给太子赵桓。靖康二年（1127年）三月，宋徽宗与钦宗被金人掳去，从此北宋亡。金天会十三年（1135年），宋徽宗死于五国城，时年54岁。南宋高宗绍兴十二年（1142年）三月，宋徽宗棺椁被迎回南宋，葬于绍兴永佑陵。

人世间的事，往往就是这样富于戏剧性。苏轼遇赦北归时，构陷他的宰相章惇因为反对徽宗即位，被贬谪岭南。章惇认定，苏轼此次回京，定会升任宰相。

有意思的是，章惇的儿子章援居然是苏轼的门生，当初章援正是因为得到苏轼的赏识而获得功名。苏轼此番受诏北返中原，即将获得重任。这个时候，章援欲去拜访老师苏轼。还没有见面的时候，章援很惶恐，不知道老师是否会念及与父亲的新仇旧恨，于是先写了一封信过去探一下口风，怕苏轼报复他的父亲，在信中请苏轼手下留情。

苏轼马上回信安慰他，说"……某与丞相定交四十余年，虽中间出处稍异，交情固无所增损也。闻其高年，寄迹海隅，此怀可知。但以往者，更说何益，惟论其未然者而已……备家常要用药百千去，自治之余，亦可以及邻里乡党"。（《与章致平》）章援见信后，深为苏轼的宽宏大度和古道热肠所感动。苏轼给章援的回信，被林语堂先生称为"伟大人道主义精神的文献"。

苏轼在《潮州韩文公庙碑》中说："浩然之气，不依形而立，不恃力而行，不待生而存，不随死而亡矣。故在天为星辰，在地为河狱，幽则为鬼神，而明则复为人。此理之常，无足怪者。"诗文使人灵透，信仰使人坚定。充塞天地的浩然之气，正是中华民族的内在精神。对于中华文化而言，对于海南儋州而言，苏轼的存在，是天理昭彰，是中华民族伟大精神的耀眼之光。

"九死南荒吾不恨，兹游奇绝冠平生。"苏轼的这两句诗气势雄健，展示了一个以圣贤为榜样的人，在颠沛流离之际，对仁慈恻隐、节义廉耻的持守。

在北归途中，苏轼得知弟子秦观已去世，不禁扼腕痛惜。

路过金山寺，当时金山寺的方丈藏有苏轼的一张画像，这张画像是十年前李公麟所作。苏轼伫立在画像前，心中是像万马奔腾，感慨万千，他已过花甲有几年了，从海南回来简直就是死里逃生，因为去海南前他已经做好了死在海南的准备，没想到还能活着回中原。于是他挥笔写下了他人生最后一首诗作《自题金山画像》：

心似已灰之木，身如不系之舟。

问汝平生功业，黄州惠州儋州。

辞世

苏轼于宋徽宗建中靖国元年（1101年）过大庾岭，经行南安，先后抵达虔州、金陵。

夏，在金陵，苏轼拜访了好友米芾。米芾，北宋书法家、画家，石痴。先后成就了一部《砚史》和言简意赅的"相石四法"，留下了"米颠拜石"的典故。南唐后主李煜藏砚甚多，其中"三十六峰砚"和"七十二峰砚"都曾被米芾收藏并研究过。米芾书画自成一家，枯木竹石、山水画独具风格特点。他在书法方面也颇有造诣，擅篆、隶、楷、行、草等书体，长于临摹古人书法，达到乱真程度。米芾所书《蜀素帖》，亦称《拟古诗帖》，是天下第八行书，被后人誉为"中华第一美帖"。

米芾初见苏轼，在宋神宗元丰五年（1082年），这一年苏轼45岁，米芾31岁。三月，米芾卸任长沙掾，经黄州回都城东京候补。当时，苏轼遭遇"乌台诗案"，贬谪为黄州团练副使，米芾专程前往拜访求教于东坡雪堂。苏轼作墨竹，从地一直起至顶，运思清拔。米芾问道："何不一节一节画呢？"东坡回答道："你什么时候看见竹是一节一节长出来的呢？"又作枯木、怪石，枝干虬屈无端，石皱硬。米芾有《题苏东坡木石图》诗："四十谁云是，三年不制衣。贫知世路险，老觉道心微。已是致身晚，何妨知我口。欣逢风雅伴，岁晏未言归。"米芾在《画史》里说："吾自湖南从事过黄州，初见公（苏轼）酒酣曰：'君贴此纸壁上。'观音纸也，即起作两竹枝、一枯树、一怪石见与。"一个朝廷高官被贬，很多人恨不能离得远远的，米芾却不势利，前往拜谒。两人推心置腹共同研讨书法，其后米芾听了苏轼的话，"始专学晋人，其书大进"。

后来苏轼出任杭州太守，途经扬州，又与米芾相见。米芾为人疏狂、不合流俗；苏轼性格豪爽、旷达大度。两人性格相异，却成忘年之交。且同是好茶之人，苏轼拿出"密云龙"（北宋贡茶）与米芾共饮。米芾则题写《满庭芳·咏茶》描述了当时的情景：

雅燕飞觞，清谈挥麈，使君高会群贤。

密云双凤，初破缕金团。

窗外炉烟自动，开瓶试、一品香泉。

轻涛起，香生玉乳，雪溅紫瓯圆。

娇鬟，宜美盼，双擎翠袖，稳步红莲。

座中客翻愁，酒醒歌阑。

点上纱笼画烛，花骢弄、月影当轩。

频相顾，余欢未尽，欲去且留连。

不言而喻，词中的"美盼""娇鬟"就是朝云，这一年她二十六七岁，正是女人一生中最为光艳动人的时刻。只见她在帘外燃起小炉，轻轻倒入专用的泉水，不一会儿，紫色的沙瓯里色如玉乳，轻涛微翻。朝云轻挽翠袖，"稳步红莲"，恭恭敬敬地将茶献到客人面前，素有"米癫"之称的米芾早已既醉又癫，愁妒齐翻。直到朝云歌声响起，他才再度清醒，止不住对她频频顾盼，心生艳羡，直到曲终人散。

此次饱经磨难的苏轼从岭外回归，来到南京，再次见到了米芾。此时苏轼65岁，米芾51岁。这次会面后不久，苏轼开始闹肚子。米芾多次前往白沙东园探视，并冒暑热送麦门冬饮子，但是并不见效。六月，在江苏仪征的东园，苏轼再见米芾，两人彻夜交谈，在一起待了十天时间，聊得十分痛快。

苏轼到了常州后就生病了。沿途一路跋涉回到中原地区，中间经过了很多气候地带，苏轼又是年过花甲，常年被贬在外，生活条件艰苦，加上江浙一带闷热潮湿，不知不觉当中，苏轼已经染病。于是苏轼上表请老。

苏轼有一位好友钱世雄。钱世雄跟他本来毫无瓜葛，苏轼给钱世雄的父亲写过墓志铭，而且钱世雄做了苏轼三个月的幕僚。虽然萍水相逢，但是苏轼后来被贬黄州之后，钱世雄就一直给他写信宽慰他，还给他寄一些药和生活必需品，在一定程度上给予了苏轼很大的帮助。而钱世雄却因和苏轼关系过密受牵连被罢了官，但他依然故我，所以苏轼在给他的信里边说他是"高义凛然"。

钱世雄给苏轼在常州租了一处房子，此时苏轼已经非常虚弱了，很难起床，钱世雄时常去看他。苏轼对钱世雄说："我从万里之外历尽险阻回到中原，没想到现在却要以后事相托，心情十分难受，心里边最放心不下的就是我到死可能都见不着我弟弟一面。本来想着兄弟两个到老了要住在一起的，但没想到现在这个愿望很可能要落空。"然后他就跟钱世雄说："我在海外，写得《易》《书》《论语注》三部书，这几本书很重要，现在我把它们托付给你。你现在不要给别人看，三十年后，会有知音。"

苏轼病情继续恶化，自知不起，叫来三个儿子，对他们说："吾生无恶，死必不坠（地狱）。"又说："至时，慎毋哭泣，让我坦然化去。"（隔着时空，与苏格拉底临命前所说"我要安静地离开，请忍耐、镇静"如出一辙），如庄子语"善吾生，所以善吾死也"。

一日昏睡醒来后，苏轼看到他原来在杭州的老朋友——径山寺住持维琳方丈，冒暑专门来探望。维琳对苏轼说偈语：

扁舟驾兰陵，目换旧风物。

君家有天人，雌雄维摩诘。

我口答文殊，千里来问疾。

若以偈相答，露柱皆笑出。

苏轼神志清明，口答一偈：

与君皆丙子，各已三万日。

一日一千偈，电往那能诘？

大患缘有身，无身则无疾。

平生笑罗什，神咒真浪出。

维琳不懂"神咒"的典故，苏轼索笔写道："昔鸠摩罗什病亟，出西域神咒，三番令弟子诵以免难，不及事而终。"（《东坡纪年录》）这是苏轼一生中的绝笔。

方丈贴近苏轼的耳朵说："端明勿忘西方。"苏轼缓缓答道："西方不是没有，但个里着力不得。"钱世雄赶紧贴耳说："至此更须着力。"苏轼答道："着力即差。"世雄又问："端明平生学佛，此日如何？"苏轼奄奄地说："此语也不受。"然后永久停止了呼吸。维琳方丈双手合十："阿弥陀佛！解脱之道在于自然，在于不知善而善。"

最后时刻，除了家人，身边陪伴他的只有两个朋友，一个是出家人维琳方丈，另一个就是因苏轼而被朝廷永不叙用的钱世雄。

七月二十八日（8月24日）苏轼在常州（今属江苏）逝世，留下遗嘱葬汝州郏［jiá］城县（今河南省郏县）钩台乡上瑞里。次年，其子苏过遵嘱将父亲灵柩运至郏城县安葬。

苏轼为什么要葬在郏县？一般落叶归根，死后归葬故里，但苏轼却选择离故乡眉山千里之外的河南郏县。苏轼的弟弟苏辙于宋哲宗绍圣元年（1094年）出知汝州，在此期间，苏轼由定州南迁英州，经过汝州，与弟苏辙相会。苏辙领着苏轼游览汝州名胜，郏县当时属于汝州，地处中岳嵩山之阳，自古就有龙凤宝地之美称，黄帝钩天台更是有名。兄弟二人登临钩天台，北望莲花山，见莲花山余脉下延，"状若列眉"，酷似家乡峨眉山，就议定以此作为归宿之地。宋徽宗政和二年（1112年），苏辙卒于颍昌，其子将他与苏轼葬于一处，称"二苏坟"。在二人去世之前，其父亲苏洵已归葬眉州眉山故里。到了元至正十年（1350年）冬，郏城县尹杨允又在这里修建了苏洵的衣冠冢，就此成就了"三苏坟"。

苏轼的仕途可用一句话总结：既不能容于新党（以王安石为代表），又不能见谅于旧党（以司马光为代表）。他的一生，风雨多，晴天少。22岁丧母，30岁丧妻，31岁丧父，42岁差点儿死去，45岁起不停被贬谪，49岁丧子，直到60岁还被贬，终于在65岁走到生命的尽头。

苏轼临去世的时候写给自己的小儿子《庐山烟雨》：

庐山烟雨浙江潮，未到千般恨不消。

到得还来别无事，庐山烟雨浙江潮。

庐山的烟雨和钱塘江的潮汐，都是值得去观看的美景，如果此生没有去看一看，一定是会遗憾终生的。可是等自己到了庐山山下和钱塘江畔，看到了烟雨蒙蒙、潮水涌动，也并没有什么太过特别的感悟，最后也就是那句庐山烟雨浙江潮了。这首诗的第一句和第四句是一样的，苏轼所用的是禅宗史书中的《五灯会元》中的禅语。当时杭州灵隐寺高僧普济编写了一本禅集，这位高僧把人生分为了三大境界：见山是山，见水是水；见山不是山，见水不是水；见山还是山，见水还是水。

身后

苏轼生命中，天赋一腔迈往之气，一副热烈心肠，再经后天儒家学者的严格训练，两者统合起来，成就为一个抱负非凡、才气纵横的知识分子。他那胸襟浩荡而正气凛然的人格，随时随地发出灼灼的光芒，照耀在人们的眼前。

作为儒家知识分子，苏轼具有强烈的正义感和是非心，不向任何权势低头，只对自己的思想见解负责。要说的话，就痛痛快快说出来；要哭要笑，就大声哭笑，从来不屑瞻顾，更不稍自掩饰锋芒。

苏轼一生与谤毁、诬陷和迫害相纠缠，在被侮辱与被压迫的苦难中，自寻种种纾解的方法，像搜寻治病的药方一样勤勉。庄子的齐物哲学给他的影响很大；佛学，特别是禅门的了悟，自喻为得常啖食的猪肉，对他也很受用；不论如何困苦，他都热爱生命，所以对于服丹求仙的玄说，也常寄以幻想；最后发现自己总是一个生于大地上的凡人，所以于歌咏爱情、友谊、佳肴、美酒，欣赏书画艺术之余，更以最大的热忱，尚友陶潜，要以回归自然做他最后的归宿。

政和改元，徽宗听道士言，认苏轼为本朝奎星，下诏追认苏轼为龙图阁待制，此时苏轼已辞世10年了。

但宋徽宗崇宁元年（1102年）九月，党祸在蔡京①手上发生了。朝廷诏籍元祐奸党98人，宰执以文彦博为首恶，待制以上官员以苏轼为首恶，苏辙名列宰臣之内，而苏门四学士黄、秦、张、晁都列名在"余官"条下。罚状谓之奸党，请皇帝御书，刻成石碑，树立在端礼门前。次年，又诏毁苏轼文集、传说、奏议、墨迹、书版、碑铭和崖志，同时并毁范祖禹的《唐鉴》，以及苏洵、苏辙、程颐、黄庭坚、秦观诸人的文集。

宋徽宗崇宁三年（1104年）六月，蔡京重籍奸党，将元符末年徽宗初政时期的臣僚和上书人加了进去，又将他所厌恶的及元祐大臣的子弟都一网打尽，所以人数增加到309人之多。宰执群中改以司马光为首恶，待制以上官中，首恶仍是苏轼。御书勒碑，置文德殿门东壁。蔡京又自写一份，诏颁天下州军令刻石置于监司长吏厅堂，俾众共见，说是"永为万世臣子之戒"。其间，发生了两个小人物的故事，足见历史人心。

第一个故事见于《宋史》：

蔡京撰写《奸党碑》，命令全国诸郡都刻到石碑上。这时长安有一个叫安民的石匠应该去刻这个石碑，但他推辞说："我虽然是一个愚人，不知道这个碑上的意思，但是像司马相公这样的人，天下海内都称赞他正直，今天让把他刻到石碑上说是奸佞之人，我不忍心动手去刻。"府衙里的官员知道了很愤怒，要治石匠安民的罪，安民哭泣着说："被驱使着刻石碑，我不敢推辞，但请求不要刻我的名字在石碑的最后，我怕得罪后人。"听闻的人无不感到惭愧。

无独有偶，第二个故事见于王明清的《挥尘三录》：

九江人李仲宁，善刻碑。朝廷下诏要将元祐党人姓名刻在石碑上示众，太守让李仲宁刻。李仲宁说："小人历来家贫，因为刻苏（轼）内瀚、黄（庭坚）太史

---

① 蔡京（1047—1126年），书法家，兴化军仙游县慈孝里赤岭（今福建省莆田市仙游县）人。先后四次任宰相，任期达17年，位极人臣，四落四起堪称古今第一人。北宋末，太学生陈东上书，称蔡京为"六贼之首"。宋钦宗即位后，蔡京被贬岭南，途中死于潭州（今湖南省长沙市）。其弟蔡卞（1048—1117年），为官廉洁，颇有政声。

286

的词瀚，才能温饱。但今日要将他们刻为奸人党，我下不了手。"太守赞叹道："贤哉！士大夫之所不及也。"

苏轼有四子：长子苏迈、次子苏迨、三子苏过、幼子苏遁（夭折），名字中都含"走"，似乎应验苏轼的一生，从四川眉山走出来，杭州、密州、徐州、湖州、黄州、惠州、儋州，一直在走。

长子苏迈，为原配王弗所生。7岁丧母，20岁父亲陷御史台狱，随往京师，奔走照顾。翌年，即侍父远谪黄州，共患难五年。至苏轼迁汝州，他才得出仕为德兴县尉。老父送他到湖口，同游石钟山而别。元祐初，叔父苏辙为谏官，揭发吕惠卿兄弟奸状。吕惠卿幼弟吕温卿此时是饶州知府，欲罗织苏迈罪名以为报复，苏辙先奏乞罢官，才得逃脱。宋徽宗大观元年（1107年），起知嘉禾县，过四年又被罢官。在苏轼故后17年，于宋徽宗宣和元年（1119年）逝世，享年61岁。

次子苏迨，为继室王润之所生。他生来身体非常羸弱，到4岁还不会走路。试尽百药，虽有好转，然而其他病痛长年不断。常年在家读书，坐病成医。苏轼故世后，苏迨敦守旧学，又清贫苦读10年。苏轼逝后不到一年，宋徽宗崇宁元年（1102年），五月党祸复起，苏迨被列名为奸党者的子孙，不许官京师。苏轼是"待制以上官"这一类中的"首恶"，他的儿子就连做地方小吏的机会也没有了。苏迨到42岁才远赴武昌，做个管库官以谋生。

三子苏过，也为王润之所生。19岁时，以诗赋考中两浙路的举人，但没能通过礼部试。常年伴随苏轼左右，侍父海南。父丧后，身为"元祐党人"首恶之子，被编管。只得潜身许昌，在湖阴觅得一水竹之地，名曰"小斜川"。自号斜川居士，读书作画自遣。后来出仕，任过太原府税与颍昌府郾城县令。

幼子苏遁，侍妾王朝云所生，不足一岁，在襁褓中夭折。

也许是想着自己的际遇，苏轼不禁感慨，曾提笔写出《洗儿诗》（为苏遁三日沐浴）：

人皆养子望聪明，我被聪明误一生。

惟愿孩儿愚且鲁，无灾无难到公卿。

12 生前遭人唾弃死后却受膜拜的思想家：卢梭（1712—1778 年）

风霜少年

让·雅克·卢梭（Jean-Jacques Rousseau），1712 年（路易十四在位时期）出生于日内瓦共和国的一个钟表匠家庭，祖上是从法国流亡到瑞士的新教徒。虽然卢梭应该属于"日内瓦共和国"（后加入瑞士联邦），他本人也十分认同这一身份，但历史上日内瓦人对他有所非议，曾剥夺了他的日内瓦公民权。当然卢梭之所以被公认为法国思想家，主要还是因为他与法国有着不可分割的联系。他长期居住于巴黎，成名于此、终老于此，其祖上亦为法国人，再加上他对法国大革命的巨大影响，所以被称为法国思想家。

卢梭在出生后不久，他的母亲因患产褥热去世。母爱的缺失，以及先天的膀胱和尿路畸形，使他从小就孤僻、敏感、易冲动、懦弱，而这成为他以后种种病态的神经症状（包括尿潴留症和肾绞痛）的根源，给他的一生带来了无尽的痛苦与烦恼。

由于他母亲去世，父亲不得不完全承担起教养之责，这对大多数男子来说很困难，对卢梭的父亲来说更是如此。卢父多愁善感，喜爱读书、漫游，易与人争吵，向来不以父亲的义务约束自己的行为，完全不是一个有条理的教育者。卢梭很早就开始读书了，从母亲留下的一些小说开始，父子俩经常通宵达旦地阅读不辍。日后在回忆这段往事时，卢梭不无遗憾，因为虽然他借此获得了娴熟的阅读和理解能力，但了解感情世界过多，澎湃而混乱的激情造成了他对外部世界奇特而荒诞的看法，使他的知识结构极不均衡。不正常的生活方式和非常规的阅读方式既使卢梭早慧，也使他一辈子在个人生活中自行其是，难与他人相处，思维视野与成果与众不同。

不知疲倦的卢梭将阅读范围又转向历史和政治作品。久远的历史和陌生的世界深深地迷住了年仅 7 岁的卢梭，其中他特别喜爱普鲁塔克的《名人传》。阿格拉西斯、布鲁图斯这些古代的英雄占据了他的心，使他的心因其敏感而痛苦，因其痛苦而以丰富的想象力为自己制造避难所，那些遥远的古代、充满阳刚之气的英雄成了他心灵上的安慰。

沉重的打击在卢梭刚刚 10 岁时来临了。他的父亲因一场争斗被迫逃离了日内瓦，从而也逃避了做父亲的职责。在此之前，卢梭自觉是父亲的宠儿、全家的中心，可是父亲居然离弃了他，卢梭心灵上的痛苦可想而知。

作为监护人的舅舅把卢梭送往一个名叫包塞的乡村，让他跟通情达理的朗拜尔西埃牧师学习拉丁文。学习任务并不繁重，卢梭在这里尽享乡村的宁静，从此终生热爱纯朴的田园生活。

舅舅贝纳尔要把自己的孩子培养成工程师，兴趣广泛的卢梭却被送到法院书记官那里，学做"诉讼承揽人"。这是一项需要耐心和时间的工作，完全不通世道人情和未曾受过严格约束的卢梭最后被斥为"无能",赶出事务所。接着，13岁的少年又被送到一个雕刻匠的铺子里去学手艺。那个时代的学徒生活是难得见到阳光的炼狱般的生活，对其他孩子是黎明前的黑暗，对素无拘束的卢梭则是灾难。

像许多受到不平等待遇的少年一样，卢梭学会了撒谎以逃避惩罚，学会了偷窃以满足贪欲。打骂不仅没有改掉他的坏毛病，反而使他有了继续偷窃的理由。只有搞到一本新书时，他才会忘记偷窃的快意，全神贯注于其中。

现实的种种不如意使这个孩子耽于幻想，为自己建造了各种虚无缥缈的空中楼阁。他追忆书中最感兴趣的环境，再自行改造它们，然后把自己放在其中最称心如意的地位。比如，在一所宅第中做领主和领主夫人的宠人、小姐的恋人、少爷的朋友和邻居的保护人。他在幻想中完全忘记了现实，结果是这个想象力丰富、热情洋溢的人竟成了一个爱好孤独的愤世者，热衷于幻想而不思行动。

卢梭已经16岁，"我虽然不能说是一个美少年，但是我那小小的身材却很匀称，腿脚纤小玲珑，神态洒脱，容貌清秀，嘴小而可爱，乌黑的眉毛和头发，一双小而微陷的眼睛有力地放射出热血中烧的光芒"。他因自尊而胆怯，也因渴望而胆怯。他需要奇遇，深信自己可以建立丰功伟绩，可是却时时为下一餐饭而犯愁。为了混一顿饭食，卢梭甚至跑到萨瓦的一个天主教神父家里去，耐心地听他抨击日内瓦的异教徒，赞美圣母教会的权威。

就在这时，卢梭认识了年轻的华伦夫人，一位既有妩媚的风姿又拥有天赋智慧的独身贵妇。这位夫人心地善良，为人慷慨大方，对不幸者充满同情。像卢梭一样，她生下来就没有了母亲，没有接受过系统教育。她喜好炼金术和经验医学，总是不断失败又不断规划新的宏伟蓝图。在年轻的时候，她放弃了家庭和宗教，投奔到撒丁国王膝下，并得到年金赏赐，使她成为一个非常虔诚的天主教徒。但是她的信条很特殊，认为保持内心的虔敬最重要，而不在于遵守教规和教义，这使她具有一种独特的洒脱却不失其虔敬。

这个当时已经28岁的贵妇对四处流浪的卢梭一见钟情，她让卢梭住进自己的家里，送他去上学，像母亲一样，无微不至地关心照顾着他，令这位自小失去母爱的年轻人感到无比的温暖和甜蜜。他们以母子相称，沉浸于纯洁的忘年之交中。"因为失掉母亲的孩子常常在寻找母爱，正是在华伦夫人身上我找到了。"

年轻的心还不懂得前路的艰辛，而且由于华伦夫人的出现，情感的饥渴得以稍稍舒解，一向飘摇无定的想象有了现实的对象。因此，沿着古人踩踏过的山路，卢梭满心豪气，美景当前，思念却只系着那位美丽仁慈的夫人。

华伦夫人替卢梭找到了在一个伯爵夫人家当仆人的差使。伯爵夫人已届不能以容貌来评价的年龄，据说她风度高雅，才华出众。可惜卢梭只在她的身边待了3个月，她就因病去世了，没有留下子女，也没有分配一点儿财产给卢梭。在夫人故去后的混乱中他顺手牵羊，拿了一条银色与玫瑰色相间的小丝带。还没有来得及掩藏好，就有人发现了卢梭的小猎物。严词追问之下，他竟然诬陷那位他喜欢的女仆玛丽永，说是她送的。她语气十分坚决，使大家无法判明究竟谁是谁非，最后，他俩一起被辞退。

此后卢梭没有一天不受到良心的谴责，他意识到，玛丽永这位姑娘从此再不容易找到一份好工作了。人们会把偷东西和教唆年轻孩子的恶名一齐加在她身上，这不仅会使她陷于穷困和被遗弃，甚至会由于无辜受辱而感到悲观绝望，这种追悔常令他悲痛难忍。此事虽然未对任何人说过，但残酷的回忆常令他苦恼，以致夜不能寐。晚年时写作《忏悔录》，卢梭将事情的缘由和盘托出，以求稍微摆脱良心上的重负。

其实卢梭当时嫁祸于那个不幸的姑娘，恰恰是他心中正在想念她，也想把那条丝带送给她，所以被人追问时就不假思索地说是她给的，在今天看来这完全是潜意识所驱使。后来当不幸的姑娘被带到面前询问时，卢梭痛心到了极点，但他害怕丢脸甚于害怕一切，哪怕是犯罪和死亡，所以才绝不敢当着众人的面承认自己是小偷儿，是一个撒谎者和诬陷者。这件极坏的事对卢梭后来的一生也产生了一个好处，那就是由此事留下的可怕印象，使他以后永远也不会做出任何一种可以导致犯罪的行为；弥补过失的责任感，使他往后即使遭受不幸也能始终保持着正直和诚实。

女人的情爱对卢梭成为一个大哲学家和文学家具有重要的作用。有人说，卢梭不是完全依靠前人的文化滋养成长起来的一个思想家，而是依靠女人、直觉及大自然而触发灵感的一个思想家。他有天生的英俊的面庞，匀称健美的身材。他的情感丰富，才华横溢，有着天然的吸引贵族妇女的魅力。他的文学素养是在华伦夫人和大自然的教育熏陶之下逐渐形成的。他写情感充沛的抒情散文诗，而且具有异常细腻而优美的文笔。卢梭一辈子都生活在依靠女人、为女人写作的氛围中，是一个在女人怀抱中成长起来的文化巨人。他的抒情散文诗《新爱洛伊斯》，就是为女人写的。

卢梭自从离开华伦夫人以后，开始自谋生路，先后当过家庭教师、书记员、秘书等。同时也广交了各方面的人士，尤其是结识了大哲学家狄德罗（Denis Diderot，1713—1784年）。由于有共同的兴趣、爱好和志向，他们之间建立了深厚的友谊。狄德罗和卢梭等人便着手合编一部《百科全书》，卢梭负责音乐部分，但这项工作由于狄德罗被捕而中断了。

鸿篇巨著
《论科学与艺术》

1749年夏季，天气特别炎热。这一年狄德罗因出版《论盲人书简》被控有罪，被捕入狱。卢梭与狄德罗友情笃厚，常去监狱探视。从巴黎到范塞纳堡的监狱有好几里路，卢梭手头不宽裕，不能雇马车，只能步行前去。但路上一急，常使卢梭又热又累，走不了路，甚至躺倒在地，动弹不得。为了走慢一点儿，他就想出一个办法，随身带一本书，边走边读。

正是去监狱看望狄德罗的路上，卢梭一边走一边读随身携带的《法兰西信使》

杂志，当看到第戎科学院（Academy of Dijon）的有奖征文公告，题目是《科学和艺术的复兴是否有助于敦风化俗》。一看到这个题目，卢梭好像被千道光芒刺中了一样，头脑里长期孕育的许多生机勃勃的思想云蒸霞蔚般一涌而出。他兴奋到了极点，以至感到窒息，仿佛看到另一个宇宙，自己变成了另一个人，在情绪激动甚至精神错乱好一阵后，才发现前襟已被泪水湿透。当时，他心中的闸门好像打开了一样，无数思想形成了一股巨大的洪流。

狄德罗知道后，极力鼓励卢梭放开想象，把思想再发挥下去，写出文章去应征。卢梭的征文题目为《论科学与艺术》。卢梭听从了狄德罗的建议，开始着手撰写这篇论文。第一次写这样的论文并非驾轻就熟，而是让卢梭颇费了些周折。他起初常常闭眼躺在床上构思，把文章的段落在脑子里翻来覆去地修改，直到满意时，才把它存到脑海，再准备落笔写到纸上。但等到他起床穿好衣服时，想好的内容几乎忘得一干二净。

他从人类发展过程着手，从人类的良知觉醒时期开始，分别叙述了埃及、希腊、罗马、东方帝国以及欧洲的兴起，论述了人类社会所经历的变化。他指出，人类的心灵与身体都有需求，这是社会的基础。当政府与法律给人类提供安全与福利时，科学、艺术和文学就在这些锁链上冠以花环，使人们觉得自己有了自由。但这只是人们被奴役惯了的表现，这样的假象正好提高了王室的权威。科学与艺术促进这种思想境界的形成。当人类尚无艺术来指导我们行动、教导我们用情感去说话时，我们的习俗乃是自然无邪的，虽然从基本上来说人类的本性并不完美，但人们从彼此的了解和相互信任中得到安全。但这些优点今天已荡然无存了。卢梭还在这篇论文中抨击了当时的教育制度：我看见到处都有教育设施，他们教给儿童各种知识，但却忽略了教导他们有关做人的道理。孩子们无法分辨真理与错误，而宽宏、平等、人道以及勇气这些字眼，对他们来说毫无意义。

初稿写成后，卢梭把它拿给狄德罗看。狄德罗读后很满意，同时提出了一些修改意见。卢梭的这第一篇论文具有热情洋溢、气魄雄伟的特点，但逻辑性和论证方面显得逊色一些。卢梭将文章修改后，就把它寄了出去。

第二年，即1750年，卢梭在平静而美满的生活中逐渐淡忘了自己写的那篇论文，却突然听说它得了头奖，这又令他回想起在那篇文章中阐述的观点。他认为科学、文学和艺术都是道德的敌人，因为它们所制造的欲望将给人类带来束缚。人如果赤裸裸地像野蛮人一样，生活就会无拘无束，自由自在。他认为科学和道德互不相容，而所有科学的起源都是卑劣的，例如天文学来自迷信的占星学，雄辩学来自野心，几何学来自贪婪和吝啬，物理学来自好奇心。他认为科学的目的是虚幻的，其效果是危险而有害的，它会使人损失时间，游手好闲，怠惰奢侈，从而引起风化解体和趣味腐化：它削弱人的战斗品德，破坏德行。他说，老于世故，把一切只当作工具来使用的理性，业已取代了道德；惴惴不安、恐惧和冷酷，取代了纯洁的、自然的清福；人与人之间尔虞我诈、仇恨和告密，取代了本能的相亲相爱。

为此，卢梭引用了古埃及的传说，说是一个十恶不赦的魔鬼发明了科学。

卢梭的这篇论文，蕴含了他以后的一些思想如"天赋人权"说和"自然状态"说的萌芽，还表现了他早期的反封建思想，比如，他对18世纪法国封建专制制度下上层社会的虚伪与腐朽进行了有力的抨击。他指出，当时的社会是建筑在不平等的基础上的，贵族阶级的奢华生活是以人民的贫困为前提的，文化是为腐朽的贵族阶级服务的，在这种"社会秩序"中所见到的，只是压迫和苦难。他把文明社会和自然状态完全对立起来，认为人天生是自由平等的，但文明社会却处处没有自由平等。在文明社会中，由于科学、艺术和文学同财富、奢侈密切联系在一起，这不但无助于敦风化俗，反而会伤风败俗。他痛斥贵族的富有、奢侈和腐化，赞扬劳动者的纯朴和美德。他说，装饰的华丽可以显示出一个人的富有，优雅可以显示出一个人的趣味；但一个人的健康与苗壮则须由另外的标志来识别：只有在一个劳动者的粗布衣服下面，而不是在一个嬖幸者的穿戴之下，我们才能发现强有力的身躯。装饰对于德行来说也同样是格格不入的，因为德行是灵魂的力量。

《论科学与艺术》，以其论点新奇、论证有力、文笔优美而获大奖。获奖成为他一生的重大转折，从此卢梭声名大振。他感觉到内心深处的英雄主义与道德观念被激发出来，从而觉得，做一个无视财富与物欲的人才是自由和有道德的。

征文的成功使卢梭很高兴。狄德罗让人将它印成了书，还写来短函祝贺卢梭，说这样的成功还没有过先例。卢梭也因此增加了自信。与此同时，各种对卢梭的毁誉也纷至沓来。标新立异、背离传统、别出心裁，这些标签纷纷被贴在卢梭身上。同时，不少人慕名来访，想结识这位名人，平时很少有人光顾的小屋，现在竟经常满座。层出不穷的纠缠，天天找上来的麻烦，终于使卢梭感到待在家里、住在巴黎索然无味。为了排遣烦恼，一有可能，他就一个人出去散步，漫步在僻静的地方独自思索；他随身带着笔和本，一有想法就马上写下来。

经过较长时间的沉思和悉心研究，卢梭又完成了他的第二篇应征论文，题为《论人类不平等的起源和基础》。它后来成了卢梭最重要的理论著作之一，就其思想的深度和影响来说，都远远超过了第一篇文章，标志着卢梭的思想已经初步成熟。该文于1755年4月出版于荷兰阿姆斯特丹，为资产阶级政治革命提供了理论依据，可看作是卢梭全部思想的基础。《论人类不平等的起源和基础》虽然不像卢梭的第一篇论文那样获得了第戎学院的大奖，但比起《论科学和艺术》来，它却更成熟，更有理论深度，也正是它构成了卢梭整个思想理论体系的核心和全部世界观的基础，后来的许多思想，都是在这个基础上进行阐发的。

1756年，44岁的卢梭接受朋友的馈赠：一座环境优美的乡村小房子——"隐庐"，开始了他的隐居生活。卢梭隐居6年之中，写了许多著作。他的政治学名著《社会契约论》等就是在这里写成的。他的文笔和天赋已使他成为知名的文人，只要他稍微愿意把作家的手腕和出好书的努力结合起来，他的作品就可以使他生活得很富裕。但是，卢梭觉得为面包而写作，不久就会耗尽他的天才，毁灭他的才华。

描述人和社会关系的《社会契约论》也许是卢梭最重要的著作，其中开头写道"人是生而自由的，但却无往不在枷锁之中"。这本书于1762年出版，当时无人问津，但后来成了反映西方传统政治思想的最有影响力的著作之一。与他早期作品相反，卢梭认为自然状态是没有法律和道德的兽性状态，好人是因为社会的出现才有的。自然状态下，常有个人能力无法应付的境况，必须通过与其他人的联合才能生存，因而大家都愿意联合起来。人们联合在一起，以一个集体的形式而存在，这就形成了社会。社会的契约是人们对成员的社会地位的协议，他在《社会契约论》中提到，政府不应该是保护少数人的财富和权利的，而是应该着眼于每一个人的权利和平等。

他在谈及构思这本书时写道："在我已经动笔写那些作品之中，我长久以来一直在构思，搞得最有兴味，并想以毕生的精力去搞，而且，依我主观的看法，将来最能使我成名的——就是我那部《社会契约论》。我第一次想写这样一部书，已经是十三四年前的事了。"但这本书，卢梭始终未完成，有一部分稿子也丢掉了。当1761年《社会契约论》完成之后，受到了重重阻挠，不得不在荷兰出版，然后偷运回法国。

《爱弥儿》

在写作《社会契约论》的过程中，卢梭一直没有放弃另外一部书的写作，这就是反映他教育思想的《爱弥儿》。这本书以小说的形式写成，通过他所假设的教育对象"爱弥儿"来反对旧的教育制度，阐述他的教育思想。这部书是卢梭经过20年的思考、用了3年的时间而写成的，稍晚于《社会契约论》出版。

卢梭主张自然主义的教育理论，而这又是基于他的自然哲学思想。在他的这种思想中，自由是人固有的能动本质，教育就应以培养自然人、自由人为目的。体现在教育过程上，就是教育必须遵循自然的要求，顺应人的自然本性，使教育与人的身心发展的各个阶段一致。卢梭特别强调教育应以天性为师，而不是以人为师；应使教育对象成为天性所造成的人，而不是人所造成的人。在教学方法上，他提倡学生的自由发展和独立观察。

《爱弥儿》全书共五卷，卢梭针对不同年龄阶段的儿童，提出了不同的教育原则、教育内容和教育方法，即体育、感官、智育、德育、爱情。每个阶段的重点不同，但五者之间并不明显割裂。

从《爱弥儿》中可以看出，卢梭认为教育的目的在于使人成为自然人，即他所谓的"依照自然的顺序"，"信任自然"，"以自然为唯一的圣经"，"遵从良心者即是遵从自然"。这里所说的自然是绝对自由、平等而善良的环境，只有在这种状态下生活，人的生命才能提升到最高境界。卢梭认为，儿童教育的目的在于促进他们的能力及器官的内部发育，教育能够使他们的头脑不停地活动，使他们的天赋最大限度地扩展。这种强调人类内在本性发展，并以儿童为本位的教育观点，是卢梭教育学说的重点。卢梭的自然主义以儿童为出发点，旨在培养儿童的身心及本性，即让儿童过着儿童应有的生活。他认为一个人的儿童时期对其一生有着重要的价值和意义,所以不能用各种枷锁束缚儿童,阻碍他们自然本性的发展。这是卢梭的根本立场,也是他独具思想的教育学说的重要原则。基于此,卢梭提出了"直观教育"。"直观教育"即直接教育,该理念认为儿童们接触到的直观事物与他们应该学习到的观念要保持一致。卢梭认为12岁以前儿童的知识只限于感觉范围,还没有悟性;12岁以后才有理性的发挥。卢梭强调要儿童从客观的事物中去认识世界、感受世界;"直观教育"目的就是依据具体事实教导儿童,使外部的知识和儿童内在的认识能力完全一致。卢梭认为,应该按照儿童身心发展的规律予以适当的教育方式,以免超出儿童的接受能力。他指出《鲁滨孙漂流记》是实施儿童教育最理想的教材。他说:"教育儿童并不是要读文学名著,而是要认识自然、感受自然。"即通过阅读自然书籍了解外界知识,而不是以抽象的文字、语言去获得知识。

《爱弥儿》问世以后,迅速传播到整个欧洲,并引起强烈的反响。卢梭的自然教育思想对许多教育家都产生过巨大的影响,如巴西多、康德、裴斯泰洛齐和杜威都从不同方面受到卢梭思想的启发。该书在西方教育史上首次系统提出了新的儿童教育观,因而在教育史上掀起了一场"哥白尼式的革命"。

《忏悔录》

《忏悔录》是卢梭在其晚年写成的自传。从1766年,在他54岁的时候开始写作,一直写到1770年,前后4年方告完成,但直到1782年才出版上卷,1789年出版下卷。

《忏悔录》记载了卢梭从出生到1766年被迫离开圣皮埃尔岛之间50多年的生活经历。他历数了孩提时寄人篱下所受到的粗暴待遇,描写了他进入社会后所受到的虐待以及他耳闻目睹的种种黑暗和不平,愤怒地揭露社会的"弱肉强食""强权即公理"以及统治阶级的丑恶腐朽。该书名为"忏悔",实则"控诉""呐喊",并对被侮辱、被损害的"卑贱者"倾注了深切的同情。

《忏悔录》的开篇显出震撼人心的力量:这是世界上绝无仅有、也许永远不会再有的一幅完全依照本来面目和全部事实描绘出来的人像。不管你是谁,只要"我"的命运或"我"的信任使你成为这本书的裁判人,那么"我"将为了"我"的苦难,仗着你的恻隐之心,并以全人类的名义恳求你,不要抹杀这部有用的独特的著作,它可以作为关于人的研究——这门学问无疑尚有待于创建——的第一份参考材料;也不要为了照顾"我"身后的名声,埋没这部关于"我"的未被敌人歪曲的性格的唯一可靠记载。最后,即使你曾经是"我"的一个不共戴天的敌人,也请你对"我"的遗骸不要抱任何敌意,不要把你的残酷无情的不公正行为坚持到你"我"都已不复生存的时代,这样,你至少能够有一次高贵的表现,即当你本来可以凶狠地进行报复时,你却表现得宽宏大量;如果说,加害于一个从来不曾或不愿伤害别人的人,也可以称之为报复的话。

卢梭说过谎,行过骗,调戏过妇女,偷过东西,甚至有偷窃的习惯。他以沉重的心情忏悔自己在偷窃后把罪过转嫁到女仆玛丽永的头上,造成了她的不幸;忏悔自己在关键时刻卑劣地抛弃了最需要他的朋友勒·麦特尔；忏悔自己为了混一口饭吃而背叛了自己的新教信仰，改为信奉了天主教。卢梭身上，既有崇高优美，也有卑劣丑恶；既有坚强和力量，也有软弱和怯懦；既有朴实真诚，也有弄虚作假；既有精神和道德的美，也有某种市井无赖的习气。总之。这不是为了要享受历史的光荣而绘制出来的涂满了油彩的画像，而是一个活生生的复杂的个人。

卢梭用坦率的风格写自传，不回避他身上的人性之恶，更为根本的原因还在于他的思想体系。他显然并不把袒露自己，包括袒露自己的缺点、过错视为一种苦刑，倒是为深信这是一个创举而得意。在他看来，人具有自己的本性，人的本性中包括了人的一切自然的要求，如对自由的向往、对异性的追求、对精美物品的爱好等等。正如他把初民的原始淳朴的状态当作人类美好的黄金时代一样，他又把人身上一切原始的本能的要求当作了正常的、自然的东西全盘加以肯定。甚至在他眼里，这些自然的要求要比那些经过矫饰的文明化的习性更为正常合理。在卢梭的哲学里，既然人在精美的物品面前不可能无动于衷，他在《忏悔录》中几乎是用与"忏悔"绝缘的平静坦然的语调告诉读者："直到现在，'我'有时还偷一点儿我所心爱的小玩意儿。"完全无视从私有制产生以来就成为道德箴言的"勿偷窃"这个原则，这是他思想体系中的一条线索。

众叛亲离

卢梭一生中与人交友，善始善终者少，大部分最终都沦为仇敌。他加入著名的启蒙主义团队，又和其中的代表人物狄德罗、伏尔泰[①]等一个个闹翻，招来骂声一片，成为人们至今议论的话题。

1742 年，30 岁的卢梭来到巴黎。这时的卢梭，喜欢音乐也爱写作，"能被伏尔泰注意到"是他的梦想。这一年他与狄德罗相识。狄德罗小卢梭一岁，当时也是一个一文不名的巴黎漂泊者。1745 年，出版商邀请狄德罗翻译英国出版的《百科全书》，这促使他动念自己编一部法国版本的《百科全书》，不久编辑工作便开始运转。狄德罗邀请卢梭写《百科全书》中关于音乐的章节。这时他俩的关系还不错。

狄德罗的文章曾触犯权贵，有过三个月的牢狱之灾，卢梭时常去探望他。就是在前往监狱的路上，卢梭看到一则第戎学院征文比赛的广告，他把这个广告的内容告诉狄德罗。在狄德罗的支持帮助下，卢梭获得大奖并从此被文坛认可。但时过境迁，卢梭与狄德罗关系也发生变化。

1757 年，卢梭对狄德罗所著的《私生子》做出评价，在相互争辩中，不知不觉使用了过激的言辞，这使两人的友情产生裂痕。第二年，卢梭又发表《致达朗贝

---

① 伏尔泰（Voltaire，1694—1778 年），法国资产阶级启蒙运动的泰斗，被誉为"法兰西思想之王""法兰西最优秀的诗人""欧洲的良心"，主张开明的君主政治，强调自由和平等。曾被投入巴士底狱关押了 11 个月，死后被葬于先贤祠（Le Panthéon），和生前死敌卢梭相邻而眠。

尔信》，看上去是反对在日内瓦建造剧院，而实质上矛头直指狄德罗，因狄德罗坚决主张通过建造剧院，构筑市民公共空间，借以扩展话语场所以传播启蒙精神。

卢梭公开了这封信，终使狄德罗将其视为陌路。卢梭日后在《一个孤独的漫步者的遐想》中写道："因为他们（主要指狄德罗）是无神论的狂热的卫道士、是专横的教条主义者，他们无法容忍别人在任何一点上与他们存有歧义，他们会因此愤恨不已。"

伏尔泰和卢梭是同时代的人，都具有那个时代思想家最鲜明的特征。但相比之下，伏尔泰较温和，卢梭更激进。伏尔泰崇尚自由，主张对社会进行理性的改良以实现每个人的自由权利。而卢梭崇尚平等，他认为人人生而平等，但社会使人分化，所以自然状态下的平等是人类最美好的状态，为此他甚至反对文明本身。伏尔泰是一个和平主义者，不主张用暴力革命解决问题；卢梭则是革命的鼓动者，他坚决地反对君主制。

在伏尔泰的心目中，卢梭思想保守，是一个十足的复古返祖的倒退论者。伏尔泰比卢梭年长得多，对于这位学林后辈，给予的不是热情的扶掖而是尖刻的讽刺。他在给卢梭的信中还加重语气写道："从来没有人用这么多的才智来让我们变得愚蠢。读您的大作让人想爬在地上四足行走。不过，由于我丢掉这个习惯已有六十多年，我遗憾地意识到要重操旧习在我是不可能的了……"

卢梭和自己的女仆黛莱丝长期同居（25年），生育了五个孩子，都被送进了巴黎的孤儿院。伏尔泰因此匿名写了《一个公民的情感》指责卢梭，而卢梭则以鸿篇巨制《忏悔录》作为回应。卢梭辩解说，我一想到要把孩子交给这样一个乱糟糟的家庭去抚养，我就感到害怕。孤儿院的教育，对孩子的危害会小得多，这就是我决定把孩子送进孤儿院的理由。此后二人彻底闹翻，再也没有见面或者通信。

1766年，卢梭应英国哲学家休谟（David Hume，1711—1776年）的邀请，来到了英国伦敦，他是辗转多处，途经柏林、斯特拉斯堡和巴黎之后，才完成了这次旅程的。

多年的颠沛流离，连绵不断地经受攻击和敌视，卢梭的精神受到了极大的摧残，他患上了被迫害妄想症。这种病症早在几年前就种下了病根，其特点是怀疑心极重，感到周围的一切人都想迫害他；即使是帮他出版《爱弥儿》的卢森堡夫人，或者是帮助他到英国休谟家来的布弗莱和韦尔德兰两位夫人，他也怀疑是迫害他的阴谋家。比如，他认为两位夫人之所以劝他到英国，只是为了帮助他的仇人更好地监视他，因为在他看来，休谟是与在法国跟他为敌的那些哲学家（如狄德罗、霍尔巴赫等）串通一气的。他的这种病症还表现为，即使在宁静惬意的环境中，也是忧心忡忡地担心着灾难会降临到头上，总有不安的心情搅乱着他，因此总觉得有新的风暴时时刻刻准备扑到他的头上，精神上摆脱不了担惊受怕的重负。

到了英国，他的被迫害妄想症进一步加重。休谟和卢梭之间虽然早就互相敬慕，但见面之后相处在一起时，却很少有共同的语言。休谟对卢梭开始表现出冷淡，不时用冷言冷语讽刺他，对卢梭向他提出的要求也不置可否，以模棱两可的态度来对待他；卢梭后来还发现了休谟与自己在法国的那些敌人有秘密交往，本来就多疑而敏感的卢梭，对休谟产生了极大的愤怒，理所当然地把他看作阴谋反对自己的代理人之一，休谟后来还把卢梭精神错乱的秘密告诉了法国百科全书派的哲学家们，这更让卢梭和他产生了不能化解的仇恨。

因与休谟之间的分歧越来越大，卢梭离开了英国。他不得已改名回到法国，继续过着隐居的生活。流亡生涯、动荡岁月并未影响到卢梭的著述，他又写了《山中书信》等。

因种种原因卢梭生前总不被人待见，不仅要应对来自统治者的迫害，他既往的朋友在他晚年最需要关心的时候，也纷纷离他而去。更有甚者，人们揭示他生活中的隐私，责骂他是疯子、遗弃子女的懦夫与忘恩负义的人。这让他的精神蒙受极大的痛苦，几乎到达崩溃的边缘。

1778 年 5 月，伏尔泰这颗巨星在巴黎陨落。卢梭得知后非常震动，他说："我的一生和他的一生是连在一起的。他死了，我不久也将随之而去。"一个月后的一天上午，卢梭感到脚心像针扎似的疼痛，背部发凉，胸部憋闷。卢梭用双手捧着头说："好像有人在掀我的头盖骨。"随即离世，他被葬于波拉斯岛。

法国大革命后，他的遗体于 1794 年以隆重的仪式移葬于巴黎先贤祠。

名垂青史

卢梭的思想影响了一代又一代人。康德的书房，朴实无华，只有唯一的一件装饰品：墙上挂着卢梭的肖像。康德对《爱弥儿》心驰神往，他说他每读一遍，无时无刻不被勾魂摄魄。"有一个时期，我骄倨地认为，知识构成人性的尊贵，我蔑视愚昧无知的人。但卢梭使我双目重光，这虚妄的优越性消失了，我知道应尊视所有人。"康德晚年有一习惯，每天下午三点出门散步，同时教堂的钟声响起，邻居们开始校对时钟。但有一天，教堂钟声敲响后，不见康德出门，邻居们都搞不清是教堂的钟点错了，还是康德生病了。其实是康德在家阅读《爱弥儿》太入迷，竟忘了散步。

歌德（Wolfgang von Goethe, 1749—1832 年）和席勒（Friedrich von Schiller, 1759—1805 年）都是卢梭的崇拜者。托尔斯泰（Lev Tolstoy, 1828—1910 年）年轻时以在脖子上挂卢梭肖像章为荣。一个人，一本书，一种思想，引发一场运动，像一星火种引燃山火。这个人就是卢梭，这本书是卢梭的《社会契约论》，它给予罗伯斯庇尔等革命者以巨大的思想冲击，是卢梭的思想"引燃"了法国大革命。

卢梭逝世之后依然不得安宁。有人说他倡导自由，有人说他崇拜暴力；有人说他鼓吹平等，有人说他支持暴政与极权。人们创造了一个概念——"多数人的暴政"，并将此"暴政"与卢梭联系起来。

但卢梭的学说对后世影响极大。卢梭返归自然、崇尚自我、张扬情感的思想，直接导致了 19 世纪欧洲浪漫主义文学的兴起。许多诗人作家都受到他的影响，就连歌德、雨果（Victor Hugo，1802—1885 年）、乔治·桑（George Sand，1804—1876 年）、托尔斯泰都无一例外地声称自己是卢梭的门徒。

英国历史学家托马斯·卡莱尔说："在面对巨大的困难时，卢梭既没有表现出排山倒海的气魄，也没有表现出惊天动地的力量，但这却正是其非凡之处的真正体现。他所表现出来的强大的意志力，绝不是那种勇不可当的勇士所具有的力量，而是另外一种特殊的东西。比如，一个正在痉挛发作的人，可能六个人都无法把他制住，但他并不能被称为强大有力。一个肩负重担，却还能保持稳健的步伐、努力前进的人才是真正的英雄。"

罗兰夫人（1754—1793 年）

罗兰夫人（Madame Roland）本名雅娜·曼侬·菲利普（Jeanne Manon Phlipon），出生于巴黎的一个雕刻匠家庭。罗兰夫人天赋过人，很小就开始认字读书，求知欲旺盛，饱读历史、哲学、诗歌、宗教等各类书籍，表现出了非凡的学习天赋。她擅长音乐和绘画，精通意大利语和英语。她喜欢伏尔泰、孟德斯鸠，深受卢梭的影响。在少女时期，罗兰夫人的才女名声已经远扬。她偏爱那些讲述革命理论的著作，也正是这些著作的思想点燃了她对社会不公正的强烈不满，引导她走向了革命道路，并把生命终结于断头台上。

早在 17 世纪，欧洲地区发生了一场思想及文化运动，人们开始认为这个宇宙的秩序是可以透过理性来掌握的。人类历史从此展开在思潮、知识及信息上的"启蒙"，开启了现代化和现代性的发展历程。18 世纪初期，启蒙运动的主要人物是伏尔泰、孟德斯鸠，后来有狄德罗、卢梭、孔多塞等。启蒙运动为法国大革命提供了思想准备和精神武器。

在革命前，法国的居民被分成三个等级。第一等级：天主教高级教士（国王不属于任何等级）。第二等级：贵族。第三等级：包括资产者、农民、无产者在内的市民、下层人民，以及除第一、第二等级外的其他阶层。

路易十六在 1774 年登上王位时，代表法国三个等级的三级会议已经有 15 年没有召开。1789 年 5 月 5 日，由于财政问题，路易十六在凡尔赛宫召开三级会议，国王希望在会议中讨论增税、限制新闻出版和民事刑法问题，并且下令不许讨论其他议题。而第三等级代表不同意增税，并且宣布增税非法。1789 年 6 月 17 日，第三等级代表宣布成立国民议会，国王无权否决国民议会的决议。于是路易十六关闭了国民议会，宣布它是非法的，其一切决议无效，命令三个等级的代表分别开会。

1789 年 7 月 9 日，国民议会宣布改称制宪议会，要求制定宪法，限制王权。路易十六意识到这危及了自己的统治，调集军队企图解散议会。7 月 12 日，巴黎市民举行声势浩大的示威游行支持制宪议会。次日，巴黎教堂响起钟声，市民与来自德国和瑞士的国王雇佣军展开战斗，在当天夜里就控制了巴黎的大部分地区。7 月 14 日，市民攻克了象征专制统治的巴士底狱，释放七名犯人，法国大革命正式爆发。

1792 年 9 月 22 日，法兰西第一共和国成立，吉伦特派执政。吉伦特派执政期间颁布法令，强迫贵族退还非法占有的公有土地，将没收的教会土地分小块出租或出售给农民，严厉打击拒绝对宪法宣誓的教士和逃亡贵族。1793 年 1 月 21 日，国民公会经过审判，以叛国罪处死路易十六。

法国大革命是一次广泛而深刻的政治革命和社会革命，从巴黎人民攻占巴士底狱到热月政变①，法国大革命经历了 5 年的历程，其势如暴风骤雨，迅猛异常。在三次起义中，人民群众都显示出伟大的力量，一再把革命从危机中挽救过来，并推动它进一步向前发展，革命彻底地结束了法国 1000 多年的君主专制制度，传播了自由、民主、平等的思想。

暴风骤雨般的法国大革命爆发，把罗兰夫人推向了历史舞台。她离开了自己平静的家庭生活，投身到风起云涌的时代潮流和革命运动中，只为实现自己自由、平等、博爱的理想，让法兰西获得重生。罗兰夫人思辨清晰，信念明确，活力无穷，热情执着，才华出众，这些使她在大革命初期产生了巨大的影响力。她名为罗兰，实为罗兰夫人，丈夫罗兰为法国内政部长。然而以罗兰名义发出的各种政纲和法令，几乎都是出自她的笔下。

罗兰夫人以她的沙龙为基地，推动着革命的发展。罗兰夫人以其敏锐的政治头脑、超人的智慧和女人的魅力吸引了一大批当时的风流人物——多是吉伦特派成员，他们经常聚集于罗兰夫人的沙龙，讨论时政，拟定政策。大革命发生后的几个月里，许多巨变都发端于她的沙龙，国民公会中的许多议案都是在这里酝酿产生。因为罗兰夫人在吉伦特派中的核心地位，吉伦特派对她极为崇拜，但其他派别则对她恨之入骨。

罗兰夫人是一个理想主义者，她强烈地信仰人类本性的再生能力和人性的完美，以致她预料不到，清除掉她的判断力所不赞成的传统、律法和习俗，会遇到障碍和危险。暴力革命在转瞬之间摧毁了君主和贵族所代表的法国封建专制，但它的血腥、惨烈和恐怖也让所有人不寒而栗。在这场血淋淋的惨剧中，几乎所有的参与者都被野蛮、欲望和残忍的冷酷催眠了，正是这种残忍的冷酷让法国大革命进入波诡云谲。

进入 1793 年，大革命如同一匹脱缰的野马，疯狂而盲目地向前飞奔。吉伦特

---

① 法国大革命中推翻雅各宾派罗伯斯庇尔政权的政变，因发生在共和二年热月 9 日（1794 年 7 月 27 日），故名。1793 年 10 月 5 日，法国国民公会决定废止基督教的格里历（即公历），采用革命历法，即共和历，由数学家拉格朗日、蒙日和诗人法布尔·代格朗汀制定，目的在于割断历法与宗教的联系，排除天主教在群众生活中的影响。共和历将 12 个月依次定为葡月、雾月、霜月、雪月、雨月、风月、芽月、花月、牧月、获月（或收月）、热月、果月。附在格里历日期上的圣徒名字则用种子树木、花和水果的名字加以替换。后来被拿破仑废除。拿破仑占领意大利后，与教廷和解，教皇承认其称帝为其加冕，1805 年 12 月 31 日，法国重新恢复格里历，但大革命中发生的事件如热月政变、芽月起义、牧月起义、葡月暴动、果月政变、花月政变、雾月政变以及牧月法令、风月法令等，仍按共和历的月份命名。

派和雅各宾派 ①，两者的对立已经到了水火不容的程度。斗争的结果是吉伦特派全面崩溃。5月31日，武装市民冲击国民公会，雅各宾派挟民众之威通过决议，尽数驱逐吉伦特派议员并在全城搜捕政敌。之后，罗兰夫人等22名吉伦特派成员被雅各宾派逮捕，并被判处了死刑。

这位"大革命期间最高贵的女人"只活了短短的39岁，在风华绝代的时刻，生命戛然而止。诚如美国作家梅森所说："她是不可仿效的，她是历史培育出来的一朵奇葩，她是独一无二的，是一个为了特殊使命而生的女人。"

1793年11月8日，当她身着一袭白裙，缓步走向断头台时，在自由神像前，她似乎在思索着什么。看到眼前混乱的场面，人人都在争取自由，人人又都在践踏别人的自由。当她勇敢无畏地站在断头台前，面对着她曾经用尽心力想为之谋取幸福的疯狂民众时，她认识到没有秩序的自由、没有法治的自由，最终会毁灭一切。临刑前，她想起了数月前马拉的死，悲愤地喊出振聋发聩的最后一语："自由啊，自由，多少罪恶假汝之名以行！"

让-保尔·马拉（Jean-Paul Marat，1743—1793年）是雅各宾派的重要成员，大革命前的职业是医生，以在慢性淋病和眼病方面的研究而著称。在自然科学和哲学方面他也有研究，先后发表了《关于电的特性的研究》《关于电疗的论文》，受到里昂科学院的奖励，并出版了《光学基础知识》，翻译和评注了《牛顿光学原理》。但在关于对燃烧的认识，他坚持"燃素说"而受到著名化学家拉瓦锡的严厉批评。

1783年，马拉弃医从政。在《献给祖国》的小册子中，阐明了他关于宪法的观点。他认为只有代表人民的机构，才享有制定宪法、修改宪法、监督保护宪法的权利。马拉是卢梭的信徒，他认为，人民的愚昧无知是专制制度存在的最根本条件，而法学家和宗教的欺骗和伪善，造成了人民的愚昧无知。马拉还特别指出：一旦推翻暴君，原来反对暴君的人们中，一些人想实行各等级的平等，另一些人则想保持自己的特权。

1789年大革命爆发后，马拉全力投入滚滚洪流之中。同年9月，他创办了《人民之友》报，揭露王室反对革命、里通外国的行径，向专制势力和革命的敌人发起猛攻。同时，他抨击君主立宪派的妥协政策，鼓动和号召人民起义。

1792年9月22日，法兰西第一共和国诞生后，马拉当选为国民公会代表。当国民公会内部就是否审判国王路易十六而出现激烈的争议时，马拉挺身而出，在会上大声呐喊："要挽救祖国，必须砍掉暴君的头。"并无情地揭露和反对吉伦特派的妥协政策。路易十六被送上了断头台，但马拉却被吉伦特派视为眼中钉。

① 雅各宾派是法国大革命时期参加雅各宾俱乐部的激进派政治团体。主要领导人有罗伯斯庇尔、丹东、马拉、圣茹斯特等。在法国大革命中出现的众多革命团体中，雅各宾俱乐部是唯一的全国性组织，拥有数千地方组织。雅各宾派的成员中以小业主为最多，也包括许多富有的资产者。它的激进主张，得到法国大革命初期衣衫褴褛、装备低劣的革命军志愿兵的拥护。

当时，吉伦特派在国民公会中占上风。为了推翻吉伦特派的统治，马拉在报纸上再一次阐明自己的立场：人民选出的代表如果滥用人民的信任，出卖人民的权利和利益，人民应该夺回他们的权力，并予以惩罚。马拉和雅各宾派的其他几位领袖决定一起举行起义。6月1日晚，马拉来到市政厅，亲自走上钟楼，敲起警钟。6月2日，巴黎人民包围了国民公会，要求交出被指名撤职的代表。最后，国民公会通过了逮捕吉伦特派代表的法令。从此吉伦特派的统治被推翻，雅各宾派取得斗争的胜利，法国大革命进入雅各宾派专政时期。

1793年7月13日，马拉在寓所被支持吉伦特派的夏洛蒂·科黛（Charlotte Corday，1768—1793年）刺杀身亡，终年50岁。马拉的一生与法国大革命紧密相连，他政治嗅觉灵敏，观点激进，见解独到，毫不妥协。但马拉也是一个复仇心很强的人，他善妒又冷酷，杀死了很多政敌甚至是革命者。他还是一个失败的科学家，因遭到大化学家拉瓦锡的批评而怨恨他，最终在一定程度上导致拉瓦锡被处决。

夏洛蒂·科黛是一位精力充沛、早熟、行动力很强但彬彬有礼的弱女子，看起来楚楚动人，内心却十分刚强。年幼时母亲和姐姐便过世，父亲将科黛和她的妹妹送到卡昂的圣三修道院。在修道院的图书馆里，科黛第一次接触到普鲁塔克、卢梭和伏尔泰的著作。读书是她的最大兴趣，如果没有发生大革命的话，她本该在修道院中过完自己的人生，甚至不会在历史上留下任何蛛丝马迹。但由于修道院受大革命余波的影响遭到关闭，她的命运也发生了改变。在大革命演变得越来越激进化并走向恐怖统治后，科黛开始支持吉伦特派。

科黛之所以刺杀马拉，是因为她相信马拉的存在威胁了共和国，她也认为，国王路易十六不应该被处决。科黛的理想是像古希腊或罗马那样的政治结构，而这样的愿景在马拉的统治下不太可能实现。

1793年7月9日，科黛带着普鲁塔克《希腊罗马名人传》的抄本前往巴黎，入住普罗维登斯酒店（Hôtel de Providence）的一个房间。在接下来的时间里，她写下了《致法国人民，法律与和平之友》来解释她刺杀马拉的动机。

科黛最初的计划是要在整个国民公会面前刺杀马拉，她打算以此惩罚他。但是抵达巴黎后她才发现马拉已经不再参加会议，他因皮肤病恶化，全身溃疡，必须以药水浸泡全身，整日泡在带有药液的浴缸中工作。她被迫改变计划，打听到马拉的住所，事先寄了两封信给马拉，内容提到她有重要的情报想告诉他，几天后会去他家见他。

7月13日早晨，科黛穿戴整齐走出旅馆，买了一把厨房用刀，刀身有15厘米长。她将刀藏在披风下，租了一辆马车来到马拉家门口，宣称她得知了卡昂的吉伦特派即将起义的计划。她被马拉未婚妻西蒙妮的姊妹凯瑟琳拒之门外。当天傍晚，科黛再度来到马拉宅前。当她再一次和守门人起争执时，被浴缸中的马拉听见了，马拉想起前几天收到的匿名信件，以命令的口吻说"让她进来"。

　　科黛被带入浴室，她这时终于见到了马拉。马拉问她有什么重要情报，科黛说："支持吉伦特的议员来到卡昂，正在到处煽动群众，打算造反……"马拉问共有多少人，科黛说有 18 人，马拉说他需要更详细的名单。科黛遂逐一讲出每位成员的名字，马拉用笔一一记录，并露出得意的笑容，说道："好极了！用不了几天，他们就在巴黎的断头台上了。"话音刚落，科黛以小刀刺向马拉的胸口，刺穿肺部、主动脉和左心室，鲜血四溅。马拉大声呼喊："帮帮我，亲爱的朋友！"然后就死了。达到目的后，科黛并没有试图逃跑，而是平静地站在窗户边。

　　科黛的谋杀罪行在当时遭到普遍的谴责，她在监狱里已经写好遗书。7 月 17 日，科黛被判处死刑，当天下午 5 点在断头台执行。

　　然而一切并未结束。

　　罗伯斯庇尔（de Robespierre，1758—1794 年）和丹东（Georges-Jacques Danton，1759—1794 年）都是雅各宾派的主要领导人，他们都视卢梭为其精神导师，用卢梭的著作为思想武器。1794 年 7 月 27 日，雅各宾专政时期的实际最高领导人罗伯斯庇尔在"热月政变"中被逮捕，次日即被送上断头台。临刑前，不知他是否想起三个月前（4 月 5 日）被他送上断头台的丹东所说过的那句话："下一个就是你！"

下篇

科技时代

篇　首

这是一个最好的时代，这是一个最坏的时代；

这是一个智慧的年代，这是一个愚蠢的年代；

这是一个光明的季节，这是一个黑暗的季节；

这是一个信任的时期，这是一个怀疑的时期；

这是一个希望之春，这是一个失望之冬；

人们面前应有尽有，人们面前一无所有；

人们正踏上天堂之路，人们正走向地狱之门。

［英］狄更斯

13 电池的发明人：伏特（1745—1827 年）

文艺复兴

文艺复兴（Renaissance）是指发生在 14 世纪到 17 世纪的一场反映新兴阶级要求的欧洲思想文化运动。人们认为，文艺在古希腊、古罗马时代曾高度繁荣，但在中世纪"黑暗时代"却衰败湮没，直到 14 世纪后才获得"再生"与"复兴"。因此这场思想文化运动被称为"文艺复兴"。

文艺复兴最先在意大利各城邦兴起，以后扩展到西欧各国，于 16 世纪达到顶峰，一直传播到欧洲其他地区，其影响力在艺术、建筑、哲学、文学、音乐、科学技术、政治、宗教以及智力探究等其他方面都得到了体现。文艺复兴带来一段科学与艺术革命时期，揭开了近代欧洲历史的序幕，被认为是中古时代和近代的分界。文艺复兴是西欧近代三大思想解放运动（文艺复兴、宗教改革与启蒙运动）之一。

11 世纪后，随着经济的复苏与发展、城市的兴起与生活水平的提高，人们逐渐改变了以往对现实生活的悲观绝望态度，开始追求世俗人生的乐趣，而这些倾向是与天主教的主张相违背的。在 14 世纪城市经济繁荣的意大利，最先出现了对天主教文化的反抗。当时意大利的市民和世俗知识分子，一方面极度厌恶天主教的神权地位及其虚伪的禁欲主义，另一方面囿于没有成熟的文化体系取代天主教文化，于是他们借助复兴古代希腊、罗马文化的形式来表达自己的文化主张。因此，文艺复兴着重表明了新文化以古典为师的一面，而并非单纯的古典复兴，实际上是资产阶级反封建的文化运动。

文艺复兴的核心是人文主义精神。人文主义精神的核心是提出以人为中心而不是以神为中心，肯定人的价值和尊严。主张人生的目的是追求现实生活中的幸福，倡导个性解放，反对愚昧迷信的神学思想，认为人是现实生活的创造者和主人。

但丁（Dante Alighieri，1265—1321 年）早在 1300 年左右就写了《神曲》，反对了教皇独裁，但被关入狱中，贫困而死。但但丁的作品影响到了彼特拉克（Francesco Petrarca，1304—1374 年）以及薄伽丘（Giovanni Boccaccio，1313—1375 年）。从 1338 年起，彼特拉克断断续续用了四年的时间，写下了著名的叙事史诗《阿非利加》。这首诗是仿效古罗马作家维吉尔的笔法，用纯拉丁语写成的。作者用优美的语言，对第二次布匿战争做了生动的描述。在诗中热情地讴歌了西庇阿，称颂他功比天高，可与庞培、恺撒媲美。史诗《阿非利加》使彼特拉克蜚声诗坛，名扬遐迩，并使他获得了"桂冠诗人"的荣誉。后来，彼特拉克到处演讲，他把自己的文艺思想和学术思想称为"人学"或"人文学"，以此和"神学"相对立。他大声疾呼，要来"一个古代学术——它的语言、文学风格和道德思想的复兴"。因此，彼特拉克是文艺复兴的发起者，有"人文主义之父"之称。1348 年，黑死病流行。这促使薄伽丘写出了《十日谈》，这是欧洲文学史上第一部现实主义巨著。

15 世纪末以前，从西方通往东方的商路主要有三条：一条是陆路，即传统的"丝绸之路"，从君士坦丁堡出发，经小亚细亚、黑海和里海南岸至中亚，再翻越帕米尔高原到中国。另两条是海路：一条从叙利亚和地中海东岸出发，经两河流域到波斯湾，再从海路到东方；另一条从埃及经红海至亚丁湾，再换船到印度和中国。在这几条商路上，要经过意大利、阿拉伯、拜占庭和波斯等地商人的多次转手，才能将货物运抵西欧。15 世纪中叶奥斯曼土耳其帝国兴起，先后占领小亚细亚和巴尔干半岛，控制传统商路，对过往商品征收重税，使运抵西欧的货物不仅量少，而且比原价高 8～10 倍。于是，西欧的商人、贵族，迫切希望另辟一条绕过地中海东岸直达中国和印度的新航路。15 世纪时科学技术的提高和地理知识的进步，使远洋航行成为可能，为开辟新航路创造了必要的条件。最终，新海上航路开通，欧洲借助这个时期快速发展，成为当时的世界领导者。

16 世纪，哥白尼（Mikolaj Kopernik，1473—1543 年）1543 年出版了《天体运行论》，在其中提出了不同凡响的日心说；布鲁诺（Giordano Bruno，1548—1600 年）在《论无限性、宇宙和诸世界》《论原因、本原和统一》等书中宣称，宇宙在空间与时间上都是无限的，太阳只是太阳系而非宇宙的中心；伽利略（Galileo Galilei，1564—1642 年）1609 年发明了天文望远镜，1610 年出版了《星界信使》，1632 年出版了《关于托勒密和哥白尼两大世界体系的对话》；开普勒（Johannes Kepler，1572—1630 年）在 1609 年的《新天文学》和 1619 年的《世界的谐和》中提出了行星运动的三大定律，判定行星绕太阳运转是沿着椭圆形轨道进行的，而且这样的运动是非匀速的。

17 世纪，伽利略通过多次实验发现了自由落体、抛物体和振摆三大定律，使人对宇宙有了新的认识；他的学生托里拆利（Evangelista Torricelli，1608—1647 年）经过实验证明了空气压力，发明了水银柱气压计；帕斯卡（Blaise Pascal，1623—1662 年）发现液体和气体中压力的传播定律；玻意耳（Robert Boyle，1627—1691 年）发现气体压力定律；笛卡儿（René Descartes，1596—1650 年）运用他的坐标几何学从事光学研究，在《屈光学》中第一次对折射定律提出了理论上的推证，他还第一次明确地提出了动量守恒定律——物质和运动的总量永远保持不变；笛卡儿对碰撞和离心力等问题曾做过初步研究，给后来惠更斯（Christiaan Huyghens，1629—1695 年）的成功创造了条件；牛顿（Isaac Newton，1643—1727 年）建立了经典力学，并提出光学的微粒说；惠更斯则提出波动说。

18 世纪中叶，电学开始蹒跚起步。

少年时代

1745 年 2 月 18 日，亚历山德罗·伏特（Alessandra Volta）出生于意大利科莫一个富有的天主教家庭里。他的父亲和一位高贵的妇女结婚之前，一直是耶稣会的一位新教徒。但伏特在接受耶稣会教育后，宁愿过一种世俗生活，即使他周围的宗教社会整体说来还是快乐的、热爱生活的，而且是相当开明的。

伏特在 32 岁时去瑞士游历，见到了伏尔泰和一些瑞士物理学家。回来后他被任命为帕维亚大学物理学教授，这是伦巴第地区最著名的大学。他担任这个教授职务一直到退休，正是在那里他完成了他的划时代的发现。

伏特所受的教育主要是拉丁文、语言学和文学。他有时写作法文和意大利文的十四行诗，以及拉丁文颂诗。他对科学的爱好似乎是自然而然发生的，19 岁时他写作了一首关于化学发现的六音步的拉丁文小诗。他居住的科莫周围地区甚为繁华，与瑞士的交通也非常便捷，这地区的富豪们都过着一种悠闲舒适的生活。

专研电学

伏特在青年时期就开始了电学实验，他读了他能够找到的所有书籍，对电学研究深感兴趣。他的好友加托尼送给他一些仪器，并在家里让出了一间屋子来支持他的研究。伏特 16 岁时就开始与一些著名的电学家通信，其中有巴黎的诺莱和都灵的贝卡里亚。

贝卡里亚是一位很有成就的国际知名的电学家，他劝告伏特少提出理论，多做实验。但事实上，伏特年轻时期的理论思想远不如他的实验重要。随着岁月的流逝，伏特对静电的了解至少可以和当时最好的电学家媲美。不久他就开始应用他的理论制造各种有独创性的仪器。用现代的话来讲，要点在于他对电量、电压、电容以及关系式 $Q=CU$ 都有了明确的了解。1769 年伏特发表第一篇科学论文。

伏特制造的仪器的一个杰出例子是起电盘。一块导电板放在一个由摩擦起电的充电树脂"饼"上端，然后用一个绝缘柄与金属板接触，使它接地，再把它举起来，于是金属板就被充电到高电势，这个方法可以用来使莱顿瓶（Leyden jar）充电。这种操作可以不断地重复。这一发明是非常精巧的，后来发展成为一系列静电起电机。

莱顿瓶是一种用以储存静电的装置，最先由彼得·范·穆森布罗克（Pieter van Musschenbroek，1692—1761 年）在荷兰的莱顿发明。但这一重大发明源于一次人为的操作失误。穆森布罗克设想：如果电是如同水一样可以流动的流体，那么储存水的方法应该也能储存电。于是，他将水倒入瓶子里，将一根导线的一端插入水中，导线的另一端则与起电器相连。为了保证电荷不跑掉，他在瓶子和桌子之间垫了一块绝缘体。然而，不论他如何转动起电器，都没法把电荷留在瓶子里面。然而，有一天出于意外，他没有把瓶子放在绝缘体上，而是拿在手里就开始充电。当他用手去触碰瓶盖时，受到了猛烈的电击，几乎跌倒。他记录道："这是一个新颖但可怕的实验，建议大家切勿尝试。我蒙上帝庇护才幸免于难。"莱顿瓶所产生的电击是之前的人们所从未见过的。更让人惊讶的是，它可以将电存储数个小时，甚至数天。随后，穆森布罗克尝试用各式各样的瓶子储电。他发现不一定要装水，只要在玻璃瓶内外壁各贴一层相互绝缘的金属箔，内层与起电机相连，外层与大地相连，起电机产生的电就会储存在瓶子里。瓶子越大、玻璃壁越薄，储存的电就越多。如果用导线将内外金属箔相连则会激烈地放电。作为原始形式的电容器，莱顿瓶曾被用作电学实验的供电来源，也是电学研究的重大基础。莱顿瓶的发明，标志着对电的本质和特性进行研究的开始。

伏特强烈地感到，他必须定量地测定电量，于是他设计了一种静电计，这就是各种绝对电计的鼻祖，它能够以可重复的方式测量电势差。伏特还为他的静电计建立了一种刻度，根据起电盘的发明，以及他的描述，我们可以确定它的单位是今天的伏。

由于起电盘的发明，1774年伏特担任了科莫皇家学校的物理教授，1779年任帕维亚大学物理学教授。他的名声开始传扬到意大利以外，苏黎世物理学会选举他为会员。

伏特的兴趣并不只限于电学。他通过观察马焦雷湖附近沼泽地冒出的气泡，发现了沼气。他把对化学和电学的兴趣结合起来，制成了一种称为气体燃化的仪器，可以用电火花点燃一个封闭容器内的气体。

伽伐尼（1737—1798年）

伏特在45岁生日后不久，读到了路易吉·伽伐尼（Luigi Galvani，1737—1798年）1791年的文章《论在肌肉运动中的电力》。

伽伐尼在他发表的文章中如下记述当时的经历："我把青蛙放在桌上，注意到了完全是意外的一种情况，在桌子上还有一部起电机……我的一个助手偶然把解剖刀的刀尖碰到青蛙腿上的神经……另一个助手发现，当起电机的起电器上的导体发出火花时，这个青蛙抽动了一下……因这现象而惊异的他立即引起了我的注意，虽然我当时考虑着完全另外的事情，并且是全神贯注于自己的思想的。"伽伐尼在重复这个实验的时候，观察到了同样的现象。他发现，用金属接触神经和发出电火花都是必要条件。之后，他又以严谨的科学态度，选择不同的条件，在不同的日子做了这类实验。起先，他将铜丝与铁窗相连，分别在雨天和晴天做实验。他发现无论是晴天还是雨天，青蛙腿都发生了痉挛。他认为青蛙神经上有电流，称之为伽伐尼电流。

在库仑定律发现以后，电学就形成了两大分支，一是静电学，一是动物电学。对静电学的理论研究主要集中在法国、英国，而对动物电的研究则集中于意大利，而且首先由一批著名的医生和解剖学家发起。1780年代的伽伐尼电流的发现引起了一场具有历史意义的论争，由此导致了伏特的新发现——接触电动势现象。现在我们来看一下伽伐尼电流的发现和伏特电池发明的始末。

最早发现动物电的人是古希腊哲学家亚里士多德。他发现电鳐捕捉其他鱼类时，先放出电使它们麻痹，而后捕而食之。

1752年，瑞士科学家苏尔泽（J.G.Sulzer）叙述过这样一种有趣的现象：如果将一根铅线和一根银线的一端连接，将它们的自由端放在舌尖上，就会感觉到一种如同硫酸铁的涩味，这种味道与铅或银的味道不同。

1769年，医生班克罗夫特（E.N.Boncroft）指出，电鳐和电鳗都能放电，而且电鳗的放电力比电鳐的还强。他估计，一条成熟电鳗的放电力大致等于一台面积为3500平方英寸（1英寸等于2.54厘米）的莱顿瓶组的放电力，人在水中若碰上电鳗，不可避免要遭毁灭。

1772年，伦敦皇家学会会员华尔士（J.Walsh）发现电鳗放电限制在两点之间，这两点在头部附近，一点在背脊，一点在胸腹。他还发现电鳐身上也有类似的构造。

1773年，苏格兰科学家亨特（J.Hunter）发现电鳐的发电机构位于头壳和腮部之间的空腔内，形如后来的伏打电堆，是由许多小圆柱体堆叠而成的。华尔士送给他一条8英寸长的电鳐，他拿来解剖后发现，它具有470个小圆柱体；后来他又解剖了一条长4.5英尺（1英尺等于0.3米）、重73磅（1磅等于0.4536千克）的大电鳐，发现它竟长有3182个小圆柱体。

1776年，卡文迪什（H.Cavendish，1731—1810年）第一次以电学的观点来分析电鳐的放电现象。他相信，电鳐产生的电不仅与摩擦电是相同的，而且人们可以用莱顿瓶模拟电鳐的放电过程。

1781年，法国裔普鲁士科学家阿查尔（F.C.Achard）发现电击可以使刚死的动物复活。有一次他拿一只快断气的红雀做实验，通过适当的电接触，红雀苏醒过来，眼睛睁开，还能站起、叫唤，甚至振击翅膀。经过8分钟后，它才真正死去。这个例子似乎说明电是维持生命的一种不可或缺的东西，外部电与体内电是可以相通的。

伽伐尼1737年9月9日诞生于意大利的博洛尼亚。他从小接受正规教育，1756年进入博洛尼亚大学学习医学和哲学。他长期从医，开展解剖学研究，还在大学开设医学讲座。1766年任大学解剖学陈列室示教教师，1768年任讲师，1782年任博洛尼亚大学教授。1791年他把自己长期从事蛙腿痉挛的研究成果发表，这个新奇的发现让科学界大为震惊。

伽伐尼接着进行区别条件的实验，起先只用刀尖触碰神经，而不引出电火花；然后只产生电火花，但不用刀尖。这两种情况均不能使青蛙痉挛。他由此得出结论：青蛙痉挛是由上述两种条件共同激发的。

伽伐尼为这个新奇现象所驱使，对具体条件又进行研究。他用一把骨柄外科手术刀做实验，并发现，如果手握骨柄，使刀尖触碰剥制好的青蛙的脚神经，即使在旁边有电火花助力，青蛙也不会抽搐；但这时若用手指触碰刀片，青蛙立即痉挛起来。这表明新现象与金属有关。伽伐尼由此假设，青蛙体内存在某种电流，一旦受外部电干扰就会激发起来，若用导体将此电流导通出来，青蛙的肌肉就会受到牵动而抽动。

伽伐尼曾是贝卡利亚（G. B. Beccaria）的学生。贝卡利亚又是富兰克林（Benjamin Franklin，1706—1790年）的信徒，他相信雷电和摩擦电的同一性，认为打雷、闪电是将一个地方过剩的电荷输送到另一个地方的过程，并建议人们用磁体的极性来判断云层中电荷的正负。伽伐尼因此对云层中的电和摩擦电的同一性也深信不疑。他认为，既然电火花加上金属刀能使青蛙痉挛，那么雷电或云层中的电，甚至大气电加上金属作用也能产生同样的效应。他用一个铜钩子钩住一只青蛙的脊椎，再把铜钩子挂在花园的铁栏杆上，结果发现在闪电来临的时候，青蛙发生了痉挛。他通过这个实验又似乎觉得，大气电平常时候就进入动物体内，聚集在那里，一旦外部导通就会释放出来。然而他还没有注意到铜钩子和铁栏杆的作用。

接着他就把青蛙取下来，提进屋内，放在一张铁桌子上。当铜钩子碰上铁桌子时，青蛙又痉挛起来。这时既无电火花助力，也不受雷电、云电的影响，唯一使青蛙痉挛的因素就是铜钩子和铁桌子。这使伽伐尼看见了不同金属相互接触的魔术般的作用。这种现象是偶然的还是普遍的？伽伐尼用实验来回答。他用三种不同的材料（良导体、不良导体和绝缘体）做成弧形导线，将其一端与钩住青蛙脊椎的铜钩子接触，使另一端与青蛙的腿部神经接触。他实际上已经击中了现象的要害，即电流是由两种不同的金属夹以某种湿组织为中介产生的。然而，他还没有真正意识到本质问题；相反，却认为青蛙体内存在一种"神经电流体"，这种电流体是由大脑中血液产生，经过神经传至肌肉内部，使之带正电，而肌肉外层感应出负电荷；青蛙宛如一个充了电的莱顿瓶，若有一种导体从外部接通神经和肌肉，"神经电流体"就会经导线弧放电，导致肌肉抖动。伽伐尼说："根据一种非常稀薄的神经电流体的假说，我们肯定了这种观点，即在现象发生的同时，神经电流体像莱顿瓶的电流一样，从神经流到肌肉。"

尽管伽伐尼强调"神经电流体"的作用，但是他的实验无可否定地表明了不同金属相互接触的作用在现象中的地位，即便在他的眼里这只是一种外部的、从动的因素。可以这样说，伽伐尼的发现为伏特建立接触电动势理论推开了第一扇现象的大门。

于是，伽伐尼提出了"生物电"的理论，认为金属导体激发了原本储存在青蛙腿里的电，从而带动了它的运动。他后来还把这套理论扩展到人身上，他说人跟青蛙一样，体内带有电，有的人带电多，所以容易暴躁，甚至癫痫。如今看来，这一猜想当然十分荒谬，但也说明了"电"的神秘，留给了人们巨大的想象空间。

伽伐尼提出了"生物电"，在当时的欧洲产生了巨大的反响。人们甚至觉得"电"可能成为连接生死的一种桥梁——玛丽·雪莱（Mary Shelley，1797—1851年，诗人珀西·雪莱（Percy Shelley，1792—1822年）[①]的妻子），因其1818年创作了文学史上第一部科幻小说《弗兰肯斯坦》（又译《科学怪人》），而被誉为"科幻小说之母"。大约在16岁的时候，玛丽和她未来的丈夫珀西·雪莱相识。玛丽和珀西志趣相投，他们很快相恋了。玛丽不顾父亲的阻止，于1814年和珀西私奔法国，并在欧洲游

---

① 雪莱是英国浪漫主义民主诗人、作家，柏拉图主义者和理想主义者，受空想社会主义思想影响颇深。1813年完成叙事长诗《麦布女王》，1818—1819年完成了两部重要的长诗《解放了的普罗米修斯》和《倩契》，以及其作品《西风颂》。恩格斯称他是"天才预言家"，他和拜伦被公认为是19世纪英国诗坛的两颗巨星。

览了6个星期。珀西当时已经成家，却很快为玛丽非凡的容貌、举止和才智所折服。当珀西的第一个妻子在1816年12月自杀去世后，他们正式结婚。在1814—1823年的旅居生活中，玛丽经历了一个花季少女很难负荷的种种人生变故。在此期间，她生育了四个孩子，不幸的是，三个孩子夭折了；她还遭遇了一次流产，为此差点儿丧命；更为不幸的是，她的丈夫珀西·雪莱在一次远航中溺水身亡。其间唯一一件点亮她生命的事件是，她受到伽伐尼的研究报告启发，于1818年写下了人类历史上第一本科幻小说——《弗兰肯斯坦》，一部在其作者逝世两百多年后的今天，仍然备受人们关注的著作。

伏特读到了伽伐尼的文章，感到很惊艳。他从16岁就开始研究电，但从没想过电对有机体的作用，甚至还会出现"生物电"现象。

发明电池

当伏特听说伽伐尼发现了"神经电流体"时，好生奇怪，他认为那是"难以置信的"。在他看来，动物电只存在于少数鱼类中，其他动物无电可言；即使这些鱼体内有电，那只不过是能够操纵、激发外界电流体的弱电而已。伏特觉得有些不可信，决定亲自重复实验进行验证。1792年4月1日他成功地重复了伽伐尼实验。虽然有蛙确实在动，但伏特不认同伽伐尼对实验的解释。伏特说："蛙腿抽动的电能，不是来自青蛙，而是来自与蛙腿接触的金属。"为了证实自己的假设，他把两种金属放到自己舌头上，此时会有微麻的感觉，这说明在不同的金属间产生了电。他还发现，如果把这两片金属箔的位置对调一下，就会感觉到另一种味道，即碱味或苦味。伏特认为这是一种电学现象，他凭这种感觉把金属分为三组：第一组包括锡和铅，第二组包括铁、铜、黄铜等，第三组有金、银、铂。他的体会是，同一组内的金属的接触不足以产生上述味觉，而第一组的金属与第三组的金属的结合效果最佳。而蛙腿，只是受到了金属电的影响，作用跟电流计一样。事实总是易于接受的，然而解释现象却是另一码事，这需要时间和耐心，还需要观察和思考。

伏特改变方式重做实验。他拿来一只活青蛙，用一根由两种不同金属构成的弧来刺激它，使弧的一端接触它的腿，另一端接触它的背。伏特这样做也能使青蛙痉挛，这是伽伐尼未曾观察过的现象。这个事实打破了伽伐尼的"神经电流体"的假说，因为导线弧既未进入肌肉，也未与神经直接接触，这种情况下的痉挛现象不能用伽伐尼假说来解释。

伏特又使用莱顿瓶通过一只活青蛙放电，青蛙痉挛了，这明显是外部电流刺激的结果。1792年9月13日，伏特在给伽伐尼的一封信上最早提出了"接触电"的思想。他说："用一种无可置疑的方法，即用两种不同的金属表面相互接触的方法产生非常微弱的人工电的作用。"这是伽伐尼电现象的根本原因。

伏特对伽伐尼电流产生的机制做了这样的假说：各种金属含有不同数量的电流体，当两种金属相互接触时，电流体总是倾向于由含量高的金属流到含量低的金属；

如果在金属中插入某种湿导体并把它们接成回路，电流就会产生出来。

1792 年 11 月 24 日，伏特在给阿尔迪尼的一封信上扩大了他原来划分的三组导体的范围。第一组导体除锡和铅外，增补了锌；第二组导体除原有的铁、铜和黄铜外，增补了锑、铋和钴；第三组导体在金、银、铂的行列中加入了水银和木炭。后来伏特取消了这种划分，而代之以导体按其接触电位高低的顺序排列。

1793 年，伏特对各种金属相互间的接触电动势进行了全面研究。他希望按照接触电动势数值把所有金属按顺序排列起来，并挑出一些接触电动势较大的金属对，他称这类金属对为接触"电机"。根据测量结果，他把金属和石墨排列成下面的顺序：锌、锡、铅、铁、黄铜、青铜、铂、金、银、汞、石墨。

在这一系列中，每一种金属当与其后面任何一种金属接触时，其本身的电位将高于其后面任何金属的电位。例如，锌 - 银的电动势大约为 0.78 伏，锌相对于银为正电位。伏特认为，这是理想的接触"电机"。

伏特在建立上述金属排列时还发现了一个重要的规律，即中间金属定理。这个定理是说：不论有多少种不同的金属串接在一起，它们的总接触电动势与中间金属无关，仅取决于两端金属的性质。

1801 年，伏特在法国科学院讲学时，用实验演示了中间金属定理。他的实验测得银 - 铜、铜 - 铁、铁 - 锡、锡 - 铅、铅 - 锌金属对偶的接触电动势值分别为 1、2、8、1、5 个刻度，又测量银 - 锌的接触电动势为 17 个刻度，正好等于"（银 - 铜）+（铜 - 铁）+（铁 - 锡）+（锡 - 铅）+（铅 - 锌）"的接触电动势值。伏特还指出，对于第二类导体，中间金属定理不成立。例如，锌 - 水的接触电动势值为 1 个刻度，按照中间金属定理银 - 水的接触电动势值应当为 13，但实际只有 1。在伏特接触电动势理论中，起决定作用的是金属而不是液体，因为液体既不会改变金属接触电动势的大小，也不会因为自己与一种金属形成一定的势垒而对总的接触电动势有所贡献，它在电池中只起沟通和维持电流的作用。例如，电池中的纸板不论是浸过清水还是浸过盐水，电池电动势都是一样的；但若无此湿板，就无以形成强大的电流。

和伏特相比，伽伐尼的晚年是不幸的。1790 年，他的妻子去世，他孑然一身。伏特和伽伐尼一直争论不休，甚至持续到 1798 年伽伐尼去世。法国占领意大利后，于 1797 年建立了附庸国——奇萨尔皮尼（Cisalpine）共和国，后者要求所有大学教授向新政权宣誓效忠。伽伐尼反对社会和政治的混乱，因而和其他同事一道拒绝效忠。结果新政权剥夺了伽伐尼的一切学术职位和公共职位，从此他失去了全部经济来源。1798 年 12 月 4 日，苦闷又贫困的伽伐尼在位于博洛尼亚的兄弟家中去世。

伏特发明电池后真诚地赞扬说，伽伐尼的工作"在物理学和化学史上，是足以称得上划时代的伟大发现之一"。为了纪念伽伐尼，伏特还把伏特电堆叫作伽伐尼电堆，引出的电流称为伽伐尼电流。至今还有一些电学名词，如"电流计"（galvano-meter）、"验电计"（galvanoscope）、"镀锌"（galvanization）等，还保留有"伽伐尼"（galvan）这个词头。

不过当时，伏特仍然耿耿于怀，难以罢休。到底是生物电，还是金属电？伏特决定，不管伽伐尼死活，问题还得搞清楚。这次，他决定不再被伽伐尼牵着鼻子走，不能再用青蛙，得另辟蹊径。伏特找来一块锌板和一块铜板，把用盐水浸湿的毛巾压在中间，此时他再去测两块金属板，发现居然有微弱的电流。他当即念道："伽伐尼啊，伽伐尼，我这次根本没用青蛙，还是有电流，可惜你看不到了。"

1800 年 3 月 20 日，伏特宣布发明了伏特电堆，也叫伏特电池，这是历史上的神奇发明之一，这是人类历史上的第一个电池。从此以后，人类便有了"持续"的电流，意义非凡！

电流很微弱，实验还得改进。伏特选用锌板和铜板浸泡在硫酸溶液中，可以得到较大的电流。但伏特并没有停步，他继续实验，对电池进行改进。因为两块金属板产生的电压太低，他就将 6 个这样的单元串在一起，得了将近 4 伏的电压。这个电压在今天不算什么，几个小电池串起来就能办到。然而，在当时，伏特堆已经可以为科学实验提供足够的电能了，从而为随后"电气时代"的到来拉开了帷幕。

伏特把一个金属锌环放在一个铜环上，再用一块浸透盐水的纸或呢绒环压上，再放上锌环、铜环，如此重复下去，10 个、20 个、30 个叠成了一个柱状，便产生了明显的电流。这就是后人所称的伏特电堆或伏特电池。这个柱叠得越高，电流就越强。这是为什么呢？原来伏特经过实验创立了一个了不起的电位差理论，就是说不同金属接触，表面就会出现异性电荷，也就是说有电压。他还找到了这样一个序列：铝、锌、锡、镉、锑、铋、汞、铁、铜、银、金、铂、钯。在这个序列中，任何一种金属与后面的金属相接触时，总是前面带正电，后面带负电。这是世界上第一个电气元素表。只要有了电位差、电势差，即电压，就会有电流。如此，人们对电的认识一下子就跃出了静电的层面，就不再是摩擦毛皮上的电、雷电中的电、莱顿瓶里的电，也不只是动物身上的电，而是能控制流动的电。法国科学家阿拉果（Dominique Francois Jean Arago，1786—1853 年）在 1831 年写的某篇文章中这样称赞伏特电堆："这种由不同金属中间用一些液体隔开而构成的电堆，就它所产的奇异效果而言，乃是人类发明的最神奇的仪器。"

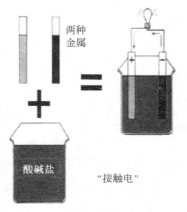

伏特电池

伏特在完成了电堆工作后，科学生涯达到了高峰，同时也是绝响和终点。自此以后，实际上他就从科学的舞台上消失了。对他发现的利用完全落在其他人身上。他可能是年纪太大了，无法再与年轻的新生力量竞争，也可能在心理上受到了他以前的巨大成就的阻碍。他没有脱离过学校，他的工作可能太具个性，他的著作与教学中缺乏正规的数学，可能限制了他表达自己思想的能力。

1836 年，英国科学家丹尼尔（J.Daniell）对"伏特电堆"进行改良：使用稀硫酸作为电解液，解决了电池极化问题，制造出第一个不极化、能保持平衡电流的锌 - 铜电池。因为这种电池能充电，可以反复使用，所以称它为"蓄电池"。1887 年，英国人赫勒森（W. Hellesen）发明了最早的干电池，其电解液为糊状，不会溢漏，便于携带，因此获得了广泛应用。1890 年，发明大王爱迪生（Thomas Edison，1847—1931 年）发明了可充电的铁 - 镍干电池，把电池的发明推向一个新阶段。随着科学技术的发展，干电池已经发展成为一个大的家族，到目前为止已经约有 100 多种，比如锌 - 锰干电池、碱性锌 - 锰干电池、镁 - 锰干电池、锌 - 空气电池、锌 - 氧化汞电池、锌 - 氧化银电池、锂 - 锰电池等。这些干电池，其实就是改良版的伏特电堆：用氯化铵的糊状物代替了当初的盐水，用石墨棒代替了当初的铜板作为正极，而外壳仍然用锌皮作为电池的负极。

改进后的伏特叠层电池

伏特电池是在伏特达到相当高龄（55 岁）时发明的，它立即引起所有物理学家的欢呼。

声名卓著

伏特原定于 1800 年 9 月对法国进行学术访问，但由于法国和奥地利等国间的紧张战事，访问被推迟了一年。伏特法国之行的目的一方面是为了宣传他的新发现，另一方面是为了缔结意法两国的物理学联盟。他在法国科学院演示了电池，阐发了关于摩擦电和伽伐尼电同一性的思想。拿破仑三次出席伏特的讲演。他高瞻远瞩，看到了伏特电池对科学、对社会的潜在影响，认识到这将会给人类带来更大的利益。

他亲自授予伏特 6000 法郎的奖金和一枚荣誉军人勋章，并封他为意大利王国的议员和伯爵。另外，拿破仑责成法国科学院组织一个第一等级的专门委员会，以进一步研究伏特电池及其对物理学和化学发展的影响。拿破仑不仅在政治上和军事上叱咤风云，而且对科学技术的发展也颇有见识。为了招揽人才，他责成法国科学院每年发放一项 3000 法郎的奖金，奖给那些在电学上做出了有如富兰克林和伏特那样贡献的人。他给内政部长查普塔尔的一份敕令中写道："所有外国人"都有资格申请这种奖金。拿破仑希望通过这种途径把科学家的注意力都引向伽伐尼电和伏特电池上来，全面地开发这块刚刚开拓起来的处女地，按他的话来说，这"也许是通向伟大发现的道路"。在他的敕令感召下，欧洲各国物理学家和化学家积极申请拿破仑奖金，即便是敌对国（如英国）也不例外。拿破仑对待敌对国的科学家一如对待本国科学家那样，一视同仁。他这种开明的科学政策促进了欧洲 19 世纪初期的科学，特别是电学、化学、数学和理论物理学的发展。从 1801 年到 1814 年间，先后应征获奖的科学家有柏林的爱尔曼（Ermann）、英国的汉弗里·戴维（Humphry Davy，1778—1829 年）和法国的盖 - 吕萨克（Gay-Lussac，1778—1800 年）等人。

法国科学院第一等级遵照拿破仑的敕令在 1801 年 10 月组成了以拉普拉斯（Laplace，1749—1827 年）、库仑（Coulomb，1736—1806 年）、毕奥（Jean Baptiste Biot，1774—1862 年）为主要成员的专门委员会。年轻的毕奥在该委员会担任技术情报的记录和整理工作，他把伏特在法国科学院的活动及委员会的研究进展完整地记录在他的报告中。毕奥在报告中做了如下记录：

"伏特阁下，帕维亚大学教授，读了关于伽伐尼电的理论，特别是关于伽伐尼电流体性质的文章的第一部分，波拿巴建议科学院第一等级从大和平时代的第一期开始，广罗开发科学的贤才，授予伏特阁下这样一位截至和平时期第一次在第一等级宣读了一篇论文的外国学者一枚金质奖章，以表示他对伏特这位教授的特别尊重和他广集所有外国学者成就的急切愿望。他还建立由第一等级负责的一个委员会来进行大规模的实验，以传播由伏特给第一等级提供的物理学的这个重要分支的新思想……"

正如拿破仑预言的那样，伏特电池的发明引起了物理学和化学领域一场深刻的革命。过去关于电和磁的认识，对于化合元素的关系认识上的机械的、静止的观点，被随后诞生的电磁学和电化学的新思想、新观点所代替，自然力统一的原理在更广泛的范围，在更深的物质层次得到了实验的证明。电池的魔力在于它能产生持续电流，这种电流为像戴维、贝采里乌斯（Jöns Berzelivs，1779—1848 年）、法拉第（Michael Faraday，1791—1867 年）这样的化学家和像奥斯特（Hans Christian Orsted，1777—1851 年）、安培（André-Marie Ampère，1775—1836 年）、毕奥、欧姆（Georg Simon Ohm，1789—1854 年）这样的物理学家提供了新的实验手段和课题。如戴维所说：电池的发展是"欧洲各地的实验者们的一个警钟"，使他们在日趋繁重和复杂的实验中看到了电池这个大力神的力量，发现了伽伐尼电的妙用。

戴维本人曾经设计一台 60 副锌 - 铜对的电池，每块板高 1.5 英寸，宽 1.7 英寸，全槽长 26 英寸。后来，他在 1809—1811 年间做了一台 2000 副锌 - 铜对的大电池，并用它来做连续电弧表演，开创了电光源的时代。

伏特电堆提供了产生恒定电流的电源——化学电源，它的电流强度比从静电起电机能得到的电流大得多。人们从伏特电堆中获得稳定的持续的电流，使电学从对静电的研究进入对动电的研究。1820 年，丹麦物理学家奥斯特发现了电流的磁效应，这又引发了 1831 年英国物理学家法拉第发现了电磁感应现象并发明发电机，使电磁学发展走上了突飞猛进的道路；发电机的出现标志着电气时代的开始，并引发了第二次产业革命，改变了人类社会的结构。从这方面讲，伏特电堆把电学推进了一个新时代。

伏特向拿破仑演示

阿拉果在 1831 年写的一篇文章中谈到了对伏特电堆的一些赞美："……这种由不同金属中间用一些液体隔开而构成的电堆，就它所产的奇异效果而言，乃是人类发明的最神奇的仪器。"他描述了当时所知道的一切情况，我们必须记住，在 1831 年，电流还没有什么重要的实际应用。

1804 年，伏特要求辞去帕维亚大学教授而退休时，拿破仑拒绝了他的要求，赐予他更多的名誉和金钱，并授予他"伯爵"称号。

伏特和一位歌女同居了多年，但在大约 50 岁时却和另一个女人结了婚。他的妻子被描述为一位普通的家庭妇女，高贵、富有和聪慧，他们一起养育了三个孩子。

后人为了纪念亚历山德罗·伏特，电压的单位定为伏特，简称伏，用他名字的第一个字母 V 表示。

创设诺贝尔奖的化学家：诺贝尔（1833—1896 年）

炸药

炸药，即能在极短时间内剧烈燃烧（即爆炸）的物质，是在一定的外界能量的作用下，将自身能量以爆炸形式释放的物质。一般情况下，炸药的化学及物理性质稳定，但不论环境是否密封、药量多少，甚至在外界零供氧的情况下，只要有较强的能量（由起爆药提供）激发，炸药就会对外界进行稳定的爆轰式做功。炸药爆炸时，能释放出大量的热能并产生高温高压气体，对周围物质起破坏、抛掷、压缩等作用。

典型的炸药包含爆炸物、某种引爆装置，通常还有某种外壳。被雷管的热量或冲击能量触发后，爆炸物就会进行快速的化学反应，即燃烧或分解。

在化学反应中，化合物分解产生多种气体。在反应物（原始化学化合物）中的各个不同原子之间，以化学键的形式储存着大量能量。化合物分子分解时，生成物（产生的气体）可能利用其中的一些能量（而不是全部能量）形成新键。大多数"剩余"的能量会形成高温热量。集中的气体在极大压力下快速膨胀，热量会加快各个气体粒子的运动速度，使得压力更高。在高能炸药中，气体压力很大，足以破坏建筑，致人伤亡。如果气体膨胀速度比声速度快，就会产生强大的冲击波。这种压力还能促使固体碎片高速冲出，以巨大的力量打击人或建筑。

炸药有一个大家族，名叫硝基化合物，硝基就是——NO_2，含有氮和氧，自己给自己提供氧化环境和氧化物。TNT 是三个硝基链接一个甲苯，硝酸甘油则是硝基连接了一串酯。某些还原剂，在硝化之后得到硝基，就具有爆炸能力，这些物质大多含碳，还有氢，因此这个过程不仅释放了氮气，还生成水和二氧化碳。

炸药起源于中国，至迟在唐代，中国已发明火药（黑色炸药），这是世界上最早的炸药。宋代，黑色炸药已被用于战争，但它需要明火点燃，爆炸威力也不大。

1771 年，英国的 P. 沃尔夫（P. Woulfe）首先合成苦味酸（三硝基苯酚）。它是一种黄色结晶体，最初作为黄色染料使用。1873 年，赫尔曼·施普伦格尔（Hermann Sprengel，1834—1906 年）发现苦味酸可以作为起爆药，并可用于军事高爆炸药。1885 年，法国化学家欧仁·特平（1848—1927 年）申请了专利，把苦味酸作为炸药与炮弹发射装药。全世界主要国家迅速发生了一场军事技术革命：1887 年，法国采用了苦味酸与火棉混合炸药，称为 melinite（麦宁炸药）；1888 年，英国开始制造类似的炸药，称为 lyddite（立德炸药、裂地药）；日本制造了改进的下濑火药；1889 年，奥匈帝国开始制造苦味酸与三硝基甲酚胺盐混合的炸药 ecrasite；1894 年，沙俄开始把苦味酸用作炮弹发射药；1906 年，美国使用苦味酸胺。基于它用作黄色染料的历史和极强的染黄色能力，又被称为黄色炸药，曾广泛用于装填炮弹、航空炸弹、地雷、手榴弹等几乎所有的军用弹药。苦味酸是一种烈性炸药，在 19 世纪末使用非常广泛。中日甲午战争、1898 年英国殖民苏丹的恩图曼战役、布尔战争、日俄战争、第一次世界大战，都广泛使用了苦味酸炸药。

由于苦味酸容易与弹体金属反应，产生感度很高的苦味酸盐，所以时常发生弹药的意外爆炸，造成士兵伤亡。1917 年 12 月，加拿大的哈利法克斯大爆炸造成了2000 余人死亡，就是由苦味酸炮弹的安全事故造成的。1943 年，"陆奥号"战列舰爆炸也被怀疑与之相关。1902 年，德国开始用更稳定、安全的 TNT 替代苦味酸作为炮弹装药。第一次世界大战中世界各国陆续完成替换苦味酸军用炸药。苦味酸炸药在 20 世纪下半叶趋于淘汰。苦味酸也是重要的化工原料、酸碱指示剂和医用收敛剂。

1779 年，英国化学家爱德华·霍华德（Edward Howard，1774—1816 年）发明了雷汞［雷酸汞，$Hg(CNO)_2$］。雷汞是一种起爆药，它用于配制火帽击发药和针刺药，也可用于装填爆破用的雷管。雷汞颜色因为制造比率不同而不同，有灰、灰白、淡黄、月白、纯白等色。纯的雷汞属于月白色。雷汞为极敏感而猛烈的爆药，受轻微碰撞、摩擦，或与燃烧体、加热体互相接触即会发生爆炸，故用于起爆。由于雷汞有毒，制备过程和爆炸时放出的气体都有毒性，故雷汞目前已被更稳定的起爆药所代替。雷汞的晶体结构直到 2007 年才得以确定。将雷汞慢慢加热，则在152℃时发生强烈爆炸；高速加热，则在 200℃时爆炸。将雷汞置入金属管中，即成雷管。雷汞制造的底火被称为锈蚀性底火，射击后不及时保养会加重枪械锈蚀。这种底火曾经被广泛使用，后因其锈蚀性而被放弃。

1831 年，英国人比克福德（Bickford）发明了安全导火索，为炸药的应用提供了方便。

1838 年，T. J. 佩卢兹首先发现棉花浸于硝酸后可爆炸。1845 年德裔瑞士化学家克里斯提安·舍恩拜（Christian Schonbein，1799—1868 年）发明出硝化纤维（舍恩拜 1840 年还发现了臭氧）。1860 年，普鲁士军队的少校 E. 邻尔茨用硝化纤维制成枪、炮弹的发射药。

1846 年，意大利化学家阿斯卡尼奥·索布雷洛（Ascanio Soberero，1812—1888 年）首次制成硝化甘油。硝化甘油是一种烈性液体炸药，轻微震动即会爆炸，危险性大，不宜生产。1859 年之后，瑞典的阿尔弗雷德·诺贝尔和他的父亲及弟弟共同研究硝化甘油的安全生产方法，终于在 1862 年用"温热法"降服了硝化甘油，使之能够比较安全地成批生产。

1863 年，约瑟夫·威尔勃兰德发明 TNT［分子式 $C_6H_2CH_3(NO_2)_3$］。TNT 是一种威力很强而又相当安全的炸药（呈棕色晶体状，易与苦味酸混淆，被误称为"黄色炸药"），即使被子弹击穿一般也不会燃烧和起爆。它在 20 世纪初开始广泛用于装填各种弹药和进行爆炸，逐渐取代了苦味酸。在第二次世界大战结束前，TNT 一直是综合性能最好的炸药，被称为"炸药之王"。

1866 年，诺贝尔发明了达纳炸药。19 世纪 60 年代，诺贝尔在法国继续进行炸药的研究。在一次事故中，他的弟弟被炸死，父亲受重伤。法国政府禁止其在陆地上进行实验。他只好租了一条驳船，在马拉伦湖上建起了新的实验室。一次实验中，一只装有硝化甘油的瓶子破碎，流出的硝化甘油被瓶底下用来减少震动的惰性粉末硅土吸收。诺贝尔意外地发现，硝化甘油与硅土混合物不仅使炸药威力不减，而且生产、使用和搬运更加安全。后来，他用木浆代替了硅土，制成了新的烈性炸药——达纳炸药，"达纳"一词源于希腊文"威力"。1872 年，诺贝尔又制得一种树胶样的胶质炸药——胶质达纳炸药，这是世界上第一种双基炸药。

1884 年，法国化学家、工程师 P. 维埃利最先发明了无烟火药。舍恩拜发明的硝化纤维很不稳定，曾多次发生火药库爆炸事故。维埃利将其研制成胶质，再压成片状，切条干燥硬化，便制成了第一种无烟火药。这一发明具有极重要的意义。无烟火药燃烧后没有残渣，不产生或只产生少量烟雾，却为发射弹丸的射程、弹道平直性和射击精度的提高提供了弹药方面的条件。海勒姆·马克沁（Hiram Maxim，1840—1916 年）[①] 发明的重机枪，正是由于使用了无烟火药，才得以具备实用价值。

1887 年，诺贝尔也制成了类似的无烟火药。他还制成更加安全而廉价的"特种达纳炸药"，又称"特强黄色火药"。诺贝尔的众多发明使他无愧于"现代炸药之父"的赞誉。

1899 年，德国人亨宁（Henning）发明了黑索金（Hexogen）[②]。在原子弹出现以前，它是威力最大的炸药，又称为"旋风炸药"。在第二次世界大战之后，曾取代了 TNT 的"炸药之王"的宝座。

C4 塑胶炸药，简称 C4，名称由来是每个单分子结构里有 4 个碳，是一种高效的易爆炸药，如果外边附上黏着性材料，就可以像口香糖那样牢牢地黏附在上面，因此被称为"残酷口香糖"。C4 塑胶炸药原产捷克，现在美国也是主要生产国。这种炸药能轻易躲过 X 光安全检查，这是恐怖分子喜欢使用它的原因。未经特定嗅识训练的警犬也难以识别它。正是由于 C4 的这些性质，所以它一般都是各国军队使用的，民间难以得到。

---

① 马克沁，重机枪的发明者，出生于美国缅因州，后来移居英国，1901 年被维多利亚女王封为爵士。马克沁是一名优秀的武器设计师，他设计发明的马克沁机枪在一次实射中每分钟发射 600 发子弹，马克沁在无烟火药的研制中也做出了很大贡献，这种火药使他的机枪更能发挥威力。第一次世界大战中的索姆河战役，德军大量使用马克沁机枪，英军一天被杀 5 万多人。1916 年 11 月 18 日，以参战双方伤亡约 134 万人的索姆河战役结束。马克沁退休之后致力于大型游艺机械的研究与发明，并且靠着机枪的专利收入在英格兰西北部的黑池建设了世界上第一座游乐场，安装了诸如旋转木马一类的大型游艺玩具。

② 1899 年，德国在发表的专利中首次叙述制造黑索金，当时并没有提出作为炸药而是推荐作为医用药物，后来发表的专利中才提出用于制造无烟发射药。

生平

阿尔弗雷德·诺贝尔（Alfred Nobel），瑞典化学家、工程师、发明家，军工装备制造商和炸药的发明者，1833 年 10 月 21 日出生于瑞典斯德哥尔摩，1896 年 12 月 10 日逝世。

诺贝尔一生拥有 355 项专利发明，并在欧美等五大洲 20 个国家开设了约 100 家公司和工厂，积累了巨额财富。

诺贝尔的父亲伊曼纽尔·诺贝尔是位发明家，他发明了家用取暖的锅炉系统，设计了一种制造木轮的机器，设计制造了大锻锤，改造了工厂设备。1853 年，俄国沙皇尼古拉一世为了表彰伊曼纽尔·诺贝尔的功绩，破例授予他勋章。伊曼纽尔·诺贝尔是个对发明兴趣极浓的人；同时，诺贝尔的母亲罗琳娜·阿尔塞尔也是位意志坚强、吃苦耐劳的人，夫妇俩对诺贝尔的一生产生了巨大的影响。

诺贝尔曾经问过自己的父亲，炸药是一种杀人的东西，那他为什么还要制造。他的父亲回答，炸药也可以用来开山辟路、发展工业，技术没有好坏，关键看人怎么使用。之后不久，诺贝尔父亲研制的水雷，被俄国沙皇赏识。全家搬去了俄国，时年 9 岁的诺贝尔因为不懂俄语，身体又不好，进不了当地学校。他父亲不得已请了一位化学家当家庭教师，辅导他们兄弟三人的文化学习。或许是巧合，在老师和父亲的双重熏陶之下，小诺贝尔迷上了化学。

诺贝尔平常除了学习俄语之外，几乎每一天都投入化学的海洋之中。几年之后，年仅 17 岁的诺贝尔，就已经成了当地小有名气的化学家了。可世事难料，1859 年，平静的日子又被打破了，父亲所在的工厂再度破产。诺贝尔一家只好又搬回到瑞典。当时瑞典的炸药根本满足不了采矿的需求，于是诺贝尔和他的弟弟一起，建立了一所实验室，开始研究炸药。经过多次试验，诺贝尔终于发明了使硝化甘油有效爆炸的方法。诺贝尔开心得不得了，可研究炸药不是开玩笑的，随时都有危险。终于，意外发生了，在 1864 年 9 月 3 日，他们的实验室在制造炸药的时候，不小心发生了爆炸。这次爆炸带来的结果，无疑是惨烈的。父亲受了重伤，弟弟更是被炸死。此外，爆炸的威力，也让附近的居民产生了恐惧，纷纷反对诺贝尔的实验室继续运行。不仅瑞典政府禁止重建实验室，整个欧洲都不再让建设。

迫不得已，诺贝尔只好将工厂建在了一艘破败的驳船上。可是命运依然没有眷顾他，诺贝尔这座"工厂"中生产出来的硝化甘油，在世界各地的工厂和火车中发生大爆炸。这种灾难性的大爆炸，让民众痛斥诺贝尔是个大恶魔，并且接连游行，要求政府禁止这类产品的生产与销售。在巨大的压力下，各国政府迫不得已颁布了禁止生产硝化甘油的规定，诺贝尔再次被逼到了穷途末路，曾经带来荣誉和财富的炸药，现在变成了致命的武器。

后来，工业的进程和其他方面的需要，给诺贝尔及其炸药带来了转机。1867 年，他发明安全雷管引爆装置。1873 年，诺贝尔定居巴黎。1880 年，获得瑞典国王创议颁发的科学勋章，又得到法国大勋章。1884 年，诺贝尔被推荐为伦敦皇家学会、巴黎技术协会、瑞典皇家科学协会的会员。1888年，诺贝尔发明了用来制造军用炮弹、手雷和弹药的无烟炸药，亦称诺贝尔爆破炸药。1896年，他又取得开有细孔的玻璃制压榨喷嘴的专利，此发明对纺织工业也产生了相当大的影响。1890年，诺贝尔受法国人迫害，离开了已居住18年之久的巴黎，搬到意大利圣利摩，在当地创立研究所。在此后的6年间，他不断致力于各种各样的新发明，涉及化工、机械、电气、医疗等领域。1893年，诺贝尔获瑞典乌普萨拉大学荣誉哲学博士学位。1895年11月27日，诺贝尔立下遗嘱。1896年12月10日晚上，诺贝尔在圣利摩的米欧尼德庄去世，终年63岁。

诺贝尔在少年时代深受英国诗人珀西·雪莱的影响，并因此做过想当诗人的"雪莱梦"。成年之后，尽管由于技术发明与商务发展两方面的事务极为繁忙，业余时间很少，但诺贝尔对文学的爱好与他对科学的爱好一样始终如一。可以说，文学与科学是诺贝尔的两大精神支柱。

诺贝尔对文学有长期的爱好，在青年时代曾用英文写过一些诗。后人还在他的遗稿中发现他写的一部小说的开端。鲜为人知的是诺贝尔同时也是一位剧作家，但是一直到他生命垂危的时候，他唯一的一部剧作才得以付印。可惜的是，他的作品被认为是"诽谤滋事、亵渎神明"，待诺贝尔过世就几乎全都被销毁了，只有区区三份得以幸存。

诺贝尔晚年开始创作小说，包括1861年的《在最明亮的非洲》、1862年的《姊妹们》，这两部作品抒发了他对社会改革的观点。1895年写的喜剧《杆菌发明专利权》，则对现实持批评态度，作品充满了挖苦和讥讽。他唯一的一部正式出版的戏剧作品，是写于1895年的《复仇的女神》。

诺贝尔一生没有妻室儿女，他的爱情是悲剧性的。青年时代的欧美之旅中，诺贝尔曾在巴黎与一位法国姑娘有过短暂的恋情，但那位姑娘不久就病逝了。此后，诺贝尔感情的大门便永久地关上了。

即使他富可敌国，即使他有惊人的贡献，但诺贝尔却最终落得一生孤独的结果。他一辈子居无定所，身边没有一个能分享快乐的亲人，也没有一个可以互相支撑的生活伴侣，膝下更是无儿无女。

他曾在写给友人的一封信中，描绘过这样一个场景：一个孤苦伶仃的人，临终时没有一个人在他耳旁说过一句温柔的话，咽了气也没有一个亲人为他合上眼睛。由此我们可以感受到一个老人的悲哀与孤独。实际上也确实如此，直至诺贝尔临终时身边都没有一个亲人，最终帮他合上眼睛的，还是他的法国佣人。

设奖

由于没有子女继承遗产，晚年的诺贝尔开始考虑自己巨额财产的归属。当着律师的面，他写下遗嘱：把自己存在银行的920万美元用来成立诺贝尔奖基金会，每年的定期利息奖给那些在物理、化学、生物医学、文学和和平领域内对人类做出突出贡献的人。1969年瑞典银行增设经济学奖，奖励当年在经济领域内做出最大贡献的学者。从1901年开始，奖金在每年的诺贝尔逝世纪念日——12月10日下午4：30颁发。

目前诺贝尔奖分成下列六项。

（1）诺贝尔物理学奖：由瑞典皇家科学院决定，颁发给在物理方面有重要发明和发现的人。

（2）诺贝尔化学奖：由瑞典皇家科学院决定，颁发给在化学方面有重要发现和改良的人。

（3）诺贝尔生理学或医学奖：由斯德哥尔摩卡罗林斯卡（Karolinska）学院诺贝尔委员会决定，颁发给在生理学或医学方面有重要发现的人。

（4）诺贝尔文学奖：由瑞典文学院决定，颁发给对文学思想有启发引导作用的人。

（5）诺贝尔和平奖：由挪威议会组成的五人委员会决定，颁发给为促进国际友好关系且为和平会议的设立和普及竭尽心力，或在军备的废除和缩减上有重要贡献的人。

（6）诺贝尔经济学奖：并非诺贝尔遗嘱中提到的五大奖励领域之一，是由瑞典中央银行在1968年为纪念诺贝尔而增设的，获奖者由瑞典皇家科学院决定。

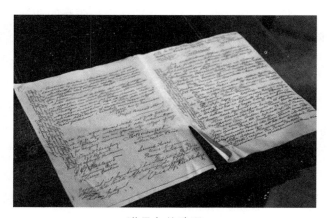

诺贝尔的遗嘱

诺贝尔奖章

为了纪念诺贝尔，诺贝尔奖各奖项颁奖仪式要在每年的诺贝尔逝世纪念日举行。颁奖仪式上，男士要穿燕尾服或民族服装，女士要穿严肃的晚礼服，仪式中所用的白花和黄花必须从意大利的圣莫雷运来。

据相关资料统计，截至 2018 年，世界上诺贝尔奖获奖人数（校友、教职工及正式研究人员）最多的十所高校分别是：①美国哈佛大学（158 位）；②英国剑桥大学（118 位）；③美国加州大学伯克利分校（107 位）；④美国芝加哥大学（98 位）；⑤美国哥伦比亚大学（96 位）；⑥美国麻省理工学院（93 位）；⑦美国斯坦福大学（83 位）；⑧美国加州理工学院（73 位）；⑨英国牛津大学（69 位）；⑩美国普林斯顿大学（65 位）。

评选过程：

（1）每年 9 月至次年 1 月 31 日，接受各项诺贝尔奖推荐的候选人。通常每年推荐的候选人有 1000 ～ 2000 人。

（2）具有推荐候选人资格的有：先前的诺贝尔奖获得者、诺贝尔奖评委会委员、特别指定的大学教授、诺贝尔奖评委会特邀教授、作家协会主席（文学奖）、国际性会议和组织（和平奖）。

（3）不得毛遂自荐。

（4）瑞典政府和挪威政府无权干涉诺贝尔奖的评选。

（5）2 月 1 日起，各项诺贝尔奖评委会对推荐的候选人进行筛选、审定，工作情况严加保密。

（6）10 月中旬，公布各项诺贝尔奖获得者名单。

（7）每年 12 月 10 日是诺贝尔逝世纪念日，在斯德哥尔摩和奥斯陆分别隆重举行诺贝尔奖颁发仪式，瑞典国王及王后出席并授奖。

诺贝尔 1895 年的遗嘱公开后，引起了热烈的争论。有人批判诺贝尔身为瑞典人却把瑞典的财产分给世界各国的人士，这种行为实非爱国的表现；有人质疑评选者可能有受贿之虞，无法达成任务；也有人认为挪威和瑞典关系紧张，却由挪威国会议员组织委员会来颁发和平奖，这是值得怀疑的；加上遗嘱以事实上未存在的基金会为继承人，且其巨额遗产分散各国，由完全不同的法律所管辖等会出现难以解决的问题。但遗嘱的主要执行人拉古纳·梭鲁曼动员各国的财政、科学、法律专家来清理遗产及解决纠纷。经过几年的努力，在诺贝尔的二哥柳都别克家族成员的支持下，诺贝尔基金会成立，并于 1900 年 6 月 29 日由瑞典政府核准基金会的组织章程，以及瑞典各机关颁奖之各项事宜。

轶事

法国籍波兰裔科学家玛丽·居里（Mario Curie，1867—1934 年），是第一位获得诺贝尔奖的女性，也是第一位在不同领域两次获得诺贝尔奖的人：1903 年获诺贝尔物理学奖（发现放射性元素钋）和 1911 年获诺贝尔化学奖（提炼出镭）。

英国的布拉格父子（W.H.Bragg，1862—1942 和 W.L.Bragg，1890—1971）是第一对同年（1906 年）获奖者（物理学奖）。

美国科学家约翰·巴丁（John Bardeen，1908—1991），第一位在物理学领域两次获得诺贝尔奖的人：1956 年物理学奖（发明晶体管）和 1972 年物理学奖（建立超导 BCS 理论）。

英国科学家弗雷德里克·桑格（Frederick Sanger，1918—2013 年），第一位在化学领域两次获得诺贝尔奖的人：1958 年化学奖（测定胰岛素分子的结构）和 1980 年化学奖（核酸 DNA 序列的确定方法）。

诺贝尔奖原则上仅能授予在世者，但有 3 次例外。

（1）1931 年诺贝尔文学奖得主埃里克·卡尔费尔特（Erik Karlfeldt，1864—1931 年）：瑞典诗人，1904 年，当选瑞典学院院士；1907 年，任诺贝尔文学奖评委会成员。从 1918 年起，瑞典学院曾几次提名颁奖给他，但都被他以本人是评委会成员为由推辞了。直至他退休之后，"由于他的诗具有无可置疑的艺术价值"，于 1931 年获诺贝尔文学奖。其时，诗人已去世 6 个月了。

（2）1961 年诺贝尔和平奖得主达格·哈马舍尔德（Dag Hammarskjöld，1905—1961 年）：出生于瑞典荣彻平，联合国第二任秘书长（1953—1961 年），提出"维和三原则"。1961 年 9 月 18 日，前往刚果调解停火期间，坠机去世。一个月后，挪威议会诺贝尔委员会宣布授予他诺贝尔和平奖。

（3）2011 年诺贝尔生理学或医学奖得主拉尔夫·斯坦曼（Ralph Steinman，1943—2011 年）：生于加拿大蒙特利尔，生物学家，美国洛克菲勒大学细胞生理学和免疫学实验室教授。2011 年，与美国科学家布鲁斯·比尤特勒（Bruce Beutler，1957—）、卢森堡科学家朱尔斯·霍夫曼（Jules Hoffmann，1941—）共同获得当年诺贝尔生理学或医学奖。在诺贝尔委员会公布得奖名单前，拉尔夫·斯坦曼已于 2011 年 9 月 30 日因胰腺癌病逝，诺贝尔委员会维持授奖的决定，他仍然获得诺贝尔奖。

为了纪念诺贝尔做出的贡献，第 102 号人造元素锘（Nobelium）以"诺贝尔"命名。

从 1901 年第一届诺贝尔奖颁发以来，它已成为人们心中最崇高、最向往的奖项之一。可能几乎没有人想要去拒绝它，因为这已不仅仅是奖金的问题，它还是莫大的荣誉和骄傲，能够步入诺贝尔奖的殿堂，就意味着位列学界的顶尖级人物中了。

然而在诺贝尔奖的历史上还是有人发出了拒绝的声音。

德国化学家理查德·库恩（Richard Kuhn，1900—1967 年）和阿道夫·布泰南特（Adolf Butenandt，1903—1955 年）：1939 年，迫于压力，理查德·库恩和阿道夫·布泰南特放弃领取化学奖。

德国生物学家格哈德·多马克（Gerhard Domagk，1895—1964 年）：德国病理学家与细菌学家，出生于德国勃兰登堡邦。 多马克由于发现了能有效对抗细菌感染的药物磺胺，而获得了 1939 年的诺贝尔生理学或医学奖。不过却由于纳粹政权的压力而拒绝领奖，并于一周后遭盖世太保逮捕。这是由于先前一名纳粹批判者卡尔·冯·奥西茨基（Carl von Ossietzky，1889—1938 年）获诺贝尔和平奖，使当时的德国政府制定了不允许接受诺贝尔奖的规定。 直到战后的 1947 年，多马克才正式接受了诺贝尔奖。

塞缪尔·贝克特（Samuel Beckett，1906—1989 年）：爱尔兰作家，创作的领域主要有戏剧、小说和诗歌，尤以戏剧成就最高。他是荒诞派戏剧的重要代表人物，代表作有《等待戈多》。1969 年，他因"以一种新的小说与戏剧的形式，以崇高的艺术表现人类的苦恼"被授予诺贝尔文学奖。贝克特马上躲起来与世隔绝，但是记者和政界人物还是找到他，尤其是在政界人物的"威逼利诱"和劝导下，贝克特身不由己地答复瑞典学院：他同意接受此奖项，但由于健康的缘故，他无法亲自前往斯德哥尔摩领奖。

法国作家让 - 保罗·萨特（Jean-Paul Sartre，1905—1980 年）：法国 20 世纪最重要的哲学家之一，法国无神论存在主义的主要代表人物，西方社会主义最积极的倡导者之一。也是优秀的文学家、戏剧家、评论家和社会活动家。代表作有《存在与虚无》等，一生中拒绝接受任何奖项，包括 1964 年的诺贝尔文学奖，因为他需要维护自己的独立人格与自由精神。

1964 年，"由于他那具有丰富的思想、自由的气息以及对真理充满探索精神的著作，已对我们的时代产生了深远的影响"，瑞典文学院授予萨特诺贝尔文学奖，不料竟遭萨特拒绝。瑞典文学院只好临时发出公告宣称：萨特的拒绝并不能改变诺贝尔奖颁赠的有效性，只是颁奖仪式无法举行。

在诺贝尔奖中，还有一项大家关注的记录就是陪跑，即大家都公认其杰出成就，但往往被提名多次后才获奖，有的甚至终生不得。诺贝尔奖最初设立时，提名信息对外绝对保密。但从 2002 年开始，组委会决定，每年的提名信息在经过 50 年保密期后都可以公开。

1901—1966 年间，至少有 499 人得到过物理学奖的提名，被提名次数最多的是：

（1）索末菲（Arnold Sommerfeld，1868—1951 年）：84 人次。他是量子力学和原子物理学的奠基人之一，发现了精细结构常数。他在数学方面的研究，还帮助证明了狭义相对论的正确性。索末菲终生未得奖，却桃李满门，他的学生里有 7 位诺贝尔奖得主，包括劳厄（1914 年，物理学）、海森伯（1932 年，物理学）、德拜（1936 年，化学）、拉比（1944 年，物理学）、泡利（1945 年，物理学）、鲍林（1954 年，化学；1962 年，和平）和贝特（1967 年，物理学）（见《大师的足迹》第 487 页，清华大学出版社）。

（2）斯特恩（Otto Stern，1888—1969 年）：82 人次。在被提名 82 人次之后，斯特恩在 1943 年独享了物理学奖，因为他发展了分子束方法以及发现质子磁矩。

（3）汤斯（Charles Townes，1915—2015年）和奈尔（Louis Néel，1904—2000年）：75人次。汤斯被誉为"激光之父"，是激光的发明者之一，于1964年获得诺贝尔物理学奖。奈尔则由于对固体物理学中有重要应用的反铁磁性和铁氧体磁性的基础研究和贡献，在1970年被授予诺贝尔物理学奖。

（4）普朗克（Max Planck，1858—1947年）：74人次。在1900年提出能量量子化，1918年获得了诺贝尔物理学奖。

（5）爱因斯坦：66人次。在1922年（补缺1921年奖项）获得了诺贝尔物理学奖。组委会为爱因斯坦颁奖时，宣布的获奖原因是爱因斯坦在光电效应中所做的贡献，而不是狭义相对论，以至于第二年还有人以相对论提名他。

1901—1966年间，至少有533人得到过化学奖的提名。这里提名次数最多的是：

（1）伍德沃德（Robert Woodward，1917—1979年）：111人次。这位"有机化学之父"，最终在1965年成功获奖。后来又人工合成了维生素B_{12}。

（2）能斯特（Walther Nernst，1864—1941年）：76人次。因为确立了热力学第三定律，能斯特在1920年获得诺贝尔化学奖。

（3）施陶丁格（Hermann Staudinger，1881—1965年）：74人次。因为发现高分子能够由小分子通过共价键相连而形成在1953年获奖。

（4）英戈尔德（Christopher Ingold，1893—1970年）：72人次。一直陪跑，终生未得。

（5）鲍林：65人次。因研究化学键的成就，1954年获得诺贝尔化学奖，1962年，他又因宣传反对核武器而获得诺贝尔和平奖。

生理学或医学奖，只公布了1901—1953年的提名。

（1）雷蒙（Gaston Ramon，1886—1963年）：155人次。雷蒙用马做实验，为开发白喉和破伤风的疫苗做出了重大贡献。雷蒙一直被提名，却一辈子都在陪跑，他于1963年去世。

（2）谢灵顿（Charles Sherrington，1857—1952年）：131人次。以研究神经系统的贡献，在1932年获得诺贝尔奖。

（3）埃米尔·鲁克斯（Émile Roux，1853—1933年）和博尔代（Jules Bordet，1870—1961年）：115人次。埃米尔·鲁克斯是白喉毒素蛋白的共同发现者之一，获得了115次提名却还是和诺奖擦肩而过。博尔代发现了百日咳杆菌，获得了1919年的诺贝尔生理学或医学奖。

（4）勒里什（René Leriche，1879—1955年）：79人次。交感神经切除手术的创始人，但还是遗憾陪跑。

（5）洛布（Jacques Lob，1859—1924年）：78人次。用海胆完成了第一例人工单性生殖实验，但一生陪跑。

文学奖目前的陪跑冠军，是西班牙作家、历史学家皮达尔（Ramon Pidal，1869—1968年），他获得了至少151人次提名，却从未获奖。

爱因斯坦提名过的 12 位科学家全都得了诺贝尔奖。1936 年的生理学或医学奖得主勒维（Otto Loewi，1873—1961 年）提名过 10 人，总共 27 次，但一次未中。L. Longsworth 和 T. Shedlowsky 各自提名过同一位化学奖候选人（莱蒙·克雷格），且共提了 9 次，可对方始终没能得奖。

第一个被提名诺贝尔奖的中国人是伍连德，他是中国防疫事业的创始人，控制了 1910 年中国东北的鼠疫，于 1935 年获得诺贝尔生理学或医学奖的提名。胡适在 1939 年和 1957 年获得 2 人次提名，林语堂则在 1940 年和 1950 年获得 3 人次提名。

15 最接近"神"的天才：特斯拉（1856—1943年）

奇才诞生

很多人认为，人类历史上曾经有两大天才，一个是达·芬奇，而另一个就是尼古拉·特斯拉（Nikola Tesla）。天才就是离"神"很近的人，他能和"神"对话，也能和人交流；疯子也能和"神"对话，但不能和人交流。无疑，特斯拉是前者，他常发出一些"神"的话语，也做出一些"神"的工作。

达·芬奇和特斯拉

1856年7月10日，特斯拉出生在奥地利帝国（今属克罗地亚共和国）斯米湾村一个塞尔维亚家庭，这个村庄位于奥地利帝国的利卡省戈斯皮奇附近。父亲是一位在斯雷姆斯基卡尔洛夫奇教区的塞尔维亚东正教教堂的牧师，母亲是一位塞尔维亚东正教神父的女儿，擅长制作一些家庭手工工具。她能背许多塞尔维亚史诗，但从未学过认字。特斯拉为5个孩子之一，有一个哥哥（尼古拉5岁时死于骑马意外）和三个姐妹，他排行第四。

特斯拉少年时在克罗地亚的卡尔洛瓦茨上学。由于家境贫寒，父亲希望小尼古拉子承父业当一名神职人员，但小尼古拉却对神灵无动于衷，而想当一名电气工程师，并因此常常和父亲发生冲突。

完成中学学业之后，17岁的特斯拉在一场霍乱传染中受到了感染。在那个医疗技术落后的时代，家里人都以为他要去见上帝了。重病之时，他和含泪的父亲达成了一个"赌约"：如果他能活下来，家里就要允许他去学机械和物理，而不是神学。当时医生束手无策，语重心长地请特斯拉的父母准备后事，但特斯拉却不以为然，非但没有躺在床上休息，还在公共图书馆找到一份对书籍分类编制目录的工作，这让他可以轻松借阅书籍。有一天他借阅几册新书，读完之后，他的"大病"奇迹般康复。这些书都是马克·吐温（Mark Twin，1835—1910年）早期的作品。

25年之后，特斯拉见到自己的"救命恩人"，并与年长自己21岁的马克·吐温成为莫逆之交。特斯拉在他的回忆录中这样描写他们的见面："25年之后，我遇到了克莱门阁下（马克·吐温原名为萨缪尔·兰亨·克莱门），并与他成为好朋友。当我告诉他这些经历时，惊讶地看到这位伟人突然从大笑变成了大哭……"

后来，马克·吐温经常做客特斯拉的实验室，两个人从文学艺术到科技发展无所不谈，彼此之间相见恨晚。特斯拉甚至声称要发明一架时光机，穿梭到马克·吐温的童年，跟他一起成长。这些事迹都因为不可考而变得不可靠，但历史留下了其他难以磨灭的证据来证明两个人的亲密友情。特斯拉作为科学家拥有将近 1000 项专利在手，而马克·吐温作为一名文学家，则写出了大量幽默讽刺的文学作品，并被认为是美国批判现实主义文学的奠基人。这两个看似毫无交集的人，却一见如故、惺惺相惜。其实身为科学家的特斯拉也有着极高的文学造诣，拥有超凡记忆力的他可以一字不差地背诵歌德的《浮士德》，并且可以在适当的场合从自己背诵的巨著中找到一句最应景的抒情。而身为文学家的马克·吐温同时对科学技术分外迷恋，当过领航员、矿工和新闻记者的马克·吐温丝毫没有文人的迂阔。

马克·吐温在特斯拉的实验室，左后为特斯拉

17 岁前的特斯拉"中了邪"般沉浸在发明创造的幻想里，脑袋里经常浮现出种种异常奇怪的现象。他惊奇地发现，自己能够充分利用想象力，完全不需要任何模型、图纸或者实验，就可以在脑海中把所有细节完美地描绘出来，而结果竟然和实际情况没有丝毫差别。后来特斯拉的发明创造都依靠这种能力。1875 年，特斯拉于奥地利的格拉茨理工大学学习物理学、数学、机械学和电机工程。他在大学只上了一年的课，第二年军事边境局撤销，他失去了助学金，因交不起学费被迫退学。特斯拉因此没有毕业。

1878 年，他离开格拉茨去了斯洛文尼亚的马里博尔，在那里他首次被聘为助理工程师，为期一年。在这期间他患上了神经衰弱。他的父亲一直劝他回到布拉格大学的查尔斯 - 费迪南德大学分校，于是他于 1880 年到那里读了夏季学期。当特斯拉的父亲死时，他只读完了一个学期，尔后就离开了那所大学。

走近爱迪生

1882 年秋，特斯拉到爱迪生电话公司的巴黎分公司当工程师，并成功设计出第一台感应电机模型，并于 1888 年取得了专利。

爱迪生比特斯拉大 8 岁，他上学时，那所学校只有一个班级，校长和老师都是恩格尔先生。因为爱迪生有刨根问底的天性，在上课时经常问老师另类的问题（如风是怎么产生的？），仅仅三个月的时间，就被老师以"低能儿"的名义撵出学校。爱迪生的母亲南希当时是一家女子学校的教师，是一个富有教育经验的人，她不认为自己的孩子是"低能儿"，因此南希自己教授爱迪生。南希经常让爱迪生自己动手做实验，有一次讲到伽利略的"比萨斜塔实验"时，南希让爱迪生到自己家旁边的高塔上尝试，爱迪生拿了两个大小和质量不同的球并同时从高塔上抛下，结果两球同时落地，爱迪生觉得很奇怪并告诉母亲实验结果，这次实验也铭刻在爱迪生的脑海里。

由于母亲良好的教育方法，爱迪生认识到读书的重要性。他不仅博览群书，而且一目十行、过目不忘。爱迪生在母亲的指导下，阅读了英国文艺复兴时期剧作家莎士比亚、狄更斯的著作和许多重要的历史书籍，如爱德华·吉本（Edward Gibbon，1737—1794 年）的《罗马帝国衰亡史》、大卫·休谟的《英国史》，他还读过托马斯·潘恩（Thomas Paine，1737—1809 年）的一些著作，书中洋溢的真知灼见吸引了爱迪生，并影响他的一生。

10 岁时，爱迪生开始对化学产生了兴趣，他在自己家中的地窖按照教科书做实验，并且经常搞出事故。

1861 年，爱迪生用卖报挣来的钱买了一架旧印刷机，开始出版自己主编的周刊《先驱报》。创刊号是在列车上印刷的，他既是社长、记者、发行人，同时也是印刷工人和报童。在爱迪生工作的火车上有一间休息室，由于空气不流通，所以没人去那儿休息而成了空房间。因为爱迪生天天都在火车上奔波，每天很晚才回家，常常感到时间不够用，所以他认为如果把那间休息室改为实验室的话，在返回休伦港的途中，就可以做实验了，在征得列车长的同意后，那间无人的休息室便成了爱迪生的实验室。虽然做实验方便了很多，但意外也时常发生。有一次他的实验室中的化学物品突然着火，造成了损失，列车长一气之下把他的实验器材扔到了车外。

1862 年 8 月的一天，爱迪生在火车轨道上救了一个男孩，而那个孩子的父亲是这个火车站的站长麦肯齐。麦肯齐对此非常感激，便传授爱迪生电报技术。在麦肯齐的指导下，爱迪生学会了电报技术并发出了他的第一份电报。

1868 年底，爱迪生以报务员的身份来到了波士顿。同年他获得了第一项发明专利权，这是一台自动记录投票数的装置，也就是"投票计数器"。爱迪生认为这台装置会加快国会的工作并且会受到欢迎，但是一位国会议员告诉他，有的时候慢慢地计票也是出于政治上的需要，因此爱迪生决定再也不创造人们不需要的发明。

1869 年的深秋，爱迪生只身来到美国纽约寻找工作。当他在一家公司找工作时，恰巧碰到那里的一台电报机坏了。爱迪生很快就修好了那台电报机，受到了总经理的赏识。后来他成了总电报技师，有了安定的工作环境和工资待遇，为他以后的发明提供了良好条件。同年 10 月，爱迪生与富兰克林·波普（Franklin Pope，1840—1895 年）联合创办波普 - 爱迪生公司，专门经营电气工程的科学仪器，与此同时发明了普通印刷机。1870 年，爱迪生把普通印刷机的专利权卖给了华尔街的一家公司。得到 4 万美元的报酬后，爱迪生在新泽西州瓦克市的沃德街建了一座工厂，专门制造各种电气机械。

1877 年，爱迪生改进了早期由亚历山大·贝尔（Alexander Bell，1847—1922 年）发明的电话机，并使之投入了实际使用，不久便开办了电话公司。爱迪生和贝尔两家敌对的公司在伦敦展开了激烈的竞争。而在改良电话机的过程中，爱迪生发现传话筒里的膜板随话声而振动。他找了一根针竖立在膜板上，用手轻轻按着上端，然后对膜板讲话，声音的快慢高低能使短针相应产生不同频率的颤动。爱迪生为此画出草图让助手制作出机器，再经过多次改造，第一台留声机就这样诞生了。

1879 年 10 月，爱迪生的电灯研制成功，他为此试用了接近 1600 种材料，连续用了 45 个小时之后这盏电灯的灯丝才被烧断。这是人类第一盏有广泛实用价值的电灯，这种电灯有"高阻力白炽灯""碳化棉丝灯"多种名称，由碳化棉丝制成。之后，爱迪生派遣助手和专家们在世界各地寻找适用的竹子，有 6000 种左右，其中日本竹子所制碳丝最为实用，可持续点亮 1000 多个小时，达到了耐用的目的，这种灯被称为"碳化竹丝灯"。后来，爱迪生在一次电灯实验中观察到在灯泡内另行封入一根铜线，似乎可以阻止碳丝蒸发，延长灯泡寿命。经过反复试验，碳丝虽然蒸发如故，但他却从这次失败中发现碳丝加热后，铜线上竟有微弱的电流通过，后来这种现象被称为"爱迪生效应"。1904 年，英国物理学家弗莱明根据"爱迪生效应"发明了电子管。

1884 年，爱迪生申请"爱迪生效应"的专利，但他并未进行下一步研究。这一年，特斯拉第一次踏上美国，来到了纽约，开始在爱迪生实验室工作。除了前雇主查尔斯·巴切罗所写的推荐信外，他几乎是身无分文。这封信是写给托马斯·爱迪生的，信中提到："我知道有两个伟大的人，一个是你，另一个就是这个年轻人。"

爱迪生雇用了特斯拉，安排他在爱迪生机械公司工作。特斯拉开始为爱迪生进行简单的电器设计，他进步很快，不久以后就能为公司解决一些非常难的问题。特斯拉完全负责了爱迪生公司直流电机的重新设计工作。但特斯拉认为向用户供电，交流电应该比直流电更好，并表示自己可以制造交流发电机。不过爱迪生不同意特斯拉的观点，他认为直流电比交流电好，而且更安全。

1885 年，爱迪生写道："如果他完成马达和发电机的改进工作，我将提供给他惊人的 5 万美元。"（如计入通货膨胀，相当于 2006 年的 100 万美元）特斯拉说他的工作持续了将近一年，几乎重新设计了整个发电机，使爱迪生公司从中获得了巨大的利润和新的专利所有权。当特斯拉向爱迪生索取 5 万美元时，爱迪生回答他："特斯拉，你不懂我们美国人的幽默。"就此违背了自己的诺言。这笔奖金的金额相当于公司创始资本，而以特斯拉当时每周 18 美元的薪水，他需要工作 53 年才能赚到。

特斯拉要求加薪至每周 25 美元，却遭到拒绝。

1886 年，特斯拉因与爱迪生科学理念上的分歧和爱迪生的处处阻挠而辞职离开了爱迪生的公司。特斯拉创建了自己的公司，即特斯拉电灯与电器制造公司（Tesla Electric Light & Manufacturing）。特斯拉开始研究交流电，而爱迪生的公司是靠直流电经营，因此特斯拉成为爱迪生最大的竞争对手。投资商不同意特斯拉关于交流电发电机的计划，并且最终罢免了他的职务。在 1886—1887 年间，特斯拉在纽约只是一个普通的劳动者，既是为了糊口，也是为他的下一个工程计划积累资金。1887 年，他组装了最早的无电刷交流电感应马达，并在 1888 年为美国电气工程师学会做了演示。之后，他发展了特斯拉线圈的原理，并且开始在西屋（Westinghouse）电器与制造公司位于匹兹堡的实验室与乔治·威斯汀豪斯（George Westinghouse，1846—1914 年）一起工作。威斯汀豪斯听取了他的关于利用多相系统远程传输交流电的想法。

特斯拉和爱迪生

特斯拉在美国的岁月一直伴随着爱迪生的纠缠与打压。爱迪生专门成立了一个对付特斯拉的小组，特斯拉有时不得不四处躲藏。爱迪生也是一位伟大的发明家，是人类历史上第一个利用大量生产原则和电气工程研究的实验室来从事发明专利而对世界产生深远影响的人。他发明的留声机、电影摄影机和改进的电灯对世界有极大影响。他一生的发明共有 2000 多项，拥有专利 1000 多项。真是"既生瑜，何生亮"啊！

辉煌岁月

在早期的研究中，特斯拉制造了许多实验设备来产生 X 射线。特斯拉认为，用他的电路"可以产生的爱克斯光（即 X 射线）的能量比一般仪器可以产生的要大得多"。他还谈到用他的电路和单节点 X 射线产生设备在工作时的危害。在他调查这种现象的许多记录中，他归结了导致皮肤损伤的原因。他认为早期的皮肤损伤并不是 X 射线所引起的，而是臭氧或亚硝酸与皮肤接触所致。特斯拉错误地认为 X 射线是纵波。

在 1891 年 7 月 30 日，35 岁的特斯拉加入美国国籍。同年，特斯拉在纽约第五大道建立了自己的实验室。在那里，他用机电振荡器进行了机械共振实验，他使周围的一些建筑物产生了共振，引来了邻居向警方投诉。他用仪器测出了房子的共振频率，之后他发现了这个实验的危险，被迫拆除自己的房子来终止实验，此时警察也到了。他在纽约一些地方用无线电点亮了那里的电灯，为无线传输的可能性提供了证据。

1892 年后，特斯拉在伦敦、巴黎等地演讲，推广他的想法。不久以后，特斯拉因得知母亲病危而急匆匆离开巴黎，到达母亲身边后几个小时母亲就去世了，当时是 1892 年 4 月。她临终前的最后一句话是："你终于来了，尼古拉，我的光荣。"当她去世后，特斯拉就病了。他在母亲的出生地查茨休养了两三个星期。

特斯拉的挚友中也有一些是艺术家，他因此结识了美国世纪杂志的编辑罗伯特·安德伍德·约翰逊。与此同时，他也受吠陀哲学（即印度哲学）家辨喜的影响，到后来他接触印度教吠陀思想，以至于特斯拉开始用梵文来命名他的有关物质与能量的基本概念。

特斯拉 36 岁时，第一次获得了多项电源系统的专利权。他继续研究旋转磁场的现象。1892—1894 年，特斯拉担任美国电气工程师学会副主席并成为美国无线电工程师学会［后来的电气与电子工程师协会（IEEE）］的先驱。1893—1895 年，他研究了高频交流电。他用圆锥形的特斯拉线圈造出了百万伏的交流电，研究了导体中的"趋肤效应"，设计了调谐电路，发明了无绳气体放电灯，并无线发射了电能，制造了第一台无线电发射机。1893 年，在密苏里州的圣路易斯，特斯拉做了一个有关无线电通信的演示。他在宾夕法尼亚州费城的富兰克林研究所发表演讲，详细阐述自己的想法。他说：许多年以后，人类的机器可以在宇宙中任何一点获取能量从而驱动机器。

1893 年的世博会（即芝加哥哥伦布纪念博览会），第一次为电子展品开设展区。特斯拉与威斯汀豪斯有历史意义地用交流电照亮了整个博览会，并借此向参观者介绍交流电。在展览会上，特斯拉展示了他的荧光灯和单节点灯泡。一位参观者记述道：特斯拉使一个铜质的蛋（称为"哥伦布蛋"）站立在了他的仪器上，以此阐述异步电动机和旋转磁场的原理。

此前爱迪生推广使用直流电来提供电力分配，不过特斯拉与威斯汀豪斯所推广的交流电效率更佳，因此特斯拉与爱迪生成了竞争对手。由于交流电成本低的优势过于突出，不断地攻城略地，胜利的天平越来越倾向特斯拉。深深的焦虑引发了爱迪生一系列的癫狂。爱迪生为了胜利不择手段地在各个场合贬低交流电，并宣扬它的危险性。为了达到这一目的，爱迪生向小学生收购小狗、小猫并且当众电死它们，还电死了一头动物园里的大象，最后在爱迪生的推动下，甚至发明了电椅用来电死犯人，只为了让民众认为交流电很危险。

以威斯汀豪斯为代表的西屋公司，也并不打算屈服于爱迪生。他决定不惜一切代价，赢得芝加哥世博会的照明订单，来证明交流电的价值。威斯汀豪斯敲响了特

"爱迪生如果成功了，将是一场无法挽回的倒行逆施，芝加哥世博会必须使用交流电，必须使用我发明的电动机！"特斯拉目光如炬，说话铿锵有力，掷地有声。"全世界会把芝加哥当成一个象征，一座光之城市！并且，我们还要在尼亚加拉瀑布建设发电厂，进而照亮整个美国东部！这才是我们的未来。"特斯拉补充道。

当时，爱迪生新组建的通用电气公司，狠心将报价从最初的每盏灯 18.49 美元一直降到 5.95 美元，导致整体报价总额从 170 万美元下降到不足 45 万美元。而西屋公司则更狠，直接给出了低于 40 万美元的报价。最终，西屋公司赢得了合同。当西屋公司通过交流电系统为世博会点亮群灯的时候，整个城市为之沸腾。从此之后，交流电逐渐取代直流电，成了城市照明的第一选择。后来特斯拉改良了异步电动机，交流电远距离高压传输的优点也就展现出来，同时也解决了机器不能使用交流电的问题。

交流电的成功，却并未让特斯拉名利双收。由于"电流大战"缘故，特斯拉和威斯汀豪斯几近破产。因此在 1897 年，特斯拉用自己的专利使用费替威斯汀豪斯缓解了一下危机，却让自己的生活陷入窘迫。事后，特斯拉取得了尼亚加拉水电站电力设计的承办权。

1893 年春天，特斯拉利用圆锥形线圈制造出了 100 万伏的高电压。但之后不久，特斯拉的位于纽约第五大道的实验室毁于火灾。当特斯拉 41 岁时，他申请了第一个无线电专利。一年后，他向美军演示了用无线电遥控船只，他认为美军会对像遥控鱼雷之类的东西感兴趣。特斯拉声称自己建造了"遥控力学的艺术"，是一种机器人，同时也是一种遥控科技。

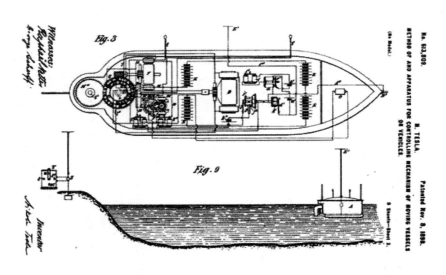

特斯拉的无线遥控船只示意原图

1897 年，美国政府建成了尼亚加拉水电站，其中共运用了特斯拉的 9 项专利发明，包括交流电发电机和交流电输电技术。第一座 10 万马力（1 马力 =735W）的发电站建成，成为 35 千米外的纽约州水牛城（Buffalo，布法罗）的主要供电来源。其后十多座大大小小的发电站相继建成，每日所生产的电力足以供应美国纽约州和加拿大安大略省总需求的 1/4。至今，这项建成已超过 100 年的电力设施仍然运作如常，从未间断地产出清洁能源，可谓是人类近百年科学史上的一大奇迹。在当时，大家都使用爱迪生发明的费用高昂的直流电。因为在电路上的损耗，使用直流电时必须每隔 1 千米便建设一套发电机组。所以在建造尼亚加拉水电站时，如将电力以直流电方式传送，则输电至 35 千米以外的纽约州水牛城，是不可能的。建设尼亚加拉水电站时，美国人采用了特斯拉发明的交流电供输电技术，用高压电来实现了远距离供电。这项划时代的发明，不仅解决了尼亚加拉水电站远距离供电的难题，并且带给人们一个既方便又便宜的用电环境。

1898 年，特斯拉在麦迪逊广场花园的一次电学博览会上向公众演示了无线电遥控船只。特斯拉称那船叫"远程自动化"。20 世纪 60 年代以前，无线电遥控还是个新鲜事物。特斯拉发明了用于汽油机（内燃机）的"电点火器"即火花塞，他再次获得了专利。这年，他还用一台小型机电振荡器制造了一次小型地震。

1900 年，特斯拉在全球范围内首次制造了人造闪电效应。之后特斯拉到处求援，希望在纽约长岛兴建一座高塔进行跨大西洋无线电广播和无线电能传输实验。特斯拉最终说服了当时的亿万富翁摩根，征得了 15 万美元（51% 来自摩根）资助。实际上，摩根只对特斯拉的商业价值感兴趣，他认为特斯拉能够借这个项目实现无线通信。特斯拉的研究从休士顿街移到了沃登克里弗塔，此塔将被用于全球电力的无线传输。最终建成了一座高 187 英尺的铁塔，铁塔顶部有一个直径 68 英尺的半球形圆顶。铁塔尚未完工，特斯拉就迫不及待地开始了他的实验。1901 年 12 月 12 日，伽利尔摩·马可尼（Guglielmo Marconi，1874—1937 年）完成了跨大西洋的无线电传送实验。由于马可尼赶在特斯拉之前成功完成了实验，摩根直接停止了对特斯拉实验的资助。

特斯拉的高塔图纸

此塔最终在第一次世界大战期间被拆除。当时的报纸称沃登克里弗塔为"特斯拉的百万大建筑"。1903 年，尽管特斯拉基于沃登克里弗塔制造了几百英里半径范围的人造闪电，点亮了天空，但特斯拉陷入了财政危机。1904 年，在爱迪生的干扰下，美国专利及商标局撤销了原本的判决，给了马可尼无线电的专利权，之后特斯拉便开始他的无线电专利权之战。1906 年，在他的 50 岁生日之际，特斯拉示范了他的 200 马力（150kW）、每分钟 1500 转的无叶片涡轮。1900—1911 年之间，在纽约的"水力发电站"，他的一些无叶涡轮引擎在 100 ～ 5000 马力进行测试。

1912 年，特斯拉被判罚 2.35 万美元，用以偿还他的债务，同时实验工地的设备被法院没收充当抵押，沃登克里弗塔也被拆除。

特斯拉在超高压人工闪电下写日记

1915 年，诺贝尔奖基金会承认特斯拉和爱迪生曾是该年度诺贝尔物理学奖的首选人物。但特斯拉不愿与爱迪生一起被提名，他说：娶回一个老婆如何能两人一起共享，特别是与一位骗徒窃盗惯犯共享，岂不危险？特斯拉这一幽默风趣的回答正是从马克·吐温那里借鉴而来，而那时距离马克·吐温因狭心症去世已经过去两年。马克·吐温去世 6 年后，他的小说《神秘的陌生人》得以出版，那本书描写的故事原型正是特斯拉。书的结尾写道，"我只是一种思想，孤独的思想，它航行在宇宙的虚空里"——这句话正是特斯拉一生的写照。

1928 年，特斯拉的小型飞机"飞炉"专利获批，但因为缺乏研制费用而没能制成样机。在现代技术文献中，这种根据特斯拉设计出来的飞机衍生而出的后代被称为垂直起降飞机。特斯拉还曾设计一种"没有机翼，没有副翼，没有螺旋桨，没有其他外部装置的飞机"。"它的飞行速度极高，完全通过反作用实现续航和驱动，既可以通过机械方式又可以通过无线方式来控制，安装一定装置后，可以发射导弹非常精确地击中数千英里之外的预定目标。"但是特斯拉的碟状飞行器也仅有设计图，没有成型品。

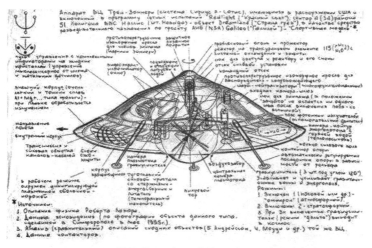

特斯拉设计的碟状飞行器

穷困晚年

特斯拉身高两米，长得英俊，文质彬彬，很有教养，穿着考究。他热情好客，懂8种语言，在音乐和诗歌上都有很深造诣。他语言、诗歌和辩论方面的才能吸引了很多女性，然而他本人却不擅长跟女人打交道。他终身未婚，和他一样终身未婚的还有牛顿。

在特斯拉75岁寿辰时，共收到8位诺贝尔物理学奖得主的贺信，包括密立根、康普顿、爱因斯坦、布拉格等。

特斯拉邮票，右上角是以特斯拉命名的磁场单位

特斯拉一生有近千项发明专利。一个如此超前高产的天才发明家和科学家被世界所遗忘，有人认为这是由特斯拉与爱迪生的合作，以及他和爱迪生的行事风格迥异所致。爱迪生善于商业运作，有经营头脑，而特斯拉只顾埋头发明，从不考虑用自己的专利发财。还有人认为，特斯拉的发明创造过于超前，在当时很难被人接受，

他本人及其成果成为科学界争议的对象，有人甚至将他的成果称为"伪科学"。也有人感叹道，特斯拉生不逢时，"伟大发明家"爱迪生的光环遮住了"有争议"的特斯拉。特斯拉逝世后，有关他的许多资料和数据大多遗失，即便在塞尔维亚首都贝尔格莱德的尼古拉·特斯拉博物馆里收集的15万件展品中，也很少有关于特斯拉的科研数据资料。

特斯拉的骨灰盒

特斯拉于 1943 年 1 月 7 日在纽约人旅馆 3327 房间死于心脏衰竭。特斯拉的葬礼于 1943 年 1 月 12 日在纽约曼哈顿的圣约翰大教堂举行，有 3 位诺贝尔物理学奖获得者代表诺贝尔团队致唁。他的骨灰于 1957 年被安葬于贝尔格莱德的尼古拉·特斯拉博物馆。因为拒绝出售他的交流电专利，特斯拉非常穷困，并在死后留下了一大笔债务。在那一年的晚些时候，美国高等法院决定维持特斯拉的专利号。

16 《中国科学技术史》的创作者：李约瑟（1900—1995年）

少年成名

1900年12月9日，李约瑟（Joseph Needham）出生于英国一个基督教知识分子家庭，是家中的独子。他自幼性格内向怕羞，但他是在充满知识的环境中成长的。很小的时候，他父亲就教他写字，还教他做木工活、观察鸟类，以及学习欧洲地理、植物分类等知识。他尤其喜欢法国，后来曾游学法国一个学期，法语也是他运用娴熟的一种外语。李约瑟阅读面很广，10岁时就囫囵吞枣般一次"啃"完了德国弗里德里希·希勒格尔（Friedrich Schlegel，1772—1829年）的《历史哲学》原文。

在家庭医生、朋友约翰·布兰德-萨顿的影响下，李约瑟对科学产生了兴趣。通过观摩手术和为父亲的外科手术当助手，他认识到自己在科学方面的才能和兴趣。因此他申请学习医学，想成为一名医生。

1917年10月，李约瑟进入剑桥大学。他积极参加学校的各种社团活动，尤其是那些与宗教有关的社团活动。他还负责邀请著名学者前来给医学生做人文科学讲座。这些讲座涵盖的科学史之广，尤其是人类的思想活动如何导致众多的科学试验、思想和理论的产生，给李约瑟留下了深刻的印象。但是，几乎是一入学，李约瑟便放弃了成为外科医生的想法，在他看来，外科医生就是"锯骨头"，太机械，不需要太多的智力。导师建议他改学化学，李约瑟也认为化学比解剖有意思。

1920年，李约瑟获得学士学位。而这时，李约瑟失去了父亲。同时他找到了生物化学大家弗里德里希·霍普金斯，霍普金斯（Frederick Hopkins，1861—1947年）马上要李约瑟到他的实验室工作。在他的指导和呵护下，李约瑟的学术水平和地位节节上升，在短短几年中便晋升为高级讲师。

1923年春天，李约瑟开始与同事多萝茜·莫伊尔（Dorothy Moyle，1895—1987年）约会。多萝茜年长李约瑟5岁，是一位研究肌肉的生物化学家。次年9月13日，两人结为夫妻。

1924年10月，李约瑟通过博士论文答辩，剑桥大学冈维尔与凯斯学院（Gonville and Caius College，Cambridge）将"院士"荣誉作为贺礼。这不但使他在学院拥有一间舒适、有壁炉的房间（著名的K-1），而且可以享受各种特权。不到24岁，李约瑟已经功成名就。

1930年，剑桥大学出版社出版了李约瑟的3卷本专著《化学胚胎学》，奠定了他在学术界的地位，而且几乎可以肯定，他将取得更大的成就。果不其然，他在1941年当选为英国皇家学会会员（FRS）。

李约瑟和多萝茜·莫伊尔（李大斐）在实验室

1937 年 8 月，鲁桂珍和另外两个中国留学生——王应睐（1907—2001 年）[①]和沈诗章来到英国剑桥大学留学，鲁桂珍师从李约瑟的妻子莫伊尔。李约瑟几乎对鲁桂珍是一见钟情。根据李约瑟日记的记载，他们一起在剑桥的印度餐馆或最好的意大利餐馆用餐，观看根据赛珍珠的小说改编的电影《大地》，手挽手地沿着封冻的河边散步，到法国埃弗伦度假。

结缘中国

1941 年夏天，英国文化委员会任命李约瑟为设立在中国重庆的英 - 中科学合作馆馆长，并有参赞的头衔。

1942 年夏天，他专程前往纽约，看望在美国工作的鲁桂珍，告诉她即将踏上中国国土这一消息。在他们短暂的聚会中，李约瑟告诉鲁桂珍一个突然产生的疑问：中国科学，总的来说——为什么没有得到发展？

1943 年 2 月 24 日，在经过 10 个星期的航程后，李约瑟搭乘美国军用飞机从印度加尔各答起飞，于下午抵达云南省会昆明。

1943—1946 年间，李约瑟出行 11 次，行程 3 万英里，他以外交官的身份几无禁区。他在戈壁沙漠的敦煌盘桓，在洞窟速写、拍照，积累了足够写一本书的资料。他到都江堰，驻足于公元前 250 年建立的大坝前，对这一中国古代工程深感敬佩。他喜爱战争时期的冒险生活，在途中遇见了不少三教九流人物，对中国文化历史有了更深的了解，也使自己的中文日渐精通。也正是在中国期间，李约瑟找到了后来《中国科学与文明》（*Science and Civillization in China*，现名为《中国科学技术史》）这一事业的重要助手王铃。

---

① 福建金门人，生物化学家，中国近代生物化学科研事业的主要奠基人。1929 年毕业于南京金陵大学化学系，1941 年获英国剑桥大学哲学博士学位，1953 年加入九三学社，1955 年当选为中国科学院院士。成功地组织了世界上首次具有生物活力的人工合成牛胰岛素和酵母丙氨酸转移核糖核酸两项重大基础性工作。

1946 年 3 月，李约瑟收到了他剑桥的左翼朋友、生物学家朱利安·赫胥黎（Julian Huxley，1887—1975 年）的电报，邀请他回英国担任新成立的联合国教科文组织（UNESCO）自然科学部主任。李约瑟仅仅在伦敦和巴黎的联合国教科文组织工作了两年，因为美国认为"李约瑟亲共"，并为他的工作制造障碍，不允许其将联合国的经费发放到任何美国认为是左翼的科学组织。于是，李约瑟辞职返回剑桥，回到他的 K-1，并马上着手他的计划。

开始巨著

1948 年 5 月 15 日，李约瑟正式向剑桥大学出版社递交了《中国科学技术史》（*Science and Civilization in China*，SCC）的"秘密"写作、出版计划。他提出，这本一卷的书面向所有受过教育的人，只要他们对科学史、科学思想和技术感兴趣；这是一部关于文明的通史，尤其关注亚洲和欧洲的比较发展；此书包括中国科学史和所有的科学与文明是如何发展的两个层面。李约瑟认为，中国对世界文明的贡献，远超其他所有国家，但是，所得到的承认却远远不够。一周后，出版社复函，接受了李约瑟的计划。但数周后，李约瑟又修改了计划，将书的卷数扩大到 7 卷（第 1 卷，总论；第 2 卷，中国哲学；第 3 卷，前科学；第 4 卷，中国技术；第 5 卷，"李约瑟问题"；第 6 卷，中国的发展与世界文明史的关系；第 7 卷，展望未来），在 10 年内完成。后来，《中国科学技术史》的出版计划又几经修改，工程变得越来越庞大。

1948 年，王铃应邀来到剑桥，担任《中国科学与文明》的助理编辑，李约瑟在剑桥大学出版社正式雇用王铃之前，将自己工资的一半分给他。与此同时，李约瑟还结识了包括郭沫若（1892—1978 年）、竺可桢（1890—1974 年）[①]等在内的朋友。李约瑟在访问迁移到遵义的浙江大学时，曾对竺可桢校长提起要写一部中国对世界文明贡献的书。当日本投降，中国政治、军事形势稳定下来后，竺可桢便开始收集图书和资料，并海运到剑桥，其中，最为珍贵的要数一套完整的《古今图书集成》，总计 1 万卷，共 1 亿 7000 万字。

1954 年 8 月 14 日，《中国科学技术史》第 1 卷出版。但是，李约瑟却没有留在英国躬逢其盛。7 月下旬，他和妻子前往巴黎与仍在联合国教科文组织工作的鲁桂珍会面，开香槟庆祝著作即将出版。随后，李约瑟夫妇前往布达佩斯参加国际生理学大会。会后，两人来到法国小镇安波伊斯（Amboise），在达·芬奇（Leonardo da Vinci，1452—1519 年）度过生命最后三年的房子和墓地边上度过那个最值得纪念的日子。

1959 年，他被所在的冈维尔与凯斯学院的院士们选为主席。

1964 年，李约瑟夫妇访华，毛泽东、周恩来等亲自接见。

---

① 中国近代气象学家、地理学家、教育家，中国近代地理学和气象学的奠基者，浙江大学前校长。

1971年，他被选为英国人文科学院院士，是仅有的几位同时是英国人文科学院院士和皇家学会会员的科学家。

20世纪70年代中期，已70多岁的李约瑟又迷上一位加拿大籍的华人女子时学颜（H. Y. Shih），并有过短暂却炽热的交往，他甚至想休妻再娶。但是，李大斐与鲁桂珍两人以"妻妾同盟"（concert of the concubinage），击退了时学颜，保住了他们的三角关系。

1979年，李约瑟在香港中文大学新亚书院主讲了"钱宾四先生学术文化讲座"。

1983年，李约瑟获颁香港中文大学荣誉理学博士学位。

1992年，英国女王更授予李约瑟国家的最高荣誉——荣誉同伴者（Companion of Honour）勋衔，这是比爵士更为崇高的勋号。

1995年3月24日，李约瑟逝世。

李约瑟，曾以一个西方人的方式，穷其毕生之力发掘了一个几乎不为西方人知的东方神秘世界，并以其超乎常人的意志和精力写出了卷帙浩繁的旷世奇书——《中国科学技术史》。这些早已世所周知。但世人未必知晓，李约瑟所取得如此成就，起因于同一位中国姑娘的旷世奇缘。用李约瑟自己的话说，她是这一番震古烁今事业的"荷尔蒙和激励者"。

1943年4月9日，李约瑟在中国科学社生物研究所所长钱崇澍陪同下访问迁至重庆北碚的"中央研究院"动植物研究所时与研究所同人的合影。照片前排左起王家楫、钱崇澍、陈世骧、饶钦止、刘建康，第二排左起倪达书、李约瑟、杨平澜，第三排左起伍献文、单人骅、王志平、贺云鸾，第四排左起张孝威、吴颐元、徐凤早，最后一排左起黎尚豪、张灵江。除钱崇澍、李约瑟及王志平外，其他人当时都在动植物研究所工作。王家楫、伍献文、钱崇澍于1948年遴选为"中央研究院"院士；他们3位和陈世骧于1955年当选为中国科学院院士（学部委员）；刘建康、黎尚豪于1980年当选为中国科学院院士。

鲁桂珍（1904—1991年）

鲁桂珍生于1904年，祖籍湖北蕲春，其父鲁茂庭（字仕国）。鲁桂珍早年在金陵女子大学学生理学，后在上海一家医学研究所专攻生物化学。抗日战争期间，鲁桂珍的未婚夫马革裹尸。鲁桂珍遭此剧痛，遂断念于婚姻，拟远走海外留学，获得父亲的支持。

对剑桥大学生物化学家李约瑟来说，1937 年是非常幸运的一年，是他人生的重大转折点。一个阳光明媚的夏日的午后，李约瑟正非常惬意地隐身在他的实验室里，忽然响起了轻柔的敲门声，原来是一位客人远道而来。鲁桂珍，南京一位德高望重的药商之女，三十出头的她已是一位崭露头角的生物化学研究人员。她头脑聪明，富有魅力，十分迷人。

鲁桂珍后来写道，当时她想象自己将见到"一位蓄着浓密花白胡子的老头儿"，然而站在眼前的却是"一位头发乌黑的年轻生物化学家"。他身着一件朴素的白色工作服，衣服上有许多做实验时被酸液烧出的洞。李约瑟相貌堂堂，身上透着股刻意的帅气。他身材高大，肌肉发达，四肢修长，戴一副玳瑁边眼镜，一缕头发不停地从前额落下来，他不时地用手将它捋回去。他的声音粗犷，但又有一种轻柔之美，稍微有点儿不清楚，鲁桂珍立刻就被这种声音所折服。

人到中年的李约瑟正处于婚姻美满、事业有成的巅峰状态。恰当此时，出现了鲁桂珍。这个青春未逝的中国姑娘身材娇小，聪敏活泼，个性鲜明，虽称不上美人，却也端庄慧秀，深得夫妻二人的喜爱，经常被邀来喝茶吃饭，谈天说地，但这改变了李约瑟后半世的人生行程。

在 1938 年冬，李约瑟和鲁桂珍坠入情网，不能自拔。1938 年 2 月一个潮湿的夜晚，在剑桥中心冈维尔与凯斯学院那间舒适的 K-1 房间里，两个人一起躺在他那张狭窄的单人床上。从李约瑟这一时期在剑桥大学所写的日记中可以想象出事情的一些细节：两个人释放完激情之后，好像是李约瑟习惯性地点上两支烟，递了一支给鲁桂珍，然后从枕头上转过头来看着身边的情人。我们可以想象他冲着她微笑，轻轻地弹了一下香烟上的烟灰，问道："你能告诉我这个东西的名称用汉语怎样写吗？"日记表明，她的确给他演示"香烟"两字的写法。在她的指导下，李约瑟在日记本上写下了汉字"香烟"。

这是他第一次用这些遥远且陌生的语言来写字——就在他书写汉字的过程中，仿佛远处一扇门突然向他洞开，向他呈现了一个完全陌生的世界。

"一切来得是那么突然，"鲁桂珍回忆说，"他跟我说，他一定要学会这门语言，而且非学会不可！"他迫不及待地央求鲁桂珍当他的启蒙教师，而她也欣然接受。

鲁桂珍细心地给他挑选了中文名字。她给他起的姓叫李，名叫约瑟。汉字的"李"可以表示李子，但通常当作姓使用。桂珍选择这个姓，因为她觉得这个字的发音与他的英文名字中的姓 Needham 的第一个音节相似。鲁桂珍同样也根据发音给他起了名字。"约"字表示"约会"的意思，"瑟"字表示一种类似齐特琴的乐器。"约会瑟李子"在英语中无疑是一个非常怪异的名字，但对中国人来说，"李约瑟"则是既响亮又文雅的名字，这样的名字只属于有学问的人。

从这时起，这位生物化学家开始学习汉语。鲁桂珍就像是教幼儿一样教这个年近不惑的"幼儿"怪腔怪调地学说阴阳上去，一溜歪斜地学写横竖撇捺。"幼儿"却乐在其中，感到摆脱了早已习惯了的字母的束缚，进入了一个一目了然的表意文字的天地。1938年的整个春季和夏季，李约瑟白天辛勤耕耘他的生物化学，夜深人静的时候，则埋头学习汉字。秋天降临剑桥之时，鲁桂珍意识到她情人的汉语学习进展顺利，能够流利表达和读书写字了。通过所有这一切学习汉语的过程，现在回想起来，他爱上的不单单是这门语言，而且不可避免地爱上了这个国家。

李约瑟的妻子对发生的事情了如指掌，但她平静接受，毫无抱怨，不仅也起了汉语姓"李"，还把名字多萝茜改译为中国化的"大斐"。那年冬天，他们三个人以朋友和同事的身份经常一起外出，毕竟他们有许多共同的科学话题要谈。当冬天完全笼罩剑桥时，他们三人有许多时间是挤在当地小酒吧里烧得很旺的炭火前度过的。

红颜知己鲁桂珍引领着李约瑟来到中国。"李约瑟在我们两个文明之间架起了一座桥梁，"鲁桂珍说，"而我就是支撑这座拱桥的支柱。"

一天，闲谈之中李约瑟提到一个问题：中国为什么在科学技术上如此落后？鲁桂珍听后不禁大为激动，扬声抗争："什么科学落后，完全是'西方中心论'的偏见，你们了解中国古代文化吗？"小女子咄咄逼人，竟然把李约瑟给问住了。37岁的李约瑟虽已是功成名就的皇家学会会员（院士），却从未到过中国，家族中的人也从没有任何人同这个文明古国有过任何交往。对于世界另一面的一种足以媲美古希腊、古罗马的文明，他还毫无所知。李约瑟产生了探究中国文化的强烈冲动。他后来回忆说："那时，我发生了信仰上的改宗转向——我极为审慎地使用Conversion（皈依）这个词，就像圣保罗在前往大马士革搜捕基督徒时因为耶稣显灵而改信基督教一样。"

其后他又从一个捷克汉语教授那里接触到《庄子》，由此一见倾心地迷上了道家。1939年，李约瑟与李大斐密切合作写出了具有历史意义的中国科技史处女作：《中国营养学史上的一个贡献》。此后，鲁桂珍奉派去美国从事医学研究，但仍与李约瑟书信往还，不断讨论共同向往的高远目标。

那一年的深秋，当德国首批战斗机出现在英国上空时，战争的阴云开始吞噬整个欧洲，李约瑟决定要到地球的另一端，亲自去见识见识那个他坚信充满各种神奇魅力的国度。1942年，大战正酣，李约瑟以粗通中文得以参加"英国文化科学使团"，代表皇家学会，偕夫人赴华进行文化交流。天赐良机，他可以直探这个"令人眼花缭乱的绝对金矿"了。

"在往后许多年，李约瑟将从这些旅行中崭露头角，成为整个西方世界最重要的中国学者，着手一系列困难且危险的探险，发现并记录中国一些隐藏最深的秘密，其中许多都已埋藏了好几百年之久；后来，他还解开了这些秘密。"

"在他前往中国的时候，西方对中国的了解还十分有限。自13世纪马可·波罗（Marco Polo，1254—1324年）的远征、17世纪耶稣会神父的壮旅，直至19世纪，美、英以及好些欧洲国家派遣军人、探险家、传教士或商人走遍整个中国，西方在这方面确实有些进步。这些人都带回了有关中国的故事，说那个国家有着宝塔建筑、水稻梯田、精致宫殿、身裹黄丝袍的皇帝、拐来弯去的书法、严格的纪律、高亢的音乐、象牙筷子、焚香、竹制帆船、磕头仪式，以及'剐千刀'的死刑，还有最精致的瓷器。地球上没有另一个地方像这里一样：幅员辽阔、复杂多样，且不言而威。她像一个孤立的帝国，但却赢得四邻同等程度的尊敬、惧怕以及惊叹，其中包括日本、韩国，以及东南亚许多君主制国家在内。"

"只不过早在李约瑟抵达中国之前，这种看法早已不再，反映出中国悲惨的现实面。从数千年专制统治下脱身的中国，进入了长期挣扎的悲惨期：十来个彼此敌对的地方军阀割据中国，新近引入的不同意识形态产生激烈冲突，贪婪的外国势力在中国主要城市及边疆蚕食。这一切导致 1937 年日本展开正式的侵略行动，带来最深切的耻辱。在李约瑟抵达时，日本已经占领了三分之一的中国领土。"

"当时的人大都把中国视为奇特的东方之谜，将其推至全球文化主流的边陲外围，除了丝绸、瓷器、茶叶以及大黄以外，对世界的贡献微不足道，有关中国的一切都包裹在无法理解的神秘覆盖之中。有少数人的眼光看得较远。19、20 世纪之交的美国国务卿约翰·海伊（John Hay, 1838—1905 年）[①] 于 1899 年说过，当时的中国正处于'暴风雨中心'，任何愿意花时间与力气了解'这个强大帝国'的人，将拥有'开启未来五个世纪的钥匙'。"[②]

到中国后，尽管有妻子在身边，李约瑟的内心却依然感到孤独和寂寞。他对鲁桂珍朝思暮想，他在日记里给她写情书。百感交集之际，他似乎差点儿要泪湿衣襟。

他写道，在中国西部时，有一次他偶然发现一家美军福利社，如果他能用美钞付款的话，就可以从那里买双换洗的鞋子。在钱夹里，他找到了一张 5 美元的纸币，这是两年前他到纽约看鲁桂珍时剩下的。他写道，顷刻间他的内心翻江倒海，被一股强烈的相思之情所吞噬，不能自拔。李约瑟给鲁桂珍写了一封长信。鲁桂珍说这封信是她最珍爱的东西。

1943 年在河南大学初识多达 5485 卷的道家经典《道藏》，使李约瑟进一步沉迷于道家。1945 年初他所写的《中国科学与文明》，已初具未来巨著的雏形。为了完成他的鸿篇巨制，李约瑟把远在美国研究营养学的鲁桂珍召到重庆，共襄大业。李大斐于抗战结束先期回国后，二人遍游上海、北平和南京，寻师访友，广搜资料。1942—1946 年的中国之旅，使李约瑟加深了对中国的认识。他自己说，这次中国之行"注定了我今后的命运，除了编写一本过去西方文献中旷古未有的中国文化中

① 美国作家、历史学家、新闻记者、外交家、政治家。青年时代一直追随亚伯拉罕·林肯，林肯遇刺后，他开始步入外交界，曾先后担任美国驻巴黎、维也纳、马德里的外交官。1878 年他被委任为第一助理国务卿，直至 1881 年 5 月届满离任。1898 年被委任为美国国务卿，而后又在西奥多·罗斯福时期继续担任这一职务。

② 参考文献 [66]。

科学、技术、医药的历史专书，我已别无所求"。一朝相许，终生不渝，并且一入宝山即乐而忘返，从一本变成七卷，再变成三十几卷，一发而不可收。

1945年初，李约瑟受命飞往美国华盛顿，参加在那里举行的一个区域性外交会议，会议一结束，他就迫不及待地乘上了开往宾州的特快列车，去看望在曼哈顿岛的鲁桂珍。他急不可耐地向鲁桂珍倾诉衷肠。她问，她能不能去中国，这着实让李约瑟喜出望外。毕竟，她在哥伦比亚大学的工作已经结束，她也十分想回祖国，和他朝夕厮守。1945年末，李约瑟巧妙地编造了一个理由，要求把鲁桂珍从纽约送到中国，以领薪职员的身份加入他的队伍，编为营养学家。

此时，战争已结束，身为刚刚任命的外交官，鲁桂珍很快就轻而易举地登上了飞往中国的飞机。李约瑟急不可待地盼望着鲁桂珍的到来。他完成在中国最后一个主要的旅行——北方之行后，回到使馆却发现鲁桂珍还未到达，就在这次旅行所记日记的末页上用很大的字写道"痛苦"。几天后，鲁桂珍终于平安抵达。

1946年夏，李约瑟应邀出任联合国教科文组织。在他的推荐下，鲁桂珍也于次年任职于该部秘书处。新的工作虽使巨著稍有停顿，但李约瑟往来于伦敦和巴黎之间，仍致力于中国文化研究。1948年从联合国返回剑桥，李约瑟名义上回归旧职，还是生物化学教授，但已心有旁骛，确切地说，已完全专注于他的新皈依了。

1948年李约瑟回到剑桥。

1954年初，《中国科学技术史》第一卷《导论》问世。在书的扉页上，李约瑟不忘旧情，郑重其事地写下了："谨以本卷敬献给南京药商鲁仕国。"车子一经发动即不断加速，又两年，第二卷《科学思想史》出版。

这两卷，主要合作者是他战时在四川结识的王铃，1956年王铃离去。后面四卷都是具体学科，特别是第四、五、六卷分别是物理、化学、生物三卷，都涉及鲁桂珍的专业，更离不开她。回中国还是回剑桥？这位年过半百的中国姑娘不无犹疑。想到李约瑟对中国文化的一片痴情，怎忍心绝裾而去？最后鲁桂珍的选择还是从联合国提前退休，回剑桥与李约瑟同甘共苦。1957年，鲁桂珍回到了剑桥，住处是与李约瑟同一条街，离他家仅几米的一套房子里。3个人几乎每天都碰面，这样的安排似乎让他们都各得其所。

鲁桂珍从此断绝一切尘念，从头啃起她作为一个科学家并不熟悉的三坟五典、百宋千元，成了李约瑟这位中国文化皈依者须臾不离的工作伴侣，跟着这个昼夜不分的工作狂，足足连轴转了30年，献出了她的整个后半生。

从第三卷开始，她的作用日益凸显。李约瑟后期所沉溺的中医、炼丹术和火药，都是她之所长。可以说，鲁桂珍不遇李约瑟，固无女史家鲁桂珍；李约瑟不遇奇女子鲁桂珍，也绝成不了史学家李约瑟。

1984年二人联袂访问中国台湾省，台湾报纸报道："光荣归李约瑟，功劳在鲁桂珍。"虽不中亦不远矣！奇缘之成，不可遗漏大斐夫人的一份。"三人世界"融洽无间，情同手足，一起工作、旅游以至玩拼字游戏，可谓古今罕见。李大斐是研究肌肉生长的权威，也是皇家学会的院士，自有她自己追求的天地。她性情温良，深识大体，对夫君事业全力支持，无怨无忧。但毕竟道不同，不能深入李约瑟的精神世界，自然隔了一层。李约瑟是个血性男儿，情绪易于激动，又是个不折不扣的书呆子，时时都需要一只女性的手抚慰。李大斐年事更高，身体欠佳，60年代初已因白内障而眇一目；又因肺癌切除左肺；到70年代已隐入老年性痴呆，以至失去记忆，生活难以自理。1972年最后一次大陆三人行，时时需人扶持，以后只好退出这三人行列，鲁桂珍也只好义不容辞地代行李大斐的某些职责。

1987年12月22日，李大斐在家中平静地去世，享年92岁。此时鲁桂珍的健康也不容乐观，多年来她一直患有严重的支气管疾病，大概由于她年轻时是个瘾君子的缘故。早在1982年，在她和李约瑟前往四川的大山间调查一处绘有中国第一支火铳的石刻前，因刚刚切除一叶肺，她不得不请人用担架抬上石窟。这件事之后没过多久，有人看见她步履蹒跚地行走在黑暗的剑桥大学校园里，之后便立刻被送往医院——她的阑尾穿孔了。

李约瑟与鲁桂珍

1984年她倒在了上海的一家旅馆里，不得不被送往香港接受治疗。她恢复得很快，可以陪伴李约瑟去中国台湾。在台湾，两人都承认度过了一段难忘的时光。然而，那次晕倒似乎是不祥的预兆。从此以后，她变得面容憔悴，似乎很难恢复年轻时那个倔强的烈性妹子形象了。

这段旷世奇缘，到1989年9月15日终于有了一个完满的结局。婚礼上，李约瑟动情地说："娶中国人为妻，最能说明我对中国文化的挚爱。"其实盛年相许，皓首结缡，更足以象征李约瑟献身中国文化生死不渝的深情。1937年，李约瑟第一次遇见她，1938年他们成为情人，在厢房等待了整整51年后，鲁桂珍终于和这个与她一起分享永恒爱情的男人结成连理。然而这段婚姻只维持了800余天的时间。

1991 年深秋的一天，鲁桂珍在剑桥大学一家昏暗的餐馆滑倒，摔断了胯骨。几天后，她躺在艾登布鲁克斯医院里无法动弹，呼吸越来越困难，仅剩的肺叶明显被感染，注射的抗生素已不起作用。11 月 28 日，她在家中平静地去世了，真正的死亡原因是支气管炎，享年 87 岁。弥留之际，李约瑟一直握着她的手。1995 年 3 月，李约瑟去世，享年 95 岁。

《中国科学技术史》

李约瑟原本构思是写一册，后来越写越多，现今有七卷，具体分为：

第一卷　导论　李约瑟著，王铃协助；1954

第二卷　科学思想史　李约瑟著，王铃协助；1956

第三卷　数学、天学和地学　李约瑟著，王铃协助；1959

第四卷　物理学及相关技术

第一分册　物理学　李约瑟著，王铃协助，罗宾逊（K.G.Robinson）部分特别贡献；1962

第二分册　机械工程　李约瑟著，王铃协助；1965

第三分册　土木工程与航海技术　李约瑟著，王铃、鲁桂珍协助；1971

第五卷　化学及相关技术

第一分册　纸和印刷　钱存训著；1985

第二分册　炼丹术的发明和发展：金丹与长生　李约瑟著，鲁桂珍协助；1974

第三分册　炼丹术的发明和发展：从长生不老药到合成胰岛素的历史考察　李约瑟著，何丙郁、鲁桂珍协助；1976

第四分册　炼丹术的发明和发展：器具、理论和中外比较　李约瑟著，鲁桂珍协助，席文（Nathan Sivin）部分贡献；1980

第五分册　炼丹术的发明和发展：内丹　李约瑟著，鲁桂珍协助；1983

第六分册　军事技术：抛射武器和攻守城技术　叶山（Robin D.S.Yates）著，石施道（Krzysztof Gawlikowski）、麦克尤恩（Edward McEwen）和王铃协助；1995

第七分册　火药的史诗　李约瑟著，何丙郁、鲁桂珍、王铃协助；1987

第八分册　军事技术：射击武器和骑兵；2004

第九分册　纺织技术：纺纱　库恩（Dieter Kuhn）著；1986

第十分册　纺织技术：织布和织机

第十一分册　有色金属冶炼术　华道安（Donald B. Wagner）著；2008

第十二分册　陶瓷技术　罗斯·克尔与尼及尔·伍德著，蔡玫芬与张福康部分贡献；2004

第十三分册　采矿　彼特尔·J. 葛拉斯著；1999

第十四分册　盐业、墨、漆、颜料和胶粘剂

第六卷　生物学及相关技术

第一分册　植物学　李约瑟著，鲁桂珍协助，黄兴宗部分特别贡献；1986

第二分册　农业　白馥兰（Francesca Bray）著；1988

第三分册　畜牧业、渔业、农产品加工和林业　丹尼尔斯（Christian A. Daniels）和孟席斯（Nicholas K. Menzies）著；1996

第四分册　园艺和植物技术（植物学续编）；2015

第五分册　发酵与食品科学　黄兴宗著；2000

第六分册　医学　李约瑟和鲁桂珍著，席文（Nathan Sivin）编辑；2000

第七卷　社会背景

第一分册　传统中国的语言与逻辑　哈布斯迈耶（Christoph Harbsmeier）著；1998

第二分册　总的结论和思考　李约瑟著，Kenneth G. Robinson 编辑，黄仁宇部分贡献，伊懋可（Mark Elvin）导论；2004

第三分册　经济结构

第四分册　政治制度和思想体系

截至 2014 年 7 月，以上第一至四卷，第五卷第一、二、五至七分册，第六卷第一、第五及第六分册，共 14 册的中译本已出版。

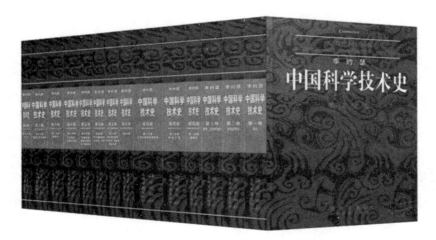

[1] 老子.老子 [M].汤漳平，王朝华，译注.北京：中华书局，2014.

[2] 余世存.老子传 [M].武汉：长江文艺出版社，2018.

[3] 鲍鹏山，衣抚生.老子传 [M].合肥：安徽人民出版社，2020.

[4] 老子.老子德道经 [M].熊春锦，校注.北京：国际文化出版公司，2019.

[5] 列子.列子 [M].叶蓓卿，译注.北京：中华书局，2015.

[6] 王充闾.逍遥游：庄子传 [M].北京：作家出版社，2014.

[7] 王新民.庄子传 [M].海口：海南出版社，2012.

[8] 张远山.庄子传 [M].南京：江苏文艺出版社，2013.

[9] 庄子.庄子 [M].思履，主编.北京：中国华侨出版社，2018.

[10] 星云大师.释迦牟尼佛传 [M].北京：东方出版社，2016.

[11] 贝克夫人.释迦牟尼传 [M].张小米，译.北京：华文出版社，2015.

[12] 英武，正信.禅宗 [M].成都：四川出版集团巴蜀书社，2009.

[13] 胡巧利.禅宗六祖惠能 [M].广州：广东人民出版社，2004.

[14] 钱穆.孔子传 [M].北京：九州出版社，2017.

[15] 鲍鹏山.孔子 [M].北京：中国青年出版社，2013.

[16] 毕宝魁.孔子传 [M].北京：现代出版社，2020.

[17] 黄文莱.孔子传 [M].北京：北京联合出版公司，2013.

[18] 孔子.论语 [M].肖卫，译注.北京：中国文联出版社，2014.

[19] 佚名.孔子家语 [M].王国轩，王秀梅，译注.北京：中华书局，2011.

[20] 司马迁.史记 [M].李翰文，译.北京：北京联合出版公司，2016.

[21] 沐言非.诗经 [M].北京：中国华侨出版社，2013.

[22] 曲春礼.孟子传 [M].济南：山东友谊书社，1992.

[23] 格罗特.希腊史 [M].晏绍祥，陈思伟，译.北京：北京理工大学出版社，2019.

[24] 修昔底德.伯罗奔尼撒战争史 [M].徐松岩，译.上海：上海人民出版社，2017.

[25] 色诺芬，柏拉图.苏格拉底 [M].黄颖，译.北京：中国华侨出版社，2017.

[26] 扎洛克斯塔斯.苏格拉底 [M].李成贵，译.北京：人民文学出版社，2014.

[27] 梅.苏格拉底 [M].瞿旭彤，译.北京：清华大学出版社，2019.

[28] 泰勒，龚珀茨.苏格拉底传 [M].北京：商务印书馆，2004.

[29] 赖辉亮.柏拉图传 [M].石家庄：河北人民出版社，1997.

[30] 晓柏.柏拉图传 [M].北京：中国华侨出版社，2019.

[31] 靳希平.亚里士多德传 [M].石家庄：河北人民出版社，1997.

[32] 普鲁塔克，古尔德.希腊罗马名人传：希腊名人传 [M].霍彦京，译.北京：应急管理出版社，2020.

［33］萧木华，左亚文，严用民，等 . 世界十大思想家［M］. 北京：中国城市经济社会出版社，1990.

［34］周月亮 . 中国古代十大思想家［M］. 北京：中华工商联合出版社，2018.

［35］王振华 . 影响人类历史进程的100人［M］. 长春：吉林文史出版社，2004.

［36］侯书雄 . 伟人百传［M］. 呼和浩特：远方出版社，2005.

［37］常万生 . 李斯全传［M］. 长春：长春出版社，1994.

［38］盐野七生 . 罗马人的故事［M］. 计丽屏，译 . 北京：中信出版集团股份有限公司，2011.

［39］罗森 . 西塞罗传［M］. 王乃新，王悦，范秀琳，译 . 北京：商务印书馆，2019.

［40］于武 . 古罗马之父屋大维、埃及艳后娄巴特拉［M］. 北京：中国戏剧出版社，2005.

［41］塞涅卡 . 强者的温柔［M］. 包利民，李春树，陈琪，等译 . 北京：中国社会科学出版社，2005.

［42］塞涅卡 . 面包里的幸福人生［M］. 赵又春，张建军，译 . 西安：陕西师范大学出版社，2003.

［43］阿伯特 . 尼禄［M］. 王伟芳，译 . 北京：华文出版社，2017.

［44］李长之 . 陶渊明传论［M］. 天津：天津人民出版社，2015.

［45］陶潜 . 陶渊明集全译［M］. 郭维森，包景诚，译注 . 贵阳：贵州人民出版社，2017.

［46］孙秦安 . 刘禹锡传［M］. 上海：上海社会科学院出版社，2017.

［47］词奴儿 . 范仲淹传［M］. 北京：中国文史出版社，2018.

［48］崔旭 . 范仲淹传［M］. 北京：中国书籍出版社，2018.

［49］姜正诚 . 一代贤相范仲淹［M］. 郑州：郑州大学出版社，2017.

［50］谢依 . 苏东坡传［M］. 北京：华文出版社，2018.

［51］李一冰 . 苏东坡新传［M］. 成都：四川人民出版社，2020.

［52］管成学 . 苏颂的故事［M］. 长春：吉林科学技术出版社，2012.

［53］李玮 . 卢梭［M］. 沈阳：辽海出版社，1998.

［54］特鲁松 . 卢梭传［M］. 李平沤，何三雅，译 . 北京：商务印书馆，1998.

［55］肖峰 . 卢梭传［M］. 石家庄：河北人民出版社，1997.

［56］赵琳 . 浪漫之魂：让 - 雅克·卢梭［M］. 北京：中信出版集团股份有限公司，2021.

［57］Abbott J S C. 法兰西第一女杰罗兰夫人传［M］. 郭继兰，译 . 桂林：广西师范大学出版社，2012.

［58］郭奕玲，沈慧君 . 物理学史［M］. 北京：清华大学出版社，2005.

［59］宋德生，李国栋 . 电磁学发展史［M］. 南宁：广西人民出版社，1987.

［60］刘峰，王世哲 . 大师的巅峰时刻：科学家卷［M］. 石家庄：花山文艺出版社，2015.

［61］张海存，唯畅旺 . 诺贝尔传［M］. 长春：长春出版社，2012.

［62］黄芬香 . 诺贝尔传［M］. 郑州：河南文艺出版社，2016.

［63］特斯拉 . 特斯拉自传［M］. 王磊，译 . 北京：华文出版社，2018.

［64］温切斯特 . 爱上中国的人：李约瑟传［M］. 潘震泽，译 . 北京：北京出版社，2016.

［65］王钱国忠 . 李约瑟传［M］. 上海：上海科学普及出版社，2007.

后记

完成了这本《大师的侧影——从轴心时代的李耳到科技社会的李约瑟》的校稿后，有一种放松的感觉。之前，曾有一个想法，即不作序，不写前言。但完成校对后，还是感觉有些话必须要说，有些朋友必须要感谢，因此简单写此后记。

在这之前，已有《大师的足迹——从泰勒斯到桑格（公元前624—公元2013年）》（清华大学出版社，2020年）、《大师的发现——118种化学元素漫谈》（清华大学出版社，2023年）出版。《大师的足迹》讲了从文明源头的泰勒斯到两获诺贝尔奖的桑格，共计230位对人类文明做出巨大贡献的人物，像中国的老子、孔子、庄子、韩愈、司马光、欧阳修等思想家、文学家，中国的甘德、刘徽、沈括、徐光启、吴健雄等科学家；西方的泰勒斯、亚里士多德、康德、费尔巴哈、尼采等思想家，哥白尼、牛顿、爱因斯坦、薛定谔等科学家。但由于人物众多、篇幅有限，几乎对每个人物的描述都是"蜻蜓点水"，让人颇感意犹未尽。

《大师的侧影》只记叙了16位在思想、文学和科学领域里有重要影响的人。特别是首篇饮水思源里的四位巨擘，他们站在文明的源头，对我们的思想、行为乃至方方面面都有重大的影响，因此描述得较多。在16位巨擘中，最后一位是李约瑟，他毕生在浩瀚的文献中整理中国古代科技资料，凭一己之力，创作了鸿篇巨制——《中国科学技术史》，让中国古代的科学发现重现光彩。

《大师的侧影》不是16位大师的传记，只是选取了一些他们的文字、言论和片段，勾勒出他们的侧影。由于作者水平有限，只能盲人摸象，不窥全貌。《大师的足迹》《大师的发现》和《大师的侧影》都是述而不作。在历史上做出巨大贡献的大师，他们的传记和记述汗牛充栋，有目共睹。作者只是尝试从中选取一些人物串在一起，让读者能在一本书中读到这些在不同领域非同凡响的人物。

第1章老子中的"再读老庄"，纯属感言；第3章孔子中的"与诸子约饭"和第4章苏格拉底中的"遇见孔子"，均是虚构。读者不必当真。

这里要衷心感谢张善勇教授，他曾为《大师的足迹》《大师的发现》作序，并一直鼓励完成《大师的侧影》；感谢老同学廖志刚先生，他对本书提出了诸多建议，均被采纳，同学之情，殷殷关切，不敢相忘；感谢鲁永芳博士，她是这三本书的责任编辑，她的认真与宽容，让人难忘；最后，还要感谢众多不知其名的编审，他们仔细近严苛的审阅、细心而不遗漏的编辑、精美又恰到好处的装帧设计，都是不可或缺的。

陈志谦

2023年10月于云南临沧